21 世纪特殊教育创新教材

主编单位
华东师范大学学前与特殊教育学院
南京特殊教育师范学院
华中师范大学教育科学学院
陕西师范大学教育学院
总主编：方俊明
副主编：杜晓新　雷江华　周念丽

学术委员会
主　　任：方俊明
副主任：杨广学　孟万金
委　　员：方俊明　杨广学　孟万金　邓　猛　杜晓新　赵　微
　　　　　刘春玲

编辑委员会
主　　任：方俊明
副主任：丁　勇　汪海萍　邓　猛　赵　微
委　　员：方俊明　张　婷　赵汤琪　雷江华　邓　猛　朱宗顺
　　　　　杜晓新　任颂羔　蒋建荣　胡世红　贺荟中　刘春玲
　　　　　赵　微　周念丽　李闻戈　苏雪云　张　旭　李　芳
　　　　　李　丹　孙　霞　杨广学　王　辉　王和平

21世纪特殊教育创新教材·理论与基础系列
　　主编：杜晓新　　　　　审稿人：杨广学　孟万金
- 特殊教育的哲学基础（华东师范大学：方俊明）
- 特殊教育的医学基础（南京特殊教育师范学院：张婷、赵汤琪）
- 融合教育导论（华中师范大学：雷江华）
- 特殊教育学（雷江华、方俊明）
- 特殊儿童心理学（方俊明、雷江华）
- 特殊教育史（浙江师范大学：朱宗顺）
- 特殊教育研究方法（华东师范大学：杜晓新、宋永宁）
- 特殊教育发展模式（纽约市教育局：任颂羔）

21世纪特殊教育创新教材·发展与教育系列
　　主编：雷江华　　　　　审稿人：邓　猛　刘春玲
- 视觉障碍儿童的发展与教育（华中师范大学：邓猛）
- 听觉障碍儿童的发展与教育（华东师范大学：贺荟中）
- 智力障碍儿童的发展与教育（华东师范大学：刘春玲）
- 学习困难儿童的发展与教育（陕西师范大学：赵微）
- 自闭症谱系障碍儿童的发展与教育（华东师范大学：周念丽）
- 情绪与行为障碍儿童的发展与教育（华南师范大学：李闻戈）
- 超常儿童的发展与教育（华东师范大学：苏雪云；北京联合大学：张旭）

21世纪特殊教育创新教材·康复与训练系列
　　主编：周念丽　　　　　审稿人：方俊明　赵　微
- 特殊儿童应用行为分析（天津体育学院：李芳；武汉麟洁健康咨询中心：李丹）
- 特殊儿童的游戏治疗（华东师范大学：周念丽）
- 特殊儿童的美术治疗（南京特殊教育师范学院：孙霞）
- 特殊儿童的音乐治疗（南京特殊教育师范学院：胡世红）
- 特殊儿童的心理治疗（华东师范大学：杨广学）
- 特殊教育的辅具与康复（南京特殊教育师范学院：蒋建荣、王辉）
- 特殊儿童的感觉统合训练（华东师范大学：王和平）

21世纪特殊教育创新教材·发展与教育系列

智力障碍儿童的发展与教育

（第二版）

刘春玲　马红英　著

图书在版编目(CIP)数据

智力障碍儿童的发展与教育/刘春玲，马红英著. —2版. —北京： 北京大学出版社，2019.8
21世纪特殊教育创新教材·发展与教育系列
ISBN 978-7-301-30598-0

Ⅰ.①智… Ⅱ.①刘…②马… Ⅲ.①弱智儿童-儿童教育-教材 Ⅳ.①G764

中国版本图书馆 CIP 数据核字 (2019) 第 146781 号

书　　　名	智力障碍儿童的发展与教育（第二版）
	ZHILI ZHANGAI ERTONG DE FAZHAN YU JIAOYU（DI-ER BAN）
著作责任者	刘春玲　马红英　著
丛 书 策 划	周雁翎
丛 书 主 持	李淑方
责 任 编 辑	于　娜
标 准 书 号	ISBN 978-7-301-30598-0
出 版 发 行	北京大学出版社
地　　　址	北京市海淀区成府路 205 号　100871
网　　　址	http://www.pup.cn　　新浪微博：@北京大学出版社
微信公众号	通识书苑（微信号：sartspku）　科学元典（微信号：kexueyuandian）
电 子 邮 箱	编辑部 jyzx@pup.cn　总编室 zpup@pup.cn
电　　　话	邮购部 010-62752015　发行部 010-62750672　编辑部 010-62767857
印 刷 者	北京鑫海金澳胶印有限公司
经 销 者	新华书店
	787 毫米×1092 毫米　16 开本　18 印张　420 千字
	2011 年 5 月第 1 版
	2019 年 8 月第 2 版　2024 年 7 月第 6 次印刷
定　　　价	55.00 元

未经许可，不得以任何方式复制或抄袭本书之部分或全部内容。
版权所有，侵权必究
举报电话：010-62752024　电子邮箱：fd@pup.cn
图书如有印装质量问题，请与出版部联系，电话：010-62756370

顾明远序

去年国家颁布的《国家中长期教育改革和发展规划纲要(2010—2020年)》专门辟一章特殊教育,提出:"全社会要关心支持特殊教育"。这里的特殊教育主要是指"促进残疾人全面发展、帮助残疾人更好地融入社会"的教育。当然,广义的特殊教育还包括超常儿童与问题儿童的教育。但毕竟残疾人更需要受到全社会的关爱和关注。

发展特殊教育(这里专指残疾人教育),首先要对特殊教育有一个认识。所谓特殊教育的特殊,是指这部分受教育者在生理上或者心理上有某种缺陷,阻碍着他的发展。特殊教育就是要帮助他排除阻碍他发展的障碍,使他得到与普通人一样的发展。残疾人并非所有智能都丧失,只是丧失一部分器官的功能。通过教育我们可以帮助他弥补缺陷,或者使他的损伤的器官功能得到部分的恢复,或者培养其他器官的功能来弥补某种器官功能的不足。因此,特殊教育的目的与普通教育的目的是一样的,就是要促进儿童身心健康的发展,只是他们需要更多的爱护和帮助。

至于超常儿童教育则又是另一种特殊教育。超常儿童更应该在普通教育中发现和培养,不能简单地过早地确定哪个儿童是超常的。不能完全相信智力测验。这方面我没有什么经验,只是想说,现在许多家长都认为自己的孩子是天才,从小就超常地培养,结果弄巧成拙,拔苗助长,反而害了孩子。

在特殊教育中倒是要重视自闭症儿童。我国特殊教育更多的是关注伤残儿童,对于自闭症儿童认识不足、关心不够。其实他们非常需要采取特殊的方法来矫正自闭症,否则他们长大以后很难融入社会。自闭症不是完全可以治愈的。但早期的鉴别和干预对他们日后的发展很有帮助。国外很关注这些儿童,也有许多经验,值得我们借鉴。

我在改革开放以后就特别感到特殊教育的重要。早在1979年我担任北京师范大学教育系主任时就筹办了我国第一个特殊教育专业，举办了第一次特殊教育国际会议。但是我个人的专业不是特殊教育，因此只能说是一位门外的倡导者，却不是专家，说不出什么道理来。

方俊明教授是改革开放后早期的心理学家，后来专门从事特殊教育二十多年，对特殊教育有深入的研究。在我国大力提倡发展特殊教育之今天，组织五十多位专家编纂这套"21世纪特殊教育创新教材"丛书，真是恰逢其时，是灌浇特殊教育的及时雨，值得高兴。方俊明教授要我为丛书写几句话，是为序。

中国教育学会理事长
北京师范大学副校长
2011年4月5日于北京求是书屋

沈晓明序

由于专业背景的关系，我长期以来对特殊教育高度关注。在担任上海市教委主任和分管教育卫生的副市长后，我积极倡导"医教结合"，希望通过多学科、多部门精诚合作，全面提升特殊教育的教育教学水平与康复水平。在各方的共同努力下，上海的特殊教育在近年来取得了长足的发展。特殊教育的办学条件不断优化，特殊教育对象的分层不断细化，特殊教育的覆盖面不断扩大，有特殊需要儿童的入学率达到上海历史上的最高水平，特殊教育发展的各项指标均位于全国特殊教育前列。本市中长期教育改革和发展规划纲要，更是把特殊教育列为一项重点任务，提出要让有特殊需要的学生在理解和关爱中成长。

上海特殊教育的成绩来自于各界人士的关心支持，更来自于教育界的辛勤付出。"21世纪特殊教育创新教材"便是华东师范大学领衔，联合四所大学，共同献给中国特殊教育界的一份丰厚的精神礼物。该丛书全篇近600万字，凝聚中国特殊教育界老中青50多名专家三年多的心血，体现出作者们潜心研究、通力合作的精神与建设和谐社会的责任感。丛书22本从理论与基础、发展与教育、康复与训练三个系列，全方位、多层次地展现了信息化时代特殊教育发展的理念、基本原理和操作方法。本套丛书选题新颖、结构严谨，拓展了特殊教育的研究范畴，从多学科的角度更新特殊教育的研究范式，让人读后受益良多。

发展特殊教育事业是党和政府坚持以人为本、弘扬人道主义精神和保障人权的重要举措，是促进残障人士全面发展和实现"平等、参与、共享"目标的有效途径。《国家中长期教育改革和发展规划纲要（2010—2020年）》明确提出,要关心和支持特殊教育,要完善特殊教育体系,要健全特殊教育保障机制。我相信,随着我国经济的发展,教育投入的增加,我国特殊教育的专业队伍会越来越壮大,科研水平会不断地提高,特殊教育的明天将更加灿烂。

沈晓明

上海交通大学医学院教授、博士生导师

世界卫生组织新生儿保健合作中心主任

上海市副市长

2011 年 3 月

丛书总序

特殊教育是面向残疾人和其他有特殊教育需要人群的教育，是国民教育体系的重要组成部分。特殊教育的发展，关系到实现教育公平和保障残疾人受教育的权利。改革和发展我国的特殊教育是全面建设小康社会、促进社会稳定与和谐的一项急迫任务，需要全社会的关心与支持，并不断提升学科水平。

半个多世纪以来，由于教育民主思想的渗透以及国际社会的关注，特殊教育已成为世界上发展最快的教育领域之一，它在一定程度上也综合反映出一个国家或地区的政治、经济、文化和国民素质的综合水平，成为衡量社会文明进步程度的重要标志。改革开放30多年以来，在党和政府的关心下，我国的特殊教育也得到了前所未有的大发展，进入了我国历史上最好的发展时期。在"医教结合"基础上发展起来的早期教育、随班就读和融合教育正在推广和深化，特殊职业教育和高等教育也有较快的发展，这些都标志着我国特殊教育的发展进入了一个全球化、信息化的时代。

但是，作为一个发展中国家，由于起点低、人口多、各地区发展不均衡，我国特殊教育的整体发展水平与世界上特殊教育比较发达的国家和地区相比，还有一定的差距，存在一些亟待解决的主要问题。例如：如何从狭义的仅以视力、听力和智力障碍等残疾儿童为主要服务对象的特殊教育逐步转向包括各种行为问题儿童和超常儿童在内的广义的特殊教育；如何通过强有力的特教专项立法来保障特殊儿童接受义务教育的权利，进一步明确各级政府、儿童家长和教育机构的责任，使经费投入、鉴定评估等得到专项法律法规的约束；如何加强对"随班就读"的支持，使融合教育的理念能被普通教育接受并得到充分体现；如何加强对特教师资和相关的专业人员的培养和训练；如何通过跨学科的合作加强相关的基础研究和应用研究，较快地改变目前研究力量薄弱、学科发展和专业人员整体发展水平偏低的状况。

为了迎接当代特殊教育发展的挑战和尽快缩短与发达国家的差距，三年前，我们在北京大学出版社出版意向的鼓舞下，成立了"21世纪特殊教育创新教材"的丛书编辑委员会和学术委员会，集中了国内特殊教育界具有一定教学、科研能力的高级职称或具有本专业博士学位的专业人员50多人共同编写了这套丛书，以期联系我国实际，全面地介绍和深入地探讨当代特殊教育的发展理念、基本原理和操作方法。丛书分为三个系列，共22本，其中有个人完成的专著，还有多人完成的编著，共约600万字。

理论与基础系列

本系列着重探讨特殊教育的理论与基础。讨论特殊教育的存在和思维的关系，特殊教育的学科性质和任务，特殊教育学与医学、心理学、教育学、教学论等相邻学科的密切关系，力求反映出现代思维方法、相邻学科的发展水平以及融合教育的思想对现代特教发展的影响。本系列特别注重从历史、现实和研究方法的演变等不同角度来探讨当代特殊教育的特点和发展趋势。本系列由以下8种组成：

《特殊教育的哲学基础》《特殊教育的医学基础》《融合教育导论》《特殊教育学》《特殊儿童心理学》《特殊教育史》《特殊教育研究方法》《特殊教育发展模式》。

发展与教育系列

本系列从广义上的特殊教育对象出发，密切联系日常学前教育、学校教育、家庭教育、职业教育和高等教育的实际，对不同类型特殊儿童的发展与教育问题进行了分册论述。着重阐述不同类型儿童的概念、人口比率、身心特征、鉴定评估、课程设置、教育与教学方法等方面的问题。本系列由以下7种组成：

《视觉障碍儿童的发展与教育》《听觉障碍儿童的发展与教育》《智力障碍儿童的发展与教育》《学习困难儿童的发展与教育》《自闭症谱系障碍儿童的发展与教育》《情绪与行为障碍儿童的发展与教育》《超常儿童的发展与教育》。

康复与训练系列

本系列旨在体现"医教结合"的原则，结合中外的各类特殊儿童，尤其是有比较严重的身心发展障碍儿童的治疗、康复和训练的实际案例，系统地介绍了当代对特殊教育中早期鉴别、干预、康复、咨询、治疗、训练教育的原理和方法。本系列偏重于实际操作和应用，由以下7种组成：

《特殊儿童应用行为分析》《特殊儿童的游戏治疗》《特殊儿童的美术治疗》《特殊儿童的音乐治疗》《特殊儿童的心理治疗》《特殊教育的辅具与康复》《特殊儿童的感觉统合训练》。

"21世纪特殊教育创新教材"是目前国内学术界有关特殊教育问题覆盖面最广、内容较丰富、整体功能较强的一套专业丛书。在特殊教育的理论和实践方面，本套丛书比较全面和深刻地反映出了近几十年来特殊教育和相关学科的成果。一方面大量参考了国外和港台地区有关当代特殊教育发展的研究资料；另一方面总结了我国近几十年来，尤其是建立了特殊教育专业硕士、博士点之后的一些交叉学科的实证研究成果，涉及5000多种中英文的参考文献。本套丛书力求贯彻理论和实际相结合的精神，在反映国际上有关特殊教育的前沿研究的同时，也密切结合了我国社会文化的历史和现实，将特殊教育的基本理论、基础理论、儿童发展和实际的教育、教学、咨询、干预、治疗和康复等融为一体，为建立一个具有前瞻性、符合科学发展观、具有中国历史文化特色的特殊教育的学科体系奠定基础。本套丛书在全面介绍和深入探讨当代特殊教育的原理和方法的同时，力求阐明如下几个主要学术观点：

1. 人是生物遗传和"文化遗传"两者结合的产物。生物遗传只是使人变成了生命活体和奠定了形成自我意识的生物基础；"文化遗传"才可能使人真正成为社会的人、高尚的人、成为"万物之灵"，而教育便是实现"文化遗传"的必由之路。特殊教育作为一个联系社会学科和自然学科、理论学科和应用学科的"桥梁学科"，应该集中地反映教育在人的种系发展和个体发展中所发挥的巨大作用。

2. 当代特殊教育的发展是全球化、信息化教育观念的体现，它有力地展现了人类社会发展过程中物质文明与精神文明之间发展的同步性。马克思主义很早就提出了两种生产力的概念，即生活物资的生产和人自身的繁衍。伴随生产力的提高和社会的发展，人类应该有更多的精力和能力来关注自身的繁衍和一系列发展问题，这些问题一方面是通过基因工程来防治和减少疾病,实行科学的优生优育,另一方面是通过优化家庭教育、学校教育和社会教育的环境,来最大限度地增加教育在发挥个体潜能和维护社会安定团结与文明进步等方面的整体功能。

3. 人类由于科学技术的发展、生产能力的提高,已经开始逐步地摆脱了对单纯性、缓慢性的生物进化的依赖,摆脱了因生活必需的物质产品的匮乏和人口繁衍的无度性所造成"弱肉强食"型的生存竞争。人类应该开始积极主动地在物质实体、生命活体、社会成员的大系统中调整自己的位置,更加注重作为一个平等的社会成员在促进人类的科学、民主和进步过程中所应该承担的责任和义务。

4. 特殊教育的发展,尤其是融合教育思想的形成和传播,对整个教育理念、价值观念、教育内容、学习方法和教师教育等问题,提出了全面的挑战。迎接这一挑战的方法只能是充分体现时代精神,在科学发展观的指导下开展深度的教育改革。当代特殊教育的重心不再是消极地过分地局限于单纯的对生理缺陷的补偿,而是在一定补偿的基础上,积极地努力发展有特殊需要儿童的潜能。无论是特殊教育还是普通教育都应该强调培养受教育者积极乐观的人生态度和做人的责任,使其为促进人类社会的进步最大限度地发挥自身的潜能。

5. 当代特殊教育的发展,对未来的教师和教育管理者、相关的专业人员的学识、能力和人格提出了更高的要求。未来的教师和教育管理者、相关的专业人员不仅要做到在教学相长中不断地更新自己的知识,还要具备从事普通教育和特殊教育的能力,具备新时代的人格魅力,从勤奋、好学、与人为善和热爱学生的行为中,自然地展示出对人类未来的美好憧憬和追求。

6. 从历史上来看,东西方之间思维方式和文化底蕴方面的差异,导致对残疾人的态度和特殊教育的理念是大不相同的。西方文化更注重逻辑、理性和实证,从对特殊人群的漠视、抛弃到专项立法和依法治教,从提倡融合教育到专业人才的培养,从支持系统的建立到相关学科的研究,思路是清晰的,但执行是缺乏弹性的,综合效果也不十分理想,过度地依赖法律底线甚至给某些缺乏自制力和公益心的人提供了法律庇护下的利己方便。东方哲学特别重视人的内心感受、人与自然和人与人之间的协调,以及社会的平衡与稳定,但由于封建社会落后的生产力水平和封建专制,特殊教育长期停留在"同情""施舍""恩赐""点缀""粉饰太平"的水平,缺乏强有力的稳定的实际支持系统。因此,如何通过中西合璧,结合本国的实际来发展我国的特殊教育,是一个需要深入研究的问题。

7. 当代特殊教育的发展是高科技和远古人文精神的有机结合。与普通教育相比,特殊教育只有200多年的历史,但近半个世纪以来,世界特殊教育发展的广度和深度都令人吃惊。教育理念不断更新,从"关心"到"权益",从"隔离"到"融合",从"障碍补偿"到"潜能开发",从"早期干预""个别化教育"到终身教育及计算机网络教学的推广,等等,这些都充分地体现了对人本身的尊重、对个体差异的认同、对多元文化的欣赏。

本套丛书力求帮助特殊教育工作者和广大特殊儿童的家长:① 进一步认识特殊教育的本质,勇于承担自己应该承担的责任,完成特殊教育从慈善关爱型向义务权益型转化;② 进一步明确特殊教育和普通教育的目标,促进整个国民教育从精英教育向公民教育转化;③ 进一步尊重差异,发展个性,促进特殊教育从隔离教育向融合教育转型;④ 逐步实现特殊教育的专项立法,进一步促进特殊教育从号召型向依法治教的模式转变;⑤ 加强专业人员的培养，进一步促进特殊教育从低水平向高质量的转变；⑥加强科学研究，进一步促进特殊教育学科水平的提高。

我们希望本套丛书的出版能对落实我国中长期的教育发展规划起到积极的作用，增加人们对当代特殊教育发展状况的了解，使人们能清醒地认识到我国特殊教育发展所取得的成就、存在的差距、解决的途径和努力的方向，促进中国特殊教育的学科建设和人才培养。在教育价值上进一步体现对人的尊重、对自然的尊重；在教育目标上立足于公民教育；在教育模式上体现出对多元文化和个体差异的认同；在教育方法上本着实事求是的精神实行因材施教，充分地发挥受教育者的潜能，发展受教育者的才智与个性；在教育功能上进一步体现我国社会制度本身的优越性，促进人类的科学与民主、文明与进步。

在本套丛书编写的三年时间里，四个主编单位分别在上海、南京、武汉组织了三次有关特殊教育发展的国际论坛，使我们有机会了解世界特殊教育最新的学科发展状况。在北京大学出版社和主编单位的资助下，丛书编委会分别于2008年2月和2009年3月在南京和上海召开了两次编写工作会议，集体讨论了丛书编写的意图和大纲。为了保证丛书的质量，上海市特殊教育资源中心和华东师范大学特殊教育研究所为本套丛书的编辑出版提供了帮助。

本套丛书的三个系列之间既有内在的联系，又有相对的独立性。不同系列的著作可作为特殊教育和相关专业的教材，也可供不同层次、不同专业水平和专业需要的教育工作者以及关心特殊儿童的家长等读者阅读和参考。尽管到目前为止，"21世纪特殊教育创新教材"可能是国内学术界有关特殊教育问题研究的内容丰富、整体功能强、在特殊教育的理论和实践方面覆盖面最广的一套丛书，但由于学科发展起点较低，编写时间仓促，作者水平有限，不尽如人意之处甚多，寄望更年轻的学者能有机会在本套丛书今后的修订中对之逐步改进和完善。

本套丛书从策划到正式出版，始终得到北京大学出版社教育出版中心主任周雁翎和责任编辑李淑方、华东师范大学学前教育学院党委书记兼上海市特殊教育资源中心主任汪海萍、南京特殊教育师范学院院长丁勇、华中师范大学教育科学学院院长邓猛、陕西师范大学教育科学学院副院长赵微等主编单位领导和参加编写的全体同人的关心和支持，在此由衷地表示感谢。

最后，特别感谢丛书付印之前，中国教育学会理事长、北京师范大学副校长顾明远教授和上海市副市长、上海交通大学医学院教授沈晓明在百忙中为丛书写序，对如何突出残疾人的教育，如何进行"医教结合"，如何贯彻《国家中长期教育改革和发展规划纲要（2010—2020年）》等问题提出了指导性的意见，给我们极大的鼓励和鞭策。

"21世纪特殊教育创新教材"

编写委员会

（方俊明执笔）

2011年3月12日

本书内容简介

本书主要介绍智力障碍儿童发展与教育的问题。第 1 章至第 3 章是本书的基础部分，分别介绍智力障碍的基本概念、智力障碍成因探讨，以及智力障碍儿童的发现与鉴别，旨在为读者提供基础知识的铺垫；第 4 章至第 6 章重点介绍智力障碍儿童的生理发展、认知发展和情绪行为与社会适应；第 7 章至第 10 章重点介绍智力障碍儿童的干预与教育，包括早期干预、义务教育以及随班就读的教育教学。

第二版在第一版的基础上进行了修订，增添了新近的研究成果，更换了部分内容，使教材更具科学性与实用性。

本书可作为高等学校特殊教育专业及相关专业的本科学生教材，也可作为特殊教育教师、特殊儿童家长、康复机构人员以及相关专业工作者的参考用书。

本书作者简介

刘春玲，华东师范大学教育学部特殊教育学系教授、博士生导师，上海市特殊教育资源中心主任，教育部高等学校特殊教育教师培养教学指导委员会委员，上海市特殊教育专业委员会副主任委员。

马红英，华东师范大学教育学部特殊教育学系副教授、硕士生导师，培智学校义务教育实验教科书《生活语文》主编。

第二版修订说明

本书第一版2011年出版之后，国内特殊教育进入快速发展期，随着《国家中长期教育改革和发展规划纲要（2010—2020年）》的不断推进，教育部先后颁布了《特殊教育提升计划（2014—2016年）》《第二期特殊教育提升计划（2017—2020年）》和《培智学校义务教育课程标准（2016年版）》等重要文件。这大大提高了我国特殊教育的整体水平，智力障碍儿童的发现、鉴别、安置与教育水平有了显著改进。与此同时，国际社会对智力障碍儿童的研究也取得了诸多进展，对该群体的发展与教育有了更为深刻的认识。

第二版修订在保留原书结构的基础上，对相关内容进行了诸多调整。第二版着力体现有关智力障碍儿童发展与教育的最新进展与研究成果，修订内容主要包括以下两个方面。

1. 更新相关内容，依据近年来本领域的发展状况，对书中重要概念、数据、法规政策、课程与教学、教育案例等进行了必要的更新，如美国智力与发展障碍学会（The American Association on Intellectual and Developmental Disabilities，简称AAIDD）对智力障碍的定义、DSM-5对智力障碍的分类、培智学校义务教育课程标准（2016年版）、培智学校义务教育实验教材等。

2. 充实了新的研究，着力呈现了2011年以来国际国内有关本领域的研究成果。

华东师范大学特殊教育学系博士生辛伟豪同学参与了本次修订工作，上海市宝山区培智学校的吴筱雅老师撰写了相关案例，特此致谢。

第二版修订工作得到了北京大学出版社的大力支持，尤其是责任编辑于娜老师的鼓励与悉心指导，在此一并致谢。

限于时间与作者的水平，书中难免存在疏漏与不当之处，敬请读者指正！

刘春玲　马红英

2019年3月

前　言

　　19世纪初,法国医生伊塔德(J. M. G. Itard)对野孩维克多的训练揭开了智力障碍儿童教育的序幕。二百多年来,随着科技的进步与研究的不断发展,人们对智力障碍儿童这一特殊群体的了解也渐趋深入,智力障碍儿童的教育安置也逐渐趋于弹性化与多元化。根据2006年第二次全国残疾人抽样调查数据推算,我国19岁以下的智力障碍儿童及青少年约193万人,他们的病因不同,障碍表现不一,个别差异极大,他们生长的环境也各不相同,如何帮助他们更好地成长与发展是特殊教育专业工作者义不容辞的责任。多年的特殊教育研究与实践经验使我们笃信:每个特殊儿童都是可教育的,智力障碍儿童也是如此。但如何提供适当的教育则是一个极为复杂的命题,需要教育者的爱与智慧。"知然后行",本书旨在全面揭示智力障碍儿童的发展与教育规律,提供学习与思考的线索,让实践者更好地了解这个特殊的群体,进而为他们提供更为科学的、适当的教育。

　　本书定位为高等院校的专业教材,因此,在写作过程中重点关注学科知识体系的完整性。同时,书中引用了大量的研究成果,以期为读者提供通向这一领域的路径。我们也希望本书能成为相关实践工作者以及家长的参考用书,在帮助智力障碍儿童发展与教育的过程中提供有价值的线索。

　　第1章至第3章是本书的基础部分,重点介绍智力障碍的基本概念与基本情况,同时介绍智力障碍儿童教育的发展历程,旨在为读者提供基础知识的铺垫;第4章至第6章重点介绍智力障碍儿童的发展,包括生理与心理的发展,较为全面地介绍该类儿童身心发展的规律;第7章至第10章重点介绍智力障碍儿童的干预与教育,包括早期干预、义务教育,以及随班就读的教育教学。

　　本书分工如下:第1章至第7章由刘春玲完成,第8章至第10章由马红英完成,第6章的个案由上海市宝山区培智学校的吴筱雅老师撰写。在本书的编写过程中,北京师范大学的邓猛教授提供了非常有价值的修改建议,丛书主编方俊明教授的信任以及北京大学出版社李淑方老师和于娜老师的关心与督促也是我们完成本书的强大动力,张明宇、饶宁、岳琪等几位研究生在本书的编写过程中给予了许多帮助,在此一并表示感谢。

目 录

顾明远序 ··· (1)
沈晓明序 ··· (1)
丛书总序 ··· (1)
第二版修订说明 ··· (1)
前 言 ··· (1)

第1章 智力障碍概述 ··· (1)
第1节 智力障碍概述 ··· (1)
一、智力障碍概念的演变 ··· (1)
二、智力障碍的定义 ··· (3)
三、智力障碍出现率 ··· (6)
第2节 智力障碍分类 ··· (8)
一、按智力受损程度的分类 ······································ (8)
二、按支持程度的分类 ·· (11)
第3节 智力障碍教育发展历史 ································· (12)
一、国外智力障碍教育发展的历史 ···························· (12)
二、国内智力障碍教育发展的历史 ···························· (14)

第2章 智力障碍成因探讨 ·· (20)
第1节 出生前的原因 ··· (20)
一、遗传因素 ·· (20)
二、先天获得性异常 ··· (26)
三、其他因素 ·· (28)
第2节 出生时的原因 ··· (28)
一、早产和低体重 ·· (28)
二、窒息 ··· (29)
三、新生儿产伤 ··· (30)
第3节 出生后的原因 ··· (30)
一、发作性疾病 ··· (30)
二、中枢神经系统疾病 ·· (31)
三、脑损伤 ··· (31)
四、中毒 ··· (31)
五、营养不良 ·· (32)

　　　　六、社会心理因素 …………………………………………………………………（33）
　第4节　智力障碍的预防 ………………………………………………………………（33）
　　　　一、一级预防 …………………………………………………………………（34）
　　　　二、二级预防 …………………………………………………………………（38）
　　　　三、三级预防 …………………………………………………………………（40）

第3章　智力障碍儿童的发现与鉴别 ……………………………………………（44）
　第1节　智力障碍儿童筛查 ……………………………………………………………（44）
　　　　一、观察与筛查测验 …………………………………………………………（44）
　　　　二、常用筛查工具 ……………………………………………………………（46）
　第2节　智力测验 ………………………………………………………………………（48）
　　　　一、智力与智力理论 …………………………………………………………（48）
　　　　二、智力测验 …………………………………………………………………（51）
　　　　三、常用的智力测验工具 ……………………………………………………（54）
　第3节　适应行为评定 …………………………………………………………………（56）
　　　　一、适应行为 …………………………………………………………………（56）
　　　　二、常用的适应行为评定量表 ………………………………………………（58）
　第4节　智力障碍的评估与鉴定过程 …………………………………………………（63）
　　　　一、国内智力障碍评估与鉴定的一般程序 …………………………………（63）
　　　　二、评估与鉴定流程 …………………………………………………………（64）

第4章　智力障碍儿童的生理发展 ………………………………………………（67）
　第1节　生理发展 ………………………………………………………………………（67）
　　　　一、形态发育 …………………………………………………………………（67）
　　　　二、身体素质发育水平 ………………………………………………………（69）
　　　　三、身体机能发育 ……………………………………………………………（70）
　　　　四、神经系统发育 ……………………………………………………………（72）
　第2节　健康状况与常见疾病 …………………………………………………………（72）
　　　　一、身体质量指数 ……………………………………………………………（73）
　　　　二、常见疾病 …………………………………………………………………（74）

第5章　智力障碍儿童的认知发展 ………………………………………………（81）
　第1节　感知觉与注意 …………………………………………………………………（81）
　　　　一、感知觉 ……………………………………………………………………（81）
　　　　二、注意 ………………………………………………………………………（83）
　第2节　记忆的发展 ……………………………………………………………………（85）
　　　　一、记忆的信息加工过程 ……………………………………………………（85）
　　　　二、记忆能力训练 ……………………………………………………………（88）
　第3节　语言的发展 ……………………………………………………………………（89）
　　　　一、语言理解 …………………………………………………………………（90）

二、语言表达 ……………………………………………………………… (92)

第4节　思维的发展 ………………………………………………………… (95)
　　一、思维发展特点 ………………………………………………………… (96)
　　二、智力障碍儿童概念的掌握 …………………………………………… (98)

第6章　智力障碍儿童的情绪行为与社会适应 …………………………… (102)

第1节　情绪与行为的发展 ………………………………………………… (102)
　　一、智力障碍儿童的情绪与行为发展的特点 …………………………… (102)
　　二、智力障碍儿童的情绪与行为问题 …………………………………… (103)
　　三、智力障碍儿童情绪与行为问题的矫正 ……………………………… (113)

第2节　社会适应能力的发展 ……………………………………………… (115)
　　一、智力障碍儿童社会适应能力发展的特点 …………………………… (116)
　　二、智力障碍儿童社会适应能力的培养 ………………………………… (119)

第7章　智力障碍儿童的早期干预 ………………………………………… (127)

第1节　早期干预概述 ……………………………………………………… (127)
　　一、早期干预的作用、原则及形式 ……………………………………… (127)
　　二、早期干预服务对象及服务人员 ……………………………………… (129)
　　三、早期干预的依据 ……………………………………………………… (134)
　　四、个别化家庭服务计划 ………………………………………………… (138)

第2节　早期干预的实施 …………………………………………………… (144)
　　一、早期干预的目标与内容 ……………………………………………… (144)
　　二、干预实施 ……………………………………………………………… (149)
　　三、与家长的合作 ………………………………………………………… (152)

第8章　智力障碍儿童的义务教育 ………………………………………… (155)

第1节　智力障碍儿童的教育安置 ………………………………………… (155)
　　一、普通学校的随班就读 ………………………………………………… (156)
　　二、资源教室 ……………………………………………………………… (157)
　　三、普通学校的特殊班 …………………………………………………… (158)
　　四、特殊学校 ……………………………………………………………… (159)
　　五、送教上门 ……………………………………………………………… (160)

第2节　智力障碍儿童的教育目标与任务 ………………………………… (161)
　　一、智力障碍儿童的教育目标 …………………………………………… (161)
　　二、智力障碍儿童的教育任务 …………………………………………… (164)

第3节　针对智力障碍儿童教育的课程 …………………………………… (165)
　　一、针对智力障碍儿童教育的课程组织形式 …………………………… (165)
　　二、针对智力障碍儿童教育的课程设置 ………………………………… (168)
　　三、智力障碍儿童教育的课程结构 ……………………………………… (171)
　　四、智力障碍儿童课程设置的基本原则 ………………………………… (179)

　　　　五、校本课程的开发 ·· (181)

第9章　智力障碍儿童的教学 ·· (187)
　　第1节　智力障碍儿童学科课程目标、内容与要求 ··································· (187)
　　　　一、我国香港、台湾地区智力障碍儿童的课程目标与内容 ····················· (187)
　　　　二、大陆智力障碍儿童各学科课程目标、课程内容与要求 ····················· (199)
　　第2节　教学设计与教学评价 ··· (211)
　　　　一、教学设计 ·· (211)
　　　　二、课堂教学的实施 ··· (215)
　　　　三、教学评价 ·· (218)
　　第3节　智力障碍儿童的教学原则与常用方法 ····································· (223)
　　　　一、针对智力障碍儿童的教学原则 ·· (223)
　　　　二、针对智力障碍儿童的常用教学方法 ······································· (225)

第10章　随班就读智力障碍儿童的教育教学 ··· (231)
　　第1节　随班就读智力障碍儿童的课程与就读形式 ································ (231)
　　　　一、随班就读的课程 ··· (231)
　　　　二、随班就读的形式 ··· (232)
　　第2节　随班就读智力障碍儿童的教学目标 ·· (233)
　　　　一、课堂教学目标设计的依据 ··· (233)
　　　　二、课堂教学目标设计的方法 ··· (233)
　　　　三、课堂教学目标设计的原则 ··· (234)
　　　　四、课堂教学目标设计的注意事项 ·· (235)
　　第3节　随班就读智力障碍儿童的教学内容及其调整方式 ······················· (237)
　　　　一、随班就读教学计划的内容 ··· (237)
　　　　二、随班就读教学内容的调整 ··· (238)
　　第4节　随班就读智力障碍儿童的教学组织形式与课堂管理 ···················· (240)
　　　　一、随班就读的教学组织形式 ··· (240)
　　　　二、随班就读的课堂管理 ·· (242)
　　第5节　随班就读智力障碍儿童教育评价的调整 ·································· (243)
　　　　一、调整教育评价的内容 ·· (243)
　　　　二、调整教育评价的方式 ·· (244)
　　第6节　个别化教育计划的制订与实施 ··· (246)
　　　　一、IEP制订流程 ··· (247)
　　　　二、IEP所包括的内容 ·· (247)
　　　　三、IEP的实施 ·· (248)
　　　　四、随班就读个别化教学计划 ··· (250)

参考文献 ·· (253)
后记 ·· (263)

第1章 智力障碍概述

1. 掌握我国智力障碍的概念以及分类。
2. 熟悉智力障碍的不同分类方法及其含义。
3. 了解智力障碍儿童教育发展的历程。

人类对智力障碍的关注起源于17世纪以前的欧洲,随着时代的发展和研究的深入,对智力障碍人群的认识有了更多元的视角,对智力障碍的定义与分类也随之更具科学性。对智力障碍儿童的教育迄今已有二百余年的历史,国内智力障碍儿童教育也从无到有经历了快速发展的过程。本章重点介绍智力障碍的基本概念、分类,以及智力障碍儿童教育发展的历程。

第1节 智力障碍概述

一、智力障碍概念的演变

智力障碍,也称智力残疾、智力低下、精神发育迟滞、智力落后、智能障碍等。《精神障碍诊断与统计手册》第五版(*Diagnostic and Statistical Manual of Mental Disorders, Fifth Edition*, DSM-5)将 DSM-IV 中的"mental retardation"更名为"Intellectual disability(intellectual developmental disorder)";《国际疾病分类》第十一版(*International Classification of Diseases*, 11th edition, ICD-11)也将 ICD-10 的"mental retardation"更名为"disorders of intellectual development"。随着对智力障碍认识的不断深入,人们在对概念的思考与理解上也发生了很大的变化。

(一) 第一阶段:医学与统计模式

在这个阶段,人们对于智力障碍概念的理解主要建立在医学及残疾统计模式之上。医学模式着眼于病理学,将智力障碍看作病理症状的表现,而统计模式则着眼于将个体智力水平同群体常模相比较,用标准化的智商分数界定智力障碍的程度。

20世纪之前,人们将智力障碍群体称之为"白痴"(idiot),idiot 一词源自拉丁语 idiota,意即无知,该词亦源于希腊文 idiotos,表示不能适应公共生活。在16世纪,人们将白痴描述为"不会数数,不能计算,不知道谁是自己的父母,不知道自己的年龄,不理解自己的得失"①。

自19世纪开始,人们开始思考白痴的成因,并尝试对白痴者进行教育,当时人们普遍认为白痴是一种机体的器质性缺陷,即人的神经系统或生物化学方面的异常。智力障碍教育的创始人之一塞甘(E. Séguin,1812—1880)认为,白痴是大脑中枢神经系统紊乱的结果。1876年,美国成立了第一个关于智力障碍的专门组织——美国白痴与低能医疗机构人员学会(Association of Medical Officers of American Institutions for Idiotic and Feebleminded Person)。

20世纪初,人们认识到智力障碍是一种心智的缺失,且这种心智的缺失与中枢神经系统的发展障碍或是疾病有关。除此之外,人们也意识到智力障碍有程度上的不同,这个时期使用的概念为智力落后或智力低下(mental deficiency)。1908年,英国学者特雷德戈尔德(A. F. Tredgold)将智力障碍定义为"一种自出生或幼年起,由于中枢发育不完善而产生的一种状态,其后果是个体无法承担其作为一名社会成员所应尽的职责"②。1904年,心理学家比纳(A. Binet)受法国教育部的委托,与来自心理、教育、医学等领域的专家们一起研究公立学校中的智力障碍问题。他与助手西蒙(T. Simon)于1905年发表了世界上第一个智力测验。随着智力测验的普及,以智力测验分数判定智力障碍的方法开始流行起来。1906年,"美国白痴与低能医疗机构人员学会"更名为"美国低能研究学会"(American Association for the study of the Feebleminded)。

1921年,美国低能研究学会出版了《智力障碍术语与分类手册》,首次提出智力障碍的诊断和分类系统,该手册以智商(intelligence quotient,IQ)分数为标准,将智力障碍按程度分为三个水平:① 低能(moron,IQ=50～75);② 愚钝(imbecile,IQ=25～50);③ 白痴(idiot,IQ<25)。1933年,"美国低能研究学会"更名为"美国智力缺陷学会"(American Association of Mental Deficiency,简称AAMD)。

(二) 第二阶段:双重标准

1959年的第五版手册采用了"智力落后"(mental retardation)这一专业术语,并对智力障碍的定义做出了重大修改,首次提出了界定智力障碍的双重标准,即,生长发育期出现的一般智力功能低于平均水平,并伴有以下一种或多种缺陷:① 成熟;② 学习;③ 社会适应。自此,对智力障碍的判断均以智力发展的明显落后,以及社会适应行为障碍作为两个重要的标准。1987年,AAMD更名为"美国智力障碍学会"(American Association of Mental Retardation,简称AAMR)。

(三) 第三阶段:支持模式

1992年,AAMR对智力障碍的定义突出显示了功能性的导向以及生态学的观点,强调能力(智力和适应行为)、环境,以及支持系统之间的相互作用,突出了"支持模式"。2002年,AAMR对智力障碍的定义则保持了功能性和生态学的观点,并加入了对于智力障碍条

---

① Payne,J.,Patton,J. Mental Retardation[M]. Columbus,Ohio:Charles E. Merril,1981.
② Tredglod,A. F. Mental Deficiency[M]. London:Baillere,Tindall & Fox,1908:2.

件的多元化的理解,在认同之前所提出的根据支持强度分类的方式的同时,提出了多重分类系统并存的必要性与可能性。

2006年,美国智力障碍学会(AAMR)更名为美国智力与发展障碍学会(The American Association on Intellectual and Developmental Disabilities,简称 AAIDD),由此,智力障碍有了更为丰富的内涵。

二、智力障碍的定义

(一) 我国的定义

在我国残疾人分类体系中,智力障碍被称为"智力残疾"。中国残疾人联合会先后于1987年和2006年两次发布了智力残疾的定义。

1. 1987年的定义

1987年,中国残疾人联合会发布的第一次全国残疾人抽样调查五类《残疾标准》中,对智力残疾定义如下:

智力残疾,是指人的智力活动能力明显低于一般人的水平,并显示出适应行为的障碍。

智力残疾包括:在智力发育期间(18岁之前),由于各种有害因素导致的精神发育不全或智力迟缓;智力发育成熟以后,由于各种有害因素导致的智力损害或老年期的智力明显衰退。

2. 2006年的定义

2006年,中国残疾人联合会发布的第二次全国残疾人抽样调查使用的残疾标准中对智力残疾的定义是:

智力残疾,是指智力显著低于一般人水平,并伴有适应行为的障碍。此类残疾是由于神经系统结构、功能障碍,使个体活动和参与受到限制,需要环境提供全面、广泛、有限和间歇的支持。

智力残疾包括:在智力发育期间(18岁之前),由于各种有害因素导致的精神发育不全或智力迟滞;或者智力发育成熟以后,由于各种有害因素导致智力损害或智力明显衰退。

这个定义的确定是以2001年5月第54届世界卫生大会通过的《国际功能、残疾和健康分类》(International Classification of Functioning, Disability and Health,简称ICF)为基础,同时兼顾与1987年"智力残疾"定义的延续性,并与AAMR、DSM-IV以及ICD-10相接轨。2011年,国家质量监督检验检疫总局和国家标准化管理委员会发布实施了中华人民共和国国家标准《残疾人残疾分类和分级》,其中,"智力残疾"便沿用了该定义。[①]

[①] 中国残疾人联合会,等. 残疾人残疾分类和分级[EB/OL]. [2018-08-20]. http://www.cdpf.org.cn/ywzz/jyjyb/jy_254/jyzcfg/201703/P020170314345928864808.pdf

知识小卡片 1-1

> ICF 是 WHO 提出的国际通用的在个体和群体水平上描述和测量健康的框架,是由身体功能和结构、活动和参与、环境因素和个人因素等四种成分组成的理论性结构。在 ICF 中,残疾是指以下内容的任何一种或全部:损伤、活动受限、参与受限以及受环境因素限制。损伤是指身体功能和结构明显偏离和丧失。活动受限指个体进行活动的困难。参与受限指个体在实际生活中遇到的问题。环境因素指生活中的自然、社会和态度的环境。所有 ICF 的成分都是独立并且相互关联的。

(二)美国的定义

美国智力障碍学会自 1921 年第一次提出智力障碍的诊断和分类系统后,分别在 1933 年、1941 年、1957 年、1959 年、1973 年、1977 年、1983 年、1992 年、2002 年和 2010 年先后十次修订。

以下分别介绍 1983 年以来关于智力障碍的定义。

1. AAMD(1983)第八版的定义

智力障碍是指一般的智力功能明显低于平均水平,同时存在适应行为方面的障碍,并发生在发育时期。

2. AAMR(1992)第九版的定义

智力障碍是指个体现有的功能存在真实的局限,其特点是智力功能明显低于平均水平,同时伴有下列各项适当的适应技能中两种或两种以上的局限:交往、自我照顾、居家生活、社会技能、社区运用、自我管理、卫生安全、实用的学科技能、休闲生活和工作;智力障碍发生在 18 岁以前。

相对于 1983 年的定义,1992 年定义有如下改进。

第一,智力障碍被认为是一种功能状态,而不是与生俱来的特质,是具有智力功能和适应行为限制的个体与环境之间相互作用的结果,因此,要改善个体智能障碍的状态,既可以从提高能力,也可以从调整环境入手。与 1992 年定义相比,1983 年的定义则是一个"单边性"的定义。忽略了智能与环境之间的关系,特别是忽略了人与社会环境的关系。因此将智力障碍者的能力和适应能力看成固有状态,一成不变,而导致观念的僵化,最终影响我们对智力障碍本质的认识。

第二,1992 年的智力障碍概念拓展了适应技能领域,并具体规定,如果在十个适应技能领域中有两个或两个以上的领域存在显著限制就可以作为智力障碍的指标之一。

第三,1992 年的智力障碍分类产生了根本性变化,它摒弃了按智力障碍程度分类的标准,提出了按智力障碍者的支持程度分类的新系统。①

3. AAMR(2002)第十版的定义

智力障碍是一种障碍,其特征是在智力功能以及适应性行为两个方面有显著限制,表现在概念性、社会性和应用性适应技能方面的落后;障碍发生在 18 岁以前。

---

① 许家成.再论智力障碍概念的演化及其实践意义[J].中国特殊教育,2005(5):12-16.

该定义的含义是:

(1) 智力障碍是一种障碍。

(2) 智力障碍意味着在智力功能上有显著限制,具体表现为,使用适当的智力测验工具进行评估时,其智商低于均数(M)两个标准差(SD)以上。

(3) 在适应行为方面有显著限制,具体表现在概念性(conceptual skills)、社会性(social skills)以及应用性技能(practical skills)方面的限制。概念性技能主要包括接受性和表达性语言、阅读与写作、金钱概念以及自我引导技能;社会性技能主要包括人际关系、责任、自尊、信任、真诚、遵守规则、服从法律以及回避危险等技能;应用性技能主要包括个人生活自理技能,如吃、喝、穿衣、行走和如厕,使用日常工具的活动能力,如准备食物、医药护理、使用电话、财务管理、使用交通工具、处理家务等,职业技能以及维持安全环境等。适应行为的限制一方面会直接影响个体的日常生活,另一方面会影响其应对生活变化以及环境需要的反应能力。对适应行为局限的界定是通过标准化测验的评定,其得分(三方面技能之一的得分或总分)低于均数(M)两个标准差(SD)以上。

(4) 障碍发生在18岁以前。

该定义从以下五个方面对智力障碍进行了表述:智能;适应技能(概念性、社会性、应用性技能);参与、互动和社会角色;身体健康、心理健康和病因学;相关背景(环境、文化和机会)。2002年定义系统的理论模式中保留了1992年定义系统中的"支持"和"功能"这两个核心概念,更加强调从五个方面对智力障碍者提供支持以实现"个人功能"。由此,可以看到1992系统与2002系统之间的内在连续性,即"支持"与"功能"的取向。①

4. AAIDD(2010)第十一版的定义

智力障碍是指智力功能和适应行为上存在显著限制,涉及日常生活中多方面的社会和应用性技能,障碍发生在18岁以前。

智力功能,也称为智力,指一般的心理能力,包括学习、推理、解决问题等。

适应行为,是指人们在日常生活中获得的概念、社会和应用性技能。其中,概念技能指语言和读写能力,金钱、时间以及数概念,自我引导;社会技能包括人际互动、自尊、防止受骗、谨慎、解决社会问题、遵守规则/遵守法律和避免受害的能力;应用性技能包括日常生活、职业技能、卫生保健、交通旅行、常规活动、安全、用钱、使用电话等能力。

发病年龄,障碍在个体的发育期出现,即18岁以前。

2010年第十一版定义沿用了2002年第十版定义的内容表述和理论假设,只是以"intellectual disability"取代了使用多年的"mental retardation"。所有此前符合"mental retardation"诊断标准的个体也同样符合"intellectual disability"的诊断标准。

(三) 智力障碍定义使用的注意事项

在智力障碍定义的使用中,需要考虑以下几点:① 当前功能的限制必须在一定社会环境和文化中考察,而不是离开其所处环境和文化割裂地评定,应以个体同龄伙伴作为参照对象。② 评估应当考虑文化和语言的多元性以及在沟通、感知、运动和行为方面的个别差异,兼顾个体多样性及其独特反应。③ 在同一个体内部,局限往往与优势共存。智力障碍人群

---

① 许家成."智力障碍"定义的新演化:以"功能""支持"与"生活质量"为导向的新趋势[J].中国特殊教育,2003(4):19-23.

是一个特殊的群体,他们某些方面表现为智力障碍,但同时也可能具备一些独立于其智力障碍的能力,表现在某些适应技能领域或某项适应技能的某一方面。④ 对个体的不足进行描述的主要目的是建立个体所需的支持方案。⑤ 通过一个阶段适当的、有针对性的支持,智力障碍者的生活功能通常会得到改善。

三、智力障碍出现率

由于对智力障碍概念的界定、鉴定和评估方法难以统一,各国对智力障碍出现率的报道不尽一致。据美国教育部统计,2015年度,3~5岁年龄段智力障碍儿童出现率为0.11%,6~21岁年龄段智力障碍儿童出现率为0.61%。① 根据DSM-5,普通人群中智力障碍的患病率为1%;不同年龄阶段智力障碍的患病率不同;严重智力障碍患病率为60/万。整体而言,男性较女性更容易被诊断为轻度智力障碍(平均男女比例为1.6∶1)和重度智力障碍(平均男女比例为1.2∶1)。②

根据第六次全国人口普查我国总人口数,及第二次全国残疾人抽样调查我国残疾人占全国总人口的比例和各类残疾人占残疾人总人数的比例,推算2010年年末我国残疾人总人数8502万人,智力障碍总人数为568万人,③该数据不含伴有智力障碍的多重残疾人群。其中男性占55.39%,女性占44.16%,智力障碍占残疾人的比例为6.68%。④

(一)年龄、性别及城乡分布情况

智力障碍儿童按性别及年龄段的分布情况及推算数据见表1-1。

表1-1 智力障碍人群按年龄段分布情况及推算数据⑤

年龄段(岁)	男		女		合计		推算人数(万)
	人数(个)	占智障男性(%)	人数(个)	占智障女性(%)	人数(个)	占智障人群(%)	
0~4	610	10.15	430	8.89	1040	9.59	53.13
5~9	442	7.36	349	7.21	791	7.29	40.39
10~14	519	8.64	382	7.90	901	8.31	46.04
15~19	595	9.91	446	9.22	1041	9.60	53.18
>19	3840	63.94	3231	66.78	7071	65.21	361.26
总计	6006		4838		10844		554.00

---

① U. S. Department of Education. 39th Annual Report to Congress on the Implementation of the Individuals with Disabilities Education Act,2017[EB/OL]. [2018-03-05]. https://www2.ed.gov/about/reports/annual/osep/2017/parts-b-c/39th-arc-for-idea.pdf

② 邓红珠,邹小兵. 智力障碍临床解析[J]. 中国实用儿科杂志,2014(7):485-489.

③ 中国残疾人联合会.2010年年末全国残疾人总数及各类、不同残疾等级人数[EB/OL]. [2018-09-01]. http://www.cdpf.org.cn/sjzx/cjrgk/201206/t20120626_387581.shtml

④ 第二次全国残疾人抽样调查领导小组,中华人民共和国统计局.2006年第二次全国残疾人抽样调查主要数据公报(第一号).2006.

⑤ 表1-1数据来源:中国残疾人联合会.2006年第二次全国残疾人抽样调查:全国残疾人分残疾类别和残疾等级的年龄构成[EB/OL]. [2009-04-07]. http://www.cdpf.org.cn/sjzx/content/2008-04/07/content_83889.htm

研究者对1988年抽样调查数据的分析显示,我国0～14岁儿童群体中智力障碍的出现率为1.2%。[①] 第二次全国残疾人抽样调查共调查了0～17岁儿童616940人,发现各类残疾儿童9852人,其中,智力残疾(含多重残疾)5587人,现残率[②]为0.9%,占全部残疾儿童的56.7%。2006年0～17岁男童、女童和全部儿童中,0～5岁组智力障碍出现率均明显高于6～11岁组和12～17岁组;男童各年龄段智力障碍出现率均高于女童;农村儿童智力障碍出现率在各年龄段均高于城市。见表1-2。

表1-2　0～17岁儿童智力障碍现残率分布情况(%)[③]

年龄(岁)	男	女	城市	农村	合计
0～5	1.3	1.0	0.4	0.9	1.2
6～11	0.9	0.8	0.3	0.6	0.9
12～17	0.8	0.7	0.4	0.5	0.8
合计	1.0	0.8	0.3	0.6	0.9

何惠菊等人采用分层整群随机抽样的方法对三都水族自治县的1982位0～6岁儿童采用丹佛发育筛选测验-中文修订版(DDST)进行筛查,并用Gesell发育量表-中文修订版进行诊断。结果发现,1982名0～6岁儿童中,确诊为智力障碍的为59人,现患率为0.30%(59/1982)。就性别而言,男性儿童确诊为智力障碍41例,现患率为0.38%(41/1093);女性儿童确诊为智力障碍18例,现患率为0.20%(18/889),男性智力障碍现患率显著高于女性儿童。就年龄分布而言,在确诊的59名智力障碍儿童中,0岁—、1岁—、2岁—、3岁—、4岁—、5岁—、6岁—组智力障碍现患率分别为0.15%(3/198)、0.21%(5/234)、0.24%(6/245)、0.27%(8/301)、0.53%(17/318)、0.33%(13/389)、0.24%(7/297),其中4岁—组儿童智力障碍患病率显著高于其他六个年龄组。就城乡分布而言,在确诊的59名智力障碍儿童中,农村儿童为46例,现患率为0.37%(46/1248),县城儿童为13例,现患率为0.18%(13/734),农村患病率显著高于县城。[④]

(二) 障碍程度分布情况

根据第二次全国残疾人抽样调查数据(见表1-3),0～19岁智力障碍儿童中,四级智力障碍(轻度)所占比例最大(48.8%),其次为三级(中度)(28.1%)、二级(重度)(12.75%)、一级(极重度)(10.35%)。随年龄增长,一、二、三级智力障碍所占比例逐渐增加,四级智力障碍所占比例逐渐减少。

---

① 张致祥,等.全国儿童智力低下的现患率研究[J].中国临床心理学,1995(3):134-136.
② 现残率是指残疾人口占调查人数的比率。
③ 表1-2数据来源:熊妮娜,等.2006年中国智力残疾儿童流行情况及致残原因调查[J].中国儿童保健杂志,2009(1):48-50.
④ 何惠菊,韦艳萍,魏萍,等.三都水族自治县0～6岁儿童智力低下的现患率调查及影响因素分析[J].中国妇幼保健,2013,28(13):2103-2106.

表1-3　0～19岁智力障碍儿童按智力损伤程度分布情况(%)[①]

年龄段(岁)	一级	二级	三级	四级
0～4	3.37	7.21	23.37	66.05
5～9	6.19	9.23	23.27	61.31
10～14	19.53	15.43	25.97	39.07
15～19	12.58	18.64	38.33	30.45
0～19	10.35	12.75	28.10	48.80

刘志超等对湖北省智力障碍的地区分布进行了分析,结果发现,湖北省城市调查登记32782人,智力障碍(包括多重残疾中的智力障碍)137人,占调查登记人数的0.42%;农村调查登记68892人,智力残疾815人,占调查登记人数的1.18%,两者之间差异显著。城市和农村地区均以三级智力残疾的比重最多,而在城市地区一、二级智力残疾的比重较农村高,三、四级智力残疾的比重低于农村。这说明农村地区轻度智力残疾的发生率比城市高。农村智力残疾人口中重度和极重度智力残疾(一、二级)与轻度和中度智力残疾(三、四级)之比为1.82:1。[②]

第2节　智力障碍分类

关于智力障碍的分类有多种不同的方法,通常采用的分类方法有两种:按智力受损程度分类和按支持程度分类。

一、按智力受损程度的分类

(一)我国的分类

《残疾人残疾分类和分级》国家标准[③]规定,智力残疾按0～6岁和7岁及以上两个年龄段发育商、智商和适应行为分级。0～6岁儿童发育商小于72分的直接按发育商分级,发育商在72～75分之间的按适应行为分级。7岁及以上按智商、适应行为分级。当两者分值不在同一级时,按适应行为分级。智力残疾分级见表1-4。

表1-4　智力残疾分级

级别	智力发育水平		社会适应能力	
	发育商(DQ) 0～6岁	智商(IQ) 7岁及以上	适应行为(AB)	WHO-DAS II 分值 18岁及以上
一级	≤25	<20	极重度	≥116分
二级	26～39	20～34	重度	106～115分
三级	40～54	35～49	中度	96～105分
四级	55～75	50～69	轻度	52～95分

---

① 表1-3数据来源:中国残疾人联合会.2006年第二次全国残疾人抽样调查:全国残疾人分残疾类别和残疾等级的年龄构成[EB/OL].[2009-04-07]. http://www.cdpf.org.cn/sjcx/content/2008-04/07/content_83889.htm

② 刘志超,陈秋香,刘春英.湖北省智力残疾的地区分布研究[J].武汉大学学报:医学版,2008(5):683-686.

③ 中华人民共和国国家质量监督检验检疫总局,中国国家标准化管理委员会发布.中华人民共和国国家标准[GB/T 26341-2010]:残疾人残疾分类和分级.2011-01-14发布,2011-05-01实施.

适应行为表现：
极重度——不能与人交流、不能自理、不能参与任何活动、身体移动能力很差；需要环境提供全面的支持，全部生活由他人照料。
重度——与人交往能力差、生活方面很难达到自理、运动能力发展较差；需要环境提供广泛的支持，大部分生活由他人照料。
中度——能以简单的方式与人交流、生活能部分自理、能做简单的家务劳动、能参与一些简单的社会活动；需要环境提供有限的支持，部分生活由他人照料。
轻度——能生活自理、能承担一般的家务劳动或工作、对周围环境有较好的辨识能力、能与人交流和交往、能比较正常地参与社会活动；需要环境提供间歇的支持，一般情况下生活不需要他人照料。

注：发育商(DQ)是指衡量婴幼儿智能发展水平的指标。智商(IQ)，即智力商数，是指衡量个体智力发展水平的指标。适应行为(AB)，是指个体实现人们所期待的与其年龄和文化群体相适应的个人独立与社会职责的程度或效果。《世界卫生组织残疾评定量表 II》(WHO Disability Assessment Schedule II，WHO-DAS II) 分值反映的是 18 岁及以上各级智力残疾的活动与参与情况。

(二) 根据 ICF 的分类

世界卫生组织和联合国统计署将 ICF 推荐为国际社会残疾调查与统计的标准。按照 ICF 框架，健康状态可划分为三个部分：身体功能和结构、活动和参与、环境和支持。根据 ICF 各项指标，对各级智力障碍的分类见表 1-5。

表 1-5 按 ICF 对智力障碍进行的分类[①]

	身体结构和功能	活动和参与	环境和支持
智力障碍一级	**身体结构**：严重的神经系统损伤 **身体功能**：几乎没有智力功能和计算与推理能力，注意力、记忆力和方向定位能力极度丧失	**自理和家庭生活**：不能洗漱、穿衣、上厕所、独立生活数日、购物和家务劳动，进食困难，需有人长期照料与监护 **活动**：不能外出、使用交通工具，在家里移动有困难，手的灵活性极度丧失，举起和移动物体极度困难 **理解和交流**：不能与人交谈，在接受语言、非语言信息上极度困难，说话和表达非语言信息极度困难 **人际交往和人际关系**：不能与关系亲密的人或陌生人相处，无法保持友谊，不能结交新朋友 **教育、就业和社区活动**：不能进行学校教育，在经济上无法实现自我供给，无社区活动和娱乐休闲	需要环境在自理、学习和社会参与等方面提供全面的支持，即所需要的支持服务是持久的而且需求度高，在各种环境中都需提供，而且可能为终身需要，这种支持服务通常比广泛的或有限的支持更有强制性，需要更多的人力来参与
智力障碍二级	**身体结构**：重度的神经系统损伤 **身体功能**：智力功能和计算与推理能力很差，注意力和记忆力大部分丧失，方向定位很差	**自理和家庭生活**：不能独立生活数日和购物，洗漱和上厕所很困难，穿衣、家务劳动、进食困难，大多数人需他人照顾 **活动**：不能外出、使用交通工具，在家里移动有困难，手的灵活性很差，举起和移动物体困难 **理解和交流**：与人交谈困难，在接受语言、非语言信息上困难，说话和表达非语言信息困难 **人际交往和人际关系**：不能与陌生人相处，无法保持友谊，不能结交新朋友，与关系亲密的人相处有困难 **教育、就业和社区活动**：进行学校教育困难，在经济上不能自我供给，无社区活动和娱乐休闲	需要环境在自理、学习和社会参与等方面提供广泛的支持，至少在某种环境（如在家中）有持续性、经常性（如每天）的需要，并且没有时间的限制。例如在居家生活中，在自理、活动、交流等方面都需他人的照顾或看护，很少能独立完成某项活动

---

① 李萌，王娜，田宝，等. 国际功能、残疾和健康分类架构在智力残疾标准制定中的应用探讨[J]. 中国康复理论与实践，2004(6)：328-330.

续表

	身体结构和功能	活动和参与	环境和支持
智力障碍三级	**身体结构**：中度的神经系统损伤 **身体功能**：智力功能和计算与推理能力差，注意力和记忆力中度丧失，方向定位差	**自理和家庭生活**：独立生活数日、购物和家务劳动有困难，洗漱、上厕所、穿衣比较困难，进食无明显困难，在适当监护下可自理生活 **活动**：外出、使用交通工具比较困难，在家里移动和举起与移动物体无明显困难，手的灵活性比较差 **理解和交流**：与人交谈比较困难，在接受语言、非语言信息上比较困难，说话和表达非语言信息比较困难 **人际交往和人际关系**：与陌生人相处和保持友谊有困难，不能结交新朋友，与关系亲密的人相处无明显困难 **教育、就业和社区活动**：进行学校教育比较困难，在经济上自我供给有困难，有简单的社区活动和娱乐休闲	需要环境在自理、学习和社会参与等方面提供有限的支持，即所需要的支持服务是经常性的、短时间的需求，但不是间歇性的（如短期的就业训练或是从学校到成人就业阶段衔接的支持）
智力障碍四级	**身体结构**：轻度的神经系统损伤 **身体功能**：智力功能和计算与推理能力比较差，注意力、记忆力和方向定位轻度丧失	**自理和家庭生活**：洗漱、进食、穿衣、上厕所正常，独立生活数日、购物和家务劳动无明显困难，个人生活自理上可以达到完全独立 **活动**：能正常外出、在家里移动、举起和移动物体，手的灵活性比较正常，使用交通工具无明显困难 **理解和交流**：与人交谈无明显困难，在接受语言、非语言信息上无明显困难，说话和表达非语言信息无明显困难 **人际交往和人际关系**：与陌生人相处、保持友谊、结交新朋友无明显困难，与关系亲密的人相处正常 **教育、就业和社区活动**：进行学校教育有一定困难，在经济上自我供给，社区活动和娱乐休闲无明显困难	需要环境在自理、学习和社会参与等方面提供间歇的支持，即以一种零星的、视需要而定的方式提供支持服务。如在进行活动，与他人进行交往和交流，在自理、家庭生活以及工作中，遇到特定困难时需要他人帮助，一般情况下都能独立完成

（三）DSM-5 的分类

DSM-5 与 DSM-4 类似，按照疾病严重程度分为轻度、中度、重度和极重度，但是不同严重程度水平由适应功能决定，而非 DSM-4 中由智商值决定。另外，当智商处于较低水平时，智力评估准确性较差。具体程度分级情况如表 1-6 所示。

表 1-6　智力障碍程度分级在不同维度上的特征[①]

	概念维度	社会维度	应用性维度
轻度	学龄前儿童可能无明显概念上的区别。对于学龄儿童和成人则表现为学业技能的学习困难，包括阅读、写作、算术、时间或金钱的管理，需要一个或多个领域支持帮助才能达到其年龄段预期水平；在成人表现为抽象思维、执行功能（如计划、制定策略、优先级设置、认知灵活性）、短时记忆以及学业技能的应用（如阅读、金钱管理）功能受损。但与同龄人相比，仍有一些解决问题的具体方法	与正常发育的同龄人相比，在社会互动中显得幼稚，例如在准确感知同伴社交线索方面可能存在困难。沟通、对话和语言较其年龄预期更生硬或幼稚。用与年龄相符的方式调节情绪和行为存在困难，在社交场合中能被同龄人察觉。对社交场合的风险理解受限，社交判断幼稚，存在被他人操纵风险（易受骗）	可表现出与年龄相符的自理功能，但与同龄人相比，复杂的日常生活任务仍需帮助。成年后，其所需支持的问题通常涉及食品杂货的购买、交通、组织家庭和照料孩子、营养食物的准备、银行业务和金钱管理。娱乐能力和同龄人相仿，但对幸福感的判断和娱乐的组织需帮助。成年后的职业通常为不强调概念性技能的重复性工作。卫生保健和法律决策及学习胜任技术性职业通常需支持。一般需帮助以供养家庭

---

① 邓红珠，邹小兵. 智力障碍临床解析[J]. 中国实用儿科杂志，2014（7）：485-489.

续表

	概念维度	社会维度	应用性维度
中度	整个发育过程中,患儿的概念性技能明显落后于同龄人。学龄前语言和学前技能发展缓慢;学龄期阅读、写作、算术能力、对时间和金钱的理解在就读期间进展缓慢,与同龄人相比明显受限;成年后,学业技能发展处于基础水平,工作和个人生活中技能应用均需支持。需每天给予持续性帮助以完成日常生活中概念性任务,可能需要有人完全接管这些责任	患儿发育过程中社会交往和交流行为较同龄人存在明显差异。语言交流通常被作为其社交的主要工具,但其语言复杂性远不及同龄人。人际交往能力体现在其与家人、朋友的关系,患者人生中可能有成功的友谊,有些成年后可发展恋爱关系,但可能不能准确感知或解读社交线索。社会判断和决策能力受限,照顾者须协助其作出生活决策。与正常同龄人的友谊通常受其交流、社会性限制影响。工作上的成功需得到有效的社会和交际支持	成年后能照料个人需求,包括吃饭、穿衣、排泄和卫生,虽然这些方面能独立但需长期教育及提醒。成年患者可参与家务,但需长时间教导,并且使其表现达到成人水平需持续支持帮助。可参与仅需要有限概念性和沟通性技能的职业,但需同事、主管等提供大量帮助以达到社会预期,降低工作复杂性以及提供后勤帮助,如行程安排、交通、健康和金钱管理。可发展一些娱乐技能,但通常需额外帮助和长时间的学习机会。仅少数出现适应不良而导致社会问题
重度	获得概念性技能有限,几乎不理解写作性语言或数字、数量、时间及金钱概念。终生需照顾者提供大量支持以解决各种问题	口语词汇和语法非常有限,主要为单字或短语,并可通过其他方式加以补充。语言和交流着重当下发生的事情。语言更多用于社会交流而非阐明事实。患者可理解简单口语和肢体语言。与家庭成员和其他亲近的人交往是愉悦和帮助的主要来源	日常生活各种活动均需帮助,包括吃饭、穿衣、洗澡和排泄。任何时候都需监管。无法做出能愉悦自己或他人的有效决定。成年后参与家务、娱乐和工作需持续帮助和支持。各种技能的习得需长期教导和持续支持。适应不良行为,包括自伤,仅发生于少数患儿
极重度	概念性技能一般涉及实物而非象征性过程。在自我照料、工作和娱乐中利用实物表达意图。具备一定的视空间技能,如基于物体特征的配对和分类。但共患的运动和感知损害可能妨碍其对物体的功能性使用	患者几乎不能理解语言或手势的交流象征。他可能理解一些简单的指令或手势。大部分通过非言语、非象征性交流表达需求和情绪,喜欢和熟悉的家庭成员、照顾者或其他亲近的人之间的关系,并通过手势或情绪暗示发动或回应社会互动。共患的感知觉或躯体损害可能阻碍许多社会活动	患者日常身体护理、健康、安全的所有方面完全依赖于别人,无严重躯体损害者可参加一些家庭日常工作任务,如将菜端到桌子上。主要参与的职业活动为使用物品的简单操作,且需要高强度持续支持。娱乐活动,主要包括听音乐、看电影、散步或参与水上活动,均需他人支持。共患的躯体和感知觉损害常阻碍其参与(非观看)家庭、娱乐和职业活动。适应不良行为发生于少数患儿

二、按支持程度的分类

1992 年,AAMR 在对智力障碍定义修订的第九版中,提出了按个体所需要的支持程度加以分类,见表 1-7。

表 1-7　AAMR(1992)按支持程度对智力障碍的分类

类别	支持程度
间歇的	所需要的支持服务是零星的、视需要而定的(如失业或生病时)
有限的	所需要的支持服务是经常性的、短时间的(如短期的就业训练或从学校到就业的衔接支持)
广泛的	至少在某种环境中有持续性的、经常性的需要，并且没有时间上的限制(如需要在工作中或居家生活中得到长期的支持服务)
全面的	所需要的支持服务是持久的且需求度高，在各种环境中都需要提供，并且可能为终身需要

第3节　智力障碍教育发展历史

一、国外智力障碍教育发展的历史

(一) 起源：伊塔德的贡献

智力障碍教育起源于1800年，当时，法国阿维龙(Aveyron)山区发现了一名11岁左右的野孩维克多(Victor)，维克多被抓住后受到了法国社会、政府、学者和一些学术机构的广泛关注。最早对维克多进行研究的是阿维龙中央学校的自然历史学教授博纳特(A. P. Bonaterre)，他对维克多进行了为期5个月的研究，但收获甚少，于是，他做出了维克多是低能儿的推测。1800年7月20日，维克多被送往巴黎国立聋校，由著名聋教育家斯卡尔(R. C. Sicard)对其进行研究。经过3个月的工作，维克多进步非常有限，法国人类观察者委员会将维克多鉴定为"无法治疗的白痴"(incurable idiot)。于是，斯卡尔决定放弃对维克多的驯化教育，并于1800年12月将他转到国家聋哑研究所医生伊塔德(Jean Marc Gaspard Itard)之手，希望伊塔德从医学的角度对维克多进行驯化及回归人类社会的教育。①

伊塔德接收维克多后，制订了一个系统的教育训练计划，并开始了长达5年的教育训练实验。他采用个别化的方法对维克多进行了系统的训练。为维克多设计了专门的训练目标：① 激发对社会生活的兴趣。② 唤醒对周围环境刺激的敏感性。③ 扩大其思想范围(如教他学习游戏、文化等)。④ 引导其学习说话。⑤ 教他使用符号系统进行沟通，如图片、文字等。经过5年的训练，维克多养成了正常的睡眠、进食和个人卫生习惯，视、听、触、味觉都得到了发展，知道一些常用物品的法文单词，并能依单词拿回物品，学会了一些形容词与动词，可以抄写熟悉的单词，对周围的人产生一些眷念和依赖的情感。

伊塔德对维克多的训练未能取得完全的成功，维克多后期状况甚至有所恶化，到30多岁去世时也未能成为伊塔德理想中的人，但是伊塔德在训练维克多的过程中所进行的一系列尝试与探索成为智力障碍儿童教育的宝贵经验，开创了世界智力障碍教育的先河。伊塔德在他的著作《阿维龙的野孩》(*The Wild Boy of Aveyron*, 1801)中描述了在训练维克多的过程中使用的方法，这些训练材料为之后一个多世纪智力障碍儿童的教育奠定了基础。伊塔德是第一个采用个别教育的方法对特殊儿童进行教育的人，在课程设计上以儿童的需求

---

① 杨汉麟,李贤智. 近代特殊教育的开路先锋——伊塔德驯化野孩教育实验的历史回顾[J]. 华中师范大学学报：人文社会科学版,2007(4)：119-124.

为中心，由此，他被誉为"特殊教育之父"。

（二）发展

另一位对智力障碍教育做出巨大贡献的是法国的精神病医生塞甘。塞甘是伊塔德的学生，受伊塔德的鼓励，塞甘致力于对智力障碍的病因以及教育训练方法的研究。1837年，塞甘在法国巴黎创立了智力障碍儿童教育学校，这是世界上最早的智力障碍教育专门机构之一。① 1846年，他出版了《智力障碍以及其他障碍儿童的精神治疗、卫生保健和教育》(The Moral Treatment, Hygiene, and Education of Idiots and Other Backward Children, 1846)，这是最早的有关智力障碍儿童教育训练的论著。

1849年，塞甘移居美国，继续从事智力障碍儿童的教育训练工作，他先后在美国的不同城市建立了一些专门训练智力障碍儿童的学校。1866年，他出版了另一本著作《智力障碍及其生理治疗的方法》(Idiocy: and its Treatment by the Physiological Method)，书中介绍了纽约"塞甘生理学校"所采用的训练方法，塞甘所表述的一些教育观点直到现在都有一定的影响。例如，重视智力障碍儿童自信与独立能力的发展，全人教育，个别化教学，依据儿童当前的起点进行教学，师生之间融洽相处，等等。后来，他被推选为"美国白痴与低能者教养机构之医疗人员学会"(Association of Medical Officers of American Institutions for Idiotic and Feeble-minded Persons)的首任主席，该协会后来成为美国智力障碍学会（AAMR）。

塞甘的成功深刻地影响了远在罗马的蒙台梭利（Maria Montessori, 1870—1952）。她以其数学天才及受过机械与医学训练的背景，将塞甘的感官训练方法加以修订成为蒙台梭利教材教具，用以对机构中的智力障碍儿童的教育和训练，取得了很好的成效。后来她将此教材教具用于普通儿童，证明其对儿童学习能力的启蒙的确具有显著的功效。蒙台梭利的教育理念与教材教具也因此享誉全球。

美国的智力障碍儿童教育开始于1839年，当时的主要目的是为帕金斯盲校的一些伴有智力障碍的盲童进行教育训练。1948年，韦伯（Herrey Backus Wilbur, 1820—1883）在马萨诸塞州的巴里（Barre）开办了第一所为智力障碍儿童单设的特殊教育学校。随后美国各州陆续开办了智力障碍儿童与成人的教育训练机构。

1859年，德国开办了第一个公立学校的智力障碍儿童特殊班，之后的几十年间，一些欧洲国家也开办了类似的班级。

1896年，美国的罗德岛开办了智力障碍儿童特殊班。1896—1900年间，美国的其他地区陆续开办了此类特殊班级。同一时期，美国的一些地区为母语为非英语的学生开办了"分流班级"(streamer class)，还有一些特殊班级容纳了各种无法在普通班正常跟班就读的学生。

20世纪初期，轻度智力障碍儿童在公立学校的特殊班以及寄宿制的学校或机构中接受教育训练，程度比较严重的智力障碍儿童就留在家中或送至专门的养护机构。20世纪40年代，开始了正常化和去机构化运动，越来越多的智力障碍儿童进入公立学校接受教育。

---

① 肖非.智力落后教育的历史分期问题[C]//纪念《教育史研究》创刊二十周年论文集(5)——中国基础教育史研究,2009:1148-1153.

二、国内智力障碍教育发展的历史

与国外其他国家一样,我国的特殊教育起源于听觉障碍与视觉障碍教育。关于智力障碍的教育,在古代文献中有零星的论述,但还不能算作真正意义上的智力障碍儿童教育。1909年,王我藏主张在学校内设置"低能儿特殊班,课外特别教授";1922年郏爽秋主张校内设"个别辅导班"和"智慧察验班"辅导智力障碍儿童;1921年,江苏省立第三师范附属小学设立了"特殊学级",招收智能不足的"劣等生"入学,取得了一定的成效,但因北伐、抗战等原因,未能及时继续深入、普及和推广。[①] 真正意义上的智力障碍儿童教育的开展则是20世纪中期以后。

(一) 起源

1958年,北京市教育局决定在北京市第二聋哑学校成立智力障碍儿童班(当时的名称为"低能班")。1958年12月1日正式开班,招收了14名年龄为6~16岁的智力障碍儿童,该班附属于北京市第二聋哑学校,由学校统一管理,教材由教师自编,大多采用幼儿园的游戏、活动等方法。1963年,该班又招收了9名学生,学校将23名学生分为2个班级进行教学,教师根据学生水平自编算术教材,语文选用聋校和普小教材。1971年,"低能班"被遣散。[②]

1959年7月,旅大市(今大连地区)试办了"智力培育学校",学校先后招收年龄为9~13岁的智力障碍学生67名,在教学过程中,逐渐掌握了这类儿童的特点,对教学内容和教学方法进行了适当的调整,1962年起清理了实际上只进行看管的"痴愚"学生,加强了因人施教、区别对待,该校1963年停办。[③]

1978年年初,上海市教育局领导在恢复正常的教学秩序、建立必要的教育教学常规、重视办学质量的过程中,发现在普通学校中有部分智力障碍儿童难以适应普通教学,需要实施特殊教育。经过研究分析,上海市教育局决定在长宁区先行试点,原上海市第二聋哑学校承担试点任务,委托留苏归国的银春铭老师具体负责该项工作。1978年10月,银春铭老师起草了《关于在上海市第二聋哑学校附设智力落后儿童辅读班的报告》,该报告呈交给上海市教育局。报告中涉及办学的主要内容包括:招生对象及名额、培养目标和任务、学制、课程安排、学生毕业后的安排、招生办法以及在人员和经费上的要求等。1979年春节后新学期的第一天,辅读班开学,24名首批招生的轻度智力障碍儿童被分在2个班学习,标志着我国大陆地区第一个专门为智力障碍儿童开设的特殊教育机构诞生。

智力障碍儿童教育的出现很快受到了社会各界的广泛关注,辅读班的试点经验也得到了及时推广。1979年下半年,上海市第二聋哑学校附设辅读班又新招4个班共44名学生,上海市静安区、闸北区也开办了辅读班,到了1981年,上海市已有9个区开办了辅读班,招收智力障碍儿童590余名,1981年,上海市长宁区辅读学校建立。

继上海之后,北京、天津、山东、黑龙江、吉林、江苏、浙江、湖北、湖南、安徽等也相继创办了

---

① 朴永馨.特殊教育学[M].福州:福建教育出版社,2005:40-41.
② 陈云英.智力落后心理、教育、康复[M].北京:高等教育出版社,2007:9-10.
③ 同上.

智力障碍教育学校(班)。北京市于1981年在东城区新鲜胡同小学、西城区育镕小学试办了两个智力障碍教育辅读班,共收学生24人,1982年,辅读班扩大到5个区、7所小学共附设了9个辅读班。1983年,江苏省江都县创办了我国农村第一个智力障碍儿童辅读班,同时,南通、南京、无锡、常州等市也相继试办了39所智力障碍儿童辅读班(校)。到1985年,全国已有12个省、市试办了160个智力障碍儿童教育班,接受教育的智力障碍儿童达三千余人。

(二) 事业发展

1985年3月,国家教育委员会在上海召开全国弱智教育经验交流会,会议总结交流了自1979年以来各地试办智力障碍教育的经验,研究讨论了进一步发展特殊教育事业的指导思想和方针政策,并形成《全国弱智教育经验交流会纪要》(以下简称《纪要》)。《纪要》明确了在智力障碍儿童教育中的几个重要问题,包括招生对象、试点学校(班)、师资培训、办学形式以及教育教学等。

1989年5月,国务院办公厅转发了由国家教育委员会等部门制定的《关于发展特殊教育的若干意见》(以下简称《若干意见》),该文件就智力障碍教育的布局给予了明确的指导:"弱智教育,城市可以在普通小学、残疾儿童福利机构分散办班或随班就读,也可以集中办校;农村实行就近入学,随班就读,加强个别辅导;有条件的县、乡(镇)也可以办班或办校。"《若干意见》对学制进行了规定:"弱智儿童学校(班)的学制一般为九年。条件不具备的地方,可实行'六·三'分段,先普及六年教育。"该文件还明确了早期发现、早期矫治、早期教育的重要意义,提出"要在特殊教育学校、残疾儿童康复机构和普通幼儿园举办残疾儿童学前班,并依靠家庭的配合,对残疾儿童进行早期智力开发和功能训练"。

1991年10月,国家教育委员会办公厅发布了《关于转发山东省教育委员会〈关于加快发展弱智教育的意见〉的通知》(教基厅[1991]39号)(以下简称《意见》)。《意见》指出:在各类残疾儿童教育中,智力障碍儿童占大多数。做好智力障碍儿童教育工作,对于发展残疾儿童、少年教育具有重要的意义,山东等省的实践表明,加快发展和积极改善智力障碍儿童教育,能够扩大和巩固智力障碍儿童学额,提高智力障碍儿童素质,有利于义务教育的普及。《意见》要求各级教育行政部门要"充分认识弱智教育在整个教育事业尤其是义务教育中的地位和作用,采取切实可行的措施,下大力气抓紧抓好"。要走一条符合我国国情的发展弱智教育的多层次、多形式办学的路子,具体的办学形式为:① 各县(市、区)普遍举办弱智学校;② 乡镇普遍举办弱智儿童附设班;③ 普通学校吸收轻度弱智儿童随班就读。《意见》还就师资培训与待遇、领导与管理等问题进行了规定。

1989年,国家教育委员会委托山东、江苏、北京、辽宁、浙江等省市在15个县、区开展智力障碍儿童随班就读的试点工作。1992年4月,国家教育委员会基础教育司在山东省潍坊市昌乐县召开弱智儿童随班就读现场研讨会。同年7月,国家教育委员会颁发了《关于印发〈弱智儿童随班就读现场研讨会纪要〉的通知》(教基司[1992]31号)(以下简称《纪要》)。《纪要》就随班就读智力障碍儿童的筛查与鉴定、教学工作、师资、管理等问题进行了梳理,要求已经开展智力障碍儿童随班就读的省、市继续实验,并逐步推广实验成果,同时,要重视智力障碍学校建设,发挥其骨干作用,帮助当地开展智力障碍儿童随班就读工作。

1994年5月,国家教育委员会基础教育司在江苏盐城召开了全国残疾儿童少年随班就读工作会议,其目的是在交流、总结各地随班就读工作经验的基础上,进一步推动三类残疾儿童少年随班就读工作在全国全面展开,以尽快提高残疾儿童少年的入学率,并保证随班就读的质量。1994年7月,国家教育委员会发布《关于开展残疾儿童少年随班就读工作的试行办法》,对残疾儿童随班就读工作进行了更为明确的规定,智力障碍儿童随班就读工作也得以规范。

经过40年的努力,我国智力障碍儿童接受教育的状况有了极其显著的变化(见表1-8)。

表1-8 2013—2017年智力障碍儿童义务教育统计情况①

年度	培智学校数（所）	班级数（个）	在校学生数				合计
			培智学校(班)		随班就读		
			人数(个)	%	人数(个)	%	
2013	428	9640	92870	50.2	92177	49.8	185047
2014	445	10705	104422	50.8	101239	49.2	205661
2015	458	11929	123120	53.0	108964	47.0	232084
2016	464	13781	142767	54.8	117779	45.2	260546
2017	488	29513	158704	56.9	120105	43.1	278809

(三) 教育教学

1. 智力障碍学校（班）的教育教学

1987年12月,国家教育委员会发布了《关于印发〈全日制弱智学校(班)教学计划〉(征求意见稿)的通知》([87]教初字015号),供全日制弱智学校和普通小学附设的智力障碍班研究试行。该计划规定了全日制弱智学校(班)的培养目标和任务、学制及入学年龄、招生对象及办法、教学组织形式、时间安排、课程设置以及教育教学的注意事项。1994年,国家教育委员会根据国务院颁布的新工时制,对全日制弱智学校的课程(教学)计划进行了调整,除了部分学科的课时外,其他内容不变,同时将原"征求意见稿"改为"试行"方案,该方案在随后很多年的智力障碍儿童教育实践中起到了至关重要的作用。

(1) 培养目标和任务

全日制弱智学校(班)要认真贯彻德、智、体、美全面发展的方针,从弱智儿童身体和智力特点的实际情况出发,对他们进行相应的教育、教学和训练,有效地补偿其智力和适应行为的缺陷。为使他们成为有理想、有道德、有文化、有纪律的社会主义公民,适应社会生活、自食其力的劳动者打下基础。

要培养学生爱祖国、爱人民、爱劳动、爱科学和爱社会主义的国民公德,懂得遵纪守法,讲究文明礼貌。使学生具有阅读、表达和计算的初步能力。发展学生的身心机能,矫正动作缺陷,增强身体素质。培养学生爱美的情趣和良好的生活习惯,具有生活自理能力,并学会一些简单的劳动技能。

(2) 学制和入学年龄

根据城乡各地的不同情况,弱智学校(班)可以实行九年制或六年制。学生的入学年龄以7~9周岁为宜,逐步做到7周岁入学。在校学生年龄一般不超过18周岁。

---

① 资料来源:中华人民共和国教育部.教育统计:特殊教育基本情况[EB/OL].[2018-10-05]. http://www.moe.gov.cn/s78/A03/ghs_left/s182/

(3) 招生对象及办法

弱智学校(班)应以招收轻度智力障碍儿童为主,有条件的也可以招收少量中度智力障碍儿童进行试验教学。

(4) 教学组织形式

弱智学校(班)每班学生以不超过 12 人为宜。实行个别教学或分组教学,充分照顾各个学生的不同情况。

(5) 课程设置

弱智学校(班)共开设 7 门课程,分别是常识、语文、数学、音乐、美工、体育以及劳动技能。

(6) 教育教学

要求弱智学校(班)的教学、训练和各项活动,要把传授知识、技能,进行思想教育和矫正学生的身心缺陷有机地结合起来,发展学生的学习潜力,使他们具有适应社会生活的能力和从事简单生产劳动的初步技能。要求重视劳动技能课的教学,中高年级要因地制宜地开展初步的职业技能教育,为学生毕业后的劳动就业创造条件。

2. 中度智力障碍儿童的教育教学

随班就读的发展也使得过去以轻度智力障碍为主要招生对象的弱智学校面临生源的"调整",越来越多的中度甚至重度智力障碍儿童进入弱智学校,原有的课程、教材以及教学明显不适应发展的需求。为使中度智力障碍儿童能够接受适合于自身特点和需要的教育与训练,1993 年,国家教育委员会基础教育司委托北京、天津市教育局和浙江、四川省教委进行中度智力障碍儿童教育训练实验,并请北京师范大学特殊教育研究中心编写了"中度智力残疾学生教育训练纲要(草案)",供各地实验学校参考。1994 年 10 月,国家教育委员会发布《关于印发〈中度智力残疾学生教育训练纲要(试行)〉的通知》(教基[1994]21 号),该训练纲要明确了中度智力障碍儿童教育训练的目的任务、教育训练对象和学制、确定教育训练纲要的原则、教育训练的内容等问题。

2007 年,教育部颁布了《培智学校课程设置实验方案》,规定了培智学校的培养目标和任务(见本书第 8 章)。

2016 年 12 月,教育部发布了《培智学校义务教育课程标准(2016 年版)》,明确了培智学校生活语文等十门学科的课程性质、基本理念、课程设计思路、课程目标与内容,以及课程实施建议。

3. 智力障碍儿童随班就读的教育教学

(1) 随班就读对象

随班就读对象为轻度智力障碍儿童,有条件的学校可以包括中度智力障碍儿童。对智力障碍儿童(特别是轻度)的确认一定要慎重。一般先由家长或教师提出名单,在筛查小组人员、家长以及班级教师的共同参与下进行严格的筛查,全面了解儿童的病史、家族史及日常行为表现,并进行医学检查,智商测定和教育、行为测定,然后进行综合分析。鉴定小组应当由经过专业培训的医疗、教育、心理等专业人员组成。对被确认为智力障碍的学生要定期复查。对暂不具备筛查鉴定条件的农村地区,对被怀疑智力有问题的学生接收其在普通班就读,暂不作定性结论。智力障碍儿童的鉴定结论应严格保密。

(2) 教育教学

每个班级随班就读的智力障碍儿童以 1~2 人为宜,最多不超过 3 人。

随班就读轻度智力障碍儿童使用的教材一般与普通学生相同,也可以使用智力障碍学校教材。学校可以根据学生的实际情况,对其教学内容作适当调整。对轻度智力障碍儿童的教学要求可以参考智力障碍学校的教学计划、大纲和教材作出安排。对中度智力障碍儿童的教学和训练也应作出适当安排。

智力障碍儿童随班就读的教学应该贯彻因材施教等原则,使智力障碍儿童能在各自的基础上得到提高。

(3) 儿童管理

智力障碍儿童通过随班就读,其学习能力、社会适应能力有明显改善,能跟上普通学生学习进度的,应当不再视为随班就读对象。随班就读智力障碍儿童一般不留级,可视其具体情况,在小学阶段适当延长其学习年限。学习期满,发给毕业证书或完成义务教育证书。要加强智力障碍儿童的学籍管理,不得让其随意停学、停课。

4. 教材编写与教学仪器配置

1992 年,国家教育委员会委托国家教委教学仪器研究所编制了《全日制弱智学校教学仪器配备目录(试行草案)》,该目录列出了智力障碍学校进行语文、数学、常识、音乐、美工、体育、劳动技能等必修课程课堂教学所需要的基本教学仪器,作为智力障碍学校配备教学仪器的指导。

1992 年,国家教育委员会委托上海市教育局编写《特殊教育学校建设标准》,该标准规定了弱智学校的选址与规划、校园用地面积指标、校舍建筑面积指标、校舍建筑标准等。1994 年 7 月,国家教育委员会发布《关于印发〈特殊教育学校建设标准(试行)〉的通知》(教计[1994]162 号),要求各地结合实际情况参照执行。

1992 年,国家教育委员会委托江苏、山东、北京、上海、江西和大连等省、市教育部门编写了全日制培智学校一至九年级七个学科的教材。教材包括常识、语文、数学、音乐、美工等五个学科的教科书和相应的教学参考书,以及体育、劳动技能等两个学科的教师教学用书。

为全面落实《培智学校义务教育课程标准(2016 年版)》,人民教育出版社启动培智学校义务教育实验教科书的编写工作,2017 学年起,培智学校开始使用新编教科书。

 本章小结

智力障碍也称智力残疾,是指智力显著低于一般人水平,并伴有适应行为的障碍。此类残疾是由于神经系统结构、功能障碍,使个体活动和参与受到限制,需要环境提供全面、广泛、有限和间歇的支持。20 世纪之前,人们将智力障碍群体称之为"白痴",随着人们对智力障碍认识的不断深入,在对该群体的称谓、概念的思考与理解上也发生了很大的变化,经历了医学统计模式、双重标准,逐渐形成当今的支持模式。对于智力障碍的分类也随之发生了较大的变化。

智力障碍儿童教育起源于 18 世纪末的法国,开创者为精神病医生伊塔德,他因为研究和训练野孩维克多而创立了一些教育方法,这些方法经他的学生塞甘发展成为最早的智力障碍儿童教育方法。塞甘的感官训练方法对之后的蒙台梭利方法有直接的影响。

国内对智力障碍儿童实施系统的教育开始于 20 世纪中叶,改革开放以后,智力障碍教育事业得到了迅速的发展,20 世纪 80 年代末开始推行的随班就读工作标志着智力障碍儿童教育安置形式的突破,为更多的智力障碍儿童提供了受教育的机会。

思考与练习

1. 我国智力障碍的定义及其分类。
2. 智力障碍的不同分类方法。
3. 国外智力障碍儿童教育的起源与发展。
4. 国内智力障碍儿童教育的发展概况。

第 2 章 智力障碍成因探讨

1. 熟悉出生前、出生时及出生后产生智力障碍的主要原因。
2. 掌握几种遗传因素致病的典型病症。
3. 了解社会心理因素如何导致智力障碍。
4. 了解智力障碍的三级预防。

形成智力障碍的原因十分复杂，涉及范围也很广泛。脑损伤、感染性中毒、代谢或营养障碍、孕期感染、染色体改变、精神病等都可能导致智力障碍。这些因素可以从两个维度来分析：其一是类型，即遗传因素、物理—环境因素和社会—心理因素；其二是障碍出现的时间，即出生前、出生时和出生后。本章以时间顺序为主线，兼顾类型等因素进行阐述，同时介绍智力障碍的三级预防措施。

第 1 节 出生前的原因

导致出生前产生智力障碍的因素很多，大致上可以归纳为遗传因素与先天获得性异常两大类。

一、遗传因素

智力发育是多基因决定的遗传性状，与多个基因有关，多个基因累积发挥作用；多基因遗传因素对智力的贡献约在 20%～30%，个别的还低于或高于这个比例，有研究证实可以达到 50%。多基因或单基因突变均有可能引起智力障碍，科学家估计智力发育障碍中约 30% 是由于 X 染色体缺陷所致，某些遗传因素是导致重度智力障碍的主要原因之一。调查发现，在 5662 名重度智力低下患者中，28.4% 的病例有遗传缺陷，其中 45% 是唐氏综合征患儿，约 20% 为苯丙酮尿症患儿。[①]

（一）染色体异常

染色体是遗传的重要结构，它是遗传物质 DNA 的载体。在某些条件下，细胞中的染色体组可以发生数量或结构上的改变，这一类变化称为染色体异常，也称染色体畸变。染色体异常可分为染色体数量异常和染色体结构异常两大类。染色体数量异常包括整倍体畸变和

---

① 吴超群. 遗传与智力发育[J]. 中国优生优育，2008(2)：52-59.

非整倍体畸变。整倍体畸变指整个染色体组比正常二倍数成倍增减。非整倍体畸变即在二倍体内,个别染色体或其节段的增减。染色体结构异常主要包括以下几种。缺失:某个染色体断片的丢失。倒位:某个染色体节段上下颠倒。插入:某个染色体节段插入同一染色体或另一染色体中间位置上。易位:某个染色体节段转移到另一染色体上。重复:染色体上个别节段的重复。染色体异常可以自发地产生,称为自发突变。也可以通过物理的、化学的和生物的诱变作用而产生,称为诱发突变,二者在本质上没有太大区别。染色体异常会导致多种缺陷性遗传病,也是引起先天性智力障碍的主要原因之一。北京市儿童医院遗传室对696例5天~16岁的智力障碍儿童进行外周血染色体检查,检出异常染色体核型423例,异常率达60.78%。[①]

1. 唐氏综合征

唐氏综合征又称"21三体征"或先天愚型,是一种先天发育异常综合征。其细胞染色体表现异常,绝大多数病例为第21对染色体三体,即比正常多1条染色体,共47条染色体(正常人46条)。无性别差异,多数患者与母亲分娩时年龄较大有关。

(1) 来源

1866年,英国医生唐(J. L. Down)对一组智力障碍患儿进行系统观察,发现其中部分患儿有特殊面容,他们眼裂小,眼距宽,面部比正常人较宽,眼睛小而上挑,看起来与蒙古人有类同之处,唐当时将这种病叫作蒙古痴呆症(Mongloid idiot),这个名称后来被认为没有医学意义而没有普遍使用。1959年,法国遗传学家勒琼(J. L. Jeune)发现该病是由人体的第21对染色体的三体变异造成的。这也是人类首次发现的染色体缺陷造成的疾病。1961年,"唐氏综合征"(Down syndrome)一词由《柳叶刀》(The Lancet)的编辑首先使用。1965年,世界卫生组织(WHO)正式使用术语"唐氏综合征"。它包含一系列的遗传病,其中最具代表性的是第21对染色体的三体现象。

唐氏综合征发病率高低与人种、生活水准等没有直接联系,据估计每660个新生儿中就有一个患有唐氏综合征,使之成为最常见的染色体变异。统计显示,高龄初产妇会加剧婴儿患有唐氏综合征的风险(见表2-1),其原因是随着产妇年龄的增加,卵子形成过程中会引起染色体不分离现象的增加。研究发现,大约20%左右的唐氏综合征是源于母亲的高龄。

表2-1 母亲年龄与21三体综合征发病危险率

母亲的年龄	每次生育的危险率
15~19	1/1850
20~24	1/1600
25~29	1/1350
30~34	1/800
35~39	1/260
40~44	1/100
45~	1/50
全部	1/660

---

① 周敏,马金元,徐樨巍,宋文琪.696例智力低下儿童的染色体分析[J].中国优生与遗传杂志,2010,18(12):53-54.

另外也有多余的染色体来自父亲一方的情况,父方起因和母方起因的比例为1:4。

(2) 特征

唐氏综合征患者面容特殊,短头畸形,颅缝和囟门闭合晚;两外眼角上翘,眼距宽,睫毛短而稀少,深双眼皮;可能出现白内障、斜视、眼震、圆锥形角膜;耳朵上方朝内侧弯曲,耳朵整体看上去呈圆形而且位置较低,外耳道狭窄;鼻梁扁平,口小,舌头比较大并常往外伸出,舌表面有裂纹,出牙晚,牙发育不良,身材矮小;手比较宽,手指较短,小指缺少一个关节,向内弯曲,拇指和食指之间间隔较远,手掌的横向纹路只有一条(即通贯手),脚呈船形,脚趾第一趾与第二趾之间间隔比较大;关节活动度大,皮肤松弛,肌肉紧张度低下,动作笨拙,步态不稳等。患者绝大多数伴有多种脏器的异常,如先天性心脏病、弱视、弱听、消化道畸形等。

唐氏综合征患者的共同特点是智力障碍,智商很少超过60,大多数患者的智商在30～55之间,智商低于30的也不少见。

(3) 唐氏综合征的种类

唐氏综合征可细分为三种类型。

21三体(trisomy 21):这类患者的第21对染色体多出一条,细胞中有47条染色体,占唐氏综合征患者的90%～95%。这大多是由通常第1减数分裂期的不分离造成的,也有在第2减数分裂时发生的情况。患者的父母方通常都携带正常的染色体,婴儿是偶然形成的三体异常。

染色体移位型(translocation):细胞中多出一条染色体,附着在D组(第13,14,15对染色体)或者G组(第21,22对染色体)的染色体上,特别容易出现在第14对或第21对染色体上。这类患者占唐氏综合征患者的5%～6%。移位型中一半左右是偶发性的,也就是父母双方都是正常染色体。另外一半是遗传性移位,即父母有一方携带有这样的染色体,这种类型在家族中常能找到相同病症的亲属。

无色体型(mosaicism):由第21对三体变异染色体结合体(占80%)和正常细胞结合体的体细胞分裂所产生的不分离造成。这类患者表现出来的临床症状较轻,占唐氏综合征患者比例的1%～3%。通常父母双方染色体正常,染色体的不分离在受精卵的细胞分裂过程中偶然发生,造成婴儿的部分细胞三体变异,部分细胞正常,这种情况极为罕见。

2. 脆性X综合征

脆性X综合征(Fragile-X syndrome,简称FXS)也是因染色体异常导致的智力障碍。患者的X染色体末端有一脆性位点,脆性X综合征基本上按连锁遗传的方式遗传。脆性X综合征的发病率在男性人群中大约为1/1200到1/2500,约占男性智力障碍患者的4%～8%,在女性人群中大约为1/5000到1/1650。脆性X染色体通常是源于母方的携带者。

(1) 来源

1940年,遗传学家发现在智力障碍人群中,男性总是多于女性,因此,人们开始怀疑这种智力障碍可能与X染色体有关。1969年前后,研究者发现了一个典型的智力障碍患者家系,在这个家庭里的两个男孩都是智力障碍,通过染色体分析发现他们的细胞内唯一的X色体有别于正常男性的X染色体,表现在X染色体的长臂末端有一脆性位点,容易发生断裂。由此将该病症命名为脆性X综合征。

(2) 特征

携带脆性X染色体的男性通常在幼年不表现出明显的症状,随着年龄的增加,逐渐出现明显可辨的特征,他们一般为长条面型,双耳明显超大,前额和下颌突出,嘴大唇厚。到了青春期后,男性的脆性X综合征患者往往出现巨睾症。许多患者伴有高血压,9%~45%的脆性X综合征的患者有癫痫病史。

脆性X综合征的患者绝大多数为智力障碍,据统计,80%以上的男性患者为中度至极重度智力障碍,少部分患者为轻度智力障碍;女性患者大部分智力正常,30%左右的患者为轻度和中度智力障碍,个别为重度和极重度智力障碍。脆性X综合征个体中存在孤独症的比例为15%~35%。脆性X综合征伴孤独症患者认知能力、语言和适应能力与单独脆性X综合征患者相比较低。大部分患儿平均年龄21个月时被带到初诊医生就诊,并被诊断为生长发育迟缓。[①]

3. 其他染色体异常

(1) 特纳综合征

特纳综合征(Turner's syndrome)为女性缺少一条染色体所致,故又称先天性卵巢发育不全综合征。1938年,特纳(H. H. Turner)发现一名成年女性具有颈蹼、肘外翻、性发育幼稚等三方面特征。1959年福特(C. E. Ford)证实,一例14岁女孩,除具备特纳综合征的表现以外,缺少了一条X染色体。特纳综合征的发病率在女性中约为1/3500,主要是由于卵细胞减数分裂第一次染色体不分离造成缺少X的卵细胞所致。特纳综合征患者一般表现为身材矮小,青春期后常表现原发性无月经或很少,第二性征表现不明显,骨骼异常(肘外翻等)。部分特纳综合征患者表现为智力障碍。

(2) 13三体综合征

1960年,帕套(K. Patau)首次描述13三体综合征(Trisomy 13 syndrome),故也称帕套综合征,发病率为1/2000,女性多于男性。患者表现为小头、前额凸出、小眼、虹膜缺损、角膜浑浊、嗅觉缺失、耳位低、唇腭裂、多指(趾)畸形、手指弯曲、足跟后凸、听力缺陷、肌张力过高等。患者大多表现为严重智力障碍。

(3) 18三体综合征

1960年,爱德华(J. H. Edward)等首次描述18三体综合征(Trisomy 18 syndrome),故也称爱德华综合征,发病率为1/4000,女性多见。患儿表现为生长迟缓、上睑下垂、眼睑畸形、耳位低、小嘴、小下颏、皮肤斑点、食指超过中指并握紧拳头、并指(趾)畸形、足趾大而短、肌张力增高,偶有癫痫发作。患者大多表现为严重智力障碍。

(4) 猫叫综合征

猫叫综合征(Cri du chat syndrome)是5号染色体短臂缺失所致。1963年,勒琼(J. Lejeune)首次命名该病。患儿出生后数周至数月出现像小猫声的哭声,眼间距大、内眦赘皮折叠、短头畸形、满月脸、小颌、肌张力减退和斜视等。患者大多表现为严重智力障碍。

(5) 克莱里菲尔特综合征

1942年,克莱里菲尔特(H. Klinefelter)等首次描述该病,故称为克莱里菲尔特综合征(Klinefelter's syndrome),患者的染色体表型为XXY,仅见于男性。患者身材高大,表现类似无睾丸者的外表,肩宽、头发及体毛稀疏、音调高、乳房女性化和小睾丸,肌张力减低,通常

[①] 沙艳伟,邱乒乒,吴星东. 脆性X染色体综合征临床表型与遗传研究进展[J]. 中国妇幼保健,2011,26(11):1741-1744.

伴有智力障碍,但程度较轻。

(6) 威廉姆斯综合征

1961年,威廉姆斯(J.C.P.Williams)首次描述该病,故称为威廉姆斯综合征(Williams syndrome),患者7号染色体编码弹性蛋白基因区域存在微小缺失,新生儿发病率为1/20000。患者发育迟缓,外貌独特,如宽嘴、杏仁眼、鼻孔上翻、耳朵小而尖,称为"小妖精样"外貌。威廉姆斯综合征患者智力障碍程度较轻,通常表现为音乐能力早熟。

(7) 普瑞德-威利综合征

1956年,普瑞德(A.Prader)以及威利(H.Willi)等人首次描述该病,故称为普瑞德-威利综合征(Prader-Willi syndrome,简称PWS),或普瑞德-威利症候群,俗称"小胖威利"。患者15号染色体q11—q13缺失,新生儿发病率为1/20000,70%的病例是父系X染色体非遗传性缺失所致。普瑞德-威利综合征患者通常表现为肌张力降低、腱反射消失、身材矮小、面容变形、生殖器明显发育障碍。患者一年后出现明显智力障碍。

(8) 安格尔曼综合征

1965年,安格尔曼(H.Angelman)首次描述该病,故称为安格尔曼综合征(Angelman syndrome,简称AS),患者15号染色体q11—q13缺失,该病由母系单基因遗传缺陷所致。患者表现为小头畸形及早期出现癫痫发作等,抗癫痫药治疗不敏感,出现少见的牵线木偶样姿态和运动障碍,常想大笑或微笑样,因此,过去也被称为"快乐木偶综合征"。患者大多表现为严重智力障碍。

因染色体异常而引起智力障碍的还有4短臂缺失综合征(Wolf's syndrome)等染色体异常疾病,虽然发病率很低,但都会导致智力障碍。近年发现,一些细微染色体异常也可引起智力障碍,从而使染色体异常在智力障碍的致病因素中的地位更加引人注目。

(二) 先天代谢性疾病

人体的各种正常的物质代谢过程是分阶段进行的,每一阶段都由特定的酶催化,受酶的功能所控制。当参与代谢的任何一个阶段的酶的活性有缺陷,代谢受阻,即对全身多种器官和系统产生有害的影响,特别对神经系统的影响比较严重,对脑的发育和生理功能有直接的毒性作用。先天代谢性疾病,属常染色体隐性遗传。常见的有苯丙酮尿症,粘多糖IH型,先天性甲状腺功能低下,糖源沉积病Ⅰ、Ⅱ、Ⅲ型,半乳糖病等。

1. 苯丙酮尿症

苯丙酮尿症(Phenylketonuria,简称PKU)是一种遗传性代谢异常疾病,患者由于体内缺乏苯丙氨酸羟化酶,使得苯丙氨酸羟化过程受阻,苯丙氨酸和它的代谢产物在血液中积聚,损伤神经系统,形成智力障碍。我国的发病率约为1/16500。

(1) 来源

1934年,挪威的福林(A.Folling)在家族性智力障碍病患的尿液中发现有特殊陈腐味道,后来知道该物质是苯丙酮酸(phenylpyruvic acid),1937年该病症被正式命名为苯丙酮尿症。苯丙酮尿症是一种隐性遗传疾病,典型的PKU由于肝脏中缺乏苯丙氨酸羟化酶,来自食物中的苯胺酸不能形成酪氨酸,而经转氨酶的作用转变为苯丙酮酸。大量苯丙氨酸及苯丙酮酸聚积在血和脑脊液中并随尿排出。目前已知有五种不同酵素的缺乏会造成此种代谢障碍,包括苯丙氨酸羟化酵素(PAH)、鸟嘌呤核苷三磷酸环化水解酵素(GTPCHI)、丙二酮四氢蝶呤合成酵素(PTPS)、双氢喋啶还原酵素(DHPR)以及蝶呤甲醇胺脱水酵素(PCD)。

(2) 特征

PKU患儿出生时正常,或仅有皮肤湿疹、易呕吐、睡眠不好、容易哭闹等,通常在3~6个月时出现症状,1岁时症状明显。在外貌表现上,患儿在出生数月后因黑色素合成不足,头发逐渐由黑色变为黄色或棕色,皮肤白嫩,虹膜颜色变浅。PKU患者尿和汗液有鼠尿臭味,部分患者伴有行为异常、多动甚或有肌痉挛或癫痫小发作,少数呈现肌张力增高和腱反射亢进。患者智商通常在50以下,表现出明显的智力障碍。

(3) PKU的早期诊断与治疗

PKU为常染色体隐性遗传,是少数可以治疗的遗传代谢性疾病。目前,可以通过新生儿筛查方法,及早发现患儿。如果在发育早期通过干预,限制苯丙氨酸饮食,患儿可能有正常的智力发展。对于典型的PKU患者,通常给予低苯丙氨酸的饮食控制,使血液中苯丙氨酸的含量维持在4~8 mg/dL,但亦需考虑蛋白质、热量等营养的均衡,以维持患者的正常生长。一般认为,饮食控制愈久愈好,至少要维持到6岁。根据国外文献报告,患儿在出生后1个月内治疗,其平均智商为95,1~2个月大才治疗的患者,平均智商为85;而晚期接受治疗或未治疗者,其平均智商为45~53。因此,应力求早期诊断与治疗,以避免神经系统的不可逆损伤。

2. 黏多糖ⅠH型

黏多糖(氨基多糖)是体内结缔组织基质的主要成分,广泛存在于骨、软骨、血管、皮肤、心瓣膜、角膜、肝脾等组织器官内。先天性缺乏各类黏多糖降解所需的水解酶,可导致组织中大量酸性黏多糖分子沉积和尿中黏多糖排泄增多,称为黏多糖病(Mucopolysaccharidosis,简称MPS)。这类患者出生后发育正常,1岁前逐渐出现体征。1岁后发育迟缓,骨骼畸形渐明显;头大,前额突出,颅骨呈舟状畸形;颈短,下胸部和上腰部脊柱后突;鼻梁扁平宽,嘴唇大而外翻,舌大张口,牙齿稀疏而小,牙龈肥厚;面容粗糙,表情淡漠,智力障碍。

3. 先天性甲状腺功能低下

先天性甲状腺功能低下(congenital hypothyroidism)又称先天性克汀病或呆小病,是由于患儿甲状腺先天性缺陷或因母孕期饮食中缺碘所致,是儿童最常见的内分泌疾病之一。甲状腺的主要功能是合成甲状腺素和三碘甲腺原氨酸。甲状腺素加速细胞内氧化过程,促进新陈代谢;促进蛋白质合成、增加酶活性;增进糖的吸收和利用;加速脂肪分解氧化;促进钙、磷在骨质中的合成代谢;促进中枢神经系统的生长发育。因此,当甲状腺功能不足时,可引起代谢障碍、生理功能低下、生长发育迟缓、智力障碍等。

(三) 其他遗传因素

多基因遗传引起的先天性颅脑畸形也会导致智力障碍,如先天性脑积水和小头畸形。

1. 先天性脑积水

先天性脑积水是由于脑脊髓液循环与分泌吸收障碍,过多的脑脊液积于脑室内,脑室内压增高,大脑组织受压。脑积水患者脑组织受损程度因脑组织受到压制而伤害的程度而定。先天性脑积水患儿多在出生后数周头颅开始增大,也有出生时头颅即增大者。脑积水患者前额突出,两眼间距大。先天性脑积水患者大多伴有智力障碍。

2. 小头畸形

头围较正常小儿低于 2 个标准差以上时,称为小头畸形(microcephaly)。引起小头畸形的原因很多,母妊娠早期各种有害因素(感染、营养不良、中毒、放射线)均有可能导致胎儿脑部组织发育不全。代谢异常、染色体畸变(如 21 三体、18 三体、13 三体或其他异常)也常合并小头畸形,还有一些家族遗传性小头畸形。出生时或出生后各种原因(缺氧、感染、外伤)也可引起脑损伤和脑萎缩,头围变小,称之为继发性小头畸形。一般而言,头越小,受损程度越重。小头畸形患者大多伴有智力障碍,据统计,仅有 7.5% 头围低于正常 2~3 个标准差的患者智力正常。

此外,常染色体伴显性遗传,如萎缩性肌强直、结节性硬化等,也可能造成不同程度的智力障碍。

二、先天获得性异常

先天获得性异常是指胎儿非遗传性所获得的异常,如胎儿期感染、胎儿接触放射线造成损伤等。

(一) 胎儿期感染

当孕妇受到环境中病原微生物侵袭而患感染性疾病时,影响严重的可导致胎儿的智力障碍。一般而言,病毒侵害导致智力障碍的敏感期与胎龄大小有关,有随胎龄增大而逐渐递减的趋势。与胎儿智力障碍有关的病原体主要有风疹病毒、巨细胞病毒、单纯疱疹病毒(二型)、弓形体及梅毒螺旋体等。

1. 风疹病毒

风疹是一种通过空气、飞沫传播的呼吸道病毒性传染病,孕妇接触风疹病毒后可能发病或隐性感染。风疹病毒可以通过胎盘使胎儿感染而发生"先天性风疹综合征"(CRS)。孕妇在妊娠期尤其是最初三个月患风疹对胎儿的损害最为严重,可能引起胎儿智力障碍,此外,还可能会导致视、听、心血管等方面的障碍。目前最好的预防办法是接种风疹疫苗,以避免风疹对胎儿带来损害。

2. 巨细胞病毒

巨细胞病毒(CMV)可穿过胎盘感染胎儿,巨细胞病毒感染的临床症状类似一般感冒症状,有发热、头痛、咽痛及颈部淋巴结肿大等。巨细胞病毒感染对胎儿的损害较风疹更为严重,如果不出现流产、早产和死胎,存活儿也往往会在出生后不久因黄疸、溶血性贫血等夭折,幸存者常出现永久性的智力障碍。同时还可能伴有小头畸形、脑积水、癫痫、发育迟缓、痉挛性截瘫以及失明等多种问题。

3. 单纯疱疹病毒

在人群中单纯疱疹病毒传播的机会很多,此类病毒广泛寄生于人体,体表微伤和密切接触为传播的主要途径。单纯疱疹病毒分为两型:Ⅰ型多引起腰以上皮肤疱疹、口腔疱疹及角膜结膜炎;Ⅱ型多引起腰以下皮肤疱疹及外生殖器疱疹。当孕妇感染单纯疱疹病毒后,能通过胎盘传给胎儿,如果产道有感染那么在分娩过程中也能传给新生儿。感染该病毒的新生儿死亡率很高,存活者患神经系统后遗症概率较高。孕妇单纯疱疹病毒感染后并非一定会传给胎儿,应及时做羊水检查,如羊水分离为阳性者则应中止妊娠。

4. 梅毒螺旋体感染

妊娠母体被梅毒螺旋体感染后,通过胎盘传给胎儿,使胎儿感染先天性梅毒。这种感染发生在妊娠4个月胎盘形成之后。多数情况下出现流产、死胎及早产。幸存者往往表现为神经系统损害,出现智力障碍、脑积水、半身不遂等症状。

另外,弓形体病毒也会引起胎儿多种脑部疾病,进而导致智力障碍。

(二)药物毒性损伤

有些孕妇患了流感、高血压等,大量服用四环素、降压灵等药物,这些药物会透过胎盘影响胎儿。此外,孕妇若服用一些激素类药物(如肾上腺皮质激素)、安眠类药物(如利服宁、安定)、抗癌药以及农药等也会影响胎儿智力的正常发育。

(三)放射线和化学毒物的损害

放射线包括X射线、α射线、β射线、γ射线以及电子、中子等粒子的放射线。无论是X射线或其他放射线,均可能使胚胎发育停止继而发生畸形,如果在胎儿期接受了放射线,会使胎儿生长发育迟缓、智力低下。胚胎或胎儿受放射线影响的程度取决于三个因素:放射线种类和剂量;受照射时的发育阶段;胚胎对放射线的敏感性。在胎儿发育的敏感期,孕妇若用大剂量的X射线检查就会增加胎儿小头畸形、脊柱裂和唐氏综合征的危险。

孕妇接触了某些放射性物质和有毒的化学物质,如苯、甲醇等,也可能损害胎儿的发育。根据日本广岛原子弹爆炸20年的跟踪观察,核辐射的远期影响为智力障碍、身材矮小、小头畸形和白血病。胎儿受辐射影响的程度与辐射剂量及妊娠时间有关,辐射剂量越大,智力障碍的发生率越高。

(四)吸烟与饮酒

1. 孕妇吸烟

孕妇吸烟对胎儿生长有很大的危险。烟草中含有12000多种有害物质,如尼古丁、氨、一氧化碳、焦油等。孕妇吸烟能引起流产、早产,这是由于烟毒影响了内分泌和胎盘并发症所致。研究表明,孕妇在吸烟过程中,能把烟草产生的一氧化碳吸收到血液里,同时也使胎儿血液里的一氧化碳增多,血氧含量减少,损害胎儿的智力发育。研究显示,孕妇吸烟会导致胎儿体重低、身材矮小、阅读能力差,婴儿出生时死亡率较正常人高28%。特别值得注意的是,被动吸烟对孕妇的不利影响不亚于孕妇本人吸烟,这是由于很多有害物质在侧流烟气中的浓度高于主流烟气之故。研究显示,孕期被动吸烟对儿童导致的最大危害表现在两个方面:一是低出生体重,二是大脑发育迟缓。[①]

2. 孕妇饮酒

任何微量的酒精,都可以毫无阻挡地通过胎盘进入胎儿体内,对胎儿造成直接损害,同时,酒精还会影响胎盘和子宫的血流量,抑制胎儿中枢神经系统的活动,造成智力障碍。研究发现,孕期大量饮酒,围产期婴儿死亡率增加1~10倍,低体重儿、早产和足月小样儿分别增加8.3~12倍。这些孩子出生后有58%智商低于85,有19%智商低于70。研究者认为,

---

① Herrmann M., King K., Weitzman M. Prenatal Tobacco Smoke and Postnatal Secondhand Smoke Exposure and Child Neurodevelopment[J]. Curr Opin Pediatr, 2008, 20(2): 184-190.

"胎儿酒精综合征"(Fetal Alcohol Syndrome,简称 FAS)便是孕妇饮酒所造成的永久性的出生缺陷。该病症有三个基本症状:其一是有轻-中度智力障碍,中枢神经系统障碍;其二是出生时就表现出身体发育方面的障碍;其三是特殊的面容,患者的面容与唐氏综合征有相似之处,前额突起,眼裂小,斜视,鼻底部深,鼻梁短,鼻孔朝天,上口唇向里收缩,扇风耳,还有心脏及四肢的畸形等。酒精的危害与饮酒的时间和酒量有关,一般来说,越是在妊娠早期,越是饮酒量多,其危害程度也就越大。整个孕期都贯穿了胎儿大脑的发育过程,胎儿生长的高峰是在妊娠的 6 个月以后,这时如继续饮酒,将会给胎儿带来更严重的损害。

三、其他因素

孕妇内分泌失调、妊娠剧吐、营养不良以及长期情绪不佳、先兆流产等都可能给胎儿带来伤害。胎儿在子宫内生长发育,其营养完全依赖于母体供给,在生长过程中不仅需要适当的热量,还需要许多营养物质,在胎内营养不良的婴儿中约有 30% 会有智力障碍。还有研究认为,父母高龄(男 55 岁以上,女 40 岁以上)也可能导致胎儿发育不良和引起智力障碍。

第 2 节 出生时的原因

一、早产和低体重

我国规定妊娠早产儿(premature infant)是指在满 28 孕周至 37 孕周之间(196～258天)出生的新生儿。出生时体重在 2500 克以下的称为低体重儿(low birth weight infant,LBW),出生时体重在 1500 克以下的称为极低体重儿(very low birth weight infant,VLBW)。调查结果显示,我国城市早产儿发生率为 7.8%。[①] 研究者用 Bayley 婴幼儿发育量表对 86 例早产低出生体重婴幼儿(胎龄＜37 周,出生体重＜2500g)进行测试和评估,结果显示,与对照组足月正常出生体重婴幼儿相比,在 6～24 月龄期间,早产低出生体重婴幼儿的智力发育指数(mental development index,MDI)及运动发育指数(psychomotor development index,PDI)均低于正常对照组。[②]

早产儿由于在子宫内发育不良,不仅体重小,且生存能力差。全身脏器的发育不够成熟,免疫功能存在缺陷,体温调节功能不良,呼吸功能、消化功能及免疫功能均差,故很容易发生感染。早产儿出生后在呼吸、进食以及维持生命的其他机能上都有一定的障碍,患病的可能性大。少部分早产儿中枢神经系统发育不良,伴有智力障碍。根据有关追踪调查的研究,早产程度与损害程度之间存在着值得注意的线性相关。研究发现,早产儿童的智力发育水平与胎龄、出生体重有关,胎龄小、出生体重低,智力水平也低。[③] 儿童期随访,IQ 从胎龄

[①] 魏克伦,杨于嘉,姚裕家,等.中国城市早产儿流行病学初步调查报告[J].中国当代儿科杂志,2005,7(1):25-28.
[②] 秦伟,冉霓,衣明纪,傅芮,冯雪英.早产低出生体重婴幼儿智力和运动发育纵向随访研究[J].中国儿童保健杂志,2012,20(1):23-25,31.
[③] 杨茹莱,董文美,大久保俊夫,红林洋子.早产儿童智力发育状况观察[J].浙江医学,2002(3):154-155.

34～36周的112.7逐渐降至胎龄25周的82.1。[①]

在体重小于1500克的早产儿中,约有7%～8%会出现并发症:脑白质软化症。脑白质软化症是指未成熟的脑组织因为缺氧或血流量不足等因素,造成围绕于侧脑室周围的大脑白质因营养不足,导致坏死而形成一些临床上的缺陷。

二、窒息

新生儿窒息是指胎儿娩出后仅有心跳而无呼吸,并出现一系列呼吸衰竭的症状。多数新生儿发生窒息是胎儿缺氧的继续,也有少数是由于产程过长,胎头过度受压,使脑部缺氧。胎儿和新生儿的中枢神经系统对缺氧特别敏感,轻度缺氧时,由于二氧化碳蓄积及呼吸性酸中毒,使交感神经兴奋,代偿性血压升高及心率加快。重度缺氧时,转为迷走神经兴奋,心功能失代偿,心率由快变慢。同时,缺氧使肠蠕动亢进,呼吸运动加深,羊水吸入,出生后可出现新生儿吸入性肺炎。妊娠期慢性缺氧,使胎儿生长受限,分娩期急性缺氧可发生缺血、缺氧性脑病及脑瘫,造成智力障碍。

(一) 胎儿宫内窒息

胎儿宫内窒息也称胎儿宫内窘迫,是指胎儿在子宫内因缺氧和酸中毒危及其健康和生命的综合症状,发病率为2.7%～38.5%。引起胎儿宫内窒息主要有三方面原因:其一是母体血液含氧量不足。胎儿所需的氧来自母体,通过胎盘绒毛间隙进行交换,任何因素引起母体氧含量不足,均可导致胎儿宫内窘迫。其二是母胎间血氧运输及交换障碍。脐带和胎盘是母体与胎儿间氧及营养物质的输送传递通道,由于胎盘功能低下、脐带异常等导致的功能障碍必然影响胎儿氧的供应,导致胎儿窘迫。其三是胎儿自身因素。胎儿严重的心血管疾病、呼吸系统疾病、胎儿畸形、母儿血型不合、胎儿宫内感染、颅内出血及颅脑损伤等,均可导致胎儿宫内窘迫。

胎儿宫内窘迫在分娩过程中极易产生死亡,活产儿在分娩后多易产生新生儿窒息,新生儿颅内出血等。在分娩过程中出现胎儿窘迫不得不用产钳助产时,也易出现合并症。加之宫内窘迫儿易有胎便吸入等,出生后也容易出现肺部疾患。总之,宫内窘迫儿在胎内及娩出后均有众多不利因素,容易导致胎儿或新生儿脑缺氧、脑损伤而产生后遗症,影响婴儿的中枢神经系统,造成智力障碍。

(二) 新生儿窒息

发生新生儿窒息的原因是多方面的。在产程中因缺氧刺激胎儿呼吸中枢,使胎儿早期发生强烈的呼吸运动而吸进大量羊水,造成产时窒息或娩出后新生儿窒息;产程过长、产力异常、羊膜早破、头盆不称者也会出现窒息;新生儿呼吸道阻塞、颅内出血及肺发育不全也会发生新生儿窒息。新生儿窒息缺氧,使各器官都因缺氧而发生退行性变,而以脑部最为严重。脑缺氧的结果将发生脑水肿、脑组织坏死及颅内出血。脑坏死可出现孔洞脑、多囊肿及皮层坏死,脑出血可影响到脑室、脑实质等。新生儿窒息经抢救存活者,可能出现新生儿缺氧缺血性脑病,即由于缺氧和脑血流减少或暂停而导致新生儿的脑损伤,导致

[①] 余章斌,韩树萍,邱玉芳,董小玥,郭锡熔.系统评价早产对儿童智力发育的影响及早期干预作用[J].中国循证儿科杂志,2012,7(2):113-119.

智力障碍。

三、新生儿产伤

新生儿产伤是指在分娩过程中胎儿所受的创伤。产伤可发生在新生儿身体的任何部位，可能是轻微的皮肤损伤，也可能出现严重的内出血，甚至导致新生儿立即死亡。产伤可以是正常分娩中的损伤，也可以是产程延长、胎位异常、骨盆相对狭小、分娩机转不当或手术助产引起的损伤。产伤约占新生儿总数的0.5%～1.2%。常见的产伤有颅内出血、头颅血肿和骨折。发生产伤后的新生儿，轻者短期内恢复正常。少数则会留有终身的病症，如癫痫、智力障碍等。

第3节 出生后的原因

出生后如患脑炎等神经系统疾病、高烧、抽搐、全身麻醉、药物影响、缺氧昏迷、脑外伤、免疫反应性疾病、癫痫、严重营养不良等都可能导致智力障碍。

一、发作性疾病

在出生后的致病因素中以高热惊厥和抽搐的频率最高。肺炎和呼吸道感染都可能引起高烧、抽搐。因婴幼儿早期大脑发育未成熟，十分脆弱，所以，高烧和抽搐容易导致脑细胞功能紊乱，产生脑电节律紊乱，反复、长时间的高烧、抽搐可引起脑损伤而导致智力障碍。

（一）高热惊厥

惊厥是全身或局部骨骼肌群突然发生不自主收缩，神经系统功能暂时紊乱，神经细胞异常放电的现象。高热惊厥也称为热性惊厥，常发生于6个月至3岁间，可分为单纯性和复杂性惊厥。所谓单纯性惊厥指的是发热过程中仅一次孤立性发作，时间短暂，且为全身性惊厥。复杂性惊厥则表现为在一次性发热疾病中有多次惊厥、惊厥时间长。由于婴幼儿的大脑发育尚不完善，一个较弱的刺激也有可能在大脑引起强烈的兴奋与扩散，导致神经细胞突然异常放电而发生惊厥。单纯性高热惊厥预后较好，复杂性高热惊厥可能在多次严重发作之后，遗留行为障碍等后遗症，导致智力障碍，并可能转变为癫痫。

（二）癫痫

癫痫是大脑神经细胞群反复超同步放电而引起的发作性的、突然的、暂时性的脑功能紊乱，是由多种病因引起的脑功能障碍综合征。儿童癫痫的预后取决于病因、病变的性质、发作的类型、病程长短、发作严重程度、恰当的治疗、脑电图改变以及年龄等多方面因素。最常引起智力障碍的是婴儿痉挛性发作，这种类型的癫痫发作多发生在1岁以内，每次发作时，患儿全身肌阵挛性抽搐，偶尔伴有叫喊或微笑，虽然发作频繁，但每次发作时持续的时间仅为1～10秒，很容易被家长忽略。统计发现，未经治疗的婴儿痉挛症有高达95%的比例会出现智力障碍。

二、中枢神经系统疾病

人类的大脑组织外面由一个三层组织的脑膜包围着,它可以保护大脑,使其避免受到伤害。许多微小的生物如细菌、病毒、原生虫等都可能侵犯脑组织。它们可能直接进入脑部进行破坏,也可能借助免疫反应,使脑组织自行破坏或退化。

(一) 脑炎

脑炎主要是脑实质的病变,是由病原体(包括细菌、真菌、螺旋体、寄生虫)以及非特异感染因素所致的中枢神经系统的病变,其中最多见的是病毒所致的脑炎。病毒可侵入整个中枢神经系统,导致脑组织水肿、软化、坏死等,患者表现为高热、头痛、呕吐、嗜睡等症状。脑炎患者的病程轻重不等,轻者及时治疗可以痊愈,重者常呈进行性过程,如持续高热、意识不清、惊厥、嗜睡、昏迷甚至死亡,少数患儿可能遗留不同程度的后遗症,如癫痫、肢体瘫痪、智力障碍等。

(二) 脑膜炎

脑膜炎是指脑膜受到外来的微生物侵袭,而造成发炎发病的现象,是一种急性的颅内感染性疾病。引起脑膜炎的病原体很多,包括细菌、病毒、螺旋体、真菌和寄生虫等,如常见的流行性脑脊髓膜炎(简称流脑),是由脑膜炎球菌引起的化脓性脑膜炎。脑膜炎的典型特征是急性起病,大多伴有发热、头痛、呕吐症状,重症患儿可能出现惊厥、嗜睡、意识改变,甚至昏迷等。脑膜炎可引起脑神经损害、肢体运动障碍、失语、大脑功能不全、癫痫、脑脓肿等,也可能导致智力障碍。

三、脑损伤

儿童因意外(如高处坠落、车祸等)可能会导致脑损伤,进而引起智力障碍。小儿颅腔与脑组织之间的间隙狭窄,脑组织可以活动的幅度较小,由于颅腔内可以用作缓冲的空间较小,轻度脑水肿或出血即可引起脑受压症状。脑损伤可分为原发性损伤和继发性损伤两大类。前者形成于受伤的当时,引起的病变主要为脑震荡、脑挫伤、脑裂伤(后两者常被合称为脑挫裂伤);后者形成于损伤的一段时间以后,常见的病变为脑水肿、出血和血肿等。

四、中毒

(一) 一氧化碳中毒

一氧化碳中毒俗称煤气中毒。一氧化碳有与血红蛋白亲和的特征,其结合力比氧的结合力大 200~500 倍。一氧化碳中毒就是一氧化碳与血红蛋白结合后成为"碳氧血红蛋白"难以分离,导致血红蛋白不能正常与氧气结合,即失去了携带氧的能力,造成缺氧。人的脑组织是全身需氧最多的组织,一旦缺氧就会出现脑水肿、脑坏死、脑软化等。而且脑损伤引起的病变可能会不断恶化,引起智力障碍。

(二) 铅中毒

铅中毒也可造成智力障碍。血铅水平与智商之间存在着负相关,高铅儿童的智商低于低铅儿童,血铅浓度在 100 μg/L 左右时即能对发育产生危害。研究者对 108 名学龄儿童进行血铅、智力和行为测定,并以血铅水平 100 μg/L 为界将受试组儿童分为高血铅组和低血铅组,对智力和行为测试结果进行比较分析,结果发现高血铅组儿童的总智商(FIQ)、言语智商(VIQ)及操作智商(PIQ)均明显低于低血铅组,在各项分测验中,除类同、填图和解码测验差异无统计学意义外,其他七项分测验差异均有统计学意义。① 铅中毒儿童与正常儿童智力情况的对照分析也说明了铅中毒与智力障碍之间的密切联系(见表 2-2)。

表 2-2 儿童血铅≥100 μg/L 组与对照组的智商测试分析②

智商范围	铅中毒组($n=159$)		对照组($n=153$)	
	人数	%	人数	%
55～69	25	15.72	8	5.23
45～54	7	4.4	1	0.65
合计	32	20.12	9	5.88

儿童主要通过接触玩具上的含铅油漆或颜料、吸入含铅量高的灰尘、废气,以及食用含铅量高的食品而摄入铅。儿童铅中毒的机会 85% 左右来自消化道侵入。研究发现,铅到达消化道后,如果成人能吸收 10%,那么儿童就可能吸收 30%～75%,铅中毒对神经系统、肾脏及造血系统都有严重的影响,其中对中枢神经系统的影响最大,可出现癫痫样发作、多动、语言发育障碍、攻击行为等,最为严重的是铅中毒可导致智力障碍,据波士顿儿童医院生理学家和流行病学家贝林格(D. C. Bellinger)的估计,血铅每升高 100 μg/L,儿童的智商就会降低约 1～3 分。③

五、营养不良

某些营养物质是保证脑发育的基础,优质蛋白、脂质等缺乏及某些微量元素及维生素的缺乏都会影响到大脑细胞的生长和神经传导,食物供应不足,特别是蛋白质与维生素不足都会导致营养不良。在生长发育期出现较长期的营养不良会直接影响脑发育,产生智力障碍。严重营养不良包括重症佝偻病、重症贫血、维生素 A 缺乏症、营养不良性水肿等。这些营养不良性疾病多为长期慢性疾患,在此基础上患儿易患各种感染性疾病,且只要有轻微感染就导致这些营养不良儿成为重患,如肺炎、脑膜炎、结核等,则又加重营养不良,形成恶性循环。另外,代谢性疾病、消耗性疾病、进食障碍等容易引起营养缺乏。研究者对广西壮族自治区、甘肃省 4 个贫困县 404 名 5 岁以下儿童进行问卷调查、神经心理发育测验、体格测量、血样检测,结果显示:平均发育商得分 97.66;智力低下率为 12.62%。④ 单纯由营养不良而导致的智力障碍程度较轻。

---

① 陈海生,等.高血铅对儿童智力及行为的影响[J].临床儿科杂志,2008(3):230-232.
② 魏淑萍,任春美.3015 名男女儿童血铅含量测定及铅中毒对儿童智力因素影响的分析[J].中国社区医师,2008(14):143.
③ Bellinger,D. C. Lead[J]. Pediatrics,2004(113):1016-1022.
④ 杜文雯,张兵,等.贫困地区 5 岁以下儿童营养状况对智力发育的影响研究[J].中国健康教育,2011,27(6):408-411.

六、社会心理因素

随着人类对智力障碍问题研究的深入,越来越多的学者关注到社会心理因素在智力障碍形成中的作用。研究表明,绝大多数智力障碍均与社会心理因素有着不同程度的关系,特别是轻度智力障碍。据估计,全世界2/3以上的轻度智力障碍者是由不良的社会心理因素所致,此类患儿没有脑的器质性病变,主要由神经心理损害和感觉剥夺等不良环境因素造成,如严重缺乏早期合适刺激和教育。

国内外的许多调查发现,大量的轻度智力障碍儿童来自社会经济地位不高、文化教育贫乏的家庭。与低收入、贫穷相联系的一系列社会、经济、文化因素与智力障碍有密切的联系。其中主要有不良的教育环境、疾病、不良的医疗服务和语言模式、较低的成就需要等。儿童在早期发育过程中需要得到较多的社会文化、心理和情感方面的刺激和影响。处于社会文化不利环境中的儿童,其智力发展和社会适应能力发展明显受到制约,会远远落后于同龄儿童。同时,应当看到,其中的多种因素是交织在一起的,例如,贫困地区儿童的父母可能没有受过教育,没有职业,收入有限,他们可能缺乏卫生、营养、优生、育儿等方面的知识,由此产生药物使用不当、营养不良等现象,他们的家庭计划不当,容易导致早婚、生育间隔短、生育数量超过其经济能力所能负担的极限,他们没有时间和精力为孩子提供一个良好的生长环境等,种种不良因素很可能使儿童最终表现出轻度智力障碍。研究者曾对陕西省南部秦巴山区智力障碍的社会文化成因进行研究,结果发现:文化条件落后、家庭早期养育方式存在缺陷、父母文化程度较低、环境封闭等因素是造成该地区智力障碍的主要成因。

秦巴山区是我国智力障碍的高发区之一。从1995年起,研究者在宁强、柞水、安康等三个调查点进行了智力障碍流行病学调查,受检儿童数为8462人,检出智力障碍儿童270人,患病率为3.19%,边缘率为4.41%。研究者发现轻度智力障碍儿童多集中在那些母亲是智力障碍或文盲的家庭中,导致该地区儿童智力障碍的社会文化因素为:① 母亲文盲;② 父亲文盲;③ 与儿童交往少;④ 母孕期、婴幼儿期家庭经济条件差;⑤ 家庭文化条件差;⑥ 婴儿期住室光线差;⑦ 语言刺激少;⑧ 缺乏家庭教育;⑨ 家庭不良社会心理因素。[①] 因此在贫困边远地区要特别注意克服由于社会文化环境的不利而对儿童智力发展造成的消极影响。

第4节 智力障碍的预防

智力障碍的病因是多元的,出现的时间也不同。对此,世界卫生组织提出了三级预防模式:一级预防、二级预防及三级预防(见表2-3)。

[①] 李瑞林,张富昌,黄绍平,等. 秦巴山区家庭状况对儿童智力发育的影响[J]. 西安交通大学学报:医学版,2004(5):507-509.

表 2-3　智力障碍的三级预防①

水平	方法	干预
一级预防 （预防障碍的出现）	健康促进	健康教育，特别是针对女性青少年的教育
		改善社区医疗保健设施，提升孕妇营养状况
		改善产前、产程与产后的照料水平
	特殊保护	加碘盐普及
		孕前注射风疹疫苗
		妊娠早期叶酸含量管理
		遗传咨询
		先天性畸形和遗传疾病的产前筛查
		高危妊娠的检测和护理
		预防因 Rh 血型不相容所带来的损伤
		普及儿童免疫接种
二级预防 （控制障碍的进展）	早期诊断与治疗	新生儿可治疗的疾病筛查
		高危婴幼儿干预
		发展迟缓儿童的早期检测与干预
三级预防 （预防并发症及功能最大化）	障碍的限制及康复	提供刺激、训练、教育及就业机会
		回归主流、一体化
		家庭支持
		家长自助团体

一、一级预防

一级预防是指在问题发生前采取措施，消除智力障碍的病因，预防智力障碍的发生。从智力障碍的致病因素上可以看出，通过健康教育、选择最佳生育年龄、遗传咨询、孕前保健、合理营养、避免接触放射线和有毒有害物质、预防感染、谨慎用药、戒烟戒酒等孕前及孕期阶段综合干预，可以减少先天智力障碍的发生。在三级预防策略中，一级预防最为重要。一级预防是积极、主动、有效、经济、无痛苦的预防措施，因此，要以一级预防为主，从源头抓起，从一般人群做起，有效减少智力障碍的发生。

（一）婚前保健

通过婚前卫生指导、婚前医学检查以及婚前卫生咨询等措施以预防可能引起智力障碍的遗传性疾病。《中华人民共和国婚姻法》（2001 年）以及《中华人民共和国母婴保健法》（2017 年修订）对此也有相关规定（见表 2-4）。

---

① World Health Organization：Regional office for South-East Asia. Mental Retardation：from knowledge to action [EB/OL]. [2010-06-01]. http://www.searo.who.int/en/Section1174/Section1199/Section1567/Section1825_8094.htm

表 2-4 相关法律规定

《中华人民共和国婚姻法》(2001 年)第二章第七条规定,有下列情形之一的,禁止结婚:
- 直系血亲和三代以内的旁系血亲。
- 患有医学上认为不应当结婚的疾病。

禁止血亲结婚是优生的要求。人类两性关系的发展证明,血缘过近的亲属间通婚,容易把双方生理上的缺陷遗传给后代,影响家庭幸福,危害民族健康。而没有血缘亲属关系的氏族之间的婚姻,能创造出在体质上和智力上都更加强健的人种。因此,各国法律都禁止一定范围内的血亲结婚。婚姻法禁止结婚的血亲有两类:直系血亲和三代以内旁系血亲。直系血亲包括父母子女间,祖父母、外祖父母与孙子女、外孙子女间;三代以内旁系血亲包括:同源于父母的兄弟姊妹(含同父异母、同母异父的兄弟姊妹)以及不同辈的叔、伯、姑、舅、姨与侄(女)、甥(女)。最常见的近亲婚配为姑表、姨表兄妹间的婚配。由于其细胞中很可能带有来自同一祖先的某些相同隐性遗传病的基因(表兄妹之间的基因约有 1/8 可能相同),如果相同的致病基因相遇,其子女发病机会随之增多。例如:近亲婚配所生的子女中,先天畸形儿和新生儿死亡率比自然群体高 3~4 倍;智力障碍患者,在近亲婚配的子女中比非近亲婚配者高 3.8 倍。由此不难看出近亲婚配的潜在危害。避免近亲结婚是一种效果明显的优生措施,必须加强宣传教育,防患于未然。

什么是医学上认为不应当结婚的疾病,婚姻法没有规定,《中华人民共和国母婴保健法》(2017 年修订)规定:男女双方在结婚登记时,应当持有婚前医学检查证明或者医学鉴定证明(第二章第十二条)。婚前医学检查包括对严重遗传性疾病、指定传染病、有关精神病三类疾病的检查(第二章第八条)。经婚前医学检查,对诊断患有医学上认为不宜生育的严重遗传性疾病的,医师应当向男女双方说明情况,提出医学意见;经男女双方同意,采取长效避孕措施或者施行结扎手术后不生育的,可以结婚(第二章第十条)。

1. 婚前卫生指导

婚前卫生指导是对准备结婚的男女双方进行的以生殖健康为核心,与结婚和生育有关的保健知识的宣传教育。婚前卫生指导的内容主要包括:① 有关性卫生的保健和教育。② 新婚避孕知识及计划生育指导。③ 受孕前的准备、环境和疾病对后代影响等孕前保健知识,例如烟酒对生殖细胞和胚胎的不良作用,由于疾病或其他需要正在应用某些可能有害于受孕的药物时应避免受孕,同时,应注意药物的延续作用影响胚胎发育,另外,在居住或工作的周围环境中,某些理化因素会影响受孕的质量,如放射线、化学毒物等。④ 遗传病的基本知识。⑤ 影响婚育的有关疾病的基本知识。⑥ 其他生殖健康知识。

2. 婚前医学检查

婚前医学检查是对准备结婚的男女双方可能患影响结婚和生育的疾病进行的医学检查,包括询问病史、体格及相关检查。婚前医学检查的主要疾病包括四类:① 严重遗传性疾病:由于遗传因素先天形成,患者全部或部分丧失自主生活能力,子代再现风险高,医学上认为不宜生育的疾病。② 指定传染病:《中华人民共和国传染病防治法》中规定的艾滋病、淋病、梅毒以及医学上认为影响结婚和生育的其他传染病。③ 有关精神病:精神分裂症、躁狂抑郁型精神病以及其他重型精神病。④ 其他与婚育有关的疾病,如重要脏器疾病和生殖系统疾病等。

婚前医学检查单位根据检查结果向当事人出具《婚前医学检查证明》,并在"医学意见"栏内注明:① 双方为直系血亲、三代以内旁系血亲关系,以及医学上认为不宜结婚的疾病。如发现一方或双方患有重度、极重度智力低下,不具有婚姻意识能力;重型精神病,在病情发作期有攻击危害行为的,注明"建议不宜结婚"。② 发现医学上认为不宜生育的严重遗传性疾病或其他重要脏器疾病,以及医学上认为不宜生育的疾病的,注明"建议不宜生育"。③ 发现指定传染病在传染期内、有关精神病在发病期内或其他医学上认为应暂缓结婚的疾病时,注明"建议暂缓结婚";对于婚检发现的可能会终生传染的不在发病期的传染病患者或病原体携带者,在出具婚前检查医学意见时,向受检者说明情况,提出预防、治疗及采取其他医学措施的意见。若受检者坚持结婚,应充分尊重受检双方的意愿,注明"建议采取医学措施,尊重受检者意愿"。同时,婚检医师应当向当事人说明情况,并进行指导。

3. 婚前卫生咨询

婚检医师应针对医学检查结果发现的异常情况以及服务对象提出的具体问题进行解答、交换意见、提供信息,帮助受检对象在知情的基础上作出适宜的决定。医师在提出"不宜结婚""不宜生育"和"暂缓结婚"等医学意见时,应充分尊重服务对象的意愿,耐心、细致地讲明科学道理,对可能产生的后果给予重点解释。

(二) 孕前保健

孕前保健是指为准备妊娠的夫妇提供以健康教育与咨询、孕前医学检查、健康状况评估和健康指导为内容的系列保健服务。

1. 高危人群指导

高危人群是指孕前健康检查结果提示有出生缺陷高发风险因素暴露的人群。主要包括:夫妇双方或家系成员患有某些遗传性疾病或先天性畸形者、曾生育遗传病患儿、不明原因智力障碍的夫妇、35岁以上准备怀孕的妇女、长期接触高危环境因素的育龄男女等。对高危人群要重点做好指导工作,重点进行孕前指导,提供婚育咨询,进行再生育子女出生缺陷再发风险分析。

2. 孕前实验室筛查

待孕妇女可在计划生育技术服务人员指导下在孕前科学选择相应的实验室筛查(见表2-5)。如孕前可筛查风疹病毒和巨细胞病毒的IgG抗体,特定人群可根据情况进行弓形体、单纯疱疹病毒、梅毒螺旋体等相应实验室筛查,减少智力障碍的发生风险。

表2-5 孕前常见病原体抗体实验室筛查技术指导(试行)[①]

一、风疹病毒抗体筛查
免疫功能正常的成人感染风疹病毒一般症状轻微,而孕妇感染风疹病毒却是造成胎儿先天畸形的重要原因之一,特别是在妊娠初期3个月内感染风疹病毒则可能会使胎儿成为先天性风疹综合征患儿,形成多种先天畸形和缺陷。我国约有85%左右的育龄妇女感染过风疹病毒而具备免疫力。 　　建议育龄妇女应在孕前半年筛查风疹病毒IgG抗体,风疹病毒IgG抗体阳性者说明已经具备免疫力,不需要再做风疹病毒抗体相关检测,也不需要注射风疹病毒疫苗;风疹病毒IgG抗体阴性的待孕妇女建议到具备资质的机构接种风疹病毒疫苗,接种疫苗3个月后再怀孕。
二、巨细胞病毒抗体筛查
巨细胞病毒是一种全球性的可引发宫内感染造成胎儿损害的最常见的病原体。巨细胞病毒感染是引发智力迟钝的重要原因之一,仅次于唐氏综合征;先天性耳聋患者中也有一半是由巨细胞病毒感染引起。 　　巨细胞病毒人群感染率高,目前尚无疫苗,也无完全安全有效的治疗药物。孕早期原发感染对胎儿造成的损害远远大于继发感染,原发感染中有30%~40%导致胎儿感染,可能引起不良结果。预防措施主要是及时准确发现孕早期的原发感染。

[①] 国家人口和计划生育委员会.国家人口和计划生育委员会关于开展出生缺陷一级预防工作的指导意见(附件)[S].2007:9.

续表

建议育龄妇女在孕前筛查巨细胞病毒 IgG 抗体,阳性者可不再做相关检测,阴性者建议在孕早期做巨细胞病毒 IgG 抗体亲和指数和 IgM 抗体检测。

巨细胞病毒 IgG 抗体阳性的待孕妇女怀孕后一般不会发生原发感染,孕后可不再做巨细胞病毒抗体检测,但要告知其孕后如有发热、疲倦、头痛、关节肌肉痛、鼻炎、咽炎、咳嗽、转氨酶升高、淋巴细胞数目升高等类似感冒症状出现,应考虑不一定是感冒,而有可能是巨细胞病毒继发感染,应进一步作巨细胞病毒 IgG 抗体亲和指数和 IgM 抗体检测。

三、弓形体抗体筛查

弓形体感染是一种人畜共患性寄生虫病。免疫功能正常的人,弓形体感染不会造成严重危害,但对免疫功能受损的患者影响严重甚至危及生命。当孕妇感染时,不论有无临床表现,弓形体均可通过胎盘传染给胎儿,有 30%～46% 能直接影响胎儿发育,严重致畸,甚至死亡,也可造成流产、死产、早产或增加妊娠并发症。

弓形体传染源为动物。约有 140 多种哺乳动物和一些鸟类均有弓形体寄生,并互相传播,也成为人类的传染源。含弓形体卵囊的动物粪便污染了水源可造成人类感染,家畜的肌肉及奶制品中可能含有弓形体包囊,人类食用未熟的肉品、奶制品也可被感染;与宠物密切接触,手、脸被舔都可能被感染。

由于弓形体感染源清楚、感染途径明确,因此只要告知准备怀孕的妇女在怀孕前半年远离动物、宠物,不生食肉品、奶制品,即可避免弓形体感染,预防效果较好。

无动物、宠物接触史和生食肉类史的待孕妇女,只要免疫功能正常,可不考虑弓形体感染问题,不需检测弓形体。

建议有动物接触史或生食习惯的待孕妇女孕前检测弓形体 IgM 抗体,阳性者建议 3 个月以后再怀孕。孕早期检测弓形体 IgM 抗体阳性者应积极治疗,基本可以防止宫内感染的发生。一般孕早期治疗效果要好于孕晚期。

四、单纯疱疹病毒抗体筛查

单纯疱疹病毒分为 I 型和 II 型两个血清型,I 型主要引起腰部以上、生殖器以外的皮肤黏膜和器官感染,II 型引起腰部以下的皮肤黏膜和器官感染,以生殖器区最常见。但近年来也发现 I 型可引起生殖器感染。我国成人多数已感染过单纯疱疹病毒,I 型较多,II 型较少。

由于多数妇女已经获得抗单纯疱疹病毒的特异性抗体,故血中单纯疱疹病毒含量很少,先天性宫内感染情况很少发生。据文献报告,1983—2003 年近 20 年间,全世界仅报告十几例单纯疱疹病毒宫内感染。因此基本可以不用考虑孕妇单纯疱疹病毒宫内感染,孕前及孕期一般不需作单纯疱疹病毒实验室筛查。孕期若有生殖道单纯疱疹病毒感染体征者,经实验室检测确认感染者,建议行剖宫产术。

五、梅毒螺旋体抗体筛查

梅毒螺旋体感染可以引发梅毒,是一种世界性的性病,近年来我国发病率有上升趋势。若妇女在孕前或孕期感染梅毒,血中的梅毒螺旋体可引起胎儿感染,导致新生儿爆发性脓毒症甚至死亡;有的出生后虽在儿童期无症状,但感染持续存在,到青春前期表现为梅毒三期。建议育龄妇女在孕前进行梅毒螺旋体抗体筛查,阳性者应进一步确诊,及时治疗,治愈后再怀孕,防止胎儿发生先天性梅毒。若孕后感染,应于孕 16 周前治疗,可有效防止胎儿感染。

(三) 孕期及围产期保健

孕期保健是指从确定妊娠之日开始至临产前,为孕妇及胎儿提供的系列保健服务。通过对孕妇和胎儿定期检查,进行系统监护,及时发现并治疗各种合并症,至妊娠足月安全分娩健康新生儿,以保障孕妇和胎儿健康。孕期保健包括健康教育与咨询指导、全身体格检查、产科检查及辅助检查。

临床上将孕 12 周以前称为孕早期,孕 13～27 周末称为孕中期,孕 28 周以后至分娩称为孕晚期。围产期是指围绕新的生命产生前后的一段时期,通常是指母亲怀孕 28 周后到新生儿分娩后 7 天(或 28 天)止,因此,孕晚期与围产期有交叠之处。孕期不同阶段胎儿的发育特点及孕妇的症状、体征不同,保健的内容也有所不同。

1. 孕早期保健

孕早期保健强调早确定妊娠，早给予保健指导，做好高危妊娠的筛查、监护及管理。在受孕的 3~8 周，是胚胎完成各器官、系统、人体外形和四肢发育的关键时期。这个时期称之为胚胎期，也是致畸敏感期。此期的保健要点是避免有害因素对胚胎的致畸影响，对孕妇进行以下保健指导。

（1）保持心情舒畅，避免过度劳累，保证休息、鼓励进食，注意营养。

（2）注意预防感染发烧。体温在 38 度以上，持续 21 小时以上时对胎儿发育有危害，它可以影响胎儿的神经管闭合造成无脑儿或由于胎儿大脑受损使出生后发生小儿痉挛、智力障碍等。

（3）避开有毒有害的作业，如接触农药、化肥、化学制剂、X 光以及高温等工作。

（4）不接触猫、狗等，不吃未经煮熟有可能被弓形体污染的肉食。

（5）不吸烟，并避开吸烟污染的环境；不饮酒。

（6）谨慎用药，应在医生的指导下用药。

2. 孕中期保健

孕中期是胎儿生长发育最快的时期，胎儿各种器官基本定型，并进一步向成熟发育。因此这个时期的保健要点是加强孕期营养、预防贫血、监测胎儿的生长发育。

（1）加强营养，应多摄入富于蛋白质及钙、铁、锌等矿物质和维生素的食物。适量补充铁制剂，预防贫血。

（2）预防或控制妊娠高血压综合征（简称妊高征），在孕中期进行预测试验，对可能发生妊高征的孕妇加强孕期保健，使其不发生或控制其不发展到重度阶段。

3. 围产期保健

孕晚期容易发生一些妊娠并发症，如妊娠高血压综合征、贫血、胎位不正、产前出血、早产、胎膜早破以及感染等，严重地影响母婴健康与安全。因此，要积极防治妊高征、贫血、早产等，对已发现妊娠合并症和并发症的孕妇，加强产前管理，产前检查。

在生产过程中重视产时保健，防感染、防产伤、防出血、防窒息；加强对高危妊娠的产时监护和产程处理。

（四）健康教育

深入开展宣传倡导工作，提高全民预防意识，为减少智力障碍的产生奠定坚实的群众基础。通过健康教育，引导群众树立科学的婚育观念，改变不良生活方式，远离高危环境，避免接触有毒有害物质，均衡营养，预防感染，谨慎用药，戒烟戒酒戒毒，远离宠物，适量运动等，培养健康行为，保证怀孕前后妇女和胎儿健康。

二、二级预防

二级预防是指通过孕期筛查和产前诊断识别胎儿的严重先天缺陷，早期发现伴有智力障碍的疾病，早期干预，缩短现存问题的持续时间，或逆转其效果的措施。

（一）产前筛查与诊断

自从 1966 年克林格（H. P. Klinger）和斯蒂尔（M. W. Steele）、布瑞格（W. R. Breg）成功地进行了羊水培养及染色体核型分析之后，产前诊断的技术和方法不断提高和普及。对有可能生育患严重遗传性疾病或畸形儿的孕妇，抽羊水或取绒毛进行染色体检查、生物化学分析,或进行 B 超、胎儿镜检查,早期诊断胎儿是否患有遗传性疾病或先天畸形。对严重患病的胎儿,可及时终止妊娠,以达到预防其出生的目的,例如,唐氏综合征的产前筛查与诊断(见表 2-6)。

表 2-6　唐氏综合征的产前筛查与诊断

产前筛查:主要方法是抽取孕妇血清,检测母体血清中甲型胎儿蛋白(AFP)和绒毛促进腺激素(HGG)的浓度,结合孕妇预产期、年龄和采血时的孕周,计算出生育唐氏综合征儿的危险系数的方法。检查结果仅是提示本次妊娠发生唐氏综合征的风险率,不是确定性的诊断,所以称之为筛查。如果筛查提示胎儿患唐氏综合征的风险率高,则医生会建议病人进行产前诊断。产前筛查包括孕早期筛查、孕中期筛查以及孕早中期联合筛查三种模式。孕早期筛查通常在妊娠 10~14 周进行。常用于孕早期筛查的血清学指标有 PAPP-A 和 β-HCG;遗传学超声检查指标常用的有 NT 和胎儿鼻骨。结合年龄因素,对于筛查为阳性的患者,可建议进行绒毛活检作胎儿染色体核型分析。孕中期筛查一般在妊娠 15~20 周进行。通过血清学指标,结合年龄因素进行判断,对于孕中期筛查为阳性的患者,可进行羊膜腔穿刺进行胎儿染色体核型分析。孕早中期联合筛查,即孕妇妊娠早期的血清学检查结果在早期检查结束后不告诉孕妇,直至妊娠中期,在孕早期结果的基础上结合孕中期指标统一分析,得出风险比,再告之检测结果。 **产前诊断**:最常采用的是羊膜腔穿刺抽取羊水检查和绒毛活检。 羊膜腔穿刺抽取羊水检查:也称羊膜穿刺,羊水是胎儿的附属物之一,羊水中的细胞来自胎儿的皮肤、消化道、泌尿生殖道的脱屑细胞。这些都是具有遗传情报的细胞。所以利用羊水进行细胞学和生物化学的分析,能正确地反映出胎儿的生理或病理情况而做出诊断。一般是在妊娠 15~20 周后进行。这是一种侵入性诊断性检查。诊断染色体异常的准确性大约是 99.5%。但羊膜穿刺有导致流产的风险,大约是 0.5%~1%。 绒毛活检:绒毛为胎儿的附属物,能反映胎儿的遗传学特征,经子宫颈吸取绒毛检查已逐渐被推广为产前诊断方法之一。临床可将抽取的绒毛组织通过短期培养作染色体核型分析。一般在妊娠 10~12 周进行。它也是一种侵入性的诊断方法。操作要求更高于羊膜腔穿刺,准确性大约是 96%~98%。绒毛活检也有导致流产的风险,大约是 1%~2%。

(二) 随访与监测

对高危儿随访、出生缺陷监测、发育监测等,提供医学、教育和社会等全面帮助,也可以有效地减少高危儿童出现智力障碍。例如,儿童高铅血症和铅中毒的预防(见表 2-7)。

表 2-7　儿童高铅血症和铅中毒预防指南[①]

儿童高铅血症和铅中毒是完全可以预防的。通过环境干预、开展健康教育、有重点地筛查和监测,达到预防和早发现、早干预的目的。 **一、健康教育** 开展广泛的健康教育对预防儿童高铅血症和铅中毒十分重要。通过面对面地宣传与指导、知识讲座、发放宣传资料等,传播铅对儿童毒性作用的相关科学知识,改变人们的知识、态度和行为,预防和减少铅对儿童的危害。 (一) 知识介绍 医务人员应向群众讲解儿童铅中毒的原因、铅对儿童健康的危害、血铅高了怎么办等问题,使群众了解儿童铅中毒的一般知识。 (二) 行为指导 儿童的不良卫生习惯和不当行为可使铅进入体内。通过对家长和儿童的指导,切断铅自环境进入儿童体内的通道。 1. 教育儿童养成勤洗手的好习惯,特别是饭前洗手十分重要。环境中的铅尘可在儿童玩耍时沾污双手,很容易随进食或通过习惯性的手—口动作进入体内,长久如此会造成铅负荷的增高。

---

① 卫生部. 儿童高铅血症和铅中毒预防指南[S]. 卫妇社发[2006]51 号. 2006.

续表

2. 注意儿童个人卫生，勤剪指甲。指甲缝是特别容易藏匿铅尘的部位。
3. 经常清洗儿童的玩具和用品。
4. 经常用干净的湿抹布清洁儿童能触及部位的灰尘。儿童食品及餐具应加罩防尘。
5. 不要带儿童到铅作业工厂附近散步、玩耍。
6. 直接从事铅作业的家庭成员下班前必须更换工作服和洗澡。不应将工作服和儿童衣服一起洗涤。不应在铅作业场所（或工间）为孩子哺乳。
7. 以煤炭为燃料的家庭应多开窗通风。孕妇和儿童尽量避免被动吸烟。
8. 选购儿童餐具应避免彩色图案和伪劣产品。应避免儿童食用皮蛋和老式爆米花机所爆食品等含铅较高的食品。
9. 不能用长时间滞留在管道中的自来水为儿童调制奶粉或烹饪。

（三）营养干预

儿童患营养不良，特别是体内缺乏钙、铁、锌等元素，可使铅的吸收率提高和易感性增强。因此，在日常生活中应确保儿童膳食平衡及各种营养素的供给，教育儿童养成良好的饮食习惯。

1. 儿童应定时进食，避免食用过分油腻的食品。因为空腹和食品过分油腻会增加肠道内铅的吸收。
2. 儿童应经常食用含钙充足的乳制品和豆制品；含铁、锌丰富的动物肝脏，血，肉类，蛋类，海产品；富含维生素 C 的新鲜蔬菜、水果等。

二、筛查与监测

儿童铅中毒的发展是一个缓慢的过程，早期并无典型的临床表现。通过筛查早期发现高铅血症儿童，及时进行干预，以降低铅对儿童机体的毒性作用。同时通过筛查资料分析，以评价环境铅污染状况，进行定期监测。

近年来，我国儿童血铅水平总体上呈下降趋势，大多数城乡儿童血铅水平等于或高于 $200\mu g/L$ 的比例很低，因此无需进行儿童铅中毒普遍筛查。但对于存在或怀疑有工业性铅污染地区，可考虑进行儿童铅中毒的筛查。

对生活或居住在高危地区的 6 岁以下儿童及其他高危人群应进行定期监测：① 居住在冶炼厂、蓄电池厂和其他铅作业工厂附近的；② 父母或同住者从事铅作业劳动的；③ 同胞或伙伴已被明确诊断为儿童铅中毒的。

三、三级预防

三级预防是指通过对患儿的早期筛查，早期诊断，及时治疗，使问题的不利后果受限，并改善个体功能程度的措施，提高患儿生活质量。事实上，我们不可能通过一级预防和二级预防隔断所有的致病因素，采取三级预防旨在减轻智力障碍产生的消极后果。

（一）新生儿筛查与诊断

新生儿疾病筛查是指医疗保健机构在新生儿群体中，用快速、简便、敏感的检验方法，对危及儿童生长发育、导致儿童发育的一些先天性疾病、遗传性疾病进行群体筛检，从而使患儿在临床症状尚未出现疾病表现，而其体内生化、代谢或功能已有变化时就做出早期诊断，并结合有效治疗，避免患儿重要脏器出现不可逆性的损害，保障儿童正常体格发育和智能发育。

新生儿疾病筛查始于 1961 年美国的加斯里（R. Guthrie）教授用于对 PKU 的早期诊断，通过采集新生儿脚后跟的一滴血于特殊滤纸上，制成干血滤纸血样标本，开展大规模人群筛查，且通过饮食治疗使数十名 PKU 患儿避免成为智力障碍儿童。在此基础上，其他疾病的新生儿疾病筛查项目不断增加。《新生儿疾病筛查技术规范》（2010 年版）制定了"苯丙酮尿症和先天性甲状腺功能减低症诊治技术规范"。目前，我国大部分地区开展了先天性甲状腺功能减低症和苯丙酮尿症的筛查。有关先天性甲状腺功能减低症及苯丙酮尿症的预防请参看表 2-8。

表 2-8　先天性甲状腺功能减低症及苯丙酮尿症的预防

先天性甲状腺功能减低症,简称 CH,是因先天性因素使甲状腺激素合成障碍、分泌减少,导致患儿生长障碍,智力发育落后。此类患儿在出生时往往缺乏疾病的特异表现,一般要到 6 个月才逐步出现特有的临床症状,并日趋严重。然而,一旦出现了疾病的临床症状,即使治疗,其智力障碍也难以恢复。由于 CH 患儿在临床上出现较为分散的非特异性表现,临床上早期诊断较为困难,常被误诊。而甲状腺激素对中枢神经系统的发育有重要意义。CH 患儿治疗时间越早,预后越佳,尤其在出生后最初几个月甲状腺激素对正常脑发育至关重要,出生后 2 年内未开始治疗的患者常常有不可逆的智力障碍。由于 CH 早期诊断早期治疗的效果极佳,甲状腺素的替代治疗费用低廉,故世界上开展新生儿疾病筛查的国家和地区均将此病作为首选筛查项目。未经治疗 CH 患儿,表现为智力障碍和生长发育迟缓,俗称"呆小病"。通过新生儿疾病筛查以及早期治疗可以有效预防 CH 导致的智力障碍和身材矮小,其远期预后取决于疾病的发病时间、严重程度及治疗的早晚。

苯丙酮尿症(PKU)主要危害为脑损害,患儿出生时并无异常,未经特殊的治疗,通常在 3～6 个月时开始出现症状,1 岁时最为明显。很多 PKU 患儿在就诊过程中曾被误诊为佝偻病、脑瘫、癫痫、微量元素缺乏等疾患甚或错误地被诊断为"正常",以至延误了治疗时机。因此,PKU 被列为国内外新生儿筛查的重点病种,血液化验是早期诊断 PKU 的关键。研究发现,1 岁以内虽然 82% 的 PKU 患儿出现发育落后、癫痫、烦躁、体臭、湿疹、毛发黄等异常,却只有 34.2% 得以确诊。21.6% 的患儿在 3 岁以后才确诊。研究表明,随年龄增大,患儿症状逐渐加重,确诊年龄越晚,智力损害越严重,从 6 个月～2 岁呈急速进展倾向。对于 PKU 患儿,一旦确诊后要及早治疗,我国 PKU 的发病率是 1∶11000,每年出生的新生儿约两千万,按此发病率计算每年约有 1700 名苯丙酮尿症患儿,如果这些患儿都能得到及时的诊断与干预,可以有效地预防智力障碍儿童的产生。

(二) 早期治疗

随着现代医学的进步,人类对于智力障碍的治疗途径也有了一定的突破。早期发现后,部分患者可通过治疗得到改善,目前已经成熟的治疗技术如对苯丙酮尿症(PKU)和先天性甲状腺功能减低症(CH)的治疗已经被广泛用于临床。有关 PKU 和 CH 的治疗请参看表 2-9。

表 2-9　苯丙酮尿症和先天性甲状腺功能减低症的治疗[①]

治疗原则:一旦确诊,立即治疗,以避免或减轻脑损伤。
苯丙氨酸羟化酶缺乏症
在正常蛋白质摄入情况下,血苯丙氨酸浓度持续 >360μmol/L 两次以上者均应当给予低苯丙氨酸饮食治疗,血苯丙氨酸浓度 ≤360μmol/L 者需定期随访观察。
1. 血苯丙氨酸浓度监测:低苯丙氨酸饮食治疗者,如血苯丙氨酸(Phe)浓度异常,每周监测 1 次;如血 Phe 浓度在理想控制范围内可每月监测 1～2 次,使血苯丙氨酸浓度维持在各年龄组理想控制范围。定期进行体格发育评估,在 1 岁、3 岁、6 岁时进行智能发育评估。
2. 治疗至少持续到青春发育成熟期,提倡终生治疗。
3. 对成年女性 PKU 患者,应当告知怀孕之前半年起严格控制血苯丙氨酸浓度在 120～360μmol/L,直至分娩。
4. 四氢生物蝶呤缺乏症:给予四氢生物蝶呤、神经递质前质(多巴、5-羟色氨酸)等联合治疗。
先天性甲状腺功能减低症
1. 甲状腺激素替代治疗:先天性甲状腺功能减低症患儿给予左旋甲状腺素(L-T4) 治疗,每天剂量 1 次口服。L-T4 初始治疗剂量 6～15 μg/kg/d,使游离甲状腺素(FT4)在 2 周内达到正常范围。在之后的随访中,L-T4 维持剂量必须个体化,根据血 FT4、促甲状腺激素(TSH)浓度调整。血 FT4 应当维持在平均值至正常上限范围之内。高 TSH 血症酌情给予 L-T4 治疗,初始治疗剂量可根据 TSH 升高程度调整。
2. 患者需定期复查 FT4、TSH 浓度,以调整 L-T4 治疗剂量。首次治疗后 2 周复查。如有异常,调整 L-T4 剂量后 1 个月复查。在甲状腺功能正常情况下,1 岁内 2～3 个月复查 1 次,1 岁至 3 岁 3～4 个月复查 1 次,3 岁以上 6 个月复查 1 次。

---

① 卫生部关于印发《新生儿疾病筛查技术规范(2010 年版)》的通知.卫妇社发[2010]96 号.

续表

3. 定期进行体格发育评估,在1岁、3岁、6岁时进行智能发育评估。
4. 甲状腺发育不良、异位者需要终生治疗,其他患儿可在正规治疗2~3年后减药或者停药1个月,复查甲状腺功能、甲状腺B超或者甲状腺同位素扫描(ECT)。如TSH增高或伴有FT4降低者,应当给予L-T4终生治疗;如甲状腺功能正常者为暂时性甲状腺功能减低症,停药并定期随访。

据报道,美国每年通过各种预防途径减少了众多智力障碍的发生,包括通过新生儿筛查和饮食治疗苯丙酮尿症(PKU)减少250例;通过新生儿筛查和甲状腺激素替代治疗导致先天性甲状腺功能减退引起的1000例智力障碍;通过使用抗Rh免疫球蛋白预防新生儿Rh病和严重黄疸导致的1000例智力障碍;通过使用Hib疫苗治疗由Hib疾病引起的5000例智力障碍;通过使用麻疹疫苗减少麻疹脑炎引起的4000例智力障碍。①

 本章小结

人类从胚胎到发展完善需要经历一个漫长而又复杂的过程,其间来自遗传的、物理-环境的以及社会-心理的因素都可能造成智力障碍。

出生前的致病因素主要有遗传因素和先天获得性异常,其中遗传因素包括染色体异常、先天代谢性疾病以及其他遗传因素。唐氏综合征、脆性X综合征、特纳综合征等均为染色体异常所导致,苯丙酮尿症、粘多糖IH型、先天性甲状腺功能低下均为不同类型的先天代谢性疾病,多基因遗传引起的先天性颅脑畸形也会导致智力障碍。当孕妇受到环境中病原微生物侵袭而患感染性疾病时,影响严重的可导致胎儿的智力障碍,主要有风疹病毒、巨细胞病毒、单纯疱疹病毒、弓形体病毒及梅毒螺旋体等。某些药物、放射性物质和有毒的化学物质也可能损害胎儿的发育,胎儿受辐射影响的程度与辐射剂量及妊娠时间有关,辐射剂量越大,智力障碍的发生率越高。此外,孕妇吸烟与饮酒也会影响胎儿智力发育。出生时的致病因素主要有早产和低体重、窒息以及产伤。出生后的致病因素主要包括发作性疾病,如高热惊厥及癫痫等,中枢神经系统疾病如脑炎和脑膜炎等,此外,脑损伤、中毒、营养不良以及社会心理因素等都可能导致智力障碍。随着人类对智力障碍问题研究的深入,越来越多的学者关注到社会心理因素在智力障碍形成中的作用。

智力障碍的三级预防的含义是:一级预防是指在问题发生前采取措施,消除智力障碍的病因,预防智力障碍的发生,主要通过婚前保健、孕前保健、孕期及围产期保健以及健康教育来实现;二级预防是指通过孕期筛查和产前诊断识别胎儿的严重先天缺陷,早期发现伴有智力障碍的疾病,早期干预,缩短现存问题的持续时间,或逆转其效果的措施,主要通过产前筛查与诊断、对高危儿随访、出生缺陷监测、发育监测等实现;三级预防是指通过对患儿的早期筛查,早期诊断,及时治疗,使问题的不利后果受限,并改善个体功能程度的措施,提高患儿生活质量。

---

① Causes and Prevention of Intellectual Disabilities[EB/OL].[2019-03-18]. https://www.thearc.org/what-we-do/resources/fact-sheets/causes-and-prevention

思考与练习

1. 智力障碍的遗传因素主要包括哪些？
2. 如何看待社会心理因素在智力障碍致病因素中的作用？
3. 智力障碍三级预防的含义及主要措施。

第3章 智力障碍儿童的发现与鉴别

学习目标

1. 掌握智力和适应行为的概念。
2. 熟悉智力障碍儿童的筛查与鉴定方法。
3. 了解使用智力测验及适应行为测验的注意事项。
4. 了解常用的智力障碍儿童筛查与鉴定工具。

智力障碍儿童的发现和鉴别是干预与教育的前提。借助多种观察线索及筛查测验便于及时发现可能有障碍的儿童,通过标准化的诊断测验能够进一步明确障碍的性质以及障碍的程度。本章全面介绍智力障碍儿童筛查过程,重点阐述智力障碍鉴定所必需的测验:智力测验及适应行为测验。同时,对常用的筛查及测验工具进行介绍。

第1节 智力障碍儿童筛查

一、观察与筛查测验

实践表明,智力障碍儿童的及早发现与鉴别对于促进儿童的发展有十分积极的作用。不同障碍程度的儿童的表现有较大的差异,一般而言,障碍程度重的儿童更容易在早期发现,而障碍程度轻的儿童,由于在学龄前阶段各方面表现与普通儿童的差异不明显,故难以被发现,往往是当儿童入学以后出现了显著的学习困难,家长或教师才考虑儿童智力发育上的可能问题,错过了发现与干预的最佳时机。

筛查智力障碍儿童常用的方法是观察与筛查测验。

(一)观察

观察是通过有目的、有计划地考察儿童在日常生活、游戏和学习过程中的整体表现,分析儿童发展状况的方法。观察是全面了解儿童身心发展情况的最基本的方法。观察是在自然状态下进行的,观察对象处于正常的生活条件下,其活动及表现都比较自然,观察者可以比较真实地获得儿童的相关信息。

1. 观察的注意事项

(1)观察的准备

在观察前观察者要做好准备,即观察前必须明确观察目的,确定观察的任务和记录要求。必要时制订好观察计划。

（2）观察过程

观察时要充分考虑到观察者对被观察儿童的影响,要尽量使儿童保持自然状态。

（3）观察记录

观察记录要求详细、准确、客观,不仅要记录行为本身,还应记录行为的前因后果,以便依靠客观材料进行分析。为了使记录准确迅速,可以采用适当的辅助手段,如录音、录像等,也可以依靠已经设计好的表格记录。

（4）观察应排除偶然性

儿童行为往往表现出偶然性,因此对儿童的观察一般应反复多次进行。

2. 儿童智力障碍的常见表现

正常儿童的生长发育是有一定规律的,智力障碍儿童往往在某些领域的发展落后于正常儿童,对照儿童的生长发育关键阶段的表现,可以发现儿童智力障碍的迹象。当发现儿童在一定的年龄范围之内,迟迟不能达到所规定的行为模式,应当引起足够的重视。表 3-1 为智力障碍儿童 2 岁以前容易出现的一些危险信号。

表 3-1 　智力障碍儿童 2 岁前可能表现的危险信号[①]

1. 3 个月 　(1) 孩子的颈部仍软弱无力,不能自己抬头。 　(2) 对周围的声音没有反应。 　(3) 见到亲人不会笑。 2. 6 个月 　(1) 孩子双手仍常常紧握,两眼总看着手。 　(2) 两眼对周围的人和物没有反应,见到亲人缺乏兴趣。 　(3) 进食时没有咀嚼活动,常发生吞咽困难。 　(4) 老实躺着,从来不哭,整天睡觉,没有吃和玩的要求,有时被家长误认为"乖"。 3. 9 个月 　(1) 孩子不会翻身,也不会坐。 　(2) 不会抓取近处玩具,也不会将玩具倒手。 4. 12 个月 　(1) 孩子还不会自己爬。 　(2) 不会用拇指、食指配合捏住花生米,也不会捏饼干渣。 　(3) 不会伸出食指,不会用食指指人和物,也不会抠、挖动作。 　(4) 常表现出无目的的多动,注意力不集中,容易烦躁。 5. 18 个月 　(1) 不会站立。 　(2) 不会叫"爸爸""妈妈"。 6. 24 个月 　(1) 不会独自行走。 　(2) 不会按照要求,指出自己的眼、耳、鼻、口等。 　(3) 仍然流口水。

（二）筛查测验

由于儿童智力障碍不容易鉴别,而诊断性智力测验既花时间费用又很昂贵。为此心理学家们发展了智力筛查的方法,其目的是运用尽可能简便的方法,以获得被查儿童在智力发

---

① 育儿网. 智力低下浅析[EB/OL]. [2009-06-01]. http://www.ci123.com/article.php/12195

育方面的信息,并据此确定所测儿童是否需要作进一步诊断性测验和评价。筛查测验可以作为智力测验和评价中的一个环节,省时省力地从大量儿童中初步地筛选出可能有发育问题和障碍的儿童。

1. 筛查测验的作用

(1) 对怀疑有问题的儿童可用此筛查方法客观上加以证实或否定。

(2) 筛查出可能有问题,但在临床上无症状的儿童。

(3) 对高危儿童进行发育监测。

2. 使用筛查测验的注意事项

(1) 筛查工具的性质为筛查性的,并非智商的测定,对儿童目前和将来适应环境的能力和智力高低并无预言作用。

(2) 由于在编制筛查测验时,运用的测试项目比较简单,测验的时间短,因而筛查测验只能对儿童智力发展状况作出粗略的估计,筛查结果只能提示可能发生的问题以及相应的处理方法,不能成为准确评价儿童智力发育水平的依据,不能提示诊断名称。

(3) 为保证结果的有效性,测查方法、工具必须按照标准规定,选择的筛查测验必须适合测试对象的特点,检查者须经严格训练。

二、常用筛查工具

(一) 丹佛发育筛查测验

美国科罗拉多大学医学院弗兰肯堡(W. K. Frankenburg)与多兹(J. B. Dodds)等通过对美国丹佛0~6岁儿童智能发育研究,编制出丹佛发育筛查测验(Denver Developmental Screening Test,简称DDST),并于1967年公开发表。50多年来,DDST在很多国家得以应用。

1. 量表结构

DDST是一种标准化了的儿童发育筛查工具,用于0~6岁儿童。它由104个项目组成,分为四个能区,各能区的意义及举例见表3-2。

表3-2 DDST各能区意义及项目举例

能区	意义	项目举例
个人-社交能区	反映儿童对周围人应答能力和日常生活自理能力	反应性微笑、见生人有反应、用杯子喝水、会脱外衣、能容易地与母亲分开、会扣扣子
精细动作-适应性能区	反映儿童感知能力、用手取物和画图的能力	积木对敲、拇指与食指抓捏、自发乱画、模仿画直线、会挑出较长的线段
语言能区	反映儿童听、理解和运用语言的能力	叫名字有反应、会把两个不同的词组合起来、会说两个反义词
大运动能区	反映儿童对头的控制、坐、爬、站、走、跑、跳、独足站立及身体平衡能力	俯卧举头、翻身、不用支持的坐、独站、会上台阶、独脚跳、脚跟对着脚尖退走

2. 使用方法

在DDST的104个项目中,有的可以通过询问儿童家长来判断,有的需要检查者通过观察儿童对项目的操作情况来判断。

筛查的结果分为正常、可疑、异常及无法解释四种。后三种情况的儿童应在一定时间内复查。若复查结果仍为原样,应进一步检查。该筛查方法的优点在于能筛查出一些可能有问题,但在临床上无症状的患儿,也可以对感到有问题的经检查加以证实或否定;还可对高危婴幼儿(如围产期曾发生过问题的)进行发育监测以便及时发现问题,同时还可能辨别患儿属于哪一个能区发育迟缓而有可能对该能区进行早期干预。

(二) 画人测验

美国明尼苏达大学发展心理学家古德纳夫(F. Goodenough)研究发现,儿童的图画水平与年龄、学业有密切关系,1926年,古德纳夫首次建立了用于能力测量的画人测验(Draw-A-man Test)。将儿童画人作为衡量儿童智力发展水平的标准。1963年,美国学者哈里斯(D. B. Harris)对画人测验方法进行了大量的研究,提出画人测验与智商(IQ)之间有明显的相关。他对画人测验进行了修订,称为古-哈画人测验(Goodenough-Harris Drawing Test)。此后几十年,古-哈画人测验成为评估儿童智力的主要方法之一。在此基础上,日本的小林重雄和城户氏提出了50分评分法。许多研究实践证明,画人测验与韦克斯勒、比纳等智力测验具有很高的相关。

我国心理学家肖孝嵘和张革等在20世纪30年代引进并修订了画人测验。之后,有不少心理学家对画人测验进行了修订和应用。首都儿科所张家健等人修订出《绘人智能测验》及评分方法。随后,傅根跃教授对画人智力测验作了进一步完善。编制了画人智力测验(Draw A Person Test,简称DAPT)和评分方法。新的DAPT评分系统包括14个类,分别为:头、发、眼、耳、鼻、口、颈、躯干、上肢、手、下肢、脚、连接、服饰,除连接这一类外其他各类都按照有(无)、比例、细节以及奖励四个维度来设置评分项目,每类4~8项,共有75个评分项目。[①]

DAPT是一种能引起儿童兴趣、简便易行而且有效的测验方法,主要测定能力智商,适用于6~12岁儿童。研究证明,该测验能够有效地测量儿童智力中非言语的成分。

(三) 瑞文测验

瑞文测验(Combined Raven's Test,简称CRT)原名"渐近矩阵"(progressive matrices),由英国心理学家瑞文(J. C. Raven)1938年创制。几经修订,目前已发展出标准型、彩色型、高级型和联合型,用于测量一个人的观察力及清晰思维的能力。瑞文测验联合型由彩色型的A、AB、B三单元和标准型的C、D、E三单元合成六单元共72题组成。可用于言语障碍或交流不便者的智力测量,亦可作为不同民族不同语种间的跨文化研究工具。一般可团体施测(10~50人),对于幼儿、智力障碍者以及不能自行书写的老年人可个别施测。施测时间约30~40分钟。适用于5~75岁的幼儿、儿童、成年人及老年人。CRT适用于大规模智力筛查或对智力进行初步分等。CRT问世以来,许多国家进行修订并广泛使用。我国学者1985年进行了修订。

(四) 团体儿童智力测验

团体儿童智力测验(GITC)由华东师范大学金瑜教授编制,先在上海地区试用,制订全国常模后于1996年发表。它与韦克斯勒儿童智力量表的结构与内容相似,由语言量表和非语言量表两部分各五个分测验组成,共有以多项选择题形式出现的测题283题。根据测验结果,可得出被试在语言量表、非语言量表和全量表的三种智商分数和各个分测验的量表分数。测验时间大约为60分钟,用于对9~17岁中小学生的一般智力进行团体施测。

---

① 杨仁志,傅根跃. 画人智力测验方法的应用价值[J]. 浙江预防医学,2002(8):50-52.

第 2 节 智力测验

一、智力与智力理论

（一）智力

智力又称为智能，通俗的说法就是人的聪明程度。目前，心理学界对什么是智力尚无统一的定义。有人认为智力是指抽象思维的能力；有人认为智力就是学习能力；也有人认为智力是对环境的适应能力；我国大部分心理学家倾向于用综合的观点来描述智力的性质，即智力指的是人的感觉、知觉、注意、记忆、语言、思维和想象等各种认识能力的综合，其核心是抽象思维能力和解决问题的能力。因此，简要地说，智力就是人们进行认知活动所必需的心理条件的综合。智力是人所共有的一般能力，适用于广泛的活动范围，符合多种活动要求，保证人们较容易和有效地掌握知识。作为一般能力，智力是人的各种特殊能力发展的基础。

（二）智力结构理论

在 20 世纪，对智力本质的研究经历了三个取向变化：60 年代前是因素分析，60—70 年代为信息加工，80 年代后又有人主张智力的层面，不管哪种取向，都认为智力是一种多元的结构。

1. 因素分析理论

因素分析理论对智力的基本假设是：智力是由一些基本的因素构成，通过因素分析可以探查出这些因素结构，进而获知智力的内核。比较有代表性的因素分析理论包括以下几种。

（1）特殊因素理论

19 世纪末 20 世纪初由心理学家桑代克（E. L. Thorndike）提出特殊因素理论。该理论认为智力由许多特殊能力构成，桑代克设想智力由填句、算术推理、词和领会指示所组成。

（2）二因素理论

美国心理学家斯皮尔曼（C. Spearman）于 1904 年提出"二因素"说，认为智力由贯穿于所有智力活动中的一般智力因素（G 因素）和体现在某一特殊能力之中的特殊因素（S 因素）所组成。在斯皮尔曼看来，人完成任何一种作业的过程都是由 G 和 S 两种因素共同决定的。G 因素是一切智力活动的共同基础。虽然人们都有这种智力，但每个人具有这种智力的水平是不同的。S 因素是个人完成各种特殊活动所必须具备的智力。各人的 S 因素既有大小的区别，也有有无的区别。G 因素是智力结构的基础和关键，它代表一般的心理能量，相当于生理能量，各种智力测验的目的就是通过广泛的取样来求得 G 因素。

（3）群因素理论

美国心理学家瑟斯顿（L. L. Thurstone）认为智力内涵中并无所谓一般智力与特殊智力之分，而是由一些彼此独立的基本心理能力组合而成。他提出的七种基本心理能力是：词的理解力、语词运用能力、计算能力、空间知觉能力、记忆能力、知觉速度以及推理能力。

（4）流体智力和晶体智力理论

美国心理学家卡特尔（R. B. Cattell）和霍恩（J. L. Horn）对瑟斯顿的七个因素进行了次

级因素分析,结果发现其中有两个主要因素,分别称为流体智力(fluid intelligence)和晶体智力(crystallized intelligence)。流体智力是一个人生来就能进行智力活动的能力,即学习和解决问题的能力,它依赖于先天的禀赋。晶体智力则是一个人通过其流体智力所学到的并得到完善的能力,是通过学习语言和其他经验而发展起来的。晶体智力依赖于流体智力。

2. 结构理论

结构理论强调智力是一种结构,它是从结构的角度来分析智力的组成因素。比较有代表性的结构理论有以下几种。

(1) 智力三维结构理论

艾森克(H. J. Eysenck)于1953年首先提出此理论。该模式包括三个维度:心理过程(知觉、记忆、推理)、测验材料(语词、计数、空间)和能量(速度、质量)。吉尔福特(J. P. Guilford)在此基础上通过分析检验许多与智力相关的任务提出了新的智力三维结构理论。这三个维度分别是:内容或信息类型、产品或信息表征的形式、操作或心理活动表现的类型。该模型中包含五种内容(视觉的、听觉的、符号的、语义的和行为的)、六种产品(单元、分类、关系、系统、转换和蕴涵)、五种操作(评价、聚合、发散、记忆和认知)。他认为每一智力任务都包含这三个维度。吉尔福德相信,每一个内容—产品—操作的结合(模型中的每一个小立方体)都代表一种独立的心理能力。智力是内容×产品×操作的产物。

(2) 智力层次结构理论

心理学家阜南(P. E. Vernon)于1960年提出。他认为智力是个多层次的心理结构。最高层次是智力的一般因素(G);第二层次分两大群,即言语和教育方面的因素(V∶E)及机械和操作方面的因素(K∶M),叫大因素群;第三层次为小因素群,包括言语、数量、机械信息、空间信息、用手操作等;第四层次为特殊因素,即各种各样的特殊能力。阜南的智力层次结构理论像生物分类学的分类系统那样来划分智力的结构。

(3) 三棱思维结构模型

我国心理学家林崇德于1983年提出。他认为思维是智力的核心成分,三棱思维结构模型(见图3-1)可以解释智力结构,并认为研究智力结构应该从六个方面入手:① 智力的目的,强调智力是人类特有的成功地解决问题的有目的的活动。目的性是智力的根本特点,它反映了人类智力的自觉性、有意性、方向性和能动性,并构成智力结构中的功能因素。② 智力过程,强调智力有着认识或认知的过程。智力活动的框架是这样构成的:确定目标—接受信息—加工编码—概括抽象—操作运用—获得成功。③ 智力的材料或内容。智力的材料分两类:感性的材料(感觉、知觉、表象等)和理性的材料(主要指概念、判断和推理)。④ 智力的反思或监控,强调智力结构中的监控结构,实质是智力活动的自我意识。自我监控有三种功能:定向、控制和调节。自我监控是智力结构中的顶点或最高形式。⑤ 智力的品质,表现在知觉上,有选择性、整体性、理解性、恒常性;表现在记忆上,有意识性、理解性、持久性、再现性;表现在思维上,有敏捷性、灵活性、创造性、批判性和深刻性。智力品质成为区别智力超常、低常和正常的指标。⑥ 智力中的认知因素与非认知因素,强调智力的认知(智力)因素与非认知(非智力)因素之间存在着密切的关系,智力在人的心理现象大系统中,带有浓厚的非认知(非智力)因素的色彩,非认知(非智力)因素具有动力作用、定型作用和补偿作用。在一个完整的智力结构里,应该有智力因素和非智力因素、认知因素和非认知因素,不兼顾这两者的关系,就不能探索智力结构的整体性。

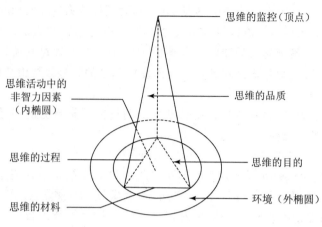

图 3-1　三棱思维结构模型

3. 信息加工理论

信息加工理论认为智力就是为了达到一定的目的，在一定心理结构中进行信息加工的过程。比较有代表性的信息加工理论有以下几种。

(1) 智力 PASS 模型

戴斯(J. P. Das)及其助手们1990年提出。他们认为信息加工的整合包括四个单元：信息输入、感觉登记、中央加工器和指令输出。中央加工器主要包括三种认知成分：同时性加工与继时性加工两种编码过程以及计划过程。

(2) 智力三元论

美国心理学家斯腾伯格(R. J. Sternberg)提出，他认为智力包括三个部分——成分、经验和情境。成分智力是指个人在问题情境中运用知识分析资料，通过思维、判断推理以达到问题解决的能力。它包含三种机能成分：一是元成分，是指人们决定智力问题性质、选择解决问题的策略以及分配资源的过程；二是执行成分，是指人实际执行任务的过程，如词法存取和工作记忆；三是知识习得成分，是指个人筛选相关信息并对已有知识加以整合从而获得新知识的过程。经验智力是指个人运用已有经验解决新问题时整合不同观念所形成的创造能力。情境智力是指个人在日常生活中应用习得的知识经验解决生活实际问题的能力。智力三元论与当代认知心理学的发展相契合，并将传统智力理论中的智力概念扩大了。因此传统智力测验所测的智商只是智力三元论中的成分智力。

(3) 成功智力理论

1996年，斯腾伯格提出成功智力，所谓成功智力就是用以达成人生中主要目标的智力。它能导致个体以目标为导向而采取相应的行动。成功智力理论将分析性智力、创造性智力、实践性智力列为成功智力的三个关键，力图从智慧行为的机能本质上更深入地把握智力的精髓。

4. 多元智力理论

1983年，美国哈佛大学心理系教授加德纳(H. Gardner)提出了关于智力的新理论——多元智力理论。加德纳归纳了八种智力，他认为每种智力都与其他智力相对独立。

（1）逻辑数学智力：包括运算和推理等科学或者数学的一般能力，以及通过数理运算和逻辑推理等辨别逻辑或者数字模式的特殊能力、处理较长推理的能力。

（2）语言智力：这种智力主要是指听、说、读、写的能力，表现为个人能够顺利而高效地利用语言描述事件、表达思想并与人交流的能力，以及对声音、韵律、单词的意义和语言不同功用的敏感能力。

（3）音乐智力：这种智力主要是指谱写歌曲和演奏器乐的能力，包括感受、辨别、记忆、改变和表达音乐的能力，表现为个人对音乐包括节奏、音调、音色和旋律的敏感以及通过作曲、演奏和歌唱等表达音乐的能力，以及对音乐表现形式的欣赏。

（4）空间智力：这种智力主要是指准确感受视觉—空间世界的能力。包括感受、辨别、记忆、改变物体的空间关系，并借此表达思想和情感的能力，表现为对线条、形状、结构、色彩和空间关系的敏感以及通过平面图形和立体造型将它们表现出来的能力。

（5）身体运动智力：这种智力主要是指控制自己身体运动和技术性地处理目标的能力，表现为能够较好地控制自己的身体、对事件能够做出恰当的身体反应以及善于利用身体语言来表达自己的思想和情感的能力。

（6）人际关系智力：这种智力主要是指与人相处和交往的能力，表现为觉察体验他人情绪、情感、气质、意图和需求的能力并据此做出适宜反应的能力。

（7）内省智力：这种智力主要是指认识、洞察和反省自身的能力，表现为能够正确地意识和评价自身的情绪、动机、欲望、个性、意志，并在正确的自我意识和自我评价的基础上形成自尊、自律和自制的能力。

（8）自然智力：这种智力主要指认识动物、植物和自然环境其他部分（比如云或者岩石）的能力。

加德纳认为每一种智力都是一种原始的生物潜能，人人生来都或多或少地具有这些智力潜能。不同的智力组合可以使个人在某一特殊领域才华出众。

二、智力测验

关于智力的结构和内容，尽管不同的心理学派有各自的理论和看法，但都试图通过一定方法对人的智力进行客观的评价以用于指导实践活动，于是就发展出了各种各样的智力测验。

（一）比纳-西蒙智力量表与智力年龄

1904年，法国教育部聘请比纳（A. Binet）和西蒙（T. Simon）设计鉴别智力障碍儿童的工具。1905年，他们发表了《诊断异常儿童智力的新方法》，即比纳-西蒙智力量表（Binet-Simon Scale），这标志着智力测验的正式出现。该测验量表包括30个测验题目，题目内容涉及面广，可对智力的多方面进行测量。1908年，比纳和西蒙对量表进行了第一次修订。测验项目由原来的30个增加到58个；测验的年龄由3岁到15岁，每个年龄组的测验项目为4到5个。1911年，他们对量表进行了第二次修订。比纳-西蒙智力量表奠定了智力测验编制的科学基础。在理论上，比纳-西蒙智力量表首创了智力年龄（Mental Age，简称MA）的概念，并确定了计算智力年龄的方法，即先将量表题目根据难度进行年龄分组，然后根据儿童在量表上通过的题目层次及题目数，确定其智力年龄。

(二) 斯坦福-比纳智力量表与比率智商

比纳-西蒙智力量表问世后迅即传至世界各国,美、英、德、日、意等国都有心理学家分别将其译成本国文字并结合各自的国情加以修订。这当中以推孟(L. Terman)在斯坦福大学先后四次修订(1916年、1937年、1960年、1972年)而成的斯坦福-比纳量表(Stanford-Binet Intelligence Scale)最为著名,修订后的量表包括一系列的分测验,每一个分测验适合一个特定的智力年龄。比纳-西蒙智力量表修订为斯坦福-比纳智力量表后,最大的改变是将原来表示智力高低的智力年龄改用智力商数(Intelligence Quotient,简称IQ)来表示。

智力商数简称智商(IQ),是个人接受智力测验所得到的标准分数。它是测量智力发展水平的一种指标。智商的概念最早由德国心理学家施太伦(L. W. Stern)提出,指智力年龄(简称智龄)除以实际年龄(Chronological Age,简称CA)所得到的商数,称为智力商数或比率智商(ratio IQ)。推孟采用了智商的概念。智商的计算公式如下:

$$智商(IQ) = \frac{智龄(MA)}{实龄(CA)} \times 100$$

智商是智龄除以实龄的得数,所以智商为100者,其智力相当于他的同年龄人的一般水平,属于中等智力;智商高于100,表明智力较佳;智商低于100,则表明智力较差。在一般人口中,智商呈正态分布(normal distribution),即中等水平的居多数,两极端的为少数(见图3-2)。

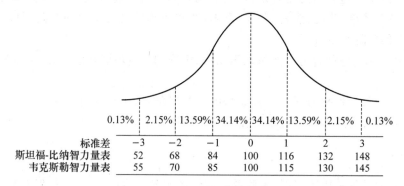

图3-2 标准化智力测验智商分布图

比率智商有一个明显的缺点:随着个体实际年龄的增长,个体的智商将逐渐下降,而且,不同年龄段之间无法进行智力的比较。

(三) 韦克斯勒智力量表与离差智商

韦克斯勒(D. Wechsler)自1934年起开始智力测验的编制研究。1949年,他编制出韦克斯勒儿童智力量表(Wechsler Intelligence Scale for Children,简称WISC),该量表是当今世界上应用最为广泛的儿童智力量表。1955年,韦克斯勒编制了成人智力量表(Wechsler Adult Intelligence Scale,简称WAIS)。1967年,他又编制了韦克斯勒学前和学龄初期儿童智力量表(Wechsler Preschool and Primary Scale of Intelligence,简称WPPSI)。在随后的几十年中,韦克斯勒各种智力量表先后进行了修订,具体情况见表3-3。

表 3-3　韦氏智力量表及其修订情况

	韦氏幼儿智力量表		韦氏儿童智力量表		韦氏成人智力量表	
第一版	WPPSI	1967	WISC	1949	WAIS	1955
第二版	WPPSI-R	1989	WISC-R	1974	WAIS-R	1981
第三版	WPPSI-III	2002	WISC-III	1991	WAIS-III	1997
第四版	WPPSI-IV	2012	WISC-IV	2003	WAIS-IV	2008
第五版			WISC-V	2012		

韦克斯勒改进了智商的计算方法，把比率智商改成离差智商（deviation IQ）。改用离差智商的依据是：人的智力测验分数是按常态分布的，大多数人的智力处于平均水平，离平均数越远，获得该分数的人数就越少。韦克斯勒智力量表以样本中各个年龄组的智力测定结果的平均数为100，标准差为15。这样，一个人的智力就可以用他的测验分数与同一年龄的测验分数相比来表示：

$$IQ = 100 + 15Z,$$
$$Z = (X - \overline{X})/SD,$$

式中，Z代表标准分数（standard score），X代表个体测验得分，$\overline{X}$代表团体的平均分数，SD代表团体分数的标准差。这样，只要我们知道了一个人的测验得分，以及他所属的团体分数和团体分数的标准差，就可以计算出他的离差智商。离差智商是对个体在其同龄人中相对位置的度量，离差智商的出现使不同年龄组的智力之间的比较成为可能。根据韦克斯勒智力量表，人的智力水平可作如下划分：90～109为中等，110～119为中上（聪明），120～129为优秀，130以上为非常优秀；80～89则为中下（迟钝），70～79为临界状态，69以下则为智力障碍。尽管对智商分数的依赖引起一些担忧（见表3-4），但迄今为止，它仍是标准化智力评定的唯一方式。

表 3-4　弗林效应

弗林效应（Flynn Effect）指智商测试的成绩逐年增加的现象。1983年詹姆斯·弗林（J. R. Flyun）声称，他发现了一个重要的趋势：在过去半个世纪中所有发达国家年轻人IQ分数都出现了持续增长，这一发现受到广泛的关注，被称为"弗林效应"。

在智力障碍的鉴别中是否需要考虑"弗林效应"目前尚有不同的看法，但毋庸置疑的是，"弗林效应"确实对于相关政策的制定产生了深远的影响。依照传统的分类标准，IQ高于70，便不属于智力障碍，不能接受智力障碍项目的服务，IQ低于70，则属于智力障碍项目服务的范畴。研究发现，智力障碍儿童在WISC-III测试中的成绩比他们在先前参加的WISC-R测试中的成绩低。在WISC-R测试中的得分略高于70而未被列入智力障碍的儿童在WISC-III会降低5～9分。这就意味着那些智力测试结果刚超过70的儿童会面临一种尴尬的境地，他们很有可能处在是否接受特殊教育服务的边缘地带。

有理由预计，运用WISC-Ⅳ测试有可能将一部分原本处在边缘区域的儿童界定为智力障碍儿童，如何看待这一现象，如何使测试结果尽可能公平，是需要思考的问题。

（四）使用智力测验的注意事项

首先，任何智力测验工具都有测验的标准误（Standard Error of Measurement，简称SEM），因此，应当将测验中得到的IQ分数视为一个范围。例如韦克斯勒儿童智力量表（第三版）全量表IQ的SEM为3.2，这就意味着如果一个儿童通过该量表测得IQ为70，那么其实际IQ应当为67～73（1个SEM范围，66%的可能），或者64～76（2个SEM范围，95%的可能）。有鉴于此，在评估时，应当非常谨慎，尤其是对于测验分数处在边缘状态的对象，更应当综合多方面的情况,最后作出诊断的结论。同时,在划分智力障碍与正常的分界时应当将标准误考虑在内,所以,可以将智力障碍操作定义的临界分数定为 75。

其次,通常认为,一个心理测量工具对于均数左右 2~3 个标准差(SD)以内的评价效果最好。我们现在所使用的智力测验工具,如韦克斯勒儿童智力量表的确可以用于智力障碍的诊断,但韦克斯勒在编制量表时并未打算将量表用于远离均数的人群,事实上,目前还没有一种智力测验工具是专门用来评价极端分数(过高或过低)的人群。因此,在解释测验分数时要注意:愈是偏离均数的极端值,其出现误差的可能性也就愈大。

再次,选择不同的测量工具可能会带来不同的诊断结果。例如,从理论上来说,用韦克斯勒智力量表进行测验,IQ 分数在 70 以下的大约为 2.28%;而斯坦福-比纳智力量表中,IQ 为 70 以下的则超过 3%。根据《2009 年全国人口和计划生育事业发展公报》,到 2009 年年底,我国大陆地区共有人口 13.35 亿,按照上述两个智力测验工具推估的智力障碍人数相差超过 960 万人。

三、常用的智力测验工具

(一)盖塞尔发展诊断量表

美国心理学家盖塞尔(A. Gesell)是盖塞尔发展诊断量表(Gesell Developmental Schedules)的创始人。他认为,婴幼儿随着神经系统不断成熟、分化,产生了相应的行为范型,即神经运动系统对一个特定的情境产生行为反应,这种行为范型随着年龄的增长而成为一个有次序的行为系统。因此,正常的行为范型是成熟的指标。盖塞尔通过对儿童大样本的观察,发现了正常婴幼儿各种行为范型出现的次序和年龄的规律。他认为,以正常行为范型为标准,对儿童进行客观的评定,可以及时发现婴幼儿神经系统的缺陷,以便早期干预。基于这种诊断思想,他编制了盖塞尔发展诊断量表。

1940 年,盖塞尔发展诊断量表第一版正式发表,后经多次修订,被认为是婴幼儿智能测试的经典工具。该量表分别在 1975 年和 1982 年由北京市儿童保健所(现北京市妇幼保健院)和项目协作组完成了 0~3 岁、4~6 岁阶段发育诊断的国内标准化工作。

全量表分为五个能区,共 588 个项目。其中,适应性能区 178 个项目,大运动能区 113 个项目,精细动作能区 58 个项目,语言能区 137 个项目,个人—社交能区 102 个项目。[①] 见表 3-5。

表 3-5 盖塞尔发展诊断量表结构

能区	测试内容
适应行为(178)	对刺激物的组织能力、对物体之间相互关系的知觉能力(把整体分解为部分、把部分按有意义的方式加以组合),包括对物和场景的精细感知运动调节能力、手眼协调能力、解决问题能力及运用工具的能力、对简单问题出现的调节能力
大运动(113)	姿势反应、头的稳定、坐、站、爬、走的能力
精细动作(58)	手的抓握、操纵物体的能力
语言行为(137)	听、理解、表达言语的能力,如对面部表情的理解、发音、说话等
个人社交(102)	是婴幼儿对现实社会文化的个人反应,反映其生活能力及与人交往的能力,如生活自理、游戏、控制大小便、与他人交往等

---

① 田宝,梁爱民,张致祥.残疾人残疾分类和分级国家标准实施手册:智力残疾评定手册[M].北京:华夏出版社,2013.

(二) 韦氏幼儿智力量表

韦氏幼儿智力量表(WPPSI),又称"韦克斯勒学前和学龄初期儿童智力量表"。自 1967 年问世后,历经三次修订,其第四版(WPPSI-IV)依幼儿年龄分为两套测验,分别用于评估 2 岁 6 个月至 3 岁 11 个月幼儿(4 岁前幼儿)和 4 岁 0 个月至 6 岁 11 个月幼儿的认知能力。

用于 4 岁前幼儿的测验施测结果包括总智商、三个主要指数,以及三个辅助指数。总智商由五个核心分测验的分数合成,反映了幼儿的语言接收和表达的基本能力,配合动手操作对看到的视觉图形进行分析和组织的能力,以及反映幼儿记忆当前看到的形象材料的能力。三个主要指数包括言语理解指数(Verbal Comprehension Index ,VCI)、视觉空间指数(Visual Spatial Index,VSI)和工作记忆指数(Working Memory Index,WMI)。分别反映幼儿对语言信息的接收、理解、准确表达能力,对图案材料的分析组织能力,以及对图案材料的短时记忆能力。三个辅助指数包括语言接收指数(Vocabulary Acquisition Index,VAI),非言语指数(Nonverbal Index ,NVI)和一般能力指数(General Ability Index,CAI),分别反映幼儿理解别人讲话及说出常见物品名称的能力、对图片材料反应和思考的能力,以及认知能力。

用于 4~6 岁幼儿的测验施测结果包括总智商、五个主要指数和四个辅助指数。总智商由六个核心分测验的分数合成,反映了幼儿以语言获得的常识性知识和运用语言进行概括、推理和表达的能力,配合动手操作对看到的视觉图形进行分析和组织的能力,根据看到的图片材料寻找其中规律的抽象思考能力,记忆当前看到的形象材料的能力,以及用笔完成指定的涂划任务的能力。五个主要指数包括言语理解指数(VCI)、视觉空间指数(VSI)、流体推理指数(Fluid Reasoning Index,FRI)、工作记忆指数(WMI)和加工速度指数(Processing Speed Index,PSI)。分别反映幼儿对语言信息的概括、理解、准确表达能力,对图案材料的分析组织能力,根据图片材料进行抽象概括、推理等高级思考能力,对图案材料的短时记忆能力,以及快速扫描并辨别视觉图案并动手划记的能力。四个辅助指数包括语言接收指数(VAI)、非言语指数(NVI)、一般能力指数(CAI)和认知效率指数(Cognitive Proficiency Index,CPI)。分别反映幼儿理解别人讲话及说出常见物品名称的能力,对图片材料反应和思考的能力,对具体事物进行抽象思考的能力和认知能力,以及快速做出反应和视觉-动作协调的能力。

(三) 韦氏儿童智力量表

韦氏儿童智力量表(WISC),又称"韦克斯勒儿童智力量表"。适用于评估 6 岁~16 岁 11 个月儿童的智力水平。

2008 年 3 月,由张厚粲教授主持修订的《韦氏儿童智力量表第四版(WISC-IV)》的中文版通过了中国心理测量专业委员会组织的专家鉴定。新修订的 WISC-IV 由 14 个分测验组成。其测量结果提供一个全量表的总智商,用以说明儿童的总体认知能力,同时也导出另外四个合成指数,用以说明儿童在不同领域的认知能力。

(1) 言语理解指数

言语理解指数(Verbal Comprehension Index,简称 VCI)的各个分测验主要是用于测量学习语言的能力、概念形成、抽象思维、分析概括能力。

（2）知觉推理指数

知觉推理指数（Perceptual Reasoning Index，简称 PRI）的各个分测验主要是用于测量人的推理能力、知觉空间、视觉组织等。

（3）工作记忆指数

工作记忆指数（Working Memory Index，简称 WMI）主要是用于测量人的记忆能力，对外来信息的理解应用能力。

（4）加工速度指数

加工速度指数（Processing Speed Index，简称 PSI）主要是用于测量人对外界简单信息的理解速度、记录的速度和准确度、注意力、书写能力等。

WISC-IV 更加细致的分类使得测验结果能对儿童的智力发展情况做更细致的描述，有助于更精确地做临床判断。

WISC-V 于 2014 年在北美公开发行。与 WISC-IV 相比，WISC-V 增加了五个新的辅助分测验，用以评估儿童在与学业相关的阅读、数学和写作领域的认知过程，体现出对特定学习障碍和其他临床表现的敏感性。这些分测验包括命名功能（命名速度和命名数量）和视觉语言联想记忆（即时、延迟和识别符号转换）的评估。

第3节　适应行为评定

一、适应行为

（一）适应行为的定义

适应行为（adaptive behavior）也称适应技能（adaptive skill）、社会适应能力（social competence）、社会成熟。学术界对于什么是适应行为、适应行为的构成要素有哪些尚未有定论。

道尔（E. A. Doll）在 1953 年出版的《社会适应能力测量》（*Measurement of Social Competence*）中首次提出了社会适应能力的定义。他认为，社会适应能力是指人类保持个人独立性和承担社会责任的技能。道尔的定义被 AAMD 所采纳。1961 年，希伯（R. Heber）代表 AAMD 给适应行为所下的定义是：适应行为主要是指个体适应环境中的各种自然要求和社会要求的效能。

1973 年，AAMD 发布的智力障碍定义（第七版）中，将适应行为定义为个体达到其相应的年龄层次及文化群体所要求的独立性和社会责任的能力。1977 年和 1983 年格罗斯曼（H. J. Grossman）又两度对这个定义作了修正。但修正后的定义依然强调适应行为与社会文化背景有关，但是不同的社会有不同的行为准则，所以这样的定义仍具有模糊性。

1984 年，斯帕罗（S. S. Sparrow）等人对适应行为提出了新的看法。他们认为，适应行为是指按个人生活和社会生活的要求独立处理各种日常事务的行为。它不是指某种潜能，而是指日常生活中的一般表现。如果一个人具有某种潜能或能力，但在需要发挥作用的时候没有发挥出来，那么他的适应行为也是有缺陷的。按照这个观点，适应行为的缺陷包括以下几种可能：① 不知道如何操作一个技能（习得缺陷）。② 不知道何时使用所学的技能（操作缺陷）。③ 其他动机因素影响了技能的表现（操作缺陷）。

1992年，AAMR对智力障碍及相关术语的界定进行了第九次修订。在这次修订中，他们把适应行为细分为自我照顾、居家生活、社交技能、沟通、使用社区、自我引导、健康与安全、功能性学业技能、休闲和工作等10项技能（见表3-6）。同时指出，这些适应技能是健全生活的核心所在，并且与智力障碍者需要的支持有关。由于每一适应技能领域的相关技能会随生理年龄的增长而有所变化，因此，在进行功能评估时必须参照个人的生理年龄。

表 3-6 适应行为的含义

- 自我照顾：包括饮食、穿衣、打扮、如厕、个人卫生等方面的能力
- 居家生活：指家庭日常生活的能力，如做家务、整理衣服、购物的计划和预算、居家安全、每日时间的规划等
- 社交技能：主要包括适当和不适当的社交行为
- 沟通：是指通过符号行为和非符号行为理解和表达的能力
- 使用社区：在社区中的行动能力、采购日常用品、获得社区服务机构的服务、使用大众运输工具及公共设施。相关技能包括：在社区中适宜的行为举止、表达选择和需求、社交互动及功能性能力的运用等
- 自我引导：即自己做决定的能力。包括：主动的意识、坚韧的态度和合理的时间安排
- 健康与安全：维持自己的良好状态。例如：适当的饮食，对疾病的认识、治疗和预防，基本的急救常识，性知识，生理健康，基本安全常识，日常生活习惯
- 功能性学业技能：指认知方面的能力和在学校中所学的相关知识与技能，包括书写、阅读、基础实用数学概念、基础自然科学常识，如对物理环境及自己的健康、性知识的认识等
- 休闲：是指能反映出个人喜好与选择的多样化休闲娱乐兴趣，而属于公众的活动则应反映年龄和文化上的适当性。技能：选择和主动参与活动
- 工作：拥有一份兼职或全职（支持性或非支持性）的工作，或是参与社区中的义务劳动

2002年，AAMR提出适应行为是指人们习得的用于适应日常生活的概念、社会以及应用性技能。概念性技能包括语言、读写、金钱概念和自我定向等技能；社会性技能主要包括人际、责任、自尊、遵循规则、避免受骗等技能；实践性技能主要包括日常生活、日常生活的操作活动、职业技能以及对环境的自我管理等技能。

回顾适应行为概念的产生及演变过程，可以看出，比较普遍的观点是：适应行为是指个人保持生活独立并承担一定的社会责任的行为；适应行为是具有年龄特征的；依生活条件、文化背景的不同，社会对儿童提出的适应行为的要求也有所不同。

（二）适应行为与智力的关系

1. 适应行为与智力的不同之处

（1）适应行为主要涉及个体的日常生活行为，而智力通常被认为是抽象思维能力及某些认知能力。

（2）适应行为强调个体生活中的非学业方面的表现，而智力更侧重学业方面的能力。

（3）适应行为强调某些能力的运用是否适当，而智力更强调个体是否具有这些能力。

（4）适应行为常因文化背景、环境的不同而不同，具有相对性和波动性，而智力比较有稳定性和一致性。

2. 适应行为与智力的相似之处

（1）一些学者认为，智力的实质就是适应；另有一些学者认为，智力实际上包含两种特性：一种是认知过程，另一种是适应环境的能力。

（2）大量的实证研究表明，适应行为量表分数与智力测验分数之间存在显著的相关。

由此可见，适应行为和智力是两个既有联系，又相对独立的概念和评估领域。

3. 使用适应行为评定量表的注意事项

（1）同智力测验一样，适应行为评定量表也有其标准误，如果儿童在适应行为测验中的得分低于平均分1个标准差，有必要补充使用另一套测验，以帮助判断。

（2）适应行为所涵盖的内容很广，任何一个测验工具都无法测得全部领域，不同的量表侧重点可能有所不同。

（3）适应行为量表不可能充分反映个体全部的适应行为水平，对于个体的诊断还要补充其他相关信息。

（4）适应行为的评定结果与智力功能的评定结果对于智力落后的评定有同等重要的作用。

二、常用的适应行为评定量表

个体的适应行为可以通过标准化的适应行为量表来评定。早在1953年，道尔就编制了文兰社会成熟量表（Vineland Social Maturity Scale，简称 VSMS）来考察儿童的行为发展水平。全量表共有117个测试项目，涉及一般自理能力、饮食、衣着、运动、休闲、沟通、自我定向和社会化等八个方面的内容，总计各项得分除以实际年龄称为社会商数（SQ），也称文兰社会商数（Vineland SQ's），根据商数的大小来分辨社会适应能力的高低。1962年，沃尔芬伯格（W. Wolfensberger）仿照智商（IQ）的分等法，将适应能力按 SQ's 分成与 IQ 相应的四等，即轻度、中度、重度与极重度。

（一）婴儿-初中学生社会生活能力量表

"婴儿-初中学生社会生活能力量表"（Infant-junior High School Student's Social Living Ability Scale，简称 S-M 量表）是儿童适应能力评定量表。该量表由日本东京大学名誉教授三水安下监修，日本心理适应能力研究所等单位编制。国内学者左启华1987年主持修订了该量表，并于1995年进行了第二次修订。①

"婴儿-初中学生社会生活能力量表"共有132项，分布在6个领域（见表3-7）。

表3-7　婴儿-初中学生社会生活能力量表结构与内容

领域	主要测试内容
独立生活能力	进食、衣服脱换、穿着、料理大小便、个人和集体清洁卫生情况（洗澡、洗脸、刷牙、洗头、剪指甲、扫地和装饰房间等）
运动能力	走路、上阶梯、过马路、串门、外出玩耍、到经常去的地方、独自上学、认识交通标志、遵守交通规则、利用交通工具到陌生地方
作业	抓握东西、乱画、倒牛奶、准备和收拾餐具、使用糨糊、剪图形、开启瓶盖、解系鞋带、使用螺丝刀、使用电器、使用煤气炉、烧水、做菜、使用缝纫机、修理家具
交往	叫名转头、说出所见所闻、交谈、打电话、会看并理解文字书、小说和报纸、写便条、写信和日记、查字典
参加集体活动	做游戏、同小朋友一起玩、参加班内值日、校内外文体活动、组织旅游
自我管理	总想自己独自干、理解"以后"能忍耐、不随便拿别人的东西、不撒娇磨人、独自看家、按时就寝、控制自己不提无理要求、不说不应该说的话、不乱花钱、有计划买东西、关心幼儿和老人、注意避免生病、独立制订学习计划

---

① 张致祥，等."婴儿—初中学生社会生活能力量表"再标准化[J]. 中国临床心理学杂志，1995(1)：12-14.

"婴儿-初中学生社会生活能力量表"的评定对象是6个月至14岁的儿童。全量表共7个起始年龄,由每个家长或每天照料孩子的抚养者根据相应的年龄段、按儿童具体情况进行逐项回答。问卷由专人进行评分。评分者根据年龄分组和得分范围查出相应的标准分,根据标准分进行社会生活能力评价。根据总分值由低到高,分为轻度(8分)、边缘(9分)、正常(10分)、高常(11分)和优秀(12分)5个级别。

(二)《ABAS-Ⅱ中文版》儿童量表

《ABAS-Ⅱ中文版》改编自美国心理学家帕梯·哈里森(Patti Harrison)与汤姆·奥克兰(Thomas Oakland)编制的适应行为评定系统(Adaptive Behavior Assessment System Ⅱ,ABAS-Ⅱ)。ABAS-Ⅱ分三个层面评估适应性行为:第一层面为一般适应综合能力;第二层面为3个主要适应领域,包括概念技能、社会技能和应用技能;第三层面为具体适应技能,包括沟通、社区应用、学习功能、家庭生活(家长评定)/学校生活(教师评定)、健康与安全等10个方面(详见表3-8)。ABAS-Ⅱ中文版分为幼儿、儿童和成人三个年龄段的不同版本。《ABAS-Ⅱ中文版》儿童量表适用于7~16岁儿童的评定。[①]

表3-8 《ABAS-Ⅱ中文版》儿童量表内容结构

分量表	领域		
	概念技能	社会技能	应用技能
1. 沟通	●		
2. 社区应用			●
3. 学习功能	●		
4. 家庭/学校生活			●
5. 健康与安全			●
6. 休闲		●	
7. 自我照顾			●
8. 自我引导	●		
9. 社交		●	
10. 工作*			(●)

* 工作分量表为可选择性量表,只有当被评者目前有全职或兼职工作时,才评此项。

《ABAS-Ⅱ中文版》儿童量表分父母版和教师版两个版本,各自包括10个分量表。

① 沟通:与他人沟通所需的口语、语言及聆听技巧,含语汇、回答问题、会话技巧等。

② 社区应用:社区生活所需的功能性技巧,包括运用社区资源、购买物品、在社区内活动等。

③ 学习功能:基本的读、写、算及其他日常、独立功能所需的技巧,包括时间、计算测量与写信等。

④ 家庭/学校生活:基本的居家、生活环境以及学校或教室所需的适应技巧,包括清洁、整理、用品维护、食物制备等。

⑤ 健康与安全:保护健康及正确对待疾病或受伤所需的技能,包括遵守安全规则、使用

[①] 田宝,梁爱民,张致祥.残疾人残疾分类和分级国家标准实施手册:智力残疾评定手册[M].北京:华夏出版社,2013:7-12.

药物、小心注意等。

⑥ 休闲：从事与规划休闲活动所需的技巧，包括与他人互动、从事家庭休闲活动、遵守游戏规则等。

⑦ 自我照顾：包括饮食、穿衣、沐浴、如厕、仪容、卫生等自我照顾所需的技能。

⑧ 自我引导：与独立、负责任与自我控制有关的必需技巧，包括开始及完成工作、遵守时间表、遵从指令、做决定等。

⑨ 社交：与人相处及互动所需的技巧，包括交友、情绪展现与觉知、协助他人、应用礼节等。

⑩ 工作：成功地从事和维护一项全职或兼职的工作，包括完成工作，与上司合作以及遵守工作时间表等。

一般适应总分和3个主要适应领域的分数均为平均数100、标准差15的分数，而各适应技能分量表的量表分数均为平均数10、标准差3的分数。《ABAS-Ⅱ中文版》(儿童用)还提供主要适应领域分数之间、分量表分数之间的差异比较结果，从而确定相对强项和弱项。[①]

(三) 适应行为诊断量表

美国智力障碍学会(AAIDD)于2017年发布了由塔塞(Marc J. Tassé)等人[②]编制的适应行为诊断量表(Diagnostic Adaptive Behavior Scale,简称 DABS)。

1. 量表结构

DABS 依据 AAIDD、DSM-5 以及 ICD-11 对适应行为的定义，从概念技能、社会技能以及应用技能三个领域进行评定。

(1) 概念技能：识字/读写，自我导向，数字概念，钱的概念，时间概念。

(2) 社会技能：人际沟通技能，社会责任，自尊，谨慎(防止受骗)，服从规则，遵守法律，解决社会问题，避免受害。

(3) 应用技能：日常生活活动(个人护理)，职业技能，用钱，安全，卫生保健，旅行，日程安排，使用电话。

DABS 用于诊断4~21岁人群的适应行为，分三套量表，分别用于4~8岁、9~15岁以及16~21岁人群。每套量表包括三个分量表，共75个项目，其中概念技能25项、社会技能25项以及应用技能25项。总量表的平均分为100，标准差为15，三个分量表的平均分也全部为100，标准差为15。根据 AAIDD 的定义，适应行为的"显著的局限"，是指在标准化的适应行为量表的评定中，在总分或三项技能(概念、社会及应用技能)之一的得分上低于平均分(M)两个标准差(SD)以上。

2. 项目举例

表3-9是适应行为诊断量表的项目列举。

---

① 李毓秋,邱卓英.适应性行为评定量表第二版中文版(儿童用)标准化研究[J].中国康复理论与实践,2016,22(4):378-382.

② DABS 的作者包括：Marc J. Tassé, Robert L. Schalock, David Thissen, Giulia Balboni, Henry (Hank) Bersani, Jr., Sharon A. Borthwick-Duffy, Scott Spreat, Keith F. Widaman, and Dalun Zhang. 详见：https://www.aaidd.org/dabs

表 3-9　适应行为诊断量表(DABS)项目举例

领域	项目举例
概念技能	● 按字母顺序拼单词 ● 能读至少 10 个单词 ● 准确表述出生年月日 ● 表述各种硬币的价值 ● 依据季节和天气情况调整活动 ● 管理自己的钱 ● 列清单(例如,要做的事,要买的物品) ● 将钟表调至正确的时间
社会技能	● 需要时能求助 ● 见面或离开时会说"hello"或"hi"和"goodbye"或"bye" ● 交谈时与他人保持适当的距离,与文化相符 ● 讨论不同的观点 ● 游戏时遵循规则 ● 情绪/感觉适当 ● 意识到权利受损 ● 用大量策略解决社会问题 ● 意识到别人要利用他/她
应用技能	● 调整水龙头的温度 ● 使用卫生间 ● 在喝/吃热的饮料/食物前会试试 ● 穿干净的衣服 ● 遵守日程 ● 在相对安全的环境中能识别潜在的危险 ● 在压力下保持工作节奏和质量 ● 根据经济能力购买物品

(四) 儿童适应行为评定量表

儿童适应行为评定量表是由湖南医学院的姚树桥、龚耀先编制,发表于 1994 年。[①] 评定对象为 3~12 岁儿童。完成一份量表评定一般需 20~30 分钟,该量表有城乡两个版本。

1. 量表的结构与内容

儿童适应行为评定量表由 8 个分量表组成,共评定了包含在 59 个项目中的近 200 种行为(见表 3-10)。

表 3-10　儿童适应行为量表结构与内容

分量表	主要测试内容
感觉运动	视觉、听觉、肢体功能、双手控制、走和跑、身体平衡
生活自理	饮水、餐具使用、排便训练、排便自理、穿脱衣服、穿脱鞋、洗漱以及综合功能
语言发展	发音、计数、复合句、词的使用、对话、书写、阅读以及综合语言
个人取向	注意力、主动性、被动性、持久性、业余活动、就餐习惯、卫生习惯、更衣习惯、衣物管理以及学习劳动习惯
社会责任	和人交往、集体活动、助人、自私、了解别人、责任感、社会成熟、保管物品、替人着想
时空定向	外出、时间概念、公共交通以及综合定向
劳动技能	准备就餐、房间卫生、一般家务、衣服清洗、清洗餐具、做饭菜和职业工作
经济活动	钱的管理、差遣、购物和理财

---

① 姚树桥,龚耀先.儿童适应行为评定量表的编制及城乡区域性常模的制定[J].心理科学,1993(1):38-42.

另外,编制者对 8 个分量表作了进一步的归类。
(1) 独立功能因子:包括感觉运动、生活自理、劳动技能及经济活动分量表。
(2) 认知功能因子:包括语言发展、时空定向分量表。
(3) 社会自制因子:包括个人取向、社会责任分量表。

2. 儿童适应行为水平划级

该量表以适应能力商数(ADQ)为划分适应行为水平的依据,具体分级情况见表 3-11。

表 3-11　适应行为水平划级

ADQ	分级	人数(%)
>130	极强	2.27
115~129	强	13.59
114~85	平常	68.26
84~70	边界	13.59
69~55	轻度缺损	2.14
54~40	中度缺损	0.13
39~25	重度缺损	0.02
<25	极重度缺损	<0.001

(五) 儿童适应行为量表

1996 年,韦小满在参考 AAMD 适应行为量表(学校版)的基础上,编制了"儿童适应行为量表",该量表适用年龄为 3~12 岁儿童(见表 3-12)。

表 3-12　儿童适应行为量表的项目[①]

第一部分	第二部分	
1. 动作发展:粗大动作、精细动作	7. 攻击行为	14. 不良的说话习惯
2. 言语发展:言语理解、语言表达、社交语言能力	8. 反社会行为	15. 不良的口腔习惯
3. 生活自理能力:饮食、大小便、衣着、个人卫生、睡眠、外出、综合自理能力	9. 对抗行为	16. 古怪的行为
4. 居家与工作能力:家务劳动、数与计算、钱的理解与使用、时间概念与利用、就业前工作表现	10. 不可信赖行为	17. 多动
5. 自我管理	11. 退缩	18. 情绪不稳定
6. 社会化	12. 刻板与自伤行为	19. 服用药物的情况
	13. 不适当的人际交往方式	

---

① 韦小满.儿童适应行为量表的编制与标准化[J].心理发展与教育,1996(4):23-30.

第4节 智力障碍的评估与鉴定过程

智力障碍的评估与鉴定是一项复杂的工作,为了保证评估与鉴别的科学性和有效性,必须严格依照相关标准与鉴定程序。

一、国内智力障碍评估与鉴定的一般程序

智力障碍的评估与鉴定涉及两个重要的因素:智力水平和适应能力水平,我国智力障碍的评估与鉴定方法依年龄段不同而有所不同。

(一) 0～6岁儿童智力障碍的评估与鉴定

0～6岁儿童智力障碍的评估与鉴定主要分为以下几个步骤。

第一,经丹佛发育筛查测验(DDST)筛查,如果属于阴性,则判断为正常儿童,如果属于阳性,则判断为疑似智力障碍儿童。

第二,对于疑似智力障碍儿童,使用盖塞尔发展诊断量表进行评估与鉴定。评估者依据被评儿童的状况确定首先测试的能区。一般而言,如果儿童精神状况良好,先测适应能区、精细动作能区,然后测语言能区和个人社交能区,最后测大运动能区。儿童能够完成的项目记录为"＋",不能完成的项目记录为"－",偶尔能完成的项目记录为"±"(按未完成项目统计),当因运动、感知觉的障碍导致未能完成项目时,需要记录相应的障碍,以辅助诊断。[①] 全部五个能区测试完毕后,依据测试结果,计算儿童的发育年龄(DA)。

$$发育商(DQ)=发育年龄(DA)/实际年龄×100\%$$

依适应能区测查分数进行分类:① 适应能区测查结果正常,即大于78分,直接诊断为正常。② 适应能区大于72分并小于或等于78分者,要继续测查精细能区、语言能区、个人-社交能区,部分对象还要进行适应行为评定。③ 适应能区小于72分,可直接诊断为智力障碍,并根据适应能区测查结果(相当于DQ值)进行智力障碍分级。

需要注意的是,如果适应能区测查结果在72～78分之间,则应该根据被诊断儿童年龄分两种情况加以处理:对于年龄在7个月至6岁(含7个月)被诊断者,还要使用"婴儿-初中学生社会生活能力量表"进行适应行为评定,按适应行为评定结果进行智力障碍及其分级诊断;被诊断者年龄等于或小于6个月者,则还要考虑语言能区和个人—社交能区的测查结果,如果这两个能区测查结果在正常范围之内,则不诊断为智力障碍,如这两个能区测查结果均低于正常值,则可诊断为轻度智力障碍(四级)。因儿童脑发育的特点,原则上,6个月以内轻度者不诊断残疾。[②]

第三,实施"婴儿-初中学生社会生活能力量表"。根据需要对儿童实施评估。依据评定

---

① 田宝,梁爱民,张致祥.残疾人残疾分类和分级国家标准实施手册:智力残疾评定手册[M].北京:华夏出版社,2013.

② 田宝,梁爱民,张致祥.残疾人残疾分类和分级国家标准实施手册:智力残疾评定手册[M].北京:华夏出版社,2013.

结果对被评儿童作出社会生活能力等级评价:极重度≤5分;重度=6分;中度=7分;轻度=8分;边缘=9分;正常≥10分。

(二) 7 岁及 7 岁以上人群智力障碍的评估与鉴定

7 岁及 7 岁以上人群智力障碍的评估与鉴定,主要分为以下几个步骤。

第一,通过观察、问卷等方法筛查出疑似对象。

第二,进行适应行为评定。

第三,进行智力测验。

完成了智力测验和适应行为评定后,被评者智商和适应行为水平都达到智力障碍标准即确定为智力障碍,如果被评者仅完成了适应行为的评定(因不合作等原因未完成智力测验),则按适应行为评定的结果确定智力障碍及其分级。

二、评估与鉴定流程

完整的评估与鉴定过程包括观察、筛查和非歧视的评估,图 3-3 呈现了评估与鉴定的流程。

在实践操作中,对智力障碍的评定还需要借助于一些临床评定的信息,比如,个体来自于非主流文化、早期的信息不够充分、个体伴有其他障碍、无法使用通常所用的量表加以评定等。所需要的临床信息所涉及的面比较广,主要有以下几个方面。

(1) 个体的生理条件和健康状况

个体如果存在感觉、运动或沟通上的障碍,便会对智力及适应行为的评定造成影响。通过对个体的生理条件和健康状况加以评定,可以分辨出哪些因素影响了评定结果。

(2) 个体的经验和机遇

对个体来说,某些能力的掌握是需要具备适当的机遇或条件的,条件不成熟则必然影响个体能力的获得与表现。

此外,相关的背景、环境、社会文化等对于个体的表现都会有直接或间接的影响,需在评定中考虑。

总之,智力障碍儿童的评定要结合智力、社会适应能力以及临床评定的信息来综合考虑。确定智力障碍儿童属于何种等级是一件十分严肃的工作,因为这将关系到儿童受教育的权利、职业选择、就业、保障等多方面的问题,决不能轻视。正式的评定必须由专业人员承担,同时要重视临床材料的搜集。

非歧视评估	
观察	
个人医学观察	儿童未能在重要方面得到适当的发展或儿童表现出与智力障碍有关的综合征的特征
教师和家长的观察	如果一个学生没有在入学前被诊断为智力障碍,当该生被安置在普通班时:① 学习速度不及同伴;② 在学习技能的获得和概括时有困难;③ 与同伴相比,有更多的适应行为困难

筛查	
评估测验	需要进一步评估的发现
医学筛查	一个孩子可能会在入学前就由内科医生鉴别出有智力障碍的危险
课堂教学的发现	未能在入学前被发现的学生上学后在普通班内会表现出学业方面的困难,其阅读理解和数学推理/应用都受到限制
团体智力测验	在团体智力测验中表现出困难,因为这类测验在很大程度上依靠阅读技能。智力测验的分数低于平均值
团体成就测验	该生明显不及同伴
视、听筛查	其结果不能解释学业困难

安置前	
教师执行来自学校评估小组的建议	尽管采取了干预,学生可能仍表现出学业不良或继续显示出适应行为的障碍(如果学生在学业上或适应行为上的缺陷非常严重,或者该儿童在入学前已经被诊断为智力障碍,该步骤可省去)

安置
如果儿童仍然表现出学业不良或适应行为问题,则将其转介给多学科小组进行全面的评估

非歧视评估的程序和标准	
评估测验	表明为智力障碍的发现
个别智力测验	学生有明显的智力功能障碍(在人群中位于下 2%~3%),IQ 分数低于 70~75。非歧视评估小组确认所使用的测验对该生在文化上是公平的
适应行为量表	学生在两个或两个以上的适应技能领域的测验分数明显低于平均值,表明其在技能领域的缺陷,如交往、居家生活、自我指导和休闲
轶事记录	学生的学习问题无法由文化或语言困难来加以解释
以课程为基础的评估	学生在地方学区所使用的课程中,表现出一门或多门课程的学习困难
直接观察	学生在普通课堂中体验到困难或挫折

非歧视评估小组确定该生为智力障碍,需要特殊教育和相关服务

图 3-3 智力障碍评估与鉴定流程[①]

---

① 方俊明,汪海萍,等. 今日学校中的特殊教育[M]. 上海:华东师范大学出版社,2004:279.

 **本章小结**

　　智力障碍儿童的及早发现与鉴别对于促进儿童的发展有十分积极的作用。

　　筛查智力障碍儿童常用的方法是观察与筛查测验。观察是全面了解智力障碍儿童发展情况的最基本的方法。智力障碍儿童往往在某些领域的发展中落后于正常儿童,对照儿童的生长发育关键阶段的表现,可以发现儿童智力障碍的迹象。筛查测验可以省时省力地从大量儿童中初步地筛选出可能有发育问题和障碍的儿童。

　　智力障碍儿童的鉴别与诊断需要借助标准化的智力测验工具和适应行为测验工具。关于智力的结构和内容,不同的心理学派有各自的理论和看法,但都试图通过一定方法对人的智力进行客观的评价。各种智力测验工具的内容结构、适用对象、施测方法均有所不同。使用智力测验时需要注意的是任何智力测验工具都有测验的标准误,因此,应当将测验中得到的 IQ 分数视为一个范围。在解释测验分数时要注意:愈是偏离均数的极端值,其出现误差的可能性也就愈大,同时选择不同的测量工具可能会带来不同的诊断结果。

　　适应行为是指个人保持生活独立并承担一定的社会责任的行为;适应行为是具有年龄特征的;依生活条件、文化背景的不同,社会对儿童提出的适应行为的要求也有所不同。使用适应行为评定量表时要注意:同智力测验一样,适应行为评定量表也有其标准误,如果儿童在适应行为测验中的得分低于平均分 1 个标准差,有必要补充使用另一套测验,以帮助判断;适应行为所涵盖的内容很广,任何一个测验工具都无法测得全部领域,不同的量表侧重点可能有所不同;适应行为量表不可能充分反映个体全部的适应行为水平,对于个体的诊断还要补充其他相关信息;适应行为的评定结果与智力功能的评定结果对于智力落后的评定有同等重要的作用。

 思考与练习

1. 如何发现智力障碍儿童?
2. 如何看待智力测验结果?
3. 如何看待适应行为测验结果?

第4章 智力障碍儿童的生理发展

1. 了解智力障碍儿童生理发展的基本状况。
2. 熟悉智力障碍儿童的常见疾病。

智力障碍儿童不仅在智力水平及适应能力上与普通儿童有显著差异,在生理发展上也有一定的不足。智力障碍儿童的生理发展受多种因素影响,一般而言,智力障碍的程度愈严重,其生理发展与普通儿童的差异愈明显;不同病因的智力障碍儿童,其生理发展特点也有一定的差异。本章以对比的方式介绍智力障碍儿童生理发展基本状况、健康状况以及智力障碍儿童常见的疾病。

第1节 生理发展

我国卫生部从1975年开始,每10年组织一次对我国9个城市及其郊区儿童生长发育状况的抽样调查。根据2005年第四次调查数据分析,我国主要城市儿童生长发育平均水平已达到了世界卫生组织提出的儿童生长发育的标准。关于智力障碍儿童的生长发育状况,国内尚未进行过全国范围的调查。1984年,朴永馨教授首次对北京、天津、上海三市的智力障碍儿童的身体形态、机能、素质指标进行了调查。1986年,孙耀鹏对北京市8个区的384名8~15岁轻度智力障碍儿童进行了现场体质测试。2003年,刘艳虹等对北京市11所培智学校942名智力障碍儿童进行了身高、体重、胸围等指标测定,以上研究为了解我国智力障碍儿童生理发展状况积累了可贵的资料。

一、形态发育

儿童体格发育水平是反映儿童营养和健康状况的重要指标,主要包括身高、体重、胸围等。

(一) 身高

相对于同龄的普通儿童,智力障碍儿童(简称 ID 儿童)的平均身高偏低(见表 4-1)。对照中国汉族学生测试指标的百分位数①,7岁智力障碍男生的平均身高大约处于 P15,7岁智

---

① 百分位数通常以大写的英文字母"P"表示,如第50百分位数写成 P50。百分位数可表示发育等级,大于 P90 为上等,P75~P90 为中上等,P25~P75 为中等,P10~P25 为中下等,小于 P10 为下等,小于 P3 或大于 P97 表示出现生长发育异常的可能性较大。

力障碍女生的平均身高大约处于P25,18岁智力障碍男生的平均身高大约处于P25,18岁智力障碍女生的平均身高大约处于P30。

表4-1 智力障碍儿童与普通儿童身高检测数据①

单位:厘米

	7岁		18岁	
	ID儿童	普通儿童	ID儿童	普通儿童
男	119.26	125.7	167.68	171.9
女	120.15	124.1	157.61	159.8

研究发现,唐氏综合征儿童在身高的发展中表现出逐渐减少的线性增长率,他们的身高低于普通儿童青少年2~4个标准差。智力障碍青少年成长冲刺通常会比普通人群出现得晚,部分患者的体重增加远高于身高增长的速度。唐氏综合征患者中,成年男性身高大多为1.4~1.6米,成年女性身高大多为1.35~1.55米。一些研究表明,生长激素对唐氏综合征儿童的生长发育产生影响,短期加速其生长。但是,通过生长激素治疗是否对唐氏综合征儿童最终的身高增长有作用,目前尚无定论。

(二)体重

相对于同龄的普通儿童,除7岁智力障碍男生外,智力障碍儿童的平均体重偏高(见表4-2)。对照中国汉族学生测试指标的百分位数,7岁智力障碍男生的平均体重大约处于P25,7岁智力障碍女生的平均体重大约处于P80,18岁智力障碍男生的平均体重大约处于P90,18岁智力障碍女生的平均体重大约处于P85。

表4-2 智力障碍儿童与普通儿童体重检测数据

单位:千克

	7岁		18岁	
	ID儿童	普通儿童	ID儿童	普通儿童
男	22.00	25.73	76.67	61.97
女	26.75	23.85	59.14	52.08

研究发现,唐氏综合征儿童出生后第一年的体重增长较慢,但由于他们的代谢缓慢,常常出现体重的增长速度大于身高增长速度的情况,因此,唐氏综合征儿童超重及肥胖的比例更高。

(三)胸围

相对于同龄的普通儿童,除7岁智力障碍男生外,智力障碍儿童的平均胸围明显高于普通儿童(见表4-3)。对照中国汉族学生测试指标的百分位数,7岁智力障碍男生的平均胸围大约处于P30,7岁智力障碍女生的平均胸围大约处于P85,18岁智力障碍男生的平均胸围大约处于P90,18岁智力障碍女生的平均胸围大约处于P80。

---

① 表4-1至表4-10中ID儿童数据来自:刘艳虹,等.北京市智力落后学生体格发育水平的调查研究[J].中国特殊教育,2004(12):20-24.普通儿童数据来自:中国学生体质与健康研究组.2005年中国学生体质与健康调研报告[M].北京:高等教育出版社,2007.

表 4-3　智力障碍儿童与普通儿童胸围检测数据

单位：厘米

	7 岁		18 岁	
	ID 儿童	普通儿童	ID 儿童	普通儿童
男	57.43	60.25	93.67	84.62
女	61.44	57.72	86.50	79.74

二、身体素质发育水平

身体素质是体质的重要组成部分，是人体在运动中所表现出来的力量、速度、耐力等身体基本状态和功能能力。身体素质的好坏直接反映了人们在日常生活中承受能力的强弱。

（一）50 米跑

相对于同龄的普通儿童，智力障碍儿童的 50 米跑速度有极为明显的差距（见表 4-4）。对照中国汉族学生测试指标的百分位数，7 岁智力障碍男生的 50 米跑平均速度的百分位数高于 P97(14.0)，7 岁智力障碍女生的 50 米跑平均速度的百分位数高于 P97(14.7)，18 岁智力障碍男生的 50 米跑平均速度的百分位数高于 P97(9.1)，18 岁智力障碍女生的 50 米跑平均速度的百分位数高于 P97(11.7)。

表 4-4　智力障碍儿童与普通儿童 50 米跑平均速度

单位：秒

	7 岁		18 岁	
	ID 儿童	普通儿童	ID 儿童	普通儿童
男	16.86	11.21	10.06	7.59
女	21.33	11.68	12.34	9.58

（二）立定跳远

相对于同龄的普通儿童，智力障碍儿童的立定跳远成绩有极为明显的差距（见表 4-5）。对照中国汉族学生测试指标的百分位数，7 岁智力障碍男生的立定跳远平均成绩的百分位数小于 P3(90.0)，7 岁智力障碍女生的立定跳远平均成绩的百分位数小于 P3(80.0)，18 岁智力障碍男生的立定跳远平均成绩的百分位数小于 P3(185.0)，18 岁智力障碍女生的立定跳远平均成绩的百分位数小于 P3(132.0)。

表 4-5　智力障碍儿童与普通儿童立定跳远平均成绩

单位：厘米

	7 岁		18 岁	
	ID 儿童	普通儿童	ID 儿童	普通儿童
男	55.00	124.13	152.13	227.25
女	35.50	114.38	129.44	167.01

（三）握力

相对于同龄的普通儿童，智力障碍儿童的握力有非常明显的差距（见表 4-6）。对照中国汉族学生测试指标的百分位数，7 岁智力障碍男生的握力平均成绩大约处于＜P3(5.5)，7 岁智力障碍女生的握力平均成绩大约处于<P3(4.2),18岁智力障碍男生的握力平均成绩大约处于P5～P10,18岁智力障碍女生的握力平均成绩大约处于P10。

表4-6 智力障碍儿童与普通儿童握力平均成绩

单位:千克力

	7岁		18岁	
	ID儿童	普通儿童	ID儿童	普通儿童
男	3.97	10.27	32.60	42.23
女	0.51	8.73	19.88	25.68

注:为了进行比较,已将原研究报告中握力的单位(牛顿)转换为千克力,将左右手握力计算为平均值。

三、身体机能发育

身体机能是指人的整体及其组成的各器官、系统所表现的生命活动。身体机能得到发展,可以使呼吸肌的力量增强,胸廓运动的幅度加大,改善呼吸机能,同时,使心肌力量增强,血管壁弹性增大,从而改善心血管机能。

(一)脉搏

相对于同龄的普通儿童,智力障碍儿童的脉搏有一定的差距(见表4-7)。对照中国汉族学生测试指标的百分位数,7岁智力障碍男生的脉搏平均成绩大约处于P30,7岁智力障碍女生的脉搏平均成绩大约处于P15,18岁智力障碍男生的脉搏平均成绩大约处于P50,18岁智力障碍女生的脉搏平均成绩大约处于P25。

表4-7 智力障碍儿童与普通儿童平均脉搏

单位:次/分钟

	7岁		18岁	
	ID儿童	普通儿童	ID儿童	普通儿童
男	85.00	88.59	81.58	79.72
女	81.14	89.31	75.79	81.29

(二)血压

相对于同龄的普通儿童,除7岁智力障碍男生的平均收缩压接近正常外,其他年龄段的智力障碍儿童的血压指标偏高(见表4-8)。对照中国汉族学生测试指标的百分位数,7岁智力障碍男生的平均收缩压大约处于P50,平均舒张压大约处于P70;7岁智力障碍女生的平均收缩压大约处于P70,平均舒张压大约处于P75;18岁智力障碍男生平均收缩压大约处于P80,平均舒张压大约处于P60;18岁智力障碍女生的平均收缩压大约处于P60,平均舒张压大约处于P70。

表4-8 智力障碍儿童与普通儿童平均血压

单位:mmHg

	收缩压				舒张压			
	7岁		18岁		7岁		18岁	
	ID儿童	普通儿童	ID儿童	普通儿童	ID儿童	普通儿童	ID儿童	普通儿童
男	95.42	93.53	123.84	113.90	60.33	58.14	75.05	70.49
女	97.14	93.54	106.05	104.64	62.00	57.17	68.84	66.26

注:1 mmHg=133 Pa。

(三) 肺活量

相对于同龄的普通儿童,智力障碍儿童的肺活量有非常明显的差距(见表4-9)。可能由于抽样的误差,9岁智力障碍女生的肺活量较大。对照中国汉族学生测试指标的百分位数,9岁智力障碍男生的平均肺活量大约处于P30,9岁智力障碍女生的平均肺活量大约处于P85,18岁智力障碍男生的平均肺活量大约处于P10,18岁智力障碍女生的平均肺活量大约处于P15。

表4-9 智力障碍儿童与普通儿童平均肺活量

单位:毫升

	9岁		18岁	
	ID儿童	普通儿童	ID儿童	普通儿童
男	1222.5	1447.61	2576.33	3607.53
女	1670.0	1300.87	1755.47	2331.27

研究发现,有氧运动能有效改善智力障碍儿童的肺功能。哈利利(M. A. Khalili)等人以平均智商为42的12岁智力障碍儿童为研究对象,进行了为期8周的实验,实验组儿童参加每周5次、每次30分钟中等强度的有氧运动,包括走路、跑步、骑自行车等,控制组儿童不参加有氧运动,结果显示,实验组儿童的1秒钟用力呼吸容积(FEV1)及肺活量均有明显提高,肺功能得到显著改善。[1]

(四) 青春期

通常人们把青春期与儿童期加以明显区分,区分的界限是性成熟。男性性成熟的标志是遗精,女性性成熟的标志是月经初潮,即第一次来月经。以性成熟为核心的生理方面的发展,使少年具有与儿童明显不同的社会、心理特征。

智力障碍儿童虽然在认知领域明显滞后于同龄正常儿童,但其性生理的发展与普通人群非常接近。研究发现智力障碍儿童青春期开始的时间略晚于普通儿童(见表4-10),但除其中的特殊人群之外,大多数智力障碍儿童性发展的阶段与过程和常人并无显著差别。

表4-10 智力障碍儿童与普通儿童青春期开始的平均年龄[2]

单位:岁

	智力障碍儿童	普通儿童
男(遗精)	16.0	13.95
女(月经初潮)	12.4	12.24

研究发现,与普通儿童相比较而言,男性唐氏综合征儿童青春期的开始时间相同或只是略有推迟。有研究报告称成年唐氏综合征男性的精子数量较少,因此,大多数男性唐氏综合

---

[1] Khalili, M. A., Elkins, M. R. Aerobic Exercise Improves Lung Function in Children with Intellectual Disability: A Randomised Trial[J]. Australian Journal of Physiotherapy, 2009, 55(3): 171-175.

[2] 表4-10中智力障碍儿童数据来自:孙军玲,等.北京市智力落后学生青春期发育及家庭性教育情况[J].中国学校卫生,2007(3):214-215;普通儿童数据来自:中国学生体质与健康研究组.2005年中国学生体质与健康调研报告[M].北京:高等教育出版社,2007.

征患者有不孕症。与普通女性相比较而言,唐氏综合征女性月经开始和持续时间以及月经周期基本相同。唐氏综合征育龄女性的生育能力正常,因此,需要加强该人群的生理卫生及生殖保健教育,并提供常规妇科护理。

四、神经系统发育

智力障碍儿童神经系统发育普遍滞后,最显著的表现是动作技能发展迟缓。普遍的规律是智力障碍程度愈严重,其神经系统发育的问题愈明显。

大多数智力障碍儿童粗大动作与精细动作的发展明显落后于同龄正常儿童,他们翻身、独坐、站立和走、跑的时间较晚,且该群体内部有很显著的个体差异。表 4-11 为唐氏综合征儿童与正常儿童动作发展的对比。

表 4-11 唐氏综合征儿童动作发展里程碑[1]

项目	坎宁安(C. Cunningham)与斯卢珀(P. Sloper)[2]		拜瑞(P. Berry)等[3]		温德斯(P. C. Winders)[4]		正常发展	
	范围	平均	范围	平均	范围	平均	范围	平均
滚	4~11	8	2~12	6~7			2~10	5
不需要支撑能坐稳	8~16	11	7~16	11			5~9	7
拉着站立	10~24	17	8~28	17			7~12	8
独自站立	16~36	22	—		21		9~16	11
不用支撑走 3 步或以上	16~42	24	14~36	26			9~17	13
抓握立方体	4~10	7					3~7	5
将物体从一只手传递至另一只手	6~12	8	—				4~8	5
将 3 个或 3 个以上的物体放入杯子或盒子中	12~34	19					9~18	12
用 2 个 1 英寸的立方体建一个塔	14~32	20					10~19	14

注:1 英寸=2.54 厘米。

对智力障碍儿童而言,无论是精细动作还是粗大动作的发展都可能需要更多的时间,在诸如系鞋带、写字、做操、打篮球这样的活动中,他们可能会显得笨拙,但经过适当的锻炼,大多数智力障碍儿童能够取得显著的进步。

第 2 节 健康状况与常见疾病

智力障碍儿童因语言障碍,往往无法表达自身状况,所以许多健康问题要等到出现疾病

---

[1] Jobling, A., Virji-Babul, N. Motor Development in Down Syndrome: Play, Move and Grow [M]. Burnaby, BC, Canada: Down Syndrome Research Foundation, 2004.

[2] Cunningham, C., Sloper, P. Helping Your Handicapped Baby [M]. London: Souvenir Press, 1978.

[3] Berry, P., Andrews, R. J., Gunn, V. P. The Early Development of Down's Syndrome in Infants. Final Report to National Health and Medical Research Council [M]. St Lucia, Qld: University of Queensland, Fred and Eleanor Schonell Educational Research Centre, 1980.

[4] Winders, P. C. Gross Motor Skills in Children with Down Syndrome [M]. Bethesda, MA: Woodbine House, 1997.

甚至病情严重时才会被发现,而这还需要照料者的用心观察。智力障碍儿童的健康状况会比一般人更为严重,尤其反映在口腔、视力、消化系统、肝脏等内脏器官。要全面了解智力障碍儿童的身体情况,最好的办法是进行定期的全身性的健康检查。

一、身体质量指数

身体质量指数(Body Mass Index,简称 BMI)又称"体质指数",是用体重千克数除以身高米数平方得出的数字,是目前国际上常用的衡量人体胖瘦程度以及是否健康的一个标准。一般认为,BMI 随年龄变化的趋势比较稳定,基本上不受身高、机能等情况的影响,也不受皮下脂肪分布情况的影响,是能够敏感地反映人体营养状况、胖瘦程度的一个指标。

智力障碍儿童身体质量指数(见表 4-12)显示,偏瘦的为 48%,其中营养不良的达到 35.6%;营养过剩(包括偏胖和肥胖)的达到 29.8%;身体质量指数正常的仅有 22.2%。说明智力障碍儿童在偏胖及肥胖检出率较高的同时,营养不良也普遍存在,"双峰现象"很明显,即在群体的营养状况分布曲线上,作为营养不良的一端上升(或维持高位),作为另一端的超重肥胖明显升高,导致曲线两端翘起,而中段的正常体重者比率反而下降。

表 4-12 智力障碍儿童 BMI 情况[①]

单位:%

	男	女	合计
偏瘦(BMI<20)	50.9	43.7	48.0
正常(20≤BMI≤24)	20.4	24.8	22.2
偏胖(24<BMI<26.5)	11.2	14.1	12.4
肥胖(BMI≥26.5)	17.5	17.3	17.4

一般认为,智力障碍儿童通常会有一个或更多的肥胖易感因素,例如,某些遗传因素可能与肥胖有关,某些抗癫痫药物(如丙戊酸钠)或治疗精神疾病的药物(如利培酮)也可能会致使体重增加,与此同时,智力障碍伴随的各种健康问题可能导致其活动水平相对偏低,也在一定程度上增加了肥胖发生的可能性。研究者分析了 1985 年至 2015 年间发表的 16 项相关研究,结果显示,智力障碍儿童(4~11 岁)超重、超重-肥胖和肥胖的出现率分别为 15%、30% 和 13%,智力障碍青少年(11~18 岁)超重、超重-肥胖和肥胖的出现率分别为 18%、33% 和 15%,是同龄普通青少年的 2 倍。[②] 国内学者的调研显示,北京市 6~18 岁智力障碍儿童超重率为 21.57%,肥胖率为 22.74%,超重肥胖合并检出率为 44.31%,远高于同龄普通群体的比例。[③] 国内学者的一项调查也显示,智力障碍儿童群体中,超重与肥胖的比例非常高。[④]

[①] 表 4-12 数据来源:王雁,等.北京市智力落后学生营养问题的调查研究[J].中国特殊教育,2006(1):23-28.

[②] Maïano,C.,Hue,O.,Morin,A. S.,& Moullec,G. Prevalence of Overweight and Obesity Among Children and Adolescents with Intellectual Disabilities: A Systematic Review and Meta-analysis[J]. Obesity Reviews: An Official Journal of the International Association for the Study of Obesity,2016,17(7):599-611.

[③] 刘洋,卢雁,刘强,韩雅娜,贾德刚,张本会,赵光辉,李红喜.北京市智力障碍儿童青少年超重与肥胖现状调查[J].中国公共卫生,2018,34(7):1017-1020.

[④] 戴昕,何义,赵光辉,尹连新.有关智障青少年肥胖状况的调查研究[J].中国特殊教育,2009(3):49-53.

二、常见疾病

(一) 口腔疾病

口腔疾病是智力障碍儿童普遍存在的健康问题。相关研究及报告的数据显示,智力障碍儿童口腔疾病的出现率明显高于普通儿童(见表4-13)。

表4-13 智力障碍儿童口腔疾病状况[①]

	智力障碍儿童	普通儿童
龋齿(%)	32～96	18～71
未治疗的龋齿(%)	55～84	16～33
平均龋齿数	0.2～2.8	0.1～3.2
平均缺牙数	0.3～2.5	0～0.4
平均补牙数	0.5～2.6	0～1.9
牙龈炎(%)	6～97	3～48

研究者对来自22个国家的39项研究的元分析显示:较之于同龄群体,智力障碍儿童的牙菌斑水平明显偏高,牙龈状况、牙周状况较差,龋齿更多,牙齿缺失多,牙齿数量少。[②]

国内针对9～16岁智力障碍儿童的调查发现,该类儿童患龋率高达72.9%,远高于对照组普通儿童(28.5%)。[③] 不同类型的口腔疾病,特别是牙周疾病,在智力障碍儿童中的发生率非常高。一项针对215名智力障碍儿童的口腔检查发现,牙龈出血、牙结石的检出率:6～12岁组分别是60.42%和64.52%;13～18岁组分别是50.63%和85.73%。[④]

智力障碍儿童的口腔健康状况与其自我照料能力以及口腔卫生习惯有非常密切的关系,部分智力障碍儿童可能会由于运动协调能力的限制影响其完成口腔护理工作(如刷牙)的质量。近年来,有专家建议,使用电动牙刷可以很好地改善这种状况。智力障碍儿童接受牙齿检查比其他项目更为困难,牙齿治疗相对而言更为困难,一旦要治疗(如拔牙)往往就只能采取全身麻醉。此外,由龋齿所衍生出来的疾病也相当严重。因此,智力障碍儿童的口腔健康状况需要家长及教育者给予更多的关注。

(二) 感官疾病

1. 视觉问题

关于智力障碍儿童视觉问题的出现率,不同的调查数据有所差异(见表4-14)。美国的一项调查显示,智力障碍儿童视觉问题的出现率为72%,对照组普通儿童视觉问题的出现率为25%。[⑤] 日本的调查显示,超过80%的智力障碍儿童有屈光不正的问题。

[①] 表4-13数据整理自:Owens,P. L.,Kerker,B. D.,Zigler,E.,Horwitz,S. M.. Vision and Oral Health Needs of Individuals with Intellectual Disability[J]. Mental Retardation and Developmental Disabilities Research Reviews,2006,12(1):28-40.

[②] Zhou,N.,Wong,H. M.,Wen,Y. F.,& Mcgrath,C. Oral Health Status of Children and Adolescents with Intellectual Disabilities:A Systematic Review and Meta-analysis[J]. Developmental Medicine & Child Neurology,2017,59(10):1019-1026.

[③] 白纯光,等.大连市弱智学生龋齿调查[J].大连医学院学报,1988(3):61-63.

[④] 康栋.成都市智障儿童口腔健康状况、口腔保健行为调查分析[D].成都:四川大学硕士学位论文,2007.

[⑤] Lawson,L. J.,Schoofs,G. A Technique for Visual Appraisal of Mentally Retarded Children[J]. American Journal of Ophthalmology,1971,72(3):622-624.

表 4-14 智力障碍儿童视觉问题发生率[1]

单位：%

	智力障碍儿童	普通儿童
屈光不正	43~80	2~25
斜视	5~40	1~5
白内障	3~69	0.1

常见的视觉问题因个体的病因不同而有一定的差异。相对而言，唐氏综合征儿童的视觉问题更为突出，70%的唐氏综合征儿童有视力低下的问题，非唐氏综合征的智力障碍儿童视力低下的比例为 30%，超过 40%的唐氏综合征儿童患有屈光不正；[2]在唐氏综合征儿童中，6%的儿童有严重的近视，26%有中度近视，10%有严重的远视，58%有轻度远视。[3] 调查显示，48%的家长认为，他们的唐氏综合征孩子存在视觉问题。[4] 研究发现，在唐氏综合征儿童从出生至 30 个月的发展过程中，屈光不正的出现率呈上升趋势。[5] 唐氏综合征儿童还常出现斜视、眼震、睑缘炎、泪管阻塞、白内障、上睑下垂等问题。

伴有脑性瘫痪的智力障碍儿童可能会出现视神经萎缩，风疹综合征儿童可能会出现先天性白内障，脆性 X 综合征儿童可能会出现远视及斜视等。

智力障碍儿童视觉问题的产生原因很复杂。据分析，部分导致智力障碍的因素同时可能会限制儿童的眼球发育。[6] 大多数唐氏综合征儿童的视觉问题是由于在生长发育过程中缺乏调节，[7]少部分是源自白内障。因此，智力障碍儿童需要定期进行眼科检查。

2. 听觉问题

据估计，大约 40%的智力障碍儿童伴有不同程度听觉障碍，唐氏综合征儿童更是听觉障碍的高发人群。研究显示，53%~88%的唐氏综合征儿童罹患传导性听觉障碍。[8] 2007 年世界特奥会（上海）对参赛运动员体检结果显示，10 岁以下组智障儿童听障检出率为 5.9%，10~19 岁组智障儿童听障检出率为 11.4%，远高于同龄普通儿童。[9] 从解剖学的角度来看，

---

[1] 表 4-14 数据整理自：Owens, P. L., Kerker, B. D., Zigler, E., Horwitz, S. M. Vision and Oral Health Needs of Individuals with Intellectual Disability[J]. Mental Retardation and Developmental Disabilities Research Reviews, 2006(1): 28-40.

[2] Gardiner, P. A. Visual Defects in Cases of Down's Syndrome and in Other Mentally Handicapped Children[J]. British Journal of Ophthalmol, 1967, 51(7): 469-474.

[3] Lyle, W. M., Woodruff, M. E., Zuccaro, V. S. A Review of the Literature on Down's Syndrome and an Optometrical Survey of 44 Patients with the Syndrome [J]. American Journal of Optometry & Archives of American Academy of Optometry, 1972, 49(9): 715-727.

[4] Roizen, N. J. Medical Care and Monitoring for the Adolescent with Down Syndrome[J]. Adolescent Medical, 2002, 13(2): 345-358.

[5] Cregg, M., Woodhouse, J. M., Stewart, R. E. Development of Refractive Error and Strabismus in Children with Down Syndrome[J]. Investigative Ophthalmology & Visual Science, 2003(44): 1023-1030.

[6] Woodruff, M. E., Cleary, T. E., Bader, D. The Prevalence of Refractive and Ocular Anomalies Among 1242 Institutionalized Mentally Retarded Persons[J]. American Journal of Optometry & Physiological Optics, 1980(2): 70-84.

[7] Gardiner, P. A. Visual Defects in Cases of Down's Syndrome and in Other Mentally Handicapped Children[J]. British Journal of Ophthalmol, 1967, 51(7): 469-474.

[8] Gilbert R. Herer, PhD, CCC-A/SLP. Intellectual Disabilities and Hearing Loss[EB/OL]. [2018-03-18]. https://www.asha.org/Articles/Intellectual-Disabilities-and-Hearing-Loss/

[9] Herer, G. R. Intellectual Disabilities and Hearing Loss[J]. Communication Disorders Quarterly, 2012, 33(4): 252-260.

唐氏综合征儿童腺样体肥大、鼻咽部小、吞咽障碍以及咽鼓管窄、平等特点使得中耳的通气性能减低,容易发生中耳炎,同时,他们的外耳道狭窄,容易造成耳垢的集结,影响听觉。

智力障碍儿童的听觉障碍各种类型都有,既有传导性听觉障碍,也有感觉神经性及混合性听觉障碍。有的儿童听觉障碍发生在单侧,也有的发生在双侧。智力障碍儿童的听觉障碍可能源于特殊的生理结构,如有的儿童外耳道狭窄造成传导性听觉障碍,也可能源于智力障碍儿童自身免疫力缺陷,比如反复出现耳部感染、中耳炎所致。对智力障碍儿童来说,听觉问题合并智力问题对其语言的获得与发展会产生更为直接的影响。

在出现听觉障碍时,智力障碍儿童可能难以自知或主诉,尤其是年龄小、障碍程度严重的儿童,因此,定期进行听觉检查以及家长、教师或其他照料者的细心观察至关重要。

(三) 甲状腺疾病

甲状腺疾病也是智力障碍儿童常见的疾病之一,尤其是甲状腺功能减退。调查发现,大约1/3的唐氏综合征儿童患有甲状腺功能减退,另有2.3%的唐氏综合征儿童被诊断为亚临床甲状腺疾病。①② 所谓亚临床甲状腺疾病是指无或有轻微甲状腺疾病相关症状,仅在实验室检查中或通过影像学手段发现的甲状腺异常,包括甲状腺结节、亚临床甲状腺功能亢进、亚临床甲状腺机能减低等,这些疾病会影响人体正常的生理及代谢过程。

由于甲状腺功能减退早期临床表现不典型,很容易误诊或漏诊,需要照料者尤其是母亲引起重视。对于甲状腺疾病的高危人群(如唐氏综合征以及有甲状腺病史的人群)应当进行年度的甲状腺检查,对于其他智力障碍儿童应当在每3~5年中接受一次甲状腺检查。

(四) 消化系统疾病

智力障碍人群中常见的消化系统疾病是胃食管反流病(GERD)与幽门螺杆菌(Hp)。胃食管反流病是指胃、十二指肠内容物反流至食管内而引起的食管黏膜发生的消化性炎症。主要症状为吞酸、吐酸、胸骨后烧灼不适感或灼痛,以及吞咽障碍等。胃食管反流病在智力障碍人群中有一定的发生率,但很容易被忽视和低估。研究发现,在智商低于50的人群中,胃食管反流病的发生率高达30%。③ 可能诱发胃食管反流病的因素包括脊柱侧弯、脑瘫、使用抗惊厥药物等。幽门螺杆菌是世界各地最常见的感染性疾病病原之一,感染后能导致胃炎和消化性溃疡病的发生。有研究发现,智力障碍儿童中幽门螺杆菌感染的人数有增加的趋向,④这种感染可能会导致胃溃疡和胃癌。⑤

---

① Karlsson,B., Gustafsson,J., Hedov,G., Ivarsson,S-A., Anneren,G. Thyroid Dysfunction in Down's Syndrome: Relation to Age and Thyroid Autoimmunity[J]. Archives of Disease in Childhood,1998,79(3): 242-245.

② Rubello,D., Pozzan,G. B., Casara,D. Natural Course of Subclinical Hypothyroidism in Down's Syndrome: Prospective Study Results and Therapeutic Considerations[J]. Journal of Endocrinological Investigation,1995(1): 35-40.

③ Böhmer,C. J., Niezen-de Boer,M. C., Klinkenberg-Knol,E. C., Deville,W. L., Nadorp,J. H., Meuwissen,S. G. The Prevalence of Gastro-oesophageal Reflux Disease in Institutionalized Intellectually Disabled Individuals[J]. American Journal of Gastroenterology,1999,94(3): 804-810.

④ Böhmer,C. J., Klinkenberg-Knol,E. C., Kuipers,E. J., Niezen-de Boer,M. C., Schreuder,H., Schuckink- Kool,F., Meuwissen,S. G. The Prevalence of Helicobacter Pylori Infection Among Inhabitants and Healthy Employees of Institutes for the Intellectually Disabled[J]. American Journal of Gastroenterology,1997,92(6): 1000-1004.

⑤ McColl,K., Murray,L., El-Omar,E., Dickson,A., El-Nujumi,A., Wirz,A., Kelman,A., Penny,C., Knill-Jones,R., Hilditch,T. Symptomatic Benefit from Eradicating Helicobacter Pylori Infection in Patients with Non-ulcer Dyspepsia[J]. New England Journal of Medicine,1988(339): 1869-1874.

(五) 癫痫

智力障碍与癫痫有密切的关联，智力障碍人群中癫痫的发病率为25%左右。[1] 智力损伤程度愈严重，癫痫的发生率愈高。轻度智力障碍儿童伴发癫痫的比例为6.8%～15%，重度智力障碍儿童伴发癫痫的比例则为32.4%～45%，[2][3]极重度智力障碍儿童出现癫痫的比例更是高达50%。智力障碍儿童癫痫的病因复杂多样，就总体而言，大约68%的儿童癫痫发病源自脑损伤。[4] 不同类型的智力障碍儿童，癫痫发生率各不相同，研究发现唐氏综合征儿童的癫痫发生率为1.4%，[5]脆性X综合征儿童癫痫的发生率为18%，[6]普瑞德-威利综合征儿童为16%，[7]安格尔曼综合征则高达90%。[8] 对某些智力障碍儿童而言，癫痫可能就是智力障碍的直接原因。

癫痫发作本身是一种危险的状况，如不及时采取有效措施，可能会由此产生骨折、软组织挫伤等继发问题。同样，癫痫也会增加照料者的压力和负担。一般而言，伴有癫痫的智力障碍者预期寿命较短。正确诊断智力障碍儿童的癫痫状况并不容易，因为这类儿童难以准确描述自己的症状，同时，智力障碍儿童的一些典型行为与癫痫发作症状有相似之处，会造成诊断者分辨的困难，因此，诊断者需要详细的观察记录，以协助评估诊断。此外，照料者应当了解癫痫发作的典型症状，正确向诊断人员提供相关信息，如发作次数、发作过程、发作频率等，以协助专业人员作出及时、准确的判断，以免延误治疗。通过适当的健康服务及药物治疗，可以有效地降低智力障碍儿童癫痫发作的频率，减少因癫痫发作而造成的摔倒、骨折乃至意外。同时，相关机构应创造条件，向智力障碍儿童的照料者提供相关知识和技能的培训，确保智力障碍儿童受到适当的照料。

(六) 其他

智力障碍儿童常见的疾病还有很多。研究者分析了1996—2008年间的31项研究，结果显示，智力障碍儿童中最常见的6种疾病是癫痫(22.0%)、脑瘫(19.8%)、焦虑症(17.1%)、对立违抗性疾病(12.4%)、唐氏综合征(11.0%)和自闭症(10.1%)，其发生率远高于普通

---

[1] Davies,R.,Baxendale,S.,Thompson,P.,Duncan,J.S. Epilepsy Surgery for People with Low IQ[J]. Seizure: The European Journal of Epilepsy,2009,18(2):150-152.

[2] Steffenburg,U.,Hagberg,G.,Viggedal,G.,Kyllerman,M. Active Epilepsy in Mentally Retarded Children. I. Prevalence and Additional Neuroimpairments[J]. Acta Paediatrica,1995,84(10):1147-1152.

[3] Yousef,J. Epilepsy in a Sample of Children with Intellectual Disability in Jordan[J]. Australia & New Zealand Journal of Developmental Disability,1995,20(1):63-66.

[4] Turkistani,I. Y. Epilepsy in Learning Disabilities[J]. Journal of Learning Disability,2004,8(1):89-99.

[5] Shieve,L. A.,Boulet,S. L.,Boyle,C.,Rasmussen,S. A.,Schendel,D. Health of Children 3 to 17 Years of Age with Down Syndrome in the 1997-2005 National Health Interview Survey[J]. Pediatrics,2009,123(2):253-260.

[6] Incorpora,G.,Sorge,G.,Sorge,A.,Pavone,L. Epilepsy in Fragile X Syndrome[J]. Brain & Development,2002,24(8):766-769.

[7] Wang,P. J.,Hou,J. W.,Sue,W. C.,Lee,W. T. Electroclinical Characteristics of Seizures Comparing Prader-Willi Syndrome and Angelman Syndrome[J]. Brain and Development,2005,27(2):101-107.

[8] Pelc,K.,Boyd,S. G.,Cheron,G.,Dan,B. Epilepsy in Angelman Syndrome[J]. Seizure: European Journal of Epilepsy,2008,17(3):211-217.

人群。①

欧塞伯格(B. Oeseburg)等人完成了一项对1083名12～18岁的智力障碍儿童的慢性疾病状况的研究，统计结果显示，62.9%的智力障碍儿童患有一种或一种以上慢性疾病，21.7%的智力障碍儿童患有慢性躯体疾病，22.6%的智力障碍儿童患有慢性精神疾病，18.6%的智力障碍儿童兼有慢性躯体疾病与慢性精神疾病，各类慢性疾病的出现率见表4-15。②

表4-15 智力障碍儿童慢性疾病出现率

疾病类别			%
慢性躯体疾病	哮喘,慢性支气管炎,慢性阻塞性肺病		9.9
	慢性湿疹		4.3
	糖尿病		0.5
	胃肠道和肝脏疾病		1.0
	偏头痛,慢性头痛		12.7
	肌肉骨骼疾病	背部疾病	2.6
		炎症	0.8
		颈部、肩部和上肢疾病	5.3
	银屑病		0.1
	心脏和血液疾病		2.4
	先天性循环系统畸形		2.1
	先天性神经系统畸形		2.0
	癫痫		5.3
	先天性眼畸形		3.0
	先天性耳畸形		1.8
	染色体异常		3.5
	脑性麻痹		0.5
	肌肉疾病		0.7
	其他先天性畸形		6.1
	其他躯体疾病		3.7
	诵读困难		13.9
	注意缺陷/多动障碍(ADHD)		21.1
	自闭症		10.9
	未分类的广泛性发育障碍(PDD-NOS)		14.0

---

① Oeseburg,B.,Dijkstra,G. J.,Groothoff,J. W.,Reijneveld,S. A.,& Jansen,D. E. M. C. Prevalence of Chronic Health Conditions in Children with Intellectual Disability: A Systematic Literature Review[J]. Intellectual and Developmental Disabilities,2011,49(2):59-85.

② Oeseburg,B.,Jansen,D. E. M. C.,Dijkstra,G. J.,Groothoff,J. W.,Reijneveld,S. A. Prevalence of Chronic Diseases in Adolescents with Intellectual Disability[J]. Research in Developmental Disabilities,2010,31(3):698-704.

知识小卡片 4-1

欧洲宣言：智力障碍者基本健康照料标准
鹿特丹　2003

下列标准应被普遍认识并视为满足智力障碍者个人健康需求的基本标准。

一、在基层医师的健康服务中，关键因素是适用性及可使用的程度，智力障碍者应当：

1. 有权使用主流社会的健康服务。
2. 在诊所就诊或在上门诊视中获得更多会诊的时间。
3. 可以在医患交流时获得所需的支持。
4. 享有解决健康问题的优先权。
5. 使用主流服务时不会遇到额外的金钱、物质或法律上的障碍。
6. 和普通人享有同等待遇，参加疾病筛查。
7. 受到支持，建立并维持一种健康的生活形态，预防疾病的产生并取得积极的康复成效。
8. 获得便于理解的有关健康及促进健康的信息（也提供给家人及护理人）。
9. 获得来自不同专业人员良好合作及相互协调的健康照料。

二、在主流健康服务中的专业工作人员（尤其是内科医生、精神病医生、牙医、护士与相关的专业人员）能胜任智力障碍者的健康照料问题，包括他们的某些特殊的健康需求。这就需要：

1. 健康专业人员具备向智力障碍者提供健康照料的基本能力。
2. 认识到智力障碍者的健康问题并非全都源于障碍本身。
3. 对健康专业人员的训练应当涉及有关智力障碍的知识，包括常见的病源学知识、常见的综合症状、与疾病相关的健康问题以及沟通问题（合法性以及伦理道德）。
4. 态度及沟通技巧的训练与临床技能同样重要，因而态度与沟通技巧也是培训方案中的组成部分。
5. 通过网络、CD-ROM 或其他途径可得到特殊健康问题的指导。
6. 在主流健康服务中的专业人员能方便获得专科医生的建议，不存在经费、操作或法律上的障碍。

三、专门负责智力障碍者特殊健康需求的健康专业人员（内科医师、精神病医生、牙科医师、护士以及相关人员）为主流健康服务提供适当支援。这些专业人员可以提供建议或直接处理智力障碍者特殊的医学问题。这就需要：

1. 应向那些愿意为智力障碍者进行健康照料的专业人员提供适当培训。
2. 为提高专业领域内外人员的知识及技能，需要建立并维持专门的网络，个人联系或通过专门技术建立（虚拟）中心实现目标。
3. 与研究机构以及智力障碍者医学研究团体合作研究智力障碍者健康问题，促进和协调研究项目的合作。

四、对智力障碍者的健康照料需要跨领域的合作：

1. 特殊的健康评估及治疗需要不同的健康专业人员间的合作（如：视力及听力损伤、精神健康照料、多重障碍照料、老年照料与康复照料）。
2. 应鼓励护士及其他照料者的专业训练，这些训练包括学习如何提供支持及照料伴有感官障碍、自闭症、癫痫、精神问题、行为问题、身体上复杂障碍问题、吞咽问题或与老年有关的问题的智力障碍者。

五、对智力障碍者的健康照料需要积极主动的方法：
1. 鼓励参加全国性的疾病筛查计划。
2. 参加视力与听力损伤的健康调查以及其他常见的健康问题常规检查。
3. 发展并实施一般和特殊的健康监控方案，建立健康指标体系，对智力障碍人群给予特别的关注。
4. 明确预防检查以及实施的责任(即，基层医师、公共卫生医师和专科医师各自的责任)。
5. 智力障碍者及他们的家人有权做病因学的检查。

 本章小结

　　智力障碍儿童的生理发展状况总体水平较低。在形态发育方面，智力障碍儿童平均身高偏低，平均体重偏高，平均胸围偏大。

　　身体素质是体质的重要组成部分，是人体在运动中所表现出来的力量、速度、耐力等身体基本状态和功能能力。智力障碍儿童的50米跑、立定跳远以及握力的成绩和同龄普通儿童相比均有极其显著的差异。

　　身体机能是指人的整体及其组成的各器官、系统所表现的生命活动。在身体机能发育方面，智力障碍儿童的脉搏、血压、肺活量等与同龄普通儿童相比均有非常明显的差距。智力障碍儿童青春期开始的时间略晚于普通儿童，但除其中的特殊人群之外，大多数智力障碍儿童性发展的阶段与过程和常人并无显著差别。

　　智力障碍儿童神经系统发育普遍滞后，最显著的表现是动作技能发展迟缓。普遍的规律是智力障碍程度愈严重，其神经系统发育的问题愈明显。

　　智力障碍儿童在偏胖及肥胖检出率较高的同时，营养不良也普遍存在，"双峰现象"很明显。

　　智力障碍儿童常见疾病有口腔疾病、感官疾病、甲状腺疾病、消化系统疾病、癫痫、精神疾病、皮肤病、免疫系统疾病、骨质疏松等。

 思考与练习

1. 如何看待智力障碍儿童的生理发展状况？
2. 智力障碍儿童的常见疾病有哪些？

第5章 智力障碍儿童的认知发展

学习目标

1. 掌握智力障碍儿童认知发展的基本特点。
2. 熟悉智力障碍儿童认知能力训练的基本策略。

认知是人对客观世界的认识活动,是一种心理活动或心理过程。认知发展表现为各种心理机能的发展,包括感知觉、注意、记忆、语言与思维能力的发展。与同龄正常儿童相比,智力障碍儿童的认知发展速度慢、发展水平低,且个体间差异大。本章分别介绍智力障碍儿童感知觉与注意的发展特点、记忆的信息加工过程与训练、语言的发展以及思维发展等。

第1节 感知觉与注意

感觉和知觉是人类认识世界的第一步,人类所有的认知能力都是以感知觉为基础的,没有感知觉过程的发生,人类将失去一切信息加工的资源。

一、感知觉

一般认为,智力障碍儿童的感觉特点与正常儿童既有相同点,也有不同点。相同点在于智力障碍儿童也遵循着和正常儿童一样的发展顺序,不同点在于感觉的量或质有区别。[①] 感受性慢和范围狭窄是智力障碍儿童的典型特点。智力障碍儿童的绝对感受性低于正常儿童,因此,同一强度的刺激可能引起正常儿童的感觉,却不一定能引起智力障碍儿童的感觉。智力障碍儿童的视觉、听觉、嗅觉、味觉、触觉都有不同程度的障碍。

(一)加工速度慢

智力障碍儿童感知信息的速度明显不及正常儿童。研究发现,在速示条件下(22微秒),正常儿童能够认知57%的图片,而相同年级的智力障碍儿童来不及认知任何一个图片。当图片呈现时间增加至42微秒时,正常儿童差不多能认知全部的图片(95%),而智力障碍儿童仅能认知其中一半左右的图片(55%)。[②]

(二)辨别能力低

视觉是人类最重要的感觉通道之一。儿童视觉能力通常以视觉集中能力、视敏度以及颜色视觉来衡量,正常情况下,新生儿便能够觉察移动的物体,并能用眼追随,1个月左右的

---

① 肖非.智力落后儿童心理与教育[M].沈阳:辽宁教育出版社,2002:93-99.
② 〔苏〕С. Я. 鲁宾什坦.智力落后学生心理学[M].朴永馨,译.北京:人民教育出版社,1983:104-105.

婴儿已经能够以比较平稳的眼动追踪移动较慢的物体；2岁幼儿的视敏度接近成人水平；儿童的颜色视觉发展很快，4个月的婴儿开始对颜色有分化性反应，能区别彩色和非彩色。[①] 3~6岁幼儿对于8种常见颜色(红、橙、黄、绿、蓝、紫、黑、白)的命名能力随年龄的增长而逐渐提高(见表5-1)。智力障碍儿童的视觉集中能力以及视敏度的发展落后于正常儿童。智力障碍儿童颜色命名能力的发展规律是：先是对红色、白色及黑色正确命名，然后是黄色、绿色和蓝色，最后是紫色和橙色，与正常儿童颜色命名的发展规律是一致的，但在时间上明显滞后于正常儿童，障碍程度愈严重，滞后愈显著(见表5-2)。

研究者认为，智力低下严重制约了智力障碍儿童的颜色认知。虽然他们能识别和命名部分颜色，但正确率远低于正常儿童，智力障碍儿童对颜色基本属性有一定感知，但很难形成抽象的分类标准，这说明智力障碍儿童的颜色认知还处于较低级水平。[②]

表5-1　3~6岁汉族儿童颜色命名的发展(%)[③]

年龄	红	橙	黄	绿	蓝	紫	黑	白	平均
3岁	93.3	6.7	53.3	43.3	26.6	10.0	83.3	90.0	50.8
4岁	100	16.6	83.3	73.3	36.6	30.0	100	100	67.5
5岁	100	86.6	93.3	93.3	86.6	60.0	100	100	90.0
6岁	100	93.3	100	100	93.3	70.0	100	100	94.5

表5-2　智力障碍儿童颜色命名的发展(%)[④]

	平均IQ	红	橙	黄	绿	蓝	紫	黑	白	平均
轻度	61.3	100	68.4	100	89.4	89.4	63.1	94.7	100	88.1
中度	41.4	94.7	31.5	68.4	68.4	57.8	52.6	84.2	94.7	69.0

林仲贤等对不同智商水平的智力障碍儿童的视觉图形辨认能力进行了研究，并与同龄正常儿童作了比较。结果表明，智商在31~51之间，平均智商为41.6，平均年龄为11.7岁的智力障碍儿童，在图形以0.05秒速度呈现的条件下，平均辨认正确率为21.4%；在以0.01秒速度呈现的条件下，平均辨认正确率为20.7%。智商在55~75之间，平均智商为62.0，平均年龄为10.2岁的智力障碍儿童，图形以0.05秒速度呈现时，平均辨认正确率为48.5%；在以0.01秒速度呈现时，平均辨认正确率为45.0%。与同龄的正常儿童相比，无论在哪一种呈现速度条件下，智力障碍儿童对图形辨认正确率均明显低于正常儿童。由此可见，智力障碍儿童视觉辨认的正确率与智力损伤程度有关，智力损伤程度愈重，视觉辨认能力也愈低。[⑤]

[①] 王振宇.学前儿童心理学[M].北京：中央广播电视大学出版社，2007：41-43.
[②] 张积家，章玉祉，党玉晓，王志超，梁敏仪.智障儿童基本颜色命名和分类研究[J].中国特殊教育，2007(6)：20-27.
[③] 表5-1数据来源：林仲贤，张增慧，韩布新，傅金芝.3~6岁不同民族儿童颜色命名发展的比较[J].心理学报，2001(4)：333-337.
[④] 表5-2数据来源：张增慧，林仲贤.弱智儿童颜色配对、命名及偏好的实验研究[J].中国心理卫生杂志，1992(6)：252-255.
[⑤] 林仲贤，等.弱智儿童视觉图形辨认的实验研究[J].心理发展与教育，2001(1)：36-39.

林仲贤等对平均年龄为 10.8 岁,平均智商为 49.3 的 22 名智力障碍儿童进行了视、触长度知觉的研究,结果发现,无论是视觉辨别还是触觉辨别,智力障碍儿童都明显低于年龄匹配的正常儿童。[①] 林于萍对智力障碍儿童形状知觉特点进行了实验研究,结果发现,智力障碍儿童在形状知觉的各层次上均存在困难,与正常儿童相比有显著的差异。[②] 林仲贤等对一组 9~12 岁智力障碍儿童的"心理旋转"能力进行了研究,该组儿童平均年龄为 10.1 岁,平均智商为 53.8,结果显示,智力障碍儿童的心理旋转能力明显比正常儿童(平均年龄为 8 岁)差,智力缺陷对视觉图形空间定向能力(心理旋转)有明显的影响。[③]

智力障碍儿童的听觉分辨也不及正常儿童灵敏,因此,在汉语拼音学习中,常将近似音节混淆起来。智力障碍儿童的其他感觉反应也较为迟钝,比如对冷热、疼痛的感觉迟钝,因而容易引起自伤。另外,智力障碍儿童的知觉恒常性不及正常儿童。当同一事物置于不同的环境时,智力障碍儿童往往缺乏辨认能力。例如,在黑板上认得的字,在课本上可能就认不出来。

二、注意

关于智力障碍儿童的注意缺陷问题,长期以来,学术界有两种不同的观点:一种观点认为,注意缺陷是智力障碍所固有的特征之一,也是区分智力障碍与非智力障碍的关键特征之一,这种观点被称之为"差异模式"或"缺陷模式";另一种观点认为,智力障碍儿童所表现出的注意缺陷的根本原因在于其注意发展的速度缓慢,这类儿童如果与智龄相匹配的正常儿童相比较,其注意力水平基本一致,这种观点被称为"发展模式"。[④] 从已有的研究证据上来看,发展模式得到了较多的支持,[⑤]这对于我们更好地认识智力障碍儿童注意发展的规律提供了很有价值的线索。

(一)无意注意和有意注意的发展

心理学中将注意按有无预定目的和有无意志努力分为无意注意和有意注意。所谓无意注意是没有预定的目标,不需要作任何意志努力的注意。有意注意是有一定目的,需要作一定的意志努力的注意。智力障碍儿童普遍表现为注意力容易分散。一般认为,智力障碍儿童的无意注意得到了一定发展,但有意注意处于缓慢的形成过程之中。

智力障碍儿童的注意不易受预定目的的支配,所以外界的无关新异刺激对他们往往有很大的吸引力,在学习活动中,他们难以将注意集中在学习任务上,时常被无关刺激所吸引,他们过于依赖新奇的刺激和较强的注意对比度。智力障碍儿童的有意注意发展缓慢,这一特点对新知识与新技能的学习带来了极大的障碍。

---

① 林仲贤,等.弱智儿童视、触长度知觉辨别研究[J].健康心理学杂志,2002(5):321-322.
② 林于萍.智力落后儿童形状知觉特点的实验研究[J].中国特殊教育,1998(3):2-9.
③ 林仲贤,等.弱智儿童心理旋转的研究[J].心理与行为研究,2004(1):325-327.
④ Deutsch,C. K.,Dube,W. V.,McIlvane,W. J. Attention Deficits,Attention-Deficit Hyperactivity Disorder,and Intellectual Disabilities[J]. Developmental Disabilities Research Reviews,2008(14):285-292.
⑤ Iarocci,G.,Burack,J. A. Understanding the Development of Attention in Persons with Mental Retardation: Challenging the Myths[M]//Burack,J. A.,Hodapp,R. M.,Zigler,E. Handbook of Mental Retardation and Development. New York: Cambridge University Press,1998:349-381.

（二）注意特性的发展

一般认为，注意特性或注意品质的发展包括注意广度的发展、注意稳定性的发展、注意分配及注意转移的发展。

1. 注意广度

注意广度又称注意范围，指在同一时间内能清楚地知觉到对象的数量。智力障碍儿童的注意广度明显低于普通儿童。研究发现，注意广度与智力之间存在显著的正相关。① 智力障碍儿童注意范围狭窄，可接受的信息量少。

2. 注意稳定性

注意稳定性指注意长时间保持在某种事物或活动上。研究发现，智力障碍儿童通常很难将注意力持续维持在某一特定学习任务上。研究者采用传统的划消法测试智力障碍儿童的注意稳定性，并与普通儿童进行比较，测验中要求被试在 0～9 的 1000 个随机数字中，划去相互之间没有关联的 2 个数字，限时 3 分钟，结果发现，智力障碍儿童的注意稳定性与正常儿童有极其显著的差异，超过 61% 的被试有明显的注意障碍。②

3. 注意分配与转移

智力障碍儿童注意的分配与转移也比正常儿童差，他们很难根据任务的改变把注意从一个对象转移到另一个对象，但却容易根据自己的兴趣及外部刺激的变化转移注意对象，即很容易分心。智力障碍儿童注意分配的能力也比较差，对于较复杂的注意分配就更为困难，因此，常常表现出顾此失彼，像正常儿童那样，一边听一边写，他们会感到困难。

研究者以平均智商为 52.7 的 14 名中度智力障碍儿童为被试进行色—词干扰效应的实验研究，结果发现，年龄为 12～17 岁，平均年龄为 14.6 岁的智力障碍儿童，在各种不同条件下（读色片名称、读黑色字、读字的颜色名）的读名速度只相当于 7～8 岁的正常儿童，而在读名准确性方面明显低于 7～8 岁的正常儿童，在色—词干扰的条件下，智力障碍儿童的平均错误数达到 125，与正常儿童的平均错误数（48）相比，显示出更为强烈的 stroop 效应③。这种情况表明，智力水平对抗干扰来说是不可忽视的重要因素。④

注意品质的好坏决定了认知水平的高低。智力障碍儿童在学习和活动过程中大都很难控制自己，会表露出注意力涣散的状态，大大影响了他们的学习效果。研究者统计了智力障碍儿童活动性任务的完成情况，结果发现，六年级和八年级正常儿童的平均值分别为 212.38 和 263.13，而同年级的智力障碍儿童的平均值只有 181.50 和 194.54。⑤ 由于他们不能有效地控制自己的注意力，所以很多知识的掌握可能是支离破碎的，难以记忆和保持。

---

① 程华山，陈蕙芬.儿童注意广度与智力的关系[J].心理科学，1990(2)：56-57.
② 同上.
③ stroop 效应是指字义对字体颜色的干扰效应。
④ 林仲贤，孙家驹，武连江.智力障碍儿童 Stroop 效应实验研究[J].国际中华应用心理学杂志，2006(1)：1-3.
⑤ 郭海英，贺敏，金瑜.轻度智力落后学生认知能力的研究[J].中国特殊教育，2005(3)：63-65.

第2节 记忆的发展

记忆是人脑对过去经验的保持和再现(回忆和再认)。一般认为,智力障碍儿童的记忆能力与普通儿童之间存在显著的差距。记忆是儿童经验积累和心理发展的重要前提。没有记忆,儿童的心理活动在时间上就不能得以延续,旧的经验就不能对当前的心理活动产生影响,心理发展也将失去基础,儿童的心理能力将永远停留在最初始的水平上。

一、记忆的信息加工过程

从信息加工的观点来看,智力障碍儿童无论是短时记忆还是长时记忆,无论是信息的存储还是信息的提取都有一定的困难。

(一) 感觉记忆

刺激物的信息接触到人的感觉器官,便得到暂时的存贮,这种存贮形式便叫感觉记忆,亦称感觉登记或称瞬时记忆。[①] 感觉记忆保持的信息虽然十分短暂,但它为进一步的加工提供了更多的时间和可能。研究者以年龄匹配的对象为被试,采用部分报告法对智力正常被试和智力障碍被试在完成感觉记忆任务的成绩进行比较,部分报告法的特点是要求被试在识记完材料后,将指定的部分项目再现出来,再根据这一部分的结果估算出保存的总量。它避免了由于呈现时间短暂、回忆材料过多及其他干扰和遗忘因素对瞬时记忆保持量的影响。研究者在刺激出现之后的不同间歇给被试以暗示而使其仅仅注意部分刺激,研究发现,智力障碍被试在所有内部刺激间歇中的反应都比普通被试的反应要慢。由此,研究者认为智力障碍者的感觉记忆可能存在某种缺陷。

(二) 短时记忆

短时记忆对信息的保持时间约为1分钟,是信息从感觉记忆通往长时记忆的一个中间环节或过渡阶段。短时记忆最突出的特点就是其信息容量的有限性和相对固定性。智力障碍儿童的短时记忆也表现出近因效应,但大量的研究表明,智力障碍儿童的短时记忆和正常儿童相比有显著的缺陷,主要表现在记忆广度上。

研究发现,正常儿童3岁左右时数字短时记忆广度可以达到3,16岁时可以达到7~8,而唐氏综合征儿童最多只能达到3~4,即便是与相同智龄的其他类型学习困难儿童相比,唐氏综合征儿童也表现出更加显著的短时记忆缺陷。研究者以62名唐氏综合征儿童为对象,分别测试其数字记忆广度、语词记忆广度以及图片记忆广度,结果见表5-3。[②]

表5-3 唐氏综合征儿童短时记忆广度

数字记忆广度		语词记忆广度		图片记忆广度		平均广度	
均数	标准差	均数	标准差	均数	标准差	均数	标准差
3.36	0.88	2.09	0.43	2.61	0.90	2.68	0.53

---

① 朱智贤.心理学大辞典[M].北京:北京师范大学出版社,1989:211.
② 沈玫.唐氏综合征儿童短时记忆的复述策略干预研究[D].上海:华东师范大学硕士学位论文,2007.

从研究结果中可以看出,唐氏综合征儿童的短时记忆广度的特点:其一,短时记忆广度小。其二,不同识记材料的记忆广度有所不同。其三,个体间差异大。

研究者分析了7项相关研究的效应值,共涉及145名唐氏综合征儿童以及匹配了非言语智龄的201名普通儿童,结果显示,唐氏综合征儿童的词语短时记忆能力较普通儿童低约1个标准差。[1]

(三)工作记忆

工作记忆是巴德利(Baddeley)等人于1974年提出的一个概念,主要用来描述暂时性的储存与加工。这种形式的信息加工和储存方式在许多复杂的认知活动中,如推理、语言理解、学习和心算等,起着非常重要的作用。巴德利等人的工作记忆模型将工作记忆分成三个部分:语音环、视觉空间模板和中央执行系统。其中,语音环负责操作以语音为基础的信息;视觉空间模板负责视觉信息的保持和控制;中央执行系统负责协调各子系统之间的活动,且与长时记忆保持联系。它们分别拥有各自的结构与功能,巴德利后来又将第四部分——"插入式缓冲"加入模型中。

智力障碍儿童在工作记忆能力方面存在障碍。研究者运用巴德利工作记忆模型进行智力障碍儿童工作记忆的研究,结果发现,智力障碍儿童"语音环"的能力都受到限制,具体表现为不会进行自动复述。轻度智力障碍的儿童中央执行系统的表现也较差。[2][3][5]智力障碍儿童工作记忆的三个部分均有缺陷,并随智力障碍程度增加而加重,语音环存在结构性的异常。[6] 研究显示,唐氏综合征儿童的中央执行系统也存在明显障碍。[7]

陈国鹏等以79名轻度智力障碍儿童为对象进行了工作记忆能力的研究,与138名智力一般(IQ范围:95~104)的儿童进行对比。在研究中,工作记忆的任务是计数广度(CS)和空间广度(DM),分别对应工作记忆系统中的语音环和视觉空间模板系统,将被试经过至少三次尝试之后正确回忆出来的最多的项目个数作为工作记忆广度。研究结果发现(见表5-4),智力障碍儿童的工作记忆与智力一般的儿童之间有极其显著的差异。[8]

---

[1] Næss, K. B., Lyster, S. H., Hulme, C., & Melby-Lervag, M. Language and Verbal Short-term Memory Skills in Children with Down Syndrome: A Meta-analytic Review[J]. Research in Developmental Disabilities, 2011, 32(6): 2225-2234.

[2] Hulme, C., Mackenzie, S. Working Memory and Severe Learning Difficulties[M]. Hove: Lawrence Erlbaum Associates, 1992.

[3] Jarrold, C., Baddeley, A. D. Short-term Memory for Verbal and Visuospatial Information in Down's Syndrome[J]. Cognitive Neuropsychiatry, 1997, 2(2): 101-122.

[4] Jarmld, C., Baddeley, A. D., Phillips, C. Down Syndrome and the Phonological Loop: The Evidence for, and Importance of, a Specific Vebal Short-term Memory Deficit[J]. Down Syndrome Research and Practice, 1999(6): 61-75.

[5] Jarrold, C., Baddeley, A. D., Hewes, A. K. Verbal Short-term Memory Deficits in Down Syndrome: A Consequence of Problems in Rehearsal[J]. Journal of Child Psychology and Psychiatry, 2000(41): 233-244.

[6] Schuchardt, K., Gebhardt, M., & Maehler, C. Working Memory Functions in Children with Different Degrees of Intellectual Disability[J]. Journal of Intellectual Disability Research, 2010, 54(4): 346-353.

[7] Lanfranchi, S., Baddeley, A., Gathercole, S., & Vianello, R. Working Memory in Down Syndrome: Is There a Dual Task Deficit?[J]. Journal of Intellectual Disability Research, 2012, 56(2): 157-166.

[8] 陈国鹏,等. 轻度智力障碍儿童工作记忆、加工速度的实验研究[J]. 心理科学, 2007(3): 564-568.

表 5-4 智力障碍儿童与智力一般儿童工作记忆能力的比较

	计数广度(CS)		空间广度(DM)	
	标准差	均数	标准差	均数
轻度智力障碍儿童($n=79$)	4.58	2.93	9.00	3.94
一般智力儿童($n=138$)	9.77	3.98	12.95	7.96

研究者以平均年龄为 15 岁 3 个月的 50 个轻度智力障碍儿童为对象进行了关于语音环和中央执行系统的多重测试,并与年龄及智龄匹配的正常儿童进行比较,结果发现,轻度智力障碍儿童能完整地自动复述,但其语音环及中央执行系统的能力都不及同龄正常儿童。不过,与智龄匹配的正常儿童之间差距很小,由此得出的结论是:智力障碍儿童工作记忆能力的发展滞后于正常儿童。[1]

(四) 长时记忆

长时记忆是指信息储存时间在 1 分钟以上,最长可以保持终生的记忆。它是个体经验积累和心理发展的前提。个体对信息的编码、传输以及储存的能力都将直接影响长时记忆的能力。

研究者曾以 49 名智力障碍儿童与智龄匹配的 49 名正常儿童进行联想测验,结果发现智力障碍儿童与正常儿童心理词典中词的语义储存有类似的组织结构,即高典型词距离核心较近,典型性越低,越远离核心,但在储存信息的数量上,智力障碍儿童明显不及正常儿童;轻度智力障碍儿童的心理词典中储存词的组织较为松散,而且混杂了一些错误的信息;中度智力障碍儿童储存词的组织则更加松散,混杂的错误信息也更多;正常儿童的心理词典中储存词的语义边界清晰,而智力障碍儿童的储存词的语义边界模糊。[2]

(五) 记忆组织

智力障碍儿童在组织记忆材料方面有更多的困难。高亚兵以 27 名 8~14 岁智力障碍儿童为研究对象,通过数字组织、类群集以及主观组织等三个识记测验来探讨智力障碍儿童的记忆组织特点,并与正常儿童进行比较。结果发现,智力障碍儿童只是在难度低的项目上有记忆组织,对类群集和无关联材料的识记没有记忆组织,在数字组织中,主要表现为在难度低的项目上采用记忆组织,对于难度稍高的数字组织项目,90%左右的智力障碍儿童采用机械识记的方法。研究者还就智力障碍儿童所采用的机械识记方法进行了进一步的观察,结果发现,除轻度智力障碍儿童以外,中度和重度智力障碍儿童在复述时常常要借助于外部语言和动作,重度智力障碍儿童全部采用手点口念的方法,研究者分析认为,由于这种方法远比不出声的复述方法所花的时间多,所以导致智力障碍儿童识记速度缓慢。该研究还发现,智力障碍儿童的记忆监控能力差,他们难以正确评价自己的记忆状态,也难以正确估计和判断自己的记忆程度,因此在识记过程中会出现这样的情况:在识记时限未到时就迫不及待地告诉主试自己已经记住了,但回忆时又常常表现出困难或回忆不起来。[3]

---

[1] Van der Molen, M. J., Van Luit, J. E. H., Jongmans, M. J., Van der Molen, M. W. et al. Verbal Working Memory in Children with Mild Intellectual Disabilities[J]. Journal of Intellectual Disability Research, 2007(2): 162-169.

[2] 刘春玲,谭和平. 智力落后儿童词汇语义记忆组织的实验研究[J]. 心理科学, 2005(5): 1104-1107.

[3] 高亚兵. 智力障碍儿童识记材料的组织特点及训练的实验研究(一)[J]. 心理发展与教育, 1996(2): 60-64.

也有研究者提出,中度智力障碍儿童在对信息的处理、编码、检索以及再现等各环节均与轻度智障儿童以及普通儿童有质的不同。[①]

二、记忆能力训练

(一)记忆组织训练

针对智力障碍儿童普遍缺乏记忆组织能力的特点,高亚兵尝试对他们进行识记训练,以下概述其训练情况。[②]

1. 训练目标

研究者设计了三种识记训练,分别为数字材料的识记训练、分类训练以及无关联材料识记训练。

(1)数字材料的识记训练:通过训练,使智力障碍儿童能掌握在对一组数字群进行识记时,先着手找出数字群的内在联系,在此基础上想办法去记住的识记方法。

(2)分类训练:通过训练,使智力障碍儿童掌握四种日常生活中经常用到的类概念,并逐步养成在对群集材料记忆时,能主动对材料进行分类,按类识记,在回忆时按类回忆的思维习惯。

(3)无关联材料识记训练:通过训练,使智力障碍儿童学会对内部无必然联系的图片材料进行识记,能采用编故事的主观组织方法把图片的内容变成有逻辑联系的、有意义的材料。

2. 训练效果

在数字材料的识记训练中,先针对智力障碍儿童的智力缺陷提供思维上的帮助,在此基础上训练智力障碍儿童在识记时养成先寻找数与数之间的联系,后按这种联系去记的思维习惯。训练结果显示这种识记训练对提高智力障碍儿童的记忆能力很有帮助。

类群集识记训练就是训练智力障碍儿童掌握为了识记而使用分类。在儿童学会分类以后,训练儿童在对类群集材料识记时能主动、独立地采用分类法识记。通过训练,轻、中、重度智力障碍儿童采用分类法识记的人数都显著地多于训练前,并且他们的回忆量也都比训练前显著增多。

在对无关联材料的识记训练中,运用编故事的方法将内部无关联的材料形成一种人为的联系,以改变智力障碍儿童一律用死记硬背识记的习惯。训练结果表明,大多数轻度智力障碍儿童能将这种识记法迁移到测验中,且通过迁移,其回忆量都比训练前有显著提高。

该研究还发现,训练对轻、中、重度三类不同智力障碍儿童有不同的影响。三类智力障碍儿童在类群集水平上都有显著提高。只有轻度智力障碍儿童的主观组织识记能力能迁移,中、重度智力障碍儿童这方面能力的提高不显著。

(二)复述策略训练

复述策略在记忆的加工、储存中起着举足轻重的作用。

1. 语音环缺陷假设

一般认为唐氏综合征儿童短时记忆缺陷可能是因为听觉障碍、言语表达障碍以及语言

[①] Brown, D. A., Lewis, C. N., Lamb, M. E., & Stephens, E. The Influences of Delay and Severity of Intellectual Disability on Event Memory in Children[J]. Journal of Consulting and Clinical Psychology, 2012, 80(5): 829-841.

[②] 高亚兵. 智力障碍儿童识记材料的组织特点及训练的实验研究(一)[J]. 心理发展与教育, 1996(2): 60-64.

知识贫乏等造成。随着工作记忆概念的提出,有人提出,语音环缺陷很可能是导致唐氏综合征儿童短时记忆缺陷的重要原因。根据工作记忆模型,语音环负责以声音为基础的信息的储存与控制,它包含语音储存和发音控制两个部分。一部分是语音储存,能保持语音信息1~2秒,其中的项目均由语音结构来表征;另一部分是发声控制,类似于内部语言,能通过复述重新激活消退着的语音表征,防止衰退,而且发音控制加工还可以将书面语言转换为语音代码存在"语音储存"中。语音环是记忆广度的基础,唐氏综合征儿童语音环的两个部分可能都存在缺陷。

2. 训练策略

智力障碍儿童基本不会自发使用复述策略,因此,需要采用一定的复述策略干预以增加其语音存贮中保存的信息量,从而提高短时记忆成绩。较常使用的训练策略是外显积累的复述策略。其假设是:个体隐蔽的不出声的复述与外显复述的速度是相同的。该策略的训练过程为:逐一向训练对象出示图片,在出示第1张图片后,要求训练对象立即回忆该图片的名称(如:猫),紧接着向训练者出示第2张图片(如:书),要求训练对象立即回忆第1、2两张图片的名称(猫、书),依照该方式继续出示图片,回忆任务也相应累加,以此类推,直到训练对象无法记住新的图片时为止。这种训练有助于儿童学会在记忆中使用复述的策略。

3. 训练效果

研究证据表明,接受复述策略训练的唐氏综合征儿童短时记忆广度的成绩有明显的提高。[①] 国内研究者也以唐氏综合征儿童为对象进行了复述策略训练的实验研究,对32名唐氏综合征儿童进行每天1次,每次20分钟,共持续10次的短时记忆复述训练,并与控制组进行了比较,结果证实,唐氏综合征儿童短时记忆的复述策略即时训练效果显著,通过复述训练,儿童短时记忆广度获得了显著的提高,而且这种训练效果具有一定的延续性,在复述训练结束一个月内,训练效果保持良好。[②]

第3节 语言的发展

在通常情况下,正常儿童出生后1个半到2个月时便能发出某些元音,5~6个月发出组合音,7~8个月能听懂成人的某些语音,1岁左右开始学习说话,到6岁左右,口头语言表达能力基本上形成,能掌握2500~3000个字词,能较灵活地使用各种类型的句子。

智力障碍儿童的语言发展水平往往与其智力水平有直接的关系,智力受损的程度愈重,语言发展水平愈低。徐方对北京6所培智学校564名智力障碍儿童进行调查,发现有语言障碍的学生占32.9%,其中口吃者占5.5%,吐字不清者占6.7%,嗓音失调者占4.1%,语言理解表达困难者占4.9%,多重言语障碍者占11.7%。[③]

---

① Broadley,I.,MacDonald,J. Teaching Short Term Memory Skills to Children with Down's Syndrome[J]. Down's Syndrome: Research and Practice,1993,1(2):56-62.
② 沈玟.唐氏综合征儿童短时记忆的复述策略干预研究[D].上海:华东师范大学硕士学位论文,2007.
③ 徐方.弱智学生言语障碍问题的调查报告[J].教育研究,1991(5):65-68.

一、语言理解

（一）词义理解

1. 词及词汇意义的获得

中度及重度智力障碍儿童词汇发展明显滞后，对第一个词的认识常处于24～30个月之间。一般认为，智力障碍儿童与正常儿童早期的词汇发展模式相似。研究者以唐氏综合征儿童和智龄匹配的正常儿童为被试进行了词与句子语义加工的研究。结果发现，智龄对词的语义提取的平均作用大约为78%。[①] 研究者利用两个配对的形容词"more(多)-less(少)"和"taller(高)-shorter(矮)"对智龄匹配的中度智力障碍儿童和轻度智力障碍儿童进行了研究，结果发现，两组儿童在词义理解中所表现出的错误类型相同。[②]

词汇的发展意味着与词语相关知识的发展，也就是对不同词语意义之间关系理解的发展。轻度和中度智力障碍儿童也能获得上位和下位概念。在智龄匹配的情况下，智力障碍儿童对于上位概念与下位概念之间的语义关系以及上位概念与基础水平概念之间的语义关系的表征上同正常儿童一致。在匹配了非言语智龄的情况下，唐氏综合征儿童的词语理解能力与普通儿童相近。[③]

2. 词的语义加工策略

智力障碍儿童在词的语义的提取中不善于利用相关线索，但如果在一定情境下予以提示，他们可以达到智龄匹配的正常儿童的水平。研究者将51名轻度智力障碍儿童进行了分组，其中一半的儿童接受训练，学习利用词的语义线索，另一半儿童未接受任何训练，结果发现，受到训练的智力障碍儿童对于词的语义概括的程度显著高于未受训练的儿童，而且，语义策略的训练效果能够在一段时间内得以保留，并能应用到相关的加工情景中。[④] 研究者以平均智龄分别为7.0,7.7和9.7岁的轻度智力障碍儿童为对象进行研究，结果发现，三组儿童都能够利用所提供的语义线索进行词的语义提取。[⑤]

也有部分研究者提出，智力障碍儿童不会适当地使用词的语义线索。研究者试图通过训练，帮助智力障碍儿童补偿其在词的语义储存上的不足。结果显示，这种方法能够起到一定的作用，但线索撤除后，智力障碍儿童的语义提取能力又回复到原来的水平。[⑥]

研究者比较了不同年龄组智力障碍儿童和正常儿童在词的语义提取时对于外部线索的

[①] Chapman,R. S.,Schwartz,S. E.,Kay-Raining,B. Language Skills of Children and Adolescents with Down Syndrome: I. Comprehension[J]. Journal of Speech & Hearing Research,1991(5): 1106-1120.

[②] Natsopoulos,D.,Stavroussi,P. Alevriadou. Anastasia on the Concept of Comparison in Mentally Retarded and Nonretarded Children[J]. Journal of Psycholinguistic Research,1998(3): 321-337.

[③] Næss,K. B.,Lyster,S. H.,Hulme,C.,& Melby-Lervag,M. Language and Verbal Short-term Memory Skills in Children with Down Syndrome: A Meta-analytic Review[J]. Research in Developmental Disabilities,2011,32(6): 2225-2234.

[④] Engle,R. W.,Nagle,R. J.,Dick,M. Maintenance and Generalization of a Semantic Rehearsal Strategy in Educable Mentally Retarded Children [J]. Journal of Experimental Child Psychology,1980,30(3): 438-454.

[⑤] Bender,N. N.,Johnson,N. S. Hierarchical Semantic Organization in Educable Mentally Retarded Children[J]. Journal of Experimental Child Psychology,1979,27(2): 277-285.

[⑥] Glidden,L. M.,Mar,H. H. Vailability and Accessibility of Information in the Semantic Memory of Retarded and Nonretarded Adolescents[J]. Journal of Experimental Child Psychology,1978(1): 33-40.

利用,结果发现,年龄较大的智力障碍儿童和同龄的正常儿童更接近。① 有人认为,年龄大的智力障碍被试在语义提取中主要依赖的是长时记忆中知识的积累,而正常儿童在提取中主要依赖的是短时记忆的信息。②

3. 词的语义分类和组织

在儿童的词汇语义加工中,常常表现出词义泛化的现象。其表现是词语的指称外延超出目标语言的范围。从语义特征上分析,词义泛化是由于儿童对词的语义特征掌握过少造成的。智力障碍儿童常常表现出词义泛化的现象。研究者在对平均智龄为5岁左右的智力障碍儿童和正常儿童进行的比较中发现,两组被试在分类作业中有相似的表现:他们对于基础水平的概念分类要优于对上位水平的概念分类,原型在分类中所起的作用很大,两组被试都表现出对高典型性词判断的正确率高,对低典型性词判断的正确率低;③在匹配了智龄之后,智力障碍儿童被试和正常儿童被试的分类成绩没有差异,对于原型的表征,两类被试均表现出了相同的泛化和窄化的现象,在具体概念的语义表征方式上,智力障碍儿童与正常儿童是相似的。④

(二) 句子理解

智力障碍儿童在句子理解上有显著的障碍,他们落后于智龄匹配的正常儿童。华红琴等曾就智力障碍儿童对不同难度、复杂度的句子的理解情况进行了分析,结果发现,随着智龄的增长,智力障碍儿童对句子理解的能力逐渐提高,但另一方面,他们对句子理解的发展速度极其缓慢,难以准确、迅速地理解多维的、含信息量较多的复杂的句子。⑤ 研究发现,智力障碍儿童被试对句子语义加工的模式与正常儿童相同,但智力障碍儿童在掌握有关时态关系的句子中面临特别的困难,其具体表现是如果句子表述的顺序与事件发生的顺序一致,他们更容易掌握,反之,便有一定的困难。⑥ 智力障碍儿童对不同句子的理解具有一定的顺序:首先是动态的、人类可以控制的,然后才是静态的、抽象的。⑦ 研究者比较了智力障碍儿童与智龄匹配的正常儿童的句子语义加工能力,结果显示智力障碍儿童组被试在加工中主要关注的是语言本身的规范性以及顺序性,而正常儿童组较少注意规范性和顺序性,而主要关注的是语义以及概念问题。⑧ 在句子的深层语义加工方面,研究发现,轻度智力障碍儿童

---

① Kathryn L. F., Lisa F. H. Effects of Verbal and Physical Prompts on External Strategy Use in Children With and Without Mild Mental Retardation[J]. American Journal on Mental Retardation, 2003, 108(4): 245-256.

② Numminen, H., Service, E., Ruoppila, I. Working Memory, Intelligence and Knowledge Base in Adult Persons with Intellectual Disability[J]. Research in Developmental Disabilities, 2002, 23(2): 105-118.

③ Tager-Flusberg, H. Basic Level and Superordinate Level Categorization by Autistic, Mentally Retarded, and Normal Children[J]. Journal of Experimental Child Psychology, 1985, 40(3): 450-469.

④ Tager-Flusberg, H. The Conceptual Basis for Referential Word Meaning in Children with Autism[J]. Child Development, 1985, 56(5): 1167-1178.

⑤ 华红琴,朱曼殊. 学龄弱智儿童语言发展研究[J]. 心理科学, 1993(3): 130-137.

⑥ Kernan, K. T. Comprehension of Syntactically Indicated Sequence by Down's Syndrome and Other Mentally Retarded Adults[J]. Journal of Mental Deficiency Research, 1990, 34(2): 169-171.

⑦ McCauley, C., Sperber, R. D., Roaden, S. K. Verification of Property Statements by Retarded and Nonretarded Adolescents[J]. American Journal of Mental Deficiency, 1978, 83(3): 276-282.

⑧ Abbeduto, L., Nuccio, J. B. Relation Between Receptive Language and Cognitive Maturity in Persons with Mental Retardation[J]. American Journal on Mental Retardation, 1991, 96(2): 143-149.

在加工中也能够适当地利用语义线索,但他们的加工成绩不及正常儿童。[1] 一般认为,智力障碍儿童同样能够意识到相关策略的存在并利用其进行反应。[2] 研究者分析了 8 项相关研究的效应值,共涉及 220 名唐氏综合征儿童以及匹配了非言语智龄的 228 名普通儿童,结果显示,唐氏综合征儿童的词语表达能力较普通儿童约低 1 个标准差。[3]

二、语言表达

(一) 语音发展

1. 语音发展的特点

智力障碍儿童语音发展的过程比较缓慢,但发展的顺序与正常儿童基本一致。研究发现,智力障碍儿童的音位发展模式与正常儿童基本一致,其语音发展顺序为:先掌握元音、半元音、鼻音和塞音,后掌握擦音、塞擦音和边音。昝飞等以 33 名平均年龄为 7 岁 5 个月的智力障碍儿童为对象,进行汉语普通话语音测验,结果显示,智力障碍儿童语音获得的顺序与正常儿童相似,例如,先掌握唇音和塞音,后掌握擦音、塞擦音和边音。智力障碍儿童语音发展速度慢,正常儿童在两三岁左右就能掌握的语音,智力障碍儿童在过了入学年龄后可能还没有掌握,智力障碍儿童的发音策略与正常儿童基本相同。[4]

2. 语音障碍的表现

(1) 构音障碍

智力障碍儿童普遍存在构音障碍,具体的表现有很大的个体差异。常出现的构音障碍有:① 替代现象,如送气音与不送气音之间、舌间前音与舌间后音、前鼻韵母与后鼻韵母之间的替代等。② 省略现象,如丢失鼻韵母的韵尾,造成鼻韵母的鼻音缺少,以 i、u、ü 为韵头的韵母常出现韵头的丢失,如将 uo 发成 o,将 uan 发成 an,将 uang 发成 ang 等。③ 扭曲现象,如以 i、ü 带头的韵母等。

(2) 声音障碍

部分智力障碍儿童存在声音障碍,例如,唐氏综合征儿童由于神经系统的传导和控制技能发育不完善,常伴有嗓音沙哑、发音异常、口齿不清等症状。

此外,智力障碍儿童普遍存在发音的持续性、音强以及变化音发音困难。以汉语为母语的智力障碍儿童声调掌握比较困难,通常表现为声调的调值普遍偏低,阳平和上声容易出现错误。

(二) 词语发展

1. 词汇量的发展

词汇量是衡量儿童语言发展与认知发展的一个重要指标。正常儿童 1 岁末已获得 20 多个词,满 14 个月词汇量已达到 80 个左右。[5] 天津市卫生局调查显示,正常儿童 1 岁 6 个

---

[1] Al-Hilawani,Y. A. Levels of Processing in Mild Disabilities[J]. Dissertation Abstracts International Section A:Humanities & Social Sciences,1995,55(8-A):2343.

[2] Kumar,S.,Harizuka,S., Yong, S. Responses of Low-IQ Students on the Learning Awareness Questionnaire Compared to Students Matched on Mental and Chronological Age[J]. Psychological Reports,1999,85(2):433-437.

[3] Næss,K. B.,Lyster,S. H.,Hulme,C., & Melby-Lervag,M. Language and Verbal Short-term Memory Skills in Children with Down Syndrome:A Meta-analytic Review[J]. Research in Developmental Disabilities,2011,32(6):2225-2234.

[4] 昝飞,刘春玲.智力障碍儿童语音发展的比较研究[J].心理科学,2002(2):224-225.

[5] 许政援,郭小朝.11—14 个月儿童语言的获得——成人的言语教授和儿童的模仿学习[J].心理学报,1992(2):148-157.

月至 1 岁 9 个月时词汇量为 51,1 岁 9 个月至 2 岁时为 139,2 岁至 2 岁 3 个月时为 343,2 岁 3 个月至 2 岁 6 个月时为 626,2 岁 6 个月至 3 岁时为 962,3 岁至 3 岁 6 个月时为 1231。对于 3 岁至 6 岁儿童词汇量的增长,比较有参考价值的是:3 岁时为 1000,3 岁至 4 岁为 1730,4 岁至 5 岁为 2583,5 岁至 6 岁为 3562。[①]

智力障碍儿童获得第一个词的时间明显滞后于正常儿童,中重度智力障碍儿童获得第一个词的时间通常是 24～30 个月,到 4 岁时才开始出现较多有意义的词。智力障碍儿童所表达的词汇量比同龄普通儿童少。但从发展的进程来说,智力障碍儿童的词汇量与普通儿童一样会随年龄的增长而渐增。表 5-5 是唐氏综合征儿童词语表达的发展情况,从中可以看出,智力障碍儿童词语发展进程慢,个别差异巨大。研究者分析了 7 项相关研究的效应值,共涉及 190 名唐氏综合征儿童以及匹配了非言语智龄的 244 名普通儿童,结果显示,唐氏综合征儿童的词语表达能力较普通儿童约低 0.5 个标准差。[②]

表 5-5 唐氏综合征儿童与正常儿童词语发展对照

项目	唐氏综合征儿童	正常儿童
第一个词	1～4 岁	1～3 岁
两个词的组合	2～7.5 岁	15～32 个月

2. 词语获得顺序

在词汇获得早期阶段,智力障碍儿童和正常儿童有相似的顺序:最先获得的都是社会性词汇和少量客体的名称,然后获得关系词和更多的表示客体的名称。从词性的角度来看,其获得顺序为名词—动词/形容词—其他各类词。在名词中,掌握最多的是表示具体事物名称的词。智力障碍儿童词汇表达能力与智龄有直接的关系:随智龄的增长,中重度智力障碍儿童表达性词汇类型不断扩大、各类词的绝对数量都在增加,但所占的比例在发生变化,名词的比例呈递减趋势,其他词类的比例呈递增趋势。同时,随着智龄的增长,中重度智力障碍儿童词汇获得表现出从与日常生活直接有关的词逐渐扩展到远离日常生活的词,从具体形象的词汇扩展到抽象性、概括性比较高的词汇的趋势。智龄低的中重度智力障碍儿童,获得的动词主要集中于反映具体动作和行为的动词,获得的形容词主要是描述物体的外形特征和颜色的形容词,其发展顺序与正常儿童基本相同。

研究者分析了以英语为母语的轻、中度智力障碍儿童空间形容词的理解情况,依 PPVT 测得的语词年龄为标准,分为三个阶段:第一阶段为 48 个月,对空间形容词很难理解;第二阶段为 58 个月,能理解"正向的"空间形容词,如 big,tall,high,long 等,但不能理解"负向"形容词,如 short,low,small 等;第三阶段为 71 个月,能够正确理解上述所有的空间形容词。

相对于正常儿童,智力障碍儿童要在智龄较高时才能掌握部分代词。中度智力障碍儿童对"你""我""他(她)"掌握得比较好,对"我们(排除式)""那""怎么"掌握的情况较差。[③] 在对量词的掌握上,智力障碍儿童与正常儿童顺序一致,但发展速度非常慢,并很难达到正常

[①] 李宇明. 儿童语言的发展[M]. 武汉:华中师范大学出版社,2004:95-97.
[②] Naess,K. B.,Lyster,S. H.,Hulme,C.,& Melby-Lervag,M. Language and Verbal Short-term Memory Skills in Children with Down Syndrome: A Meta-analytic Review[J]. Research in Developmental Disabilities,2011,32(6):2225-2234.
[③] 吴昊雯. 中度智力落后儿童代词能力研究[D]. 上海:华东师范大学硕士学位论文,2006.

儿童的水平,他们获得的量词数量少,运用能力差,如将"一支笔"说成是"一笔",且泛化现象严重,如"一双裤子"等。①

智力障碍儿童在理解方位词时明显滞后,研究发现,在智龄为6岁时,说英语的智力障碍儿童仍难以正确理解"under(在……之下)"和"in front of(在……前面)",而正常儿童在4岁左右便能达到这一水平。智力障碍儿童方位词的获得顺序与正常儿童基本一致,但相对于正常儿童,他们获得这些词和结构的年龄要大得多,即使匹配了智龄,也远不如正常儿童。在掌握介词的顺序上,智力障碍儿童与正常儿童基本一致。②

(三) 句子发展

1. 句子长度

在句子表达上,智力障碍儿童与正常儿童最显著的差异是句子的长度(MLU)。句长发展缓慢是中、重度智力障碍儿童的特征之一,年龄较小的智力障碍儿童使用的句子常常有"电报句"的特征,句中很少出现冠词、介词、连词、代词、情态词、助动词等虚词。在匹配了句长之后,智力障碍儿童与正常儿童在各类词的使用上基本一致。

智力障碍儿童的句子长度随智龄的增加而逐渐增长。研究者以自编图片为材料,测试50名智力障碍儿童看图说话情境中所表达的句子的平均长度,结果显示,智力障碍儿童口语表达的句子长度与智龄有极其显著的相关,句长情况见表5-6。③ 平均年龄为10岁的中度智力障碍儿童使用频率最高的为2~10个音节的句子,他们自发语句中的平均句长为6.1个音节;使用最多的是由3~8个词构成的句子,句子的平均用词量为4.3个。研究者认为,这一语言能力基本相当于4~5岁正常儿童的水平。④

表5-6 智力障碍儿童具备不同句长能力的百分比

智龄(岁)	句子长度(词)							
	1	2	3	4	5	6~10	11~15	≥16
3.0~3.5	17.8	38.0	13.6	10.8	7.0	12.7	—	—
3.5~4.0	17.0	37.6	13.9	8.0	10.0	13.4	0.25	0.13
4.0~4.5	20.0	34.0	12.2	10.0	11.0	18.9	0.54	0.13
4.5~5.0	17.6	24.0	10.6	9.0	10.4	25.0	2.6	0.5
5.0~5.5	12.2	24.2	11.4	7.2	10.9	29.4	3.5	1.2

2. 句法结构

智力障碍儿童与正常儿童句法发展的顺序基本一致,即陈述句→疑问句→被动句→否定句→被动疑问句,智力障碍儿童句法发展速度缓慢。

在句法结构的发展上,正常儿童随年龄进步,智力障碍儿童则随智龄进步。随着智龄的增长,智力障碍儿童言语中不完整句越来越少,其语句趋于完整,句中修饰成分逐渐复杂,复杂谓语句比例逐年增多,单句减少,复句增多,这种变化趋势与正常儿童句法结构发展趋势

---

① 佟子芬.智力落后学生掌握量词特点的调查[J].中国特殊教育,1998(2):1-6.
② 华红琴,朱曼殊.学龄弱智儿童语言发展研究[J].心理科学,1993(3):130-137.
③ 刘春玲,马红英,潘春红.以句长衡量智力障碍儿童语言发展水平的可行性分析[J].现代康复,2001(8):42-43.
④ 马红英,刘春玲,顾琳玲.中度智力障碍儿童句法结构状况初步考察[J].中国特殊教育,2001(2):33-37.

一致。①

中重度智力障碍儿童在复句使用中频率最高、最恰当的是因果复句。表示并列关系的复句在其话语交往中也较多使用。在复句的结构表达形式上,中度智力障碍儿童常常只在一个分句中使用关联词语或完全不使用关联词语。这说明他们一方面过分依赖语境,另一方面他们对句法结构中的形式标记掌握欠缺。②

3. 句子运用的特点

从句子使用的角度看,智力障碍儿童表现出语言连贯性差,对言语缺乏有序的组织和表达,言语表达中停顿重复多等特点。此外,句子结构简单、句子成分残缺、随意添加句子成分、语序混乱等多种问题也时常出现。智力障碍儿童往往在简单句中没有特别的词序问题,但他们在一些稍复杂的句子结构中,往往出现比较明显的问题。在将两三个词合成句子时,中重度智力障碍儿童与正常儿童表现出相同的顺序以及语义结构。

(四)语用发展

儿童语用发展涉及儿童如何习得在人际交往场合下按照语用规则去得体地、有效地使用语言所必需的知识和技能。一般认为,语用能力与认知能力密切相关。关于语用能力的研究通常涉及交际意图、语境、言语行为、指示词语、会话含义、会话技能(如话轮转换、打断谈话、反馈、指示话题关联性或话题转换规则),等等。智力障碍儿童在语用能力发展上所表现出的特点是:对语境的理解不当造成会话失败,话语经常离题,语词重复现象严重。

在交际意图与语境方面,智力障碍儿童在陌生环境中表现出明显的交往障碍。相比较而言,唐氏综合征儿童更愿意与他人交往,在沟通动机方面都表现得更为主动。唐氏综合征儿童和正常儿童一样有类似的社会交往意图,他们能够运用合适的策略引导他人的注意力、提出要求、拒绝、表达祝福、自我表述、命名、评论和给予信息。

在会话技能上,智力障碍儿童很难对所提出的话题进行主动的回应或是保持谈话主题,相对而言,唐氏综合征儿童保持会话的技能与正常儿童十分相似,能够在焦点话题上保持较长的时间。

在言语行为方面,智力障碍儿童往往不能使用有意义的话语传达信息,他们只是机械地模仿,或重复自己感兴趣的部分,或重复某些个别的音。智力障碍儿童在交际中另一个突出的问题是理解模糊,表达不清。他们不善于使用有效问句获取所需信息,以弥补理解的不足,在回答对方的问题时容易转移话题或答非所问。

第4节 思维的发展

思维是指人脑对周围事物概括的、间接的反映。所谓概括的反映,是指人对客观事物经过多次感知后,能发现一类事物的共同本质属性和事物之间的规律性联系;所谓间接的反映,就是在概括反映的基础上,根据对事物共同本质属性和规律性联系的认识,间接地理解和把握那些没有感知过的或根本不可能感知到的事物。思维是一种概括活动,是对事物的

---

① 华红琴,朱曼殊.学龄弱智儿童语言发展研究[J].心理科学,1993(3):130-137.
② 马红英,刘春玲,瞿继红.中度弱智儿童语言能力的初步分析[J].中国特殊教育,2001(1):27-30.

间接认识。儿童思维能力的发展,主要通过对概念的掌握、对事物的理解和对问题的分析、推理等方面表现出来。

一、思维发展特点

心理学家皮亚杰(Jean Piajet)将正常儿童思维的发展划分为四个大的年龄阶段。这四个阶段分别是:① 感知运动阶段(从出生到两岁左右)。这一阶段是思维的萌芽期,是以后发展的基础。皮亚杰认为这一阶段的心理发展决定着未来心理演进的整个过程。② 前运算阶段(两岁左右到六七岁)。这一阶段又称前逻辑阶段,这时儿童开始以符号作为中介来描述外部世界,表现在儿童的延缓模仿、想象或游戏之中。③ 具体运算阶段(从六七岁到十一二岁)。在这个阶段,儿童已有了一般的逻辑结构。④ 形式运算阶段(从十一二岁到十四五岁)。此时儿童的思维发展趋于成熟,思维能力已超出事物的具体内容或感知的事物,思维具有更大灵活性。

已有的文献中对智力障碍儿童思维表现特征的描述较为消极。如:"智力障碍儿童的思维是在感性认识不完整、言语发展不良、实践活动有局限的条件中形成的。因此……智力障碍儿童不同于正常儿童,他们的思维具有具体性,并且概括能力薄弱。"[①]一般认为,智力障碍儿童思维发展水平明显低于同龄正常儿童,由于感知觉的缺陷,智力障碍儿童的表象贫乏,同时,其语言发展有障碍,实践活动受限,多方面的因素直接导致其思维发展的落后。

20世纪40年代,英海尔德(B. Inhelder)运用皮亚杰的儿童认知发展理论对智力障碍儿童进行了研究。在159名研究对象中,102名为轻度智力障碍,55名为学习速度慢的人,2名为中度智力障碍,其中7~10岁的52人,11~14岁的78人,15~18岁的16人,另有19岁以上的13人。结果显示,大约三分之一的智力障碍儿童处在第一阶段,即感知运动阶段,处于这一时期的儿童主要是靠感觉和动作来认识周围的世界,他们这时还不能对主体与客体作出分化,他们所具有的只是一种图形的知识,即仅仅是对刺激的认识。三分之一的智力障碍儿童处于第二阶段(前运算阶段),这个时期儿童的认知开始出现象征(或符号)功能(如能凭借语言和各种示意手段来表征事物)。但在这个阶段,儿童还不能形成正确的概念,他们的判断受直觉思维支配。例如,唯有当两根等长的小木棍两端放齐时才认为它们同样长;若把其中一根朝前移一些,就会认为它长一些。所以,在这个时期,儿童还没有运算的可逆性,因而也没有守恒性。实验中,三分之一的智力障碍儿童处在第三阶段(具体运算阶段),这一阶段儿童的思维已具有真正的运算性质,也就是说,他们已具有运算的知识,能根据这种知识在一定程度上作出推理,处在具体运算阶段的儿童的思维已具有可逆性和守恒性,但这种思维运算还离不开具体事物的支持。在英海尔德的研究中,没有人达到第四阶段(形式运算阶段)而能对抽象的和表征性的材料进行逻辑运演。[②]

英海尔德的研究结论得到了研究者的广泛支持,并对智力障碍儿童的思维发展特点进行了如下的归纳:[③] ① 智力障碍儿童的思维发展顺序与正常儿童一致,但他们的发展速度

---

① 〔苏〕С. Я. 鲁宾什坦. 智力落后学生心理学[M]. 朴永馨,译. 北京:人民教育出版社,1983:122.
② Inhelder,B. The Diagnosis of Rezoning in the Mentally Retarded[M]. New York:John Day,1968:215.
③ Wilton,K. M., Boersma,F. J. Conservation Research with the Mentally Retardated[M]// Ellis,N. R. International Review of Research in Mental Retardation. New York:Academic Press,Inc.,1974:118-139.

较慢。② 智力障碍儿童的思维发展最终达到的水平低，无法达到与正常儿童相同的发展水平。轻度智力障碍儿童不能到达皮亚杰的形式运算阶段；中度智力障碍儿童不能到达具体运算阶段。

基于以上的特点，智力障碍儿童的思维普遍表现出以具体形象思维为主。具体形象思维是凭借事物的具体形象或表象而进行的思维。智力障碍儿童思维大多停留在具体的形象思维阶段，他们在进行思维时，明显地需要凭借具体事物及其鲜明的表象，而不善于运用概念、判断、推理等来论证客观事物及事物之间的关系，缺乏分析、综合、抽象的概括能力。这种特点在学习过程中表现为他们难于掌握规则和一般概念，他们也许能够机械地记住一些原理和规则，但并未真正理解其中的含义，更难以真正地运用。

斯克鲁格斯（T. E. Scruggs）等人以 10 岁轻度智力障碍儿童为对象，研究其对科学问题的思维加工过程（见表 5-7），从儿童与研究者的对话中可以看出，由于智力障碍儿童的思维停留在具体的、直观的层面，难以直接概括出事物的基本属性。①

表 5-7　轻度智力障碍儿童对科学问题的思维加工

主题：空气的属性 材料：一台天平，2 只气球 ◆ 实验者 —— 轻度智力障碍儿童 ◆ 什么是空气？你认为空气是什么样的？ ——嗯……它是冷的……是风 ◆ 它是什么？是风？ ——它是冷的，外面有风。 ◆ 空气是水？你认为水里有空气？ ——是的。 ◆ 你能感觉到空气吗？ ——能。 ◆ 你怎么感觉到空气呢？ ——用皮肤。 ◆ 你用皮肤感觉到空气？ ——是的，你起鸡皮疙瘩的时候。 ◆ 你起鸡皮疙瘩的时候？ ——就说明冷了。 ◆ 空气在哪里？ ——外面。 ◆ 我们发现外面有空气，它对你做了什么吗？ ——让你起鸡皮疙瘩。 ◆ 这个杯子里有空气吗？ ——没有。 ◆ 我们呼吸的是什么？ ——没有（将耳朵贴到杯子上）。

---

① Scruggs, T. E., Mastropieri, M. A., Wolfe, S. Scientific Reasoning of Students with Mild Mental Retardation: Investigating Preconceptions and Conceptual Change[J]. Exceptionality, 1994, 5(4): 223-244.

续表

◆ 你想听吗？那里没有空气吗？ ——这是冷的。 ◆ 空气有重量吗？你能称出空气的重量吗？ ——是的。 ◆ 怎么称空气的重量呢？ ——不知道。 ◆ 你能感觉到空气吗？你说有鸡皮疙瘩，那你现在能感觉到空气吗？ ——不能。 ◆ 你感觉不到空气？那么你没办法将空气举起来了？ ——是的。 ◆ 你认为空气没有重量？ ——是的。 演示：将2只气球放在天平的两端 ◆ 请你看看，天平上的2只气球是不是一样重？ ——是的，一样重。 ◆ 一样重，是吗？如果我把其中的一个气球吹大，它们还是一样重吗？ ——它会走的（拍桌子的边）。 ◆ 你的意思是它会下去？ ——它会下去。 ◆ 你认为有空气进到气球里，它就会下去？好的，我们来看看。 ——我错了。 ◆ 你错了？我不这样认为，你看这只充的气球中有很多空气，它是不是会重一些呢？ ——是的。 ◆ 我们来看看天平，空气是不是有重量呢？ ——嗯……是的。 ◆ 你是怎么知道的？ ——我不知道。 ◆ 我们刚刚做了什么？我们测量空气了吗？我们给空气称重量了吗？ ——不知道。 ◆ 你应该知道啊，我们刚刚不是做了吗？ ——你把它吹起来了。 ◆ 是啊，我把气球吹起来，然后给空气称重量了。 ——是的。

二、智力障碍儿童概念的掌握

概念是人类思维的一种重要形式，是抽象逻辑思维的细胞结构，是人类进行一切认知活动的基础。个体概念的发展水平在一定程度上决定和反映其思维的发展水平。[1] 智力障碍儿童最初掌握的大多是一些具体的实物概念，在概念形成的顺序上主要取决于概念与具体事物的联系程度。对智力障碍儿童而言，抽象概念的掌握有较大的难度。智力障碍儿童概念水平不高，与其概括水平较低有关。智力障碍儿童的概括内容比较贫乏，概括多以事物外

---

① 林崇德，沈德立.认知发展心理学[M].杭州：浙江人民出版社，1996：179.

部的非本质特征为依据，概括的内涵往往不精确，由此造成的后果是对概念的掌握常常不准确，有时过于泛化，有时失之过窄。

智力障碍儿童也可以初步掌握一些数概念。数概念比实物概念更抽象，因而他们掌握数概念总迟于实物概念。王顺妹以 80 名智龄为 3~6 岁的智力障碍儿童为对象，研究其数概念的能力，并与智龄匹配的正常儿童进行比较，统计检验发现，智龄匹配之后，智力障碍儿童与正常儿童在感知集合、10 以内基数概念、10 以内序数概念、20 以内基数概念以及按群计数等能力上都没有显著差异。[①]

人们普遍认为智力障碍儿童的数概念能力极为有限，有的研究者甚至认为，中度智力障碍儿童能够机械地数数，但他们无法理解基本的计算规则，智力障碍儿童与正常儿童在数学能力上存在质的不同。研究者将智龄为 4~6 岁的唐氏综合征儿童与 4~5 岁智力正常的学龄前儿童进行比较，儿童的任务是解决新的数数问题（用不同的方法数 5 个异质的事物），研究发现，学前儿童任务完成得更好，这不仅反映在简单的计算上，还表现在解决新的计算问题上，学龄前儿童更能自我纠正错误，更好地理解微妙的线索，他们较少违背数数的基本规则，与此相反的是，唐氏综合征儿童不能利用新任务中的线索，即便是研究者将这些线索进行了清晰的介绍或证实其可以解决问题，唐氏综合征儿童利用线索的能力依然不足。由此可以推断，这些儿童学习了机械地数数，他们解决新问题是基于联想而非认知学习模式。[②]

也有研究认为中度智力障碍儿童有能力获得基本的数数技能和规则，包括基数和序数规则，同时，他们能够获得以规则为基础的计数能力并能够通过认知方法的训练而有所进步。[③] 唐氏综合征儿童与智龄匹配的正常儿童在计数行为上没有明显的差异。[④]

巴沙士（L. Bashash）等通过系列实验，系统地研究了智力障碍儿童数概念以及计数能力的发展情况。研究对象是 30 名智力障碍儿童（14 女，16 男），其中 13 人为唐氏综合征，年龄为 7~18 岁。智商范围是 36~54，平均智商为 47，标准差为 4，分为三个年龄组，A 组：7~11 岁，平均年龄为 10 岁，平均智商为 48.2(46~54)；B 组：12~15 岁，平均年龄为 13 岁，平均智商为 47.6(38~54)；C 组：16~18 岁，平均年龄为 17 岁，平均智商为 45(36~49)。在数数技能的测试中，首先要求智力障碍儿童完成从小到大数数的任务，以能数出的最大数为准（数 3 次），结果见表 5-8。研究发现，如同 4~5 岁的正常儿童一样，7~11 岁的中度智力障碍儿童正在学会数到 20，其中学习和练习起着重要的作用，儿童间的差异很大程度上取决于学习与训练的机会。其次，智力障碍儿童在数数中表现出开始时正确，但数到后来就出现

---

① 王顺妹. 弱智儿童与正常儿童数概念发展水平的比较研究[J]. 中国特殊教育，2003(1)：65-70.

② Glman, R., Cohen, M. Qualitative Differences in the Way Down's Syndrome Children Solve a Novel Counting Problem[M]// Nadel L. The Psychobiology of Down's Syndrome. Cambridge, MA：MIT Bradford Press, 1988：51-99.

③ Baroody, A. J. The Development of Basic Counting, Number, and Arithmetic Knowledge Among Children Classified as Mentally Handicapped[M]// Glidden, I. M. (Ed.). International Review of Research on Mental Retardation. San Diego, CA：Academic, 1999：51-103.

④ Caycho, L., Gunn, P., Siegel, M. Counting by Children with Down Syndrome[J]. American Journal on Mental Retardation, 1991(95)：575-583.

错误,这种情况通常出现在 30 以下的数数过程中。① 不同年龄组智力障碍儿童数出最大数的通过率见表 5-8。

表 5-8　不同年龄组智力障碍儿童数出最大数的通过率(%)

	正确数出的最大数				
	5	10	20	50	100
7～11 岁	100	50	0	0	0
12～15 岁	100	90	70	50	10
16～18 岁	100	100	90	60	20

关于数数的另两项任务分别是"说出后面的数(N-after)"和"说出前面的数(N-before)"。所谓"说出后面的数"是指给出几个不同的数字($N=2,4,6,8,12,14$),让儿童说出每个数字后面跟着的那个数;"说出前面的数"是指给出几个不同的数字(N 同前),让儿童说出每个数字前面的那个数。结果发现,7～11 岁组的智力障碍儿童无人能完成"说出前面的数"任务,对于小于 10 的数字,12～15 岁组的智力障碍儿童在"说出前面的数"任务中的通过率为 50%,16～18 岁组的智力障碍儿童的通过率为 70%,这两组被试对于大于 10 的数字(12 与 14)的通过率仅为 30%。智力障碍儿童在"说出后面的数"任务中的表现显著优于在"说出前面的数"中的表现。

在关于智力障碍儿童运算规则能力的研究中,巴沙士设计了不同的计数任务,在最普通的数物品的任务中,向儿童出示画有不同数量星星的卡片,让儿童数后说出有多少颗星星($N=3,5,7,9,12,15$),结果见表 5-9。较复杂的计数任务是"无关顺序任务",主试将儿童刚数过的 5 个异质物品的排列顺序打乱,问"一共有几样东西?"结果发现,仅有 60%左右的儿童能够完成该项任务。由此,研究者得出以下结论:智力障碍儿童能够掌握简单的计数规则,但对于掌握较复杂的、隐含的规则有一定的困难。

表 5-9　数物品的正确率(%)

	物品数量(个)				
	5	6	8	13	15
7～11 岁	95	40	40	10	10
12～15 岁	100	100	70	60	60
16～18 岁	100	100	100	100	100

本章小结

认知发展即为各种心理机能的发展,包括感知觉、注意、记忆、语言与思维能力的发展。掌握智力障碍儿童认知发展过程和现象的规律、特点以及各种影响因素,能够更好地进行智力障碍儿童教育和训练实践。

---

① Bashash,L.,Outhred,L.,Bochner,S. Counting Skills and Number Concepts of Students with Moderate Intellectual Disabilities International[J]. Journal of Disability,Development and Education,2003(3):325-345.

智力障碍儿童的感知觉加工速度明显不及正常儿童,各种感觉辨别能力低。智力障碍儿童的有意注意发展缓慢,无意注意处于优势地位。智力障碍儿童注意品质不及正常儿童,表现在注意广度、注意稳定性以及注意的分配与转移等多个方面。

　　智力障碍儿童在感觉记忆、短时记忆、工作记忆以及长时记忆上均表现出一定的缺陷,在信息的存储与提取上也有一定的困难。适当的训练对改善智力障碍儿童的记忆能力有一定的作用。

　　智力障碍儿童的语言理解不及正常儿童。在词义理解上,智力障碍儿童的智力水平与其词义理解水平有直接的关联,在进行词的语义加工时,智力障碍儿童不善于利用相关线索,在词的语义分类和组织中,容易出现语义泛化和窄化的现象;在句子理解上,智力障碍儿童落后于智龄匹配的正常儿童。智力障碍儿童在语言表达方面也有明显的障碍,他们的语音发展的过程比较缓慢,但发展的顺序与正常儿童基本一致。智力障碍儿童词汇获得与发展顺序与正常儿童基本相同,但相比较而言,智力障碍儿童的词汇量较少,词语运用的水平低。智力障碍儿童句子发展明显滞后,语用能力相对较低。

　　智力障碍儿童以具体形象思维为主,思维刻板、缺乏目的性和灵活性,缺乏独立性和批判性。智力障碍儿童的概念发展水平低,数概念获得困难。

 思考与练习

1. 智力障碍儿童的认知发展有何特点?
2. 观察记录一例智力障碍儿童的认知表现,并提出教育训练建议。

第6章 智力障碍儿童的情绪行为与社会适应

 学习目标

1. 掌握智力障碍儿童情绪与行为以及社会适应能力的发展特点。
2. 熟悉智力障碍儿童常见的情绪障碍及行为问题的表现。
3. 了解智力障碍儿童社会适应能力的培养方法。

相对于普通儿童,智力障碍儿童更容易出现行为问题和情绪障碍,智力障碍的程度愈严重,其相应的问题也愈复杂,对这些问题的鉴别和矫治往往由于智力障碍儿童的认知、沟通能力的限制而变得非常困难。行为问题和情绪障碍直接影响智力障碍儿童的融合与适应,对智力障碍儿童本人的身心健康也有直接的影响。社会适应能力障碍是智力障碍的核心特征之一,也是智力障碍儿童教育训练的核心内容。本章分别介绍智力障碍儿童情绪与行为发展特点、情绪障碍与行为问题的表现以及矫正方法、智力障碍儿童社会适应能力的发展特点及培养方法。

第1节 情绪与行为的发展

情绪作为人类基本的心理过程之一,在个体的心理活动中占有一定的位置。它对有机体的生存和生活活动有着重要的价值。情绪情感问题影响着个体认识活动的方式与行为的选择,涉及人格的形成、人际关系的处理。

一、智力障碍儿童的情绪与行为发展的特点

(一)情绪与行为发展水平低

智力障碍儿童情绪与行为的发展长时间停留在比较低级的水平上,与同龄正常儿童相比,显示出明显的不成熟。他们具有感觉水平上的情绪体验,如恶臭气味引起的厌恶感、清新空气引起的舒适感,但认知水平上的情绪体验出现比较迟缓,如成功的喜悦、失败的沮丧、考试前的紧张、面临威胁的恐惧等。在行为发展上,他们明显不及同龄正常儿童,有低龄化的倾向,常给人以行为幼稚的印象。

(二)情绪控制的能力差

智力障碍儿童情绪不稳定,容易受外界情境的支配,他们的情绪与行为往往受机体的生理需要和激情所支配,在情绪与行为的控制方面不及正常儿童。他们难以按照社会道德、行为规范来调节和控制自己的情绪与行为,一旦需要得不到满足,便可能有明显的情绪与行为

表现,可能不分场合地大哭、大吵、大闹,难以控制。即便是到了六七岁进入小学后,他们的情绪与行为控制能力也远不及普通儿童。

6岁的小宁是个中度智力障碍儿童,据他的父母描述,小宁几乎每天都会经历"哭"的过程,有时一天多起,而起因往往是因为一个小小的、没能及时满足的要求。一天,小宁随家长外出,在商场休息区,他看到邻座的一个小妹妹手中拿着几块巧克力,小宁立刻伸手去要,小妹妹本能地缩回了手,小宁便冲了过去,想抢夺巧克力,小宁的家长赶紧上前制止,没让双方发生争抢,小宁随之号啕大哭,并极力挣脱父母,直至小妹妹在家长的陪同下送来2块巧克力为止,满脸泪水的小宁破涕为笑,一场情绪爆发就此告终。

(三)情绪与行为反应直接

智力障碍儿童情绪表达方式直接,他们通常不会隐藏自己的感受,并且常常伴有外显的行为,例如生气时会吐口水,高兴时会拍手。同时,智力障碍儿童的情绪反应时间短暂,从一种情绪向另一种情绪过渡的时间很短。

二、智力障碍儿童的情绪与行为问题

智力障碍儿童发生情绪行为问题的风险远高于同龄正常儿童。爱默森(E. Emerson)分析英国儿童与青少年精神健康调查统计资料后发现,在5~15岁的智力障碍儿童中,符合《国际疾病分类》(第十版)标准的精神障碍的出现率高达39%,而该年龄段的非智力障碍儿童精神障碍的出现率为8%。[①] 挪威、澳大利亚、芬兰等国家所报告的智力障碍儿童精神障碍出现率大约为30%~50%。[②]

(一)常见的情绪问题

1. 抑郁

智力障碍儿童由于社会适应困难、学习能力低下,在学习和生活中必经常面临失败,由此会产生抑郁情绪,通常表现为敏感、合作性差、闷闷不乐、自卑与孤独感,尤其是轻度智力障碍儿童,这种情绪体验更明显。有时,他们还会产生厌倦情绪,严重的话甚至会影响饮食、睡眠。智力障碍儿童不善于与他人沟通是抑郁情绪产生的原因之一。

2. 害怕

正常的害怕是每个个体在成长过程中都会经历的情绪体验,它能使个体避开可能存在的危险,但过度害怕是一种消极情绪,它会限制儿童的观察力和思维能力。智力障碍儿童对事物害怕的程度与广度要比正常儿童高得多,严重的甚至会产生恐怖情绪。

3. 易怒

智力障碍儿童当自我愿望遭受限制时,常会以发脾气的方式来表现,他们甚至不考虑场合,出现哭闹、喊叫、违拗等种种过火行为,直至自己的要求得到满足后才肯罢休。

智力障碍儿童有时也会表现出情绪亢奋,他们会毫无理由地持续大笑、兴奋不已,即便受到批评,也难以控制。教师和家长要特别关注儿童此类表现,可能预示某些疾病的开始或加剧。

---

① Emerson,E. The Prevalence of Psychiatric Disorders in Children and Adolescents With and Without Intellectual Disabilities[J]. Journal of Intellectual Disability Research,2003(1):51-58.

② Emerson,E.,Robertson,J.,Wood,J. Emotional and Behavioural Needs of Children and Adolescents with Intellectual Disabilities in an Urban Conurbation[J]. Journal of Intellectual Disability Research,2005,49(1):16-24.

(二) 常见的问题行为

智力障碍儿童问题行为的出现率高。研究者采用儿童问题行为检核量表(CBCL)以及教师报告表(TRF)对1041名智力障碍儿童的问题行为进行了评定,并与同龄的正常儿童进行了对照,结果发现,智力障碍儿童组的问题行为检出率高达50%,正常儿童的问题行为检出率则为18%,相比较而言,智力障碍儿童更容易出现"行为幼稚与其年龄不符"、"精神不能集中,注意力不能持久"、"喜欢缠着大人或过分依赖,学习困难"、"动作不灵活"、"言语问题"以及"白天遗尿"等问题行为。[1] 德国研究者曾采用发展行为检核表(DBC)对1629名智力障碍儿童进行调查,结果发现其中52%的智力障碍儿童具有挑战性行为。[2] 印度研究者采用印度智力障碍儿童行为评估量表(BASCI MR 第B部分)对200名智力障碍儿童进行调查,结果发现,不论社会人口因素如何,多动是最常见的问题行为。严重智力障碍儿童往往存在乱发脾气、自伤行为等问题。除了反社会行为和惧怕外,中度智力障碍儿童在其他八个领域均存问题行为。相比于轻度智力障碍儿童,中度智力障碍儿童在暴力和破坏性行为、对他人不礼貌、反抗行为、重复行为和怪异行为等领域均存在问题行为(见表6-1)。[3]

表6-1 不同社会人口学变量下智力障碍儿童的问题行为检出率(%)

问题行为	年龄		性别		障碍程度				
	0~6岁(n=128)	7岁及以上(n=72)	男(n=144)	女(n=56)	重度(n=16)	中度(n=46)	轻度(n=82)	边界(n=43)	低于平均值(n=12)
暴力和破坏性	7	18	14	4	6	15	12	7	8
乱发脾气	18	26	19	27	25	22	21	21	17
对他人不礼貌	4	6	5	5	0	11	4	2	8
自伤行为	2	1	2	2	6	2	2	0	0
重复行为	2	8	4	4	0	7	4	5	0
怪异行为	6	7	8	4	0	7	6	12	0
多动	62	53	57	64	56	61	56	62	58
反抗行为	8	6	7	7	6	9	6	9	0
反社会行为	2	0	1	0	0	0	1	2	0
惧怕	2	1	3	0	0	0	0	5	0

国内研究者采用Achenbach儿童行为量表(CBCL)的父母问卷对135名6~11岁轻度智力障碍儿童进行调查。[4] 结果表明,6~11岁智力障碍儿童问题行为偏多,问题行为检出率较高。其中,男生的主要问题行为为交往不良、多动、社交退缩和攻击性。女生的主要问题行为是多动、社交退缩、抑郁和分裂样强迫性。而多动、社交退缩是不同性别6~11岁儿童表现较为突出的问题。具体情况如表6-2所示。

---

[1] Dekker, M. C., Koot, H. M., Van der Ende, J., Verhulst, F. C. Emotional and Behavioral Problems in Children and Adolescents With and Without Intellectual Disability[J]. Journal of Child Psychology and Psychiatry, 2002, 43(8):1087-1098.

[2] Dworschak W., Ratz C., Wagner M. Prevalence and Putative Risk Markers of Challenging Behavior in Students with Intellectual Disabilities[J]. Research in Developmental Disabilities, 2016(58):94-103.

[3] Ngashangva P., Dutt S. Profile of Behavioural Problems Among Children with Intellectual and Developmental Disabilities[J]. Psychological Studies, 2015, 60(1):1-7.

[4] 熊东秋,李欣晏,周伟珍,等. 6~11岁轻度智力障碍儿童行为适应性及其与支持性体系关系的研究[J]. 中国教育学刊, 2015, (S1):64-67.

表 6-2　6～11 岁智力障碍儿童问题行为的检出率(%)

	男(n=76)	女(n=59)
分裂性	10.5	/
抑郁	10.5	17.9
交往不良	36.8	/
强迫性	11.8	/
体诉	5.3	8.9
社交退缩	31.6	35.7
多动	32.9	44.6
攻击性	15.8	8.9
违纪	10.5	10.7
分裂样强迫性	/	16.1
性问题	/	7.1
残忍	/	14.3
问题行为总分	36.8	35.7

智力障碍儿童常见的问题行为主要包括以下几类。

1. 社会性问题

智力障碍儿童往往表现出与其年龄不相符合的幼稚行为，因此，他们比较喜欢与比自己年龄小的儿童在一起，而与同龄儿童的相处相对比较困难。由于其行为幼稚、动作不灵活，有时会遭受同伴的戏弄。由此，智力障碍儿童常常表现得比较胆怯、害羞、孤独，在集体中，他们可能独处一隅，或茫然凝视，或无所事事，有时甚至不理会别人的友好行为，显示出与群体的不相融合。要改变这一状况，必须施以有针对性的干预。

2. 注意力问题

许多智力障碍儿童伴随注意力缺陷问题，他们的注意力集中困难，注意力难以持久，有人形容这类儿童"糊里糊涂，如在云里雾中"。部分智力障碍儿童还伴有多动和冲动的行为表现，严重者需要药物控制。

3. 攻击行为

有些智力障碍儿童表现出攻击行为，他们会以各种方式攻击别人，也可能会破坏自己或他人的物品。

4. 强迫行为与怪异行为

有些智力障碍儿童表现出明显的强迫行为，他们会不断重复某些动作，相比较而言，轻度与中、重度智力障碍儿童的问题行为的表现也存在一定的差异。就总体情况而言，中、重度智力障碍儿童出现上述问题行为的概率更高。

5. 轻度智力障碍儿童特有的问题行为

轻度智力障碍儿童特有的问题行为主要包括：① 离家出走。② 偷东西，包括在家偷东西以及在外偷东西。③ 戏弄他人。④ 破坏公物。⑤ 玩火。⑥ 多疑等。

6. 中、重度智力障碍儿童特有的问题行为

中度与重度智力障碍儿童特有的问题行为主要有：① 自我刺激行为，如舔手、咬物、踢腿、摇摆、大叫等。② 自我伤害行为，如撞墙、挖眼睛、拔头发、敲头、抓五官、咬手指等。③ 侵犯或破坏行为，如打人、吐口水、推人、摔东西、撕衣服等。④ 爆发性行为，如又叫又跳、冲动等。此外，还可能会出现随地大小便、强迫行为、喜欢吃不能作为食物的物品、公开玩弄自己的性器官、不够活跃、动作迟钝或精力不足等表现。

德克尔(M. C. Dekker)等人曾针对智力障碍儿童的情绪与行为评定问题进行研究,就"行为发展检核表"(Developmental Behavior Checklist,简称DBC)各领域内的项目重要性以负载值的方式进行了排列(见表6-3),负载值为0～1,负载值愈大,表明智力障碍儿童在该项目上的表现愈典型。[①]

表6-3 智力障碍儿童情绪与行为问题

项目	负载值	项目	负载值
一、破坏性/反社会行为(27项)		活动过度	0.46
辱骂,发誓	0.86	过度兴奋	0.46
说谎	0.81	故意跑开	0.46
固执,不顺从	0.78	脱下衣服	0.44
操纵他人	0.73	沉迷在自己的世界中	0.43
偷窃	0.73	磨牙	0.43
霸道	0.71	对疼痛反应迟缓	0.42
浮躁	0.68	尖叫	0.41
踢、打别人	0.67	注意广度小	0.39
没有耐心	0.64	异常的身体动作	0.36
发脾气	0.64	面部抽动	0.33
暴躁	0.62		
嫉妒	0.61	三、沟通障碍(13项)	
抱怨多	0.59	摆弄物品	0.61
藏东西	0.57	模仿言语	0.51
过于寻求注意	0.56	自言自语或模仿他人	0.49
放火	0.56	混淆代词	0.49
说大话	0.54	重复单词或短语	0.46
轻信他人	0.53	异常的音调、韵律	0.44
话多	0.53	异常的高声调	0.42
情绪变化快	0.51	痴迷的想法或活动	0.41
扔东西或破坏物品	0.50	对机械的东西感兴趣	0.41
拒绝上学	0.45	无法融入与自己同龄的群体	0.38
吵闹或嘈杂	0.45	对一两个事物全神贯注	0.35
故意跑开	0.42	过分亲热	0.33
活动过度	0.41	站立时太靠近他人	0.31
紧张	0.39		
缺乏自信	0.37	四、焦虑(9项)	
		分离痛苦	0.60
二、自我专注(31项)		独处痛苦	0.60
吃非食品	0.85	噩梦,梦游	0.52
叽里咕噜	0.78	担忧事情、情况	0.49
用嘴咬物品	0.75	无缘由地哭	0.42
咬人	0.67	害羞	0.37
虽经训练依然有大小便的问题	0.66	食欲不振	0.35

[①] Dekker,M. C.,Koot,H. M.,Van der Ende,J.,Verhulst,F. C. Emotional and Behavioral Problems in Children and Adolescents With and Without Intellectual Disability[J]. Journal of Child Psychology and Psychiatry,2002,43(8):1087-1098.

续表

项目	负载值	项目	负载值
危险意识差	0.65	对小的变化感到悲哀	0.32
击打、咬自己	0.65	挑剔饮食,对食物的狂热	0.30
和不寻常的物体游戏	0.63		
闻、尝、舔物体	0.62	**五、与社会相关(10项)**	
重复活动	0.60	不活跃	0.59
凝视灯光	0.59	不显示感情	0.55
重复动作	0.59	沮丧,不快乐	0.55
漫无目的地游荡	0.56	嗜睡	0.50
身体抽动	0.55	抗拒被拥抱	0.49
扔东西或破坏物品	0.54	沉迷在自己的世界中	0.45
撞头	0.54	回避眼神接触	0.41
过食	0.52	总有喘不过气的症状和其他的不适	0.38
在厕所外小便	0.52	对他人没有反应	0.38
在公共场所手淫	0.46	不愿意改变自己	0.36
无缘由地笑	0.46		

注:部分项目在不同领域中均出现,负载值不同。

(三) 智力障碍儿童情绪与行为问题出现的原因

造成智力障碍儿童情绪与行为问题的因素有很多,来自儿童自身的生物学因素与认知因素以及来自环境的因素都可能导致问题的发生。

1. 生物学因素

智力障碍儿童的年龄、性别、障碍程度与其情绪、行为问题表现有一定的关联,同时,特定的基因可能与情绪行为的表现有一定的关系,如威廉姆斯综合征患儿普遍表现为情绪波动大。身体出现不适而无法有效表达也是造成情绪行为问题的原因之一。许多智力障碍儿童,尤其是中度、重度和极重度智力障碍儿童往往伴有多种健康问题,由此造成各种不适而无法有效表达也是造成情绪与行为问题的原因之一,如肠胃疾病等各种原因引起的疼痛等。还有部分智力障碍儿童由于脑部损伤而直接引起不良的情绪与行为表现。

2. 认知因素

智力障碍儿童的认知能力发展明显滞后,直接影响其对外界刺激的正确判断与反应的能力。此外,智力障碍儿童的生理发展与心理发展速度的不均衡,也是造成情绪与行为问题的因素。例如智力的损伤可能导致智力障碍儿童难以有效地调适青少年时期身心上的转变,造成产生情绪问题的可能性增加。研究发现,大于11岁的智力障碍儿童较容易受忧郁症的困扰,而小于11岁者则较易罹患广泛性发育障碍;抑郁、焦虑以及反社会行为更容易出现在智力功能相对较高的智力障碍儿童中,而智商低的群体容易出现精神疾病、自我中心以及自闭等。[1]

3. 环境因素

智力障碍儿童的情绪与行为问题也可能来源于外部环境,家庭内部的焦虑、悲伤、冲突、紧张等氛围会造成智力障碍儿童的不良反应。研究发现,居住在单亲家庭、父母从事非技术性职业、家庭收入较低、使用惩罚式教养、照顾者精神状况不佳等特质家庭长大的智力障碍

---

[1] Dekker,M. C.,Koot,H. M.,Van der Ende,J.,Verhulst,F. C. Emotional and Behavioral Problems in Children and Adolescents With and Without Intellectual Disability[J]. Journal of Child Psychology and Psychiatry,2002,43(8):1087-1098.

儿童，罹患精神疾病的危险性较高。① 学校环境也是重要的因素之一，教育目标的适当与否、教师与同伴的接纳态度等直接影响到智力障碍儿童的情绪行为表现。有些学校在教育过程中更看重智力障碍儿童的知识与技能的教学，而忽略了对其心理层面的关注，导致智力障碍儿童容易产生情绪与行为问题。

（四）情绪与行为问题的发生率

智力障碍与精神障碍的共病率比较高，据估计智力障碍儿童群体中精神障碍的发生率高达30%～60%。英国全国精神障碍调查资料显示，5～15岁的智力障碍儿童罹患精神障碍的比率为同龄非智力障碍儿童的7.3倍，出现情绪与行为障碍的风险约为一般人口的2.5倍。情绪障碍以焦虑症(8.7%)最常见，其次为忧郁症(1.5%)；行为障碍主要有注意缺陷与多动障碍(8.7%)和广泛性发育障碍(7.6%)，此外，还有反社会行为障碍与饮食障碍。②

澳大利亚学者研究发现，40.7%的4～18岁智力障碍儿童有重度的情绪和行为异常，智力障碍儿童的精神异常不受年龄与性别的影响，但不同程度的智力障碍儿童，其情绪与行为障碍的表现有所不同。极重度智力障碍儿童罹患精神障碍的相对风险较低，轻度智力障碍儿童以分裂性及反社会的行为为主，重度智力障碍儿童则多以自我为中心、孤僻行为为主，但只有少部分(10%)的智力障碍儿童寻求专业帮助。③

研究发现，29%的智力障碍儿童有情绪困扰，12%的智力障碍儿童有多动行为，33%的智力障碍儿童有品行障碍，27%的智力障碍儿童有反社会行为。④ 不同程度智力障碍儿童的精神疾病的发病率有所不同(见表6-4)。

表6-4 不同程度智力障碍儿童精神疾病的出现情况比较(%)⑤

	轻度(智商50～70)	重度(IQ<50)
抑郁症	4	1.5
情绪障碍	10	4.5
品行障碍	12	4.5
心身障碍	4	3
多动障碍	11	0
精神病患者的行为	14	50
其他障碍	2	0

研究显示，智力障碍儿童ADHD(注意缺陷伴多动障碍)的出现率远高于同龄普通儿童，但由于诊断标准、诊断工具以及研究样本的差异，不同研究者报告的数据差异极大，从6.8%～

---

① Emerson, E. The Prevalence of Psychiatric Disorders in Children and Adolescents With and Without Intellectual Disabilities[J]. Journal of Intellectual Disability Research, 2003(1): 51-58.

② Emerson, E. The Prevalence of Psychiatric Disorders in Children and Adolescents With and Without Intellectual Disabilities[J]. Journal of Intellectual Disability Research, 2003(1): 51-58.

③ Einfeld, S. L., Tonge, B. J. Population Prevalence of Psychopathology in Children and Adolescents with Intellectual Disability: II Epidemiological Findings[J]. Journal of Intellectual Disability Research, 1996, 40(2): 99-109.

④ Koller, H., Richardson, S. A., Katz, M., McLaren, J. Behavior Disturbance Since Childhood Among a 5-year Birth Cohort of all Mentally Retarded Young Adults in a City[J]. America Journal of Mental Deficit, 1983, 87(4): 386-395.

⑤ Gillberg, C., Persson, E., Grufman, M., Themner, U. Psychiatric Disorders in Mildly and Severely Mentally Retarded Urban Children and Adolescents: Epidemiological Aspects[J]. British Journal of Psychiatry, 1986, 149(6): 68-74.

60%不等。① 有研究者认为ADHD在智力障碍人群中基本上未被诊断和治疗不足，②部分关于ADHD儿童的研究也将智力障碍儿童排除在外，例如，美国ADHD儿童大型多模式治疗研究中，将智商低于80分作为排除标准。③ 临床上，由于智力障碍与ADHD的症状有重叠，医生往往更关注儿童的智力障碍，而忽视其注意障碍，将儿童的注意异常及非典型行为视为智力障碍的固有表现，加之对智力障碍儿童进行ADHD的诊断比较困难，容易产生"诊断性遮掩"(diagnostic overshadowing)，④导致诊断与治疗的遗漏。

研究者追踪了87名智力障碍儿童和141名普通儿童5岁至8岁的发展状况，结果显示，智力障碍儿童组ADHD的出现率是普通儿童组的3倍以上(见表6-5)。⑤

表6-5 智力障碍儿童与普通儿童ADHD发生率的比较(%)

年龄	智力障碍组	普通组
5岁	42.9	12.1
6岁	50.9	11.7
7岁	40.8	12.0
8岁	35.3	8.8

美国学者研究发现，与其他智力障碍青少年相比，患有唐氏综合征的青少年其精神病或抑郁症的出现率显著较高，81%患有精神病症状的唐氏综合征患者为女性；研究还发现，17%的唐氏综合征青少年在日常生活及回应性表达中表现出极度缓慢的状况，例如，他们可能会花数小时穿衣、吃饭，在回应简单的问题时也可能出现长时间延迟或极度缓慢；患有唐氏综合征的青少年和其他智力障碍青少年在焦虑或抑郁症上并没有显著差异；与患有唐氏综合征的青少年相比，其他智力障碍青少年在躁郁症和冲动控制障碍的患病率显著较高。具体如表6-6所示。⑥

表6-6 唐氏综合征与其他智力障碍青少年精神疾病出现情况比较(%)

	唐氏综合征(n=749)	其他智力障碍(n=70)
精神病	35	13
伴随精神病的抑郁症	8	0
抑郁症	15	10
躁郁症	4	29
焦虑症	18	10
冲动控制障碍	20	38

---

① Reilly, C., & Holland, N. Symptoms of Attention Deficit Hyperactivity Disorder in Children and Adults with Intellectual Disability: A Review[J]. Journal of Applied Research in Intellectual Disabilities, 2011, 24(4): 291-309.

② Rose E., Bramham J., Young S., Paliokostas E. & Xenitidis K. Neuropsychological Characteristics of Adults with Co-morbid ADHD and Borderline? Mild Intellectual Disability[J]. Research in Developmental Disabilities, 2009(30): 496-502.

③ The MTA Cooperative Group. A 14-month Randomized Clinical Trial of Treatment Strategies for Attention-Deficit/Hyperactivity Disorder[J]. Archives of General Psychiatry, 1999(56): 1073-1086.

④ Reiss S., Levitan G. & Szyszko J. Emotional Disturbance and Mental Retardation: Diagnostic Overshadowing[J]. American Journal of Mental Deficiency, 1982(86): 567-574.

⑤ Neece, C. L., Baker, B. L., Blacher, J., & Crnic, K. A. Attention-Deficit/Hyperactivity Disorder Among Children With and Without Intellectual Disability: An Examination Across Time[J]. Journal of Intellectual Disability Research: JIDR, 2011, 55(7): 623-635.

⑥ Dykens E. M., Shah B., Davis B., et al. Psychiatric Disorders in Adolescents and Young Adults with Down Syndrome and Other Intellectual Disabilities[J]. Journal of Neurodevelopmental Disorders, 2015, 7(1): 9.

雅各布森(J. W. Jacobson)指出,智力障碍儿童各类精神疾病的出现率分别为:精神病的出现率为6.68%,神经官能症的出现率为1.32%,人格障碍的出现率为5.06%,问题行为的出现率为10.78%。① 有研究者发现,智力障碍儿童伴有多动症的风险较高,而且多动的症状可以成功地通过药物进行控制,他们以338名智力障碍儿童为对象进行研究,结果发现伴有自闭症的智力障碍儿童表现出更多的多动倾向,研究者甚至建议,注意缺陷与多动障碍可以作为诊断儿童智力障碍的参考指标。②

关于智力障碍儿童出现精神障碍的性别差异目前尚无一致的结论,有些研究者认为,男性的比例高于女性,有些研究者则认为并不存在性别差异。布莱森(S. E. Bryson)等人在一项研究中发现(见表6-7),在154名的被调查智力障碍者中,43名伴有自闭症,占全体受调查对象的27.92%。其中,75名重度智力障碍者中,伴有自闭症的为24人,占32%;79名轻度智力障碍者中,伴有自闭症的为19人,占24.05%。该研究显示,自闭症样精神病行为在重度智力障碍儿童中更为普遍。

表6-7 智力障碍人群中伴有自闭症的情况③　　　　　　　　　　单位:人数,%

	重度智力障碍		轻度智力障碍		合计
	男	女	男	女	
自闭症-ID	16(43.24)	8(21.05)	14(26.42)	5(19.23)	43(27.92)
单纯ID	21(56.76)	30(78.95)	39(73.58)	21(80.77)	111(72.08)
合计	75(32.00)		79(24.05)		154(100.00)

研究者采用《优势与困难问卷》(SDQ)和《社会交往问卷》(SCQ)对674名4~18岁唐氏综合征儿童和青少年的自闭症风险、行为和情绪问题、注意力缺陷/多动症情况进行调查。④ 结果发现,同伴问题的报告频率最高(48%),其次是多动或注意力不集中(34%)。此外,37%的唐氏综合征儿童和青少年的得分高于自闭症谱系障碍的切截点(≥15),其中17%的唐氏综合征儿童和青少年的得分高于自闭症的切截点(≥22)。年龄与行为或情绪问题、自闭症症状程度之间并没有发现显著关系;但是,相比于小学阶段儿童,同伴问题更容易在青少年阶段发生,而多动或注意力不集中则在青少年阶段较少发生。性别在SDQ整体得分上没有显著差异,但是女生在情绪问题上的得分显著高于男生;在SCQ得分上男生显著高于女生,男生得分更可能高于自闭症谱系障碍或自闭症的切截点。智力障碍程度与多动/注意力不集中、同伴问题以及SCQ分数(智力障碍程度越重,越可能有自闭症倾向)存在显著相关。具体情况如表6-8所示。

---

① Jacobson,J. W. Do Some Mental Disorders Occur Less Frequently Among Persons with Mental Retardation?[J]. America Journal of Mental Retardation,1990,94(6):596-602.

② Hastings,R. P.,Beck,A.,Daley,D.,Hill,C. Symptoms of ADHD and Their Correlates in Children with Intellectual Disabilities[J]. Research in Developmental Disabilities,2005(5):456-468.

③ Bryson,S. E.,Bradley,E. A.,Thompson,A.,Wainwring,A. Prevalence of Autism Among Adolescents with Intellectual Disabilities[J]. The Canadian Journal of Psychiatry,2008,53(7):449-459.

④ Naerland T.,Bakke K. A.,Storvik S.,et al. Age and Gender-related Differences in Emotional and Behavioural Problems and Autistic Features in Children and Adolescents with Down Syndrome:A Survey-based Study of 674 Individuals[J]. Journal of Intellectual Disability Research,2017,61(6):594-603.

表 6-8 唐氏综合征儿童和青少年的情绪与问题行为检出率(%)

	年龄						障碍程度		
	总体	4~6岁 (n=58)	7~9岁 (n=222)	10~12岁 (n=180)	13~15岁 (n=189)	16~18岁 (n=24)	重度智力障碍 (n=22)	中度智力障碍 (n=59)	轻度智力障碍 (n=25)
SDQ情绪问题	14	7	12	16	17	8	5	15	4
SDQ行为问题	19	7	23	20	16	21	9	14	8
SDQ多动	34	31	44	33	27	0	68	20	4
SDQ同伴问题	48	41	36	48	62	63	82	44	44
SCQ≥15	37	28	35	34	45	50	91	34	21
SCQ≥22	17	17	15	17	21	8	68	15	4

知识小卡片 6-1

孤独症(自闭症)谱系障碍诊断标准①

A. 在多种场合下,社交交流和社交互动方面存在持续性的缺陷,表现为目前或历史上的下列情况(以下为示范性举例,而非全部情况)。

1. 社交情感互动中的缺陷,例如,从异常的社交接触和不能正常地来回会话到分享兴趣、情绪或情感的减少,到不能启动或对社交互动作出回应。

2. 在社交互动中使用非语言交流行为的缺陷,例如,语言和非语言交流的整合困难到异常的眼神接触和身体语言,或在理解和使用手势方面的缺陷到面部表情和非语言交流的完全缺乏。

3. 发展、维持和理解维持和理解人际关系的缺陷,例如,从难以调整自己的行为以适应各种社交情境的困难到难以分享想象的游戏或交友的困难,到对同伴缺乏兴趣。

标注目前的严重程度:严重程度是基于社交交流的损害和受限,重复的行为模式(参见表6-9)。

B. 受限的、重复的行为模式、兴趣或活动,表现为目前的或历史上的下列两项情况(以下为示范性举例,而非全部情况)。

1. 刻板或重复的躯体运动,使用物体或言语(例如,简单的躯体刻板运动,摆放玩具或翻转物体,模仿言语,特殊短语)。

2. 坚持相同性,缺乏弹性地坚持常规或仪式化的语言或非语言行为模式(例如,对微小的改变极端痛苦,难以转变,僵化的思维模式,仪式化的问候,需要走相同的路线或每天吃同样的食物)。

3. 高度受限的固定的兴趣,其强度和专注度方面是异常的(例如,对不寻常物体的强烈依恋或占先观念,过度的局限或持续的兴趣)。

4. 对感觉输入的过度反应或反应不足,或在对环境的感受方面不寻常的兴趣(例如,对疼痛/温度的感觉麻木,对特定的声音或质地的不良反应,对物体过度地嗅或触摸,对光线或运动的凝视)。

标注目前的严重程度:严重程度是基于社交交流的损害和受限的重复的行为模式(参见表6-9)。

---

① 美国精神医学学会. 精神障碍诊断与统计手册·案头参考书(第五版)[M].〔美〕张道龙,等译. 北京:北京大学出版社,2014:22-25.

C. 症状必须存在于发育早期(但是,直到社交需求超过有限的能力时,缺陷可能才会完全表现出来,或可能被后天学会的策略所掩盖)。

D. 这些症状导致社交、职业或目前其他重要功能方面有临床意义的损害。

E. 这些症状不能用智力障碍(智力发育障碍)或全面发育迟缓来更好地解释。智力障碍和孤独症(自闭症)谱系障碍经常共同出现,作出孤独症(自闭症)谱系障碍和智力障碍的合并诊断时,其社交交流应低于预期的总体发育水平。

表 6-9 孤独症(自闭症)谱系障碍的严重程度

严重程度	社交交流	受限的重复性行为
水平 3 需要非常多的支持	在语言和非语言社交交流技能方面的严重缺陷导致功能上的损害,极少启动社交互动,对来自他人的社交示意的反应极少。例如,个体只能讲几个能够被听懂的字,很少启动社交互动,当他/她与人互动时会作不寻常的举动去满足社交需要,且仅对非常直接的社交举动做出反应	行为缺乏灵活性,应对改变极其困难,或其他局限的/重复性行为显著影响了各方面的功能。改变注意力或行动很困难/痛苦
水平 2 需要多的支持	在语言和非语言社交技能方面有显著缺陷;即使有支持仍有明显社交损害;启动社交互动有限;对他人的社交示意反应较少或异常。例如,个体只讲几个简单的句子,其互动是局限在非常狭窄的特定兴趣方面,且有奇怪的非语言交流	行为缺乏灵活性,应对改变困难,或其他局限的/重复性行为对普通观察者来说看起来足够明显,且影响了不同情况下的功能。改变注意力或行动痛苦/困难
水平 1 需要支持	在没有支持的情况下,社交交流方面的缺陷造成可观察到的损害。启动社交互动存在困难,是对他人的社交示意的非典型的或不成功反应的明显例子。可表现为对社交互动方面的兴趣减少。例如,个体能够讲出完整的句子和参与社交交流,但与其他人的往来对话是失败的,他们试图交友的努力是奇怪的,且通常是不成功的	缺乏灵活性的行为显著地影响了一个或多个情境下的功能。难以转换不同的活动。组织和计划的困难妨碍了其独立性

DSM-5 对注意缺陷伴多动障碍(ADHD)诊断标准

A. 具干扰功能或发展的持续注意力不足及/或多动-冲动状况,有(1)及/或(2)的特征。

(1) 注意力不集中:有至少持续 6 个月的下列 6 项(或更多)症状,达到不符合发展阶段且对社会及学业/职业活动造成直接负面影响的程度。青少年(满 17 岁以上)至少有 5 项症状。

a. 粗心大意,常不注意细节,爱出错。

b. 无法在工作或游戏中维持专注力。

c. 心不在焉,不留心别人的说话。

d. 无法集中精神听从指示或完成指令。

e. 无法自己安排或筹划工作和活动(做事没有条理)。

f. 逃避、抗拒需专心进行的工作,如写作业。
g. 常遗失物品。
h. 常被外界吸引而容易分心。
i. 常忘记每天该做的事。

(2) 多动与冲动:有至少持续6个月的下列6项(或更多)症状,达到不符合发展阶段且对社会及学业/职业活动造成直接负面影响的程度。青少年(满17岁以上)至少有5项症状。

a. 坐不住,手脚不停地动。
b. 要求坐着时会离开座位。
c. 不该坐立不安的场合,会爬上爬下或跑来跑去。
d. 无法安静地参与游戏或玩耍。
e. 总是动个不停,好像"身上装了马达"。
f. 话太多。
g. 别人问题还没问完就抢着回答。
h. 在需要等候进行的活动中无法安静等候,常插队。
i. 插嘴,打断别人(如打断别人的谈话或游戏)。

B. 症状在12岁前已经存在。

C. ADHD症状在两种以上场合出现,(如在家庭、学校或工作场地,或与朋友或亲属参与其他活动期间)。

D. 会影响到当事人的学业、人际关系、职业及工作的质量或成就。

E. 上述症状的发生要排除精神分裂症或其他精神障碍的疾病过程;又或可由其他精神疾患更能解释的(如情绪障碍、焦虑障碍、精神分裂、人格障碍、药物中毒或戒断症状等)。

三、智力障碍儿童情绪与行为问题的矫正

(一) 药物治疗

严重的情绪与行为问题需要借助专科医生的诊治。例如精神障碍、多动等,教师或家长应尽早带儿童就医,医生会视实际需要采取相应的治疗措施,通过药物治疗等方式,使问题行为得以有效的控制。

例如,对于伴有注意缺陷与多动障碍(ADHD)的智力障碍儿童来说,药物治疗是主要的治疗方式之一,特别是对于学龄阶段的儿童,如不及时治疗,其症状将严重妨碍其学习、人际关系以及人格发展。一些中枢神经兴奋剂如"利他林"(Ritalin)对ADHD的症状有显著的治疗效果,其中约有70%～80%的ADHD儿童可通过服用利他林以使症状获得改善。

(二) 心理治疗

近年来,各种心理治疗的手段也逐渐介入智力障碍儿童情绪与行为问题的干预之中,如游戏治疗、艺术治疗等。

(三) 行为干预

1. 评估并明确问题行为

教师或家长可以通过观察、行为检核表等方式分析智力障碍儿童的问题行为的表现,依

次列出问题行为。确定行为发生的时间、地点、频次,说明问题行为在个案的环境适应上带来哪些障碍?家庭、学校、班级等受到的影响如何?家长、教师、同伴在面对特定的问题行为时,通常都有什么反应?

2. 确定问题行为干预的优先顺序

通常情况下,同一智力障碍儿童可能会存在多方面的问题行为,训练者要分析挑选出对目前生活影响最大、最容易干预的行为,避免同时处理过多的问题,影响干预成效。

3. 采用适当的行为干预策略

(1) 增加适当行为

利用强化、代币、塑造、契约等各种增强的方法,增加智力障碍儿童的适当行为,其原理是行为的改变依据行为的后果而定,如果行为后果是积极的,满足了行为者的需要,这种行为出现的频率就会增加。许多智力障碍儿童需要外部强化物来增加适当的行为,通常使用的强化物包括以下几种。

① 实物强化:巧克力、饮料、水果、点心、玩具等物品可直接用来作为智力障碍儿童的强化物,各种实物往往对智力障碍儿童有很强的吸引力,在适当行为出现时,立即给予实物强化,借此增强其适当行为有较好的效果。

② 代币性强化:小红旗、五角星、点数、标记、记分等也可用来作为强化物,当适当行为出现时,给予某种标记或代币,通过累计兑换相应的奖赏物。

③ 社会性强化:智力障碍儿童所接受并喜爱的社会行为也可作为有效的强化物,例如通过微笑、竖起拇指、关注、鼓掌、拥抱、拍肩膀等姿态或动作,通过口头表扬、赞赏、鼓励等行为,对智力障碍儿童都可能起到强化的作用。

④ 活动性强化:儿童因出现适当行为而获得参加某项活动的权利,如使用电脑、看电视、休息、外出等。

在选择强化手段的时候,必须首先了解矫正对象对各种强化物的喜爱程度,选择适当的强化物,才能保证强化效果。

(2) 减少不适当行为

利用行为矫正技术中惩罚、消退、隔离、厌恶疗法等方法,减少智力障碍儿童的不适当行为。当儿童表现出问题行为时,让其为自己的问题行为承担相应的后果。例如:当儿童出现问题行为时,尽可能不去注意或满足他的要求;减少游戏时间、暂时隔离等。刚开始施行时,为避免因太过频繁的惩罚造成儿童的挫折感或不合作,可以在问题行为出现之初,给儿童提供改正的机会,例如,使用计数的方式,当儿童停止或减少不适当的行为时,便停止计数。

需要说明的是,在实际工作中,训练者要努力让智力障碍儿童明确不适当行为与适当行为的区别,尽量降低惩罚的使用次数,在实施惩罚、消退等矫正方法后,应立即引导儿童表现适当行为,并随之给予强化。

(3) 预防不适当行为的发生

通过建立规范、示范、练习、监控等策略,预防不适当行为的发生。相对而言,预防针对的是未来可能发生的行为,更具有积极的作用。表 6-10 是学者提出的"七步骤预先矫正方案"。

表 6-10　七步骤预先矫正方案[①]

步骤	实例
1. 确定可预测行为发生的环境条件	午饭后,学生立即进入教室(可预测行为:学生在教师的指令发出之前会吵嚷喧哗,四处走动)
2. 明确适当行为的要求	学生应安静地进入教室,迅速走到自己的座位,开始指定的任务
3. 更换环境条件	教师在教室门口等候,直到学生安静下来,再允许学生走到自己的座位,开始指定的学习任务
4. 反复强调理想行为的要求	在午饭前,教师提醒学生理想行为的要求,并让学生重复说明
5. 强化理想行为的要求	教师告诉学生如果遵守要求,会得到额外的休息或延长 5 分钟休息时间
6. 暗示行为期待	教师打手势,暗示学生保持安静,指明黑板上的学习要求,表扬开始学习的学生
7. 监控矫正计划	教师记录让所有学生开始学习花费的时间,计算在 10 秒内开始学习的人数

（4）建立新的适当行为

教育者通过示范与直接教导的方法来帮助智力障碍儿童建立新的适当行为。通常的做法是:首先通过适当的方式示范适当的行为,学习者观摩该行为,并体会到示范者由于使用该行为而受到正强化。教育者教授掌握该行为的核心知识与技能,并为学习者提供练习与反馈的机会,明确该行为的实践应用范围。

研究者曾以功能性行为评估为基础,在培智学校自然教学情境下对一名智力障碍儿童严重的课堂问题行为进行积极干预,并在自然教学情境下对被试课堂问题行为的功能进行分析,以此为依据制定并实施以积极行为支持导向的干预。[②] 干预结果表明,以功能性行为评估为基础的前事控制、后果控制等干预策略在改善智力障碍儿童课堂问题行为中显示出良好效果,其"跑离座位"行为、"打闹"行为和"打人"行为的频率显著下降。

第 2 节　社会适应能力的发展

社会适应能力障碍是智力障碍的核心特征之一,从这个意义上来说,所有智力障碍儿童都有程度不等的社会适应能力障碍。智力障碍儿童的社会适应能力的作用愈来愈多地受到人们的关注,对于智力正常的儿童而言,社会适应能力的损伤会直接影响其学业成就。社会适应能力较强的儿童驾驭学校的学业能力也更强,社会适应能力损伤会导致未来的学业失败以及在学校中发生纪律问题。早在 1979 年,研究者就指出智力障碍儿童的适应能力与其智力水平之间有一定的相关,其相关程度要高于智力正常儿童。[③] 不过,智力障碍儿童的社

---

① 转引自:〔美〕Mercer,C. D., Mercer,A. R. 学习困难学生的教学[M].胡晓毅,谭明华,译.北京:中国轻工业出版社,2005:214.

② 朱楠,张英. 基于功能性行为评估的智力障碍儿童课堂问题行为的个案研究[J]. 中国特殊教育,2014(10):20-27.

③ Bailey,B. S., Richmond,B. O. Adaptive Behavior of Retarded,Slow-learner,and Average Intelligence Children[J]. Journal of School Psychology,1979,17(3):260-263.

会适应能力又与许多其他因素相关,诸如年龄、特定的综合征以及行为问题或精神问题等,由于适应行为沿着一定的轨迹发展,因此,相对而言,年龄大的儿童适应能力水平也较高。特定综合征的儿童其适应能力有特定的发展特征,例如脆性 X 综合征、唐氏综合征、普瑞德-威利综合征,伴有特殊行为问题及精神疾病的智力障碍儿童的社会适应能力也有其特殊之处,例如伴有弥漫性发育障碍(PDD)的智力障碍儿童与不伴有 PDD 的智力障碍儿童,其社会适应能力的表现均有所不同。

一、智力障碍儿童社会适应能力发展的特点

(一)社会适应能力水平低

与正常儿童相比,智力障碍儿童的社会适应能力低下。韦小满采用自编的"儿童适应行为量表"对 245 名 7~15 岁智力障碍儿童的适应行为进行了评定,并与普通儿童进行了比较,结果发现,智力障碍儿童的适应行为明显低于同龄普通儿童的发展水平。[①] 张福娟采用姚树桥、龚耀先修订编制的《儿童适应行为评定量表》,对 324 名三类 4~12 岁儿童(智力正常、轻度智力障碍和中度智力障碍儿童各 108 名)的社会适应能力进行评定,结果发现,在所有的年龄段,智力障碍儿童的适应能力均明显落后于正常儿童,中度智力障碍儿童的适应能力明显落后于轻度智力障碍儿童。[②] 熊庆秋等人采用 Achenbach 儿童行为量表(父母问卷)对 135 名 6~11 岁轻度智力障碍儿童的社会能力和行为问题进行调查。[③] 结果表明,6~11 岁智力障碍儿童社会能力偏低。男生在活动情况上社会能力的问题检出率显著较高,女生则在社交情况和学校情况上社会能力的问题检出率显著较高。具体情况如表 6-11 所示。

表 6-11 6~11 岁智力障碍儿童社会能力的问题检出率(%)

	男(n=76)	女(n=59)
活动情况	68.4	28.6
社交情况	26.3	62.5
学校情况	31.6	62.5
社会能力总分	47.4	53.6

(二)社会适应能力随年龄的增长而逐渐提高

智力障碍儿童的社会适应能力随年龄的增长逐渐提高。研究者对 128 名智商为 50~70 的智力障碍儿童进行研究,比较了两个年龄组(5~9 岁组及 11~14 岁组)的儿童在适应能力上的表现,结果发现,随着年龄的增长,智力障碍儿童的如厕能力、进食能力、参与团体活动的能力以及自我控制的能力都有显著的提高,但自主能力没有明显的改善。[④] 对唐氏综合征儿童从出生 6 周到 21 岁的跟踪研究表明,这类儿童自理技能一直处在持续发展中,部分智商相对较高的个案,在几个领域都达到了独立,该研究表明唐氏综合征儿童随着年龄的增长

[①] 韦小满.智力落后儿童适应行为发展的研究[J].北京师范大学学报:社会科学版,1997(1):37-43.
[②] 张福娟.智力落后儿童适应行为发展特点的研究[J].心理科学,2002(2):170-172.
[③] 熊庆秋,李欣晏,周伟珍,等.6~11 岁轻度智力障碍儿童行为适应性及其与支持性体系关系的研究[J].中国教育学刊,2015(S1):64-67.
[④] Ando,H.,Yoshimura,I.,Wakabayashi,S. Effects of Age on Adaptive Behavior Levels and Academic Skill Levels in Autistic and Mentally Retarded Children[J]. Journal of Autism and Developmental Disorders,1980,10(2):173-184.

而不断地获得新技能,但就整体而言,他们进步的速度明显低于同龄普通儿童。

戴肯斯(E. M. Dykens)等人使用文兰适应行为量表(VABS)对80名1~11.5岁的唐氏综合征儿童社会适应能力的发展轨迹进行了研究,结果发现,唐氏综合征儿童的沟通能力不如其日常生活能力以及社会能力,在沟通能力中,表达能力明显弱于理解能力,尤其是在该类儿童沟通能力超过24个月之后,这种差距更为明显。该研究还发现,1~6岁的唐氏综合征儿童的社会适应能力与年龄有显著相关,随着儿童年龄的增长,其适应能力逐渐提高,但6岁后的儿童适应能力发展有着比较明显的变异性,其"高原期"的出现并不一致,有些儿童出现在童年中期,有些则不然。①

1976年,尼海拉(K. Nihira)在因素分析的基础上对智力障碍者的适应行为的发展进行了系统的研究,他发现,"个人生活独立"因子具有以下发展特点:在幼儿和儿童期发展迅速,在青少年时期发展速度减慢,刚进入成年期就接近极限,然后保持稳定直到老年。虽然智力障碍严重程度不同的人在各年龄段所达到的水平有很大的不同,但除了极重度外,临界、轻度、中度和重度智力障碍者都有大致相同的发展趋势。而极重度智力障碍者从幼儿到成年几乎都没有什么发展。"社会生活独立"因子的发展特点是:智力障碍程度不同的个体其发展水平之间有很大的差异。临界、轻度、中度智力障碍者都有大致相同的发展趋势。极重度智力障碍者在儿童期以前发展很缓慢,而在儿童期以后发展迅速,随后保持稳定直至老年。重度和极重度智力障碍者自始至终发展水平都非常低。"个人与社会责任心"因子的发展特点是:临界与轻度智力障碍者的发展水平十分接近,在幼儿及儿童期他们在这个因子上发展速度很快,到青少年时期其发展趋于平缓。中、重度智力障碍者的发展水平皆低于临界及轻度智力障碍者,但发展趋势十分相似。极重度智力障碍者在这个因子上的发展曲线依然是低而平缓的。②

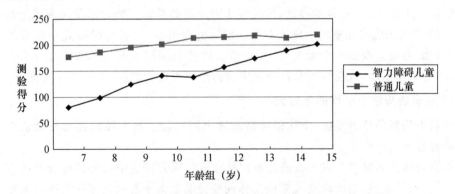

图6-1 智力障碍儿童与普通儿童社会适应能力发展示意图③

轻度及中度智力障碍儿童也和普通儿童一样,其适应行为随着年龄的增长而在不断地

---

① Dykens,E. M.,Hodapp,R. M.,Evans,D. W. Profiles and Development of Adaptive Behavior in Children with Down Syndrome[J]. Down Syndrome:Research & Practice,2006,9(3):45-50.

② Nihira,K. Dimensions of Adaptive Behavior in Institutionalized Mentally Retarded Children and Adults:Developmental Perspective[J]. American Journal of Mental Deficiecy,1976,81(3),215-226.

③ 图6-1数据来源:韦小满.智力落后儿童适应行为发展的研究[J].北京师范大学学报:社会科学版,1997(1):37-43.

提高(见图 6-1),到十四五岁时,智力障碍儿童的一些适应技能如动作技能、自我管理等已与普通儿童的水平相近。① 轻度智力障碍儿童在 8 岁以前,中度智力障碍儿童在 7 岁以前,其社会适应能力发展的速度较快。②

姚树桥等采用儿童适应行为量表对 96 例 3~12 岁智力障碍儿童进行评定,结果发现,智力障碍各年龄组儿童的量表总评分数呈现随年龄增长而增加的趋势(见表 6-12)。③

表 6-12　智力障碍儿童适应行为分数随年龄增长情况

年龄组	智力障碍儿童	普通儿童
3	60.44	90.60
4	77.75	104.77
5	66.63	118.02
6	74.67	135.13
7	97.25	146.73
8	85.40	158.27
9	88.50	170.73
10	104.00	180.50
11	130.07	187.37
12	150.10	194.32

(三) 社会适应能力发展不平衡

研究发现,智力障碍儿童的社会适应能力的发展存在着不平衡的状况。相比较而言,智力障碍儿童的社会/自制能力发展较好,即包括注意力、主动性、行为控制能力、日常爱好及个人习惯等反映个人动力方面的能力以及遵守社会规范及社会交往等反映社会责任的能力发展相对好一些。其次是独立生活技能,包括感觉运动能力、生活自理能力、劳动技能以及经济活动能力。发展最差的是认知技能,该技能主要反映的是语言能力以及时间概念与空间定向等能力,中度智力障碍儿童的发展不平衡表现得更为明显。④ 智力障碍儿童在言语发展项目上平均落后普通儿童 3.5 个标准差,在生活自理能力和居家与工作能力上平均落后近 3 个标准差,而动作发展、自我管理和社会化项目的落后程度大约在 1.5~2 个标准差之间。

(四) 社会适应能力个体间差异大

由于智力障碍的原因复杂,个体的障碍程度不同,因此,智力障碍儿童社会适应能力的个体间差异较大。

韦小满曾将智力障碍儿童与普通儿童在社会适应能力评定中得分的标准差进行了比较(见表 6-13),结果发现,智力障碍儿童的个体间差异明显大于普通儿童的个体间差异。⑤

---

① 韦小满.智力落后儿童适应行为发展的研究[J].北京师范大学学报:社会科学版,1997(1):37-43.
② 张福娟.智力落后儿童适应行为发展特点的研究[J].心理科学,2002(2):170-172.
③ 表 6-12 数据来源:姚树桥,龚耀先,刘少文.96 名精神发育迟滞儿童的儿童适应行为评定量表试测报告[J].中国心理卫生杂志,1993(5):212-214.
④ 张福娟.智力落后儿童适应行为发展特点的研究[J].心理科学,2002(2):170-172.
⑤ 表 6-13 数据来源:韦小满.智力落后儿童适应行为发展的研究[J].北京师范大学学报:社会科学版,1997(1):37-43.

表 6-13　智力障碍儿童与普通儿童社会适应得分的标准差比较

年龄组	智力障碍儿童	普通儿童
7	32.67	23.50
8	26.87	20.88
9	30.45	18.81
10	31.00	16.94
11	37.96	17.89
12	39.84	16.26
13	36.88	12.70
14	25.84	15.53
15	34.09	13.80

二、智力障碍儿童社会适应能力的培养

社会适应能力在智力障碍儿童的发展中占有极其重要的地位，因此，在各年龄段智力障碍儿童的教育训练中，社会适应能力的培养应贯穿始终，以使智力障碍儿童获得基本的生活自理、与人交往以及适应社会的能力，为未来更好地参与社会生活奠定良好的基础。

（一）训练内容

银春铭提出，智力障碍儿童需要培养的社会行为技能主要包括以下几方面的内容。①

（1）自我调节

通过培养，使智力障碍儿童能够具备在特定的环境中，灵活而现实地管理和调节自己的能力。具体表现在：在日常生活和劳动环境中表现出稳定的情绪；能够控制自己的脾气；能够接受常规方面的变化；能够对领导或管理人员有积极的反应；能够接受别人的批评；能够有安全感。

（2）社会举止

通过培养，使智力障碍儿童掌握必要的社会行为规范。具体表现在：使用适当的礼貌用语，表现出适当的体态文明；作简单的介绍；有适当的进食行为；在各种特殊环境中保持适当的举止。

（3）参与群体活动

通过培养，使智力障碍儿童学会：适当地参加小组活动；能够在群体活动中与其他儿童，特别是一般儿童，发生互动，并体验游戏的乐趣；在各种公共场所能够有适当的举止；承担相应角色的一定任务；在大多数工作和活动中表现出一定的兴趣及热情。

（4）自我意识

通过适当的教育训练，使智力障碍儿童在可能的范围内克服自我意识上的混乱，对自己有较为清醒的了解。主要包括：正视自己的局限性；明了有局限不等于没有发展前途；有局限不等于没有职业前景；正确认识和对待周围的人，处理好与他们的关系。

（5）关注自己的外貌

主要包括个人卫生、着装、举止等。

---

① 银春铭.智力落后儿童交往能力及培养[M].长春：东北师范大学出版社，2002：231-240.

(6) 性别行为

使个体通过经验逐步形成自己完整的个性。

智力障碍儿童社会适应能力培养的内容,大多涉及个人、家庭、职业、社会等多方面的适应,刘在花等提出培智学校社会适应课程的内容标准中包括个人适应、家庭适应、学校适应、社区适应、职业适应等五个领域,分别介绍如下。①

(1) 个人适应

① 自我认识:例如,听到自己的名字有反应。

② 情绪调控:例如,能够调节与控制自己的情绪。

③ 时间规划:例如,能够知道早上、中午、晚上的概念。

④ 自理能力及良好行为习惯:例如,能说出或指出所喝饮料。

(2) 家庭适应

① 了解居家生活基本内容:例如,知道家庭住址。

② 居家生活技能:例如,会扫地。

(3) 学校适应

① 认识学校:例如,认识学校的环境、设施。

② 认识自己的班级:例如,认识自己的班别、教室位置、教室里的布局。

③ 认识同学:例如,认识本班和外班的同学。

④ 认识老师:例如,认识班主任和其他任课老师。

⑤ 了解并遵守学校的各项常规:例如,遵守学校的规章制度。

⑥ 校园生活技能:例如,会适当处理师生、同学关系。

(4) 社区适应

① 社区认识:例如,知道社区或家乡所在的地理位置。

② 社区使用:例如,能够点菜。

③ 社区规范:例如,合理使用社区设施与资源。

④ 社交技能:例如,合适的穿着打扮。

(5) 职业适应

① 职前认识:例如,工作部门的认识。

② 职业素养:例如,工作责任的认识。

③ 职业规范:例如,遵守企事业的规章、制度。

④ 求职技巧:例如,能够搜集、寻找就业信息。

我国台湾地区使用的"启智学校(班)课程纲要总纲"中生活教育领域的内容包括知动能力、自我照顾以及居家生活等三个领域,也可作为选择教育训练内容时的参考。

(1) 知动能力

① 感官知觉:视觉、听觉、触觉、味觉、嗅觉。

② 粗大动作:基本动作与肌力。

③ 精细动作:手眼协调。

---

① 刘在花,赫尔实. 培智学校社会适应课程标准研究的初步设想[J]. 中国特殊教育,2005(2):86-89.

(2) 自我照顾

① 饮食：饮食能力、饮食习惯。

② 穿着：穿着能力、衣着整饰①。

③ 个人卫生：如厕、盥洗、仪容整饰。

④ 生理健康：身体构造、身体功能、身体保健、疾病的认识与预防、两性教育。

⑤ 心理健康：自我肯定、个人适应。

(3) 居家生活

① 家事能力：食物处理、衣物处理、环境整理、废物处理。

② 家庭设备：房舍、工具、家电。

③ 居家安全：危险物品、意外事件。

④ 家庭伦理：家庭概况、家庭活动、照顾家人。

(二) 训练过程

在社会适应能力的培养和教育中，教育者应当以真实、实用为首要目标，选择训练对象日常生活最需要的技能为内容，以实际生活情景为训练场景，密切联系家庭与社会，使训练与其社会适应需求自然衔接，增强训练的实效性。针对智力障碍儿童的社会适应能力训练通常包括以下几个步骤。

1. 分析智力障碍儿童目前及未来生活中应具备的社会适应能力

依据个体的障碍程度、障碍表现、年龄、性别等因素，分析家庭、学校与社区环境等各方面的动态情况，由家长、教师及相关人员分析、明确个体目前及未来生活中所需要的社会适应能力。

2. 评定智力障碍儿童目前的能力水平

分领域逐项评定个体目前的社会适应能力发展水平，以此作为训练的起始点。

3. 确定训练的优先顺序，完成训练计划

按照重要性将各项需要训练的社会适应能力进行排序，确定训练的优先顺序，完成训练计划的制订。

4. 实施训练

选择适当的训练方法实施训练。

5. 评估

评估训练成效，并进行必要的调整。

(三) 常用的训练方法

在实际工作中，用于智力障碍儿童的社会适应能力训练的方法很多，这里介绍两种常用的方法。

1. 真实情境教学

任何学习者的学习都是在已有经验的基础上，在特定的情境下，以特殊的方式完成建构。当儿童的学习与真实的情境联系时，知识建构更为积极有效。对于智力障碍儿童而言，

---

① "衣着整饰"是指衣物的搭配与正确穿着服装。

社会适应能力训练本身是以真实的需求为前提的,其内容与日常生活实践密切相连,真实情境教学便是将教学与儿童日常生活经验相结合,减轻迁移和类化的负担,学以致用,增加成功的可能性。

真实情境教学要求训练者从智力障碍儿童的视角去观察,"穿上学生的鞋子走路",帮助儿童"在游泳中学会游泳"。例如,在就餐的过程中学习餐桌礼仪,在购物过程中学习钱的计算,在外出时学习分辨方位、学习选择交通工具,等等。

真实情境教学的三个步骤包括:① 评定学生的长处和需要。② 确定需要优先学习的功能性任务与目标。③ 通过有意义的学习经验完成真实情境教学活动。

2. 任务分析法

任何简单的"任务",其中往往包含着许多更小的、分离的、具体的"分任务"。工作分析法就是将对于学习者而言复杂的"总任务"分解成能够接受的多个简单的"分任务",如果需要的话,可以将"分任务"进一步加以分解,直至该"分任务"符合儿童的行为起点为止。例如,对"刷牙"这项任务可进行如下分析(见表6-14)。

表6-14 "刷牙"任务分析(1)

序号	任务分析
1	拿起牙刷
2	将牙刷的刷头浸湿
3	打开牙膏的盖子
4	将适量的牙膏挤到刷毛上
5	刷下排牙齿的外侧:使刷毛与牙面成45度角,顺着牙龈线上下轻刷下排每个牙齿
6	刷上排牙齿的外侧:使刷毛与牙面成45度角,顺着牙龈线上下轻刷下排每个牙齿
7	刷上排牙齿的咬合面:来回轻刷每一个牙齿
8	刷下排牙齿的咬合面:来回轻刷每一个牙齿
9	刷下排牙齿的内侧:将牙刷放在牙龈处,从下往上,或从上往下刷
10	刷上排牙齿的内侧:将牙刷放在牙龈处,从下往上,或从上往下刷
11	吐出牙膏
12	拿起口杯
13	向杯内加水
14	含水漱口
15	将漱口后的水吐出(必要时,重复数次,直至漱干净)
16	冲洗牙刷
17	将牙刷放回原处
18	将杯子放回原处
19	盖好牙膏盖子
20	将牙膏放回原处

说明:针对每个儿童的能力起点不同,同一任务可作不同繁简程度的分析。在前述的"刷牙"任务分解中,如果儿童的起点能力比较强,可以将其中一些步骤进行合并与简化(见表6-15)。

表 6-15 "刷牙"任务分析(2)

序号	原序号	任务分析
1	1、2	取出牙刷,将刷头浸湿
2	3、4	打开牙膏的盖子,将适量的牙膏挤到刷毛上
3	5、6	刷上、下排牙齿的外侧:使刷毛与牙面成45度角,顺着牙龈线上下轻刷每个牙齿
4	7、8	刷上、下排牙齿的咬合面:来回轻刷每一个牙齿
5	9、10	刷上、下排牙齿的内侧:将牙刷放在牙龈处,从下往上,或从上往下刷
6	11~15	漱口
7	16	冲洗牙刷
8	17~20	将牙刷、牙膏及杯子放回原处

如果儿童的起点能力较弱,也可以在原有的基础上作进一步的分解,如对于分任务"将适量的牙膏挤到刷毛上"可以再细分为以下几个步骤(见表6-16)。

表 6-16 "刷牙"任务分析(3)

序号	原序号	任务分析
1	4	一手握住牙刷
2		将牙刷刷头处的刷毛朝上
3		挤出约1厘米长的牙膏
4		将牙膏平放在刷毛上

在实施过程中,训练者可以按照顺序进行教学,也可以采取逆向教学的方法,即训练者帮助儿童完成前面的步骤,将最后的步骤留作教学任务,待该任务完成后,再向上回溯,进行倒数第二个分任务的教学,依次类推。另外,在训练中,训练者开始时可以先给予儿童部分协助,待儿童取得一定进步后,可以给予儿童口头上的提示,最后过渡到可以让儿童在没有任何协助之下,自己独立完成任务。

案例 6-1

小颉的成长①

2006年2月的一天,在上海一家医院的产房里,一位妈妈剖腹产下了一名九斤重的男婴,取名叫小颉。小颉现在身高1.62米,体重60千克,胖胖的,很可爱。

小颉1岁时能简单发音,1岁半会坐和会扶着凳子走,2岁时才能认识妈妈,直到3岁后才会说话,但说的话大都为单个词语,很难说出完整的句子,说话声音比较轻,且平时只愿主动与外婆说话。

2009年9月,3岁半的小颉进入小区附近的一所普通幼儿园。开学第一天,小颉跟大多数小朋友一样哭闹不止,且不愿回应老师。第二天小颉表示不愿意去幼儿园,但外婆仍坚持将其送去,可到中午时分,外婆接到学校老师电话,说小颉仍然大哭不止,请她提前接小颉回家。

---

① 本案例由上海市宝山区培智学校吴筱雅老师撰写。

而在之后的几天中,外婆仍坚持送小颉去学校,大约持续了一周,学校老师反应,每天从入校开始,小颉便大哭不已且愈发严重,十分影响其他小朋友的学习,便建议外婆让小颉在家做调整或是去医院做检查。当月,小颉在上海市儿童医院做了智力检查,结果显示,小颉的智商为47,属于中度智力障碍。在分析病因时,医生认为,由于小颉妈妈在孕期时遇车祸,受外力重创,对小颉的发育产生一定的影响。同时,针对小颉在幼儿园的表现状况,医生认为小颉可能有分离焦虑症,建议外婆可尝试进行陪读一段时间。根据医生建议,外婆入园陪读了一个月左右,但仍因小颉大哭大闹十分影响课堂被劝转学。

2009年11月,外婆在离家较远的一所幼儿园为小颉报了名,并且申请到校陪读。在新幼儿园里,小颉虽然每天仍然会哭,但渐渐地,哭声变少了,比较愿意动手参与老师设计的涂色绘画方面的活动。2012年6月,小颉从幼儿园顺利毕业。尽管小颉在很多方面与其他小朋友相比还存在很大差距,但能顺利念完幼儿园,外婆仍深感欣慰。在小颉的成长过程中,因多种原因,爸爸妈妈一直不在小颉身边,外婆便成了小颉主要的生活照料者和家庭教育者。

2012年9月,6岁半的小颉在当地一所普通小学就读,入校后,小颉因仍旧喜欢大哭,完全不听教师指令,严重影响班级同学正常学习而被建议转到当地的特殊学校就读。由于错过了当年特殊学校的报名时间,便无法正常入学。外婆只好带小颉再次回到已毕业的幼儿园进行学习。直到2013年9月,小颉才顺利进入特殊学校,成为一年级的新生。初次见到小颉,班主任老师认为这个安静温和的男孩乖巧可爱,十分喜欢他。果然,在学校里,小颉非常守规则,也愿意听从老师指令。可是渐渐地,这份"特别的乖巧"也越来越让老师困惑。老师发现小颉在班级里基本不会主动说一句话,不会主动举手回答任何一个问题,更不会主动与小朋友互动交流。即便是老师或者同学很大声地叫他,他也不会做任何反应。如果老师请他回答问题,只在老师等了很长时间后,他才会慢吞吞地、结结巴巴地吐出几个字。而当老师请其完成一件动手操作任务时,他也是非常慢而被动地执行。比如,当老师在课堂上请他写字时,只要老师不说"小颉,你写啊",他便保持拿笔的姿势一动不动,直到老师继续叫他写,他才会写一笔,如此反复,即每一笔都需要老师提醒。倘若老师很长时间没有看他的写字结果或提醒他动笔,他在这个时间段里一定什么也不写。还记得在小颉的一次中期考查中,由于老师不在其旁边督促,到了规定答题时间后,其他小朋友均已写上了自己的答案,而唯独小颉的练习纸仍旧空空如也。

班主任老师尝试与小颉的外婆沟通交流,外婆表示小颉在家说话声音挺大的,有时候还很顽皮。通过家访,班主任老师的确看到了一个不一样的"小颉":会兴奋地跑来给老师开门,会十分大声地回答老师提的问题,会主动给老师分享他的手工作品……面对这样的与众不同,老师思来想去,可能由于小颉的身心发展特点以及特别的成长经历,导致他比较胆小,缺乏自信,不愿意表达。同时,由于他从小由外婆带大,对外婆有较高程度的依恋与信任,所以只有与外婆在一起时才乐意表达。所以对于在相对陌生的学校环境而言,他更愿意"沉默不语"。于是,班主任老师便思考着如何对小颉进行教育引导,让其更好地融入学校,变得更加主动一点。

小颉的动手能力较好,在学校里,老师便充分利用他的这一优点,为其制造各种各样的小任务,让其不断地获得成功体验。比如,老师请他用雪花片搭出形象生动的模型并与小朋友分享,请他帮助小朋友打水,请他做"植物管理员"为植物浇水,请他跟同伴搭档完成体育运动项目……渐渐地,小颉与同学们互动的频率越来越高了,而且他执行老师所布置任务的速度明显变快了。当小朋友夸奖他时,老师发现不常笑的他也多了一丝丝笑容。通过老师与外婆沟通,发现小颉挺在意小朋友对他的看法,回家会跟外婆分享小朋友对他的赞扬,而且表现得十分开心。

现在小颉已经上到六年级了,经过老师和家长的长期努力,大家都感受到了小颉的改变:课间,面对个子较矮的小朋友擦不到的板书时,只要小朋友请小颉帮忙,都能看到他起身去擦黑板的身影。社团活动课中,也能较多地看到他帮助小朋友进行手工制作。早锻炼期间,也总是能看到他主动为小朋友拿运动器材的身影。课堂上也都能较为快速地回答老师提出的问题,用一些简单的词汇说出一些自己经历的有趣的活动……

由于小颉的动手操作能力较好,所以对于一些可以用肢体动作来与他人进行沟通互动的小任务,他都能较为快速地完成。通过长期努力,大家都发现小颉进行沟通交往的主动性大大提高了,但是由于他对语言文字的理解与表达存在障碍,所以小颉与他人进行沟通时比较受限,与别人交流时,只能用简单的字词进行回答,说话不完整。同时,现在的小颉和小时候一样,与老师或同伴交流说话时声音很轻,老师一直尝试着鼓励他在校说话声音大一些,但是成效不明显。

小颉对文字的记忆和理解方面也存在较大的障碍,例如,对于学过的字,除了少数非常常见且简单的字以外,他基本不会认读或写出汉字,但是他能根据字形很好地抄写,而且字迹工整。而在数学学习中,他对数与运算方面知识的掌握也十分欠缺,无法独立进行20以内加减法的口算,但是他能熟练地运用计算器,所以只要是用计算器计算的题目绝大多数他都能做对。对于数学练习中的文字题或是需要简单思维的题目,他基本靠猜,错误率也较高。但是,跟抄写汉字一样,他可以将数学算式写得很漂亮。

被问及外婆对他的期待时,外婆希望他能尽可能多学习一些常用的知识和一些必备的生活技能,长大以后能够自己照顾好自己,尽可能成为一个自强自立的有用之人。

小颉的课堂作业(2018年)

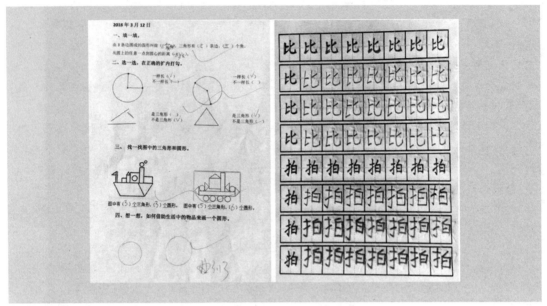

 本章小结

正常的大脑功能是儿童心理发育的基础。儿童情绪与行为的正常发展取决于脑组织结构的正常发展以及个体综合环境刺激而不断取得经验。智力障碍儿童的中枢神经系统的结构或功能障碍直接影响其情绪与行为的正常发展，影响其社会适应能力的正常获得。

智力障碍儿童的情绪发展水平低，情绪情感的体验水平低，情绪控制的能力差，情绪反应直接。智力障碍儿童情绪与行为问题出现的原因主要有生物学因素、认知因素和环境因素。常见的行为问题包括社会性问题、注意力问题、攻击行为、强迫与怪异行为等，不同程度智力障碍儿童的行为问题表现有所不同。常用的情绪与行为问题矫正方法包括药物治疗、心理治疗和行为干预等方法。

智力障碍儿童社会适应能力的发展特点是：社会适应能力水平低，社会适应能力随年龄的增长而逐渐提高，社会适应能力发展不平衡，社会适应能力个体间差异大。社会适应能力在智力障碍儿童的发展中占有极其重要的地位，因此，在各年龄段智力障碍儿童的教育训练中，社会适应能力的培养应贯穿始终，以使智力障碍儿童获得基本的生活自理、与人交往以及适应社会的能力，为未来更好地参与社会生活奠定良好的基础。

 思考与练习

1. 简述智力障碍儿童情绪与行为的发展特点。
2. 简述智力障碍儿童情绪与行为问题出现的原因。
3. 智力障碍儿童情绪与行为问题的矫正方法主要有哪些？
4. 简述智力障碍儿童社会适应能力的发展特点。
5. 如何进行智力障碍儿童的社会适应能力的培养？

第7章 智力障碍儿童的早期干预

学习目标

1. 掌握早期干预的基本概念。
2. 熟悉早期干预的依据。
3. 熟悉个别化家庭服务计划的内容。
4. 了解早期干预目标内容及干预实施的方法。

早期干预是由社会福利、卫生、教育等专业人员以团队合作方式,依障碍儿童的个别需求,提供的有组织、有目的、有针对性的服务,以促进身心障碍儿童的发展。早期干预既是一种早期教育,也是一种康复训练。早期干预在智力障碍儿童的发展和教育中正在扮演越来越重要的角色。本章将系统介绍早期干预的基本概念、早期干预的目标内容与干预措施。

第1节 早期干预概述

造成儿童智力障碍的因素极其复杂和多样,人们希望可以通过系统、全面的早期干预,有效促进智力障碍儿童的发展,更具体地说,人们期望通过改变智力障碍儿童的发展轨迹并有效地预防次级障碍的发生,将智力障碍的不良后果降低到最低限度。

早期干预是对学龄前有发展迟缓或有发展迟缓风险的儿童及其家庭提供服务、教育与支持的过程。其目的在于增进家长照顾障碍儿童的知识和技能,促进障碍儿童身体发育、认知、沟通、社会或情感以及适应等方面的发展,减轻障碍或迟缓的影响,减少社会依赖,同时,也能够减少儿童就学后对特殊教育与相关服务需求的程度,降低教育成本。

一、早期干预的作用、原则及形式

(一)早期干预的作用

智力障碍儿童早期干预的作用主要表现在以下几个方面。

① 减缓婴幼儿发展迟缓状况,促进儿童在各发展领域上的进步,包括生理、认知、语言、社会适应及生活自理等方面;最大限度地独立生活。

② 预防并降低衍生的障碍。

③ 降低教育成本,减轻社会负担,最大限度地降低学龄阶段对特殊教育的需求。

④ 提高家庭的能力,以满足孩子的需要。

(二)早期干预的原则

1. 生活化原则

早期干预鼓励儿童通过与家庭成员在日常生活中的互动获取相关技能,早期干预也让

127

家庭了解如何操作。幼儿学习的最佳途径是通过日常生活来学习,在日常生活中,他们可以学习进食、游戏、运动、沟通等多种技能。例如,孩子每天早上醒来的时候叫妈妈,在这个过程中,他(她)学会了"交谈";在穿衣去幼儿园的过程中学会了挑选衣服;在与家人一起吃早餐的过程中学会餐桌礼仪;等等。日常生活为训练提供了许多机会,这种训练的效果也远比传统的训练方法更具优势。儿童在此过程中所获得的技能无须"迁移",便可以直接使用。

2. 个别化原则

早期干预提供的支持与服务应当是针对每个儿童及其家庭的个别化需求。为每个儿童和家庭制订的早期干预计划应当能够反映他们独特的需求。所提供的服务和支持应当与家庭的优势和面临的问题相匹配,不同的家庭之间应有所区别。儿童接受服务的场所、服务的频次、服务或支持的类型也并非完全取决于其年龄及障碍状况。要充分、全面地考虑影响儿童发展的多方面因素:朋友、邻居、同伴、社区、机构、学校等,这些都可能成为提升每个家庭生活的直接或间接的因素。早期干预服务通过利用自然的、日常的活动资源,鼓励并帮助每个家庭利用早期干预系统内外的各种有利条件。这些支持服务将会对儿童今后的生活乃至终生产生积极的影响。

早期干预的实施可以在家中,可以在特殊教育与康复服务机构,也可以在幼儿园,还可以是多种形式的综合利用,其宗旨就是向儿童提供最适当的干预,服务与支持可以根据需要作适当的调整。

3. 兴趣原则

早期干预计划应当充分反映家庭的选择以及儿童的兴趣。例如,阳子的爸爸妈妈知道阳子特别喜欢幼儿园生活,她最喜欢的活动是荡秋千以及弹琴,在教室里,她喜欢玩积木。物理治疗师和教师帮助她在喜欢的活动中增强下肢运动的能力,他们和阳子一起做游戏,在游戏过程中完成治疗任务,阳子的爸爸妈妈带着她学习瑜伽和游泳。由于活动本身的吸引力,同时与阳子的兴趣相吻合,因此,她一直很投入,从未感到过厌倦。

4. 合作原则

早期干预是通过团队合作完成的,这个团队包括家庭成员、照料者以及各种服务提供人员,大家分享经验、共同合作以帮助儿童学习和成长。通过合作,能够保证对儿童的发展作出更加准确的评估,更为重要的是,不同的人员从多个角度全面分析儿童的状况,分析教育训练环境,寻找最佳训练途径,最大限度地整合有利的资源,制订适当的干预计划,并协作实施。

(三)早期干预的形式

1. 以家庭为中心

以儿童的家庭为安置场所,在家庭中开展干预活动,家长直接参与教育方案的制订与实施,使行为目标更具功能性,让儿童所学的技能直接应用在日常生活中。这种干预形式的优点是:家长与孩子不分离,家中的每一个成员都有机会在家中观察训练人员如何与家长共同工作,家长最了解孩子能力的优点和缺点,节省资金和时间,不需要特殊的场地。[①]

2. 以机构为中心

以特殊儿童康复训练机构、特殊幼儿园(班)为安置场所,将需要接受干预的儿童送至相关机构接受服务,机构可提供专业的服务。这种干预形式的优点是:训练机构的设施设备齐全,专业力量相对集中,家长可以正常工作。

---

① 陈云英.智力落后心理、教育、康复[M].北京:高等教育出版社,2007:303-304.

3. 融合教育

特殊儿童融合在普通儿童班级中,参与各项活动。越来越多的特殊儿童进入普通儿童班级中,他们大多数时间与同班的普通儿童一起活动,教师和相关专业人员根据特殊儿童的个别需要给予必要的干预服务。这种干预形式的优点是:特殊儿童有更多的机会与普通同伴接触,有利于他们的社会融合。

二、早期干预服务对象及服务人员

(一) 早期干预服务对象

早期干预的服务对象是学龄前智力障碍儿童、发展迟缓儿童以及可能发生智力障碍的高危儿童。

1. 智力障碍儿童

某些智力障碍儿童因其典型的病因或症状可以在早期确诊,如唐氏综合征、苯丙酮尿症、脆性 X 综合征等,这类儿童是当然的早期干预对象。

2. 发展迟缓儿童

发展迟缓是指儿童在动作、感觉、认知、沟通、生活自理、人际关系、概念理解等任一发展领域有明显的落后。发展迟缓的认定标准不一,一般而言,与同龄儿童相比较,相差 25% 可被认定为发展迟缓。

我国学者茅于燕总结了初生至 7 岁儿童的发展规律,可以作为判断儿童发育迟缓的参照指标之一(见表 7-1)。

表 7-1 初生至 7 岁儿童的发育规律[①]

年龄	动作	语言	适应行为或认知能力
1月	俯卧时尝试着要抬起头来 手紧握	细小喉音	微笑,能辨别一两种味道 眼睛能跟移动的红球到中线 注意人脸,减少活动
2月	拉腕坐起时,头竖直片刻 俯卧时能将头抬离床面 拨浪鼓能在手中留握片刻	逗引时有情绪反应 发 a,o,e 音	见人走动随人看 眼睛能立即注意到大玩具
3月	直立位,头可转动自如 俯卧时抬头 45° 仰卧位能变成侧卧位 用手摸东西 能将两手握在一起	成人引逗时会咿呀发音 笑出声	头可随看到的物品或听到的声音转动 180° 见人手足舞动表示欢乐 自发微笑迎人 注视自己的手
4月	俯卧抬头 90° 眼向前看 在帮助下能从仰卧到俯卧 扶髋部能坐 自己摇动并注视自己手中的拨浪鼓	尖叫声 咿呀作语	认识奶瓶 见妈妈高兴 把玩具放入口中

---

① 茅于燕.儿童智力全接触:智力、智力测验、智力落后、早期干预[M].北京:中国社会科学出版社,2002:91-97.

续表

年龄	动作	语言	适应行为或认知能力
5月	抓住胸前拿给他的玩具 独坐时身体稍前倾 扶腋下能站直 偶尔能抓住胸前悬吊物	看见熟人、玩具能发出声音	玩手、扒脚 辨认生熟人 可以抓住近处玩具 手中玩具掉了,两眼跟着寻找
6月	仰卧翻身至俯卧 能拿起面前玩具	能发单音节 叫他名字会转头看	两手拿两个玩具 坚持伸手够玩具 会撕纸 口咬玩具
7月	独坐自如 扶双腕能站 能拨弄桌上的小东西(大米花、葡萄干等) 将物换手	能发出"Ma-Ma, Ba-Ba"的音,但无所指	积木在两手中传递 玩藏猫猫 自己抱奶瓶吃奶 自食饼干 手握积木击桌
8月	用拇指和其他指捏起大米花 有意识地摇东西(如拨浪鼓、小铃等)	重复大人所发简单音节 试模仿声音 懂得成人面部表情	注意观察大人行动 模仿大人动作,如拍手 拿掉玩具上的盖布
9月	自己会爬 自己坐起来躺下去 用拇指、食指取小物件 双手拿两物对敲	懂得几个词,如拍手、再见等	会挥手再见,招手欢迎 手眼动作可以协调 能安静等待喂食
10月	自己扶栏杆站起来 扶一手站立 扶双手迈步 自己扶物可巡走 自己会坐下	会发4~5个音 问:"灯在哪儿呢?"会看灯	用杯喝水但不熟练 手指活动灵活,时常伸出手指指物,但不固定指什么
11月	独站片刻 扶一手可走 自己扶物能蹲下取物,不会复位	有意识地发几个字音 出现难懂的话	将大圆圈套在木棍上 从杯中取物放物(如积木、勺子) 理解大人说"不"
12月	独站稳 独走几步即扑向人怀里 打开包糖的纸	向他索要东西知道给 叫妈妈、爸爸有所指 用动作表示同意(点头)或不同意(摇手、摇头)	对自己要的东西能指出来 喜爱图画 搭1~2块积木 试把小丸投入瓶中 穿衣知配合
15月	走得稳 自己能蹲,不扶物,能复位 会跑,但不稳 自己乱画,盖上盒盖	懂得一些日用品名字(会指) 能说出几个词和自己名字(不带姓)	从瓶中倒出小丸 握笔乱画 模仿翻书页(一次3~5页) 会把2~3块积木搭成塔

续表

年龄	动作	语言	适应行为或认知能力
18月	扶他一只手能上下楼梯(2、3级) 会扔出球去,但无方向	会用动词,如抱、吃、喝 会说10个东西的名字	挑出不同物 模仿画道道 会把3~4块积木搭成塔 双手端碗喝水
21月	会跑,能控制 自己上下床(矮床) 会用脚尖走路(4~5步),不稳 扶墙上楼(3~5级) 用玻璃丝穿进扣子洞眼	说出身体部位(2~3个) 知道最熟悉小朋友的名字 会用"我" 主动说出30个左右的词 说3~5个句子 会回答最简单的问题	对周围事物有很大兴趣 会把5~8块积木搭成塔 自己脱鞋袜 模仿成人做事 开口表示个人需要 区别成人表情 记得生活中东西放的地方
24月	一手扶栏杆自己上下楼梯(5~8级) 双脚跳起(同时离地面) 连续跑3~4米,不稳	随大人念几句儿歌 会回答生活上的问题	口数1~5,手口合一能数1~3 按指示办事(3件,连续的) 说出常见东西的名字(50个)和用途 听完故事能说出讲的是什么人,什么事
27月	能随意滚球 能控制活动方向 独自不扶物上下楼(不交替足) 会迈过障碍物 模仿画垂直线、水平线 一页一页翻书页	会几个形容词 会问:"这是什么?" 会说出6~8个字的句子 会念儿歌4~6首(每首4~6句,每句5~7个字) 常用词汇300个左右	知道"大""小" 知道圆、方和三角形 知道红色 一手端碗喝水 和小朋友一起玩,会玩简单的游戏 有简单的是非观念,知道打人不好 会脱外面衣服(单衣、裤) 用勺吃东西
30月	举起手臂投掷,有方向 立定跳远 从楼梯末层跳下 独脚站2~5秒 会用玻璃丝穿扣子洞眼10个左右,速度快(每分钟20个左右) 自己画垂直线、水平线	会用你、他、你们、他们 会用连接词"和、跟" 知道日常用品名字(60~80个) 会说复杂语句 会背儿歌8~10首(标准同前)	知道"上、下",会比多少、长短、大小 会穿鞋袜,会解衣扣 用积木搭桥、火车 自己洗手,自己擦干 用纸折长方形 知道"1"与"许多"
36月	独脚站(5~10秒) 原地双脚跳5~8下 按口令做操(4~8节) 动作较准确 用积木搭(或插)成有形象的物体 模仿画圆、十字形	爱提问题 理解故事主要情节 认识并说出100张左右图片名称	口数6~10,口手合一能数1~7 会扣衣扣、会穿简单外衣 认识黄色、绿色等 懂得"里""外" 用纸折小飞碟 玩过家家

续表

年龄	动作	语言	适应行为或认知能力
4岁	两脚交替上楼梯 能熟练骑三轮车 能按地上画的形状走路 能走好队形 会写4,5个汉字	用自己的话解释图画意思 会说200个生活用品的名称 会说5~8个反义词 会说10~15首儿歌 一般句型的句子都会说	说出自己的性别 说出一周包括哪七天 顺口数到30 会穿衣裤,但不平整,需帮助 在照片中能认出自己 会加1的加法
5岁	独脚跳得好(5~10次) 会滑行 自己画十字(不模仿) 会写10~15个汉字 会系鞋带 连续拍球10下左右	会解释字义 会明确表示自己的思想 懂得有较复杂情节的故事 说出几种东西是什么做成的,如门、窗户、桌子等 会说复合句子	能区别重量 顺口数到50 会加2的加法(按群计数) 懂得成人较复杂的情绪 懂得自己的年龄,准确到"月" 认识5~6种颜色 能做到一般的自我服务
6岁	能在比赛中投球、踢球、扔球	语言流畅,句型复杂,会讲较复杂的故事 能排4~6张故事情节卡片 会猜10个左右谜语 会说7个左右量词 知道家里的地址,能说清楚怎样乘车可以回家 能分辨时间,辨别早上、晚上、一会儿、刚才、昨天等	能讲出四季的名称和主要特点 顺口数到100 会做3的加法(按群计数) 会做减1的减法 会去小店购物,成人协助
7岁	动作灵活与成人无异 会打结	会问复杂问题 能描述碰到的事情 会自编简单故事 会说10个左右量词 看懂画报上的故事	能不按顺序说出5~6个数字,如:1—4—5—3—2;能不按顺序数3堆东西,如7—5—4等 想象力丰富 会做7以内的加减法 会自己洗澡,只需成人简单帮助

3. 可能发生智力障碍的高危儿童

(1) 具有发生智力障碍的高危因素

可能发生智力障碍的儿童在医学上被称为发育易感儿,依危险因素可分为高危生物学因素和高危环境因素。高危生物学因素指来自母亲或儿童自身的病理学因素,如母孕期的高危因素,包括35岁以上初产妇、患妊娠高血压综合征、糖尿病、甲状腺疾病、各种急慢性感染、先兆子痫(或称妊娠毒血症)等。新生儿高危因素,包括胎龄小于37周的早产儿、大于42周的过期产儿、足月小样儿、围产期有窒息出血、产伤、高胆红素血症、惊厥、重症感染、先天畸形、遗传代谢性疾病,以及家族中有严重智力障碍者等。婴幼儿期的高危因素,包括心跳骤停所致急性缺血缺氧脑病,外伤等各种原因导致的颅内出血,脑炎、脑膜炎,中毒性脑病,物理或机械因素造成脑损伤,营养不良导致儿童的脑发育不良,肿瘤、脑血管疾病等。高危环境因素是指不良的家庭和社会环境因素,如贫困家庭、单亲家庭、未成年父母家庭、低文化父母家庭、精神病或残疾父母家庭、孤儿院等。

(2) 具有智力障碍的表现特征

有些学者及临床工作者发现,某些特异性症状可以成为发现智力障碍的线索。表 7-2 是南方医科大学附属珠江医院儿科使用的检核表。

表 7-2 婴幼儿智力障碍的早期线索[①]

微笑出现晚,不注意别人说话,伴有运动发育落后。
视功能发育不良,常被误诊为盲。
缺乏视觉注意和双眼追物。
对声音缺乏反应,常被误诊为耳聋。
咀嚼差,致喂养困难,出现吞咽障碍并常呕吐。
呈不同程度双下肢内收步态(>2~3 岁时仍可见)。
常持续存在注视手的动作(>8 个月后)。
放进口的动作持续存在(>2~3 岁)。
2 岁故意把东西往地下扔。
>1.5 岁淌口水。
在清醒时,可见磨牙动作。
哭声尖锐,或呈尖叫/哭声无力,无音调变化。
缺乏兴趣及精神不集中,对玩具兴趣短暂,反应迟钝。
智力障碍儿童小时候常表现为多睡且无目的地多动。
过度激惹和惊跳,易哭,睡眠不宁,入睡难或易醒。
肢体自主活动少,动作僵硬和躯干僵直呈伸展位。
早期喂养和护理困难,吸吮差。
双下肢较双上肢动作"有力"。
运动或动作发育明显落后于同龄儿。
婴儿>4 月龄,全身肌张力降低。

(二) 早期干预人员

早期干预并非单一的医疗或教育方式,而是多学科共同参与,提供跨专业的整合式服务。早期干预的团队成员包括家长、医生、物理治疗师、作业治疗师、言语治疗师、心理治疗师、特殊教育教师、社会工作者等。专业人员从不同的角度全面评估儿童及家庭的个别需求,制订综合干预计划。

1. 家长

家长是早期干预的最主要的力量,儿童的父母或主要监护人在评估、制订计划以及实施干预方案的过程中应全程参与。

2. 医生

医生是早期干预团队的主要成员之一,通过问诊、观察、检查、全面的发展评估等,对儿童各项发展功能给予专业诊断,以协助早期发现儿童可能存在的问题。医生对于发展迟缓儿童参与早期干预应持续给予鼓励及关怀,与家长一同追踪监测儿童发展情况及评估早期

---

① 封志纯.儿童智力残疾期前干预[J].中国儿童保健杂志,2005(1):56-61.

干预的成效,为发展迟缓儿童及其父母提供完善的医疗服务。

3. 物理治疗师

物理治疗师参与的早期干预包括对儿童肌肉骨骼、动作控制能力、心肺系统、姿势步态功能等提供发展评估,同时整合评估的结果,提出适当的干预建议,并为儿童进行物理治疗,指导家长居家照料技巧。

4. 作业治疗师

作业治疗着重在儿童精细动作、感觉统合、认知功能、生活自理能力等方面提供专业评估,同时整合评估的结果做出适当的干预建议,提供必要的作业治疗服务及咨询,并对儿童个别的情形设计居家生活辅具,如喂食辅具、特殊轮椅、特殊座椅等。

5. 言语治疗师

言语治疗师评估儿童沟通与理解能力、口语表达、构音能力、说话流畅度及辅助沟通系统,同时为儿童提供直接的言语治疗服务。

6. 心理治疗师

心理治疗师利用心理测量工具评估儿童的认知、注意力、性格、行为、情绪与学习等方面的发展,并依据儿童状况提供心理治疗、行为治疗、游戏治疗等服务,并排除社会文化的不利因素,创造有利儿童发展的环境。

7. 特殊教育教师

特殊教育教师的责任是依据儿童身心发展的规律,结合特殊儿童的具体情况,制订和执行教育训练计划,促进儿童体、智、德、美诸方面的教育互相渗透,有机结合,促进儿童的全面发展。

8. 社会工作者

社会工作者的责任在于运用社会工作专业知识协助儿童及其家庭,提升其生活能力,通过社会工作者的协助,增加其参与选择服务的机会,以改善其不利的社会境遇,维护其接受服务的权利,并增强儿童及家庭处理日常生活问题的能力。具体工作包括:协助儿童及家长拥有平等的机会,提高其利用资源的能力;协助儿童及家庭建立完整的社会支持网络;协助儿童及家长得到最适当的服务,包括儿童的通报、转介及社会福利,并为儿童及其家庭提供各项服务及个案管理。

三、早期干预的依据

(一) 生理学依据

1. 大脑发育速度

从个体的发育来看,在人生命的最初几年中,脑迅速地发育,7岁以前是最快的一个时期。研究发现,出生时新生儿脑重是390克左右,1岁以内脑重增长最快,以每天约1克的速度递增,1岁时达750克左右,7岁时达到1280克,接近成人水平;足月儿出生时脑的体积约为350 cm³,6个月时体积增加1倍,为成人体积的二分之一;2岁时为成人体积的四分之三;4岁时脑的体积为出生时的4倍(约1400 cm³),与成人脑的体积基本接近。更为重要的是,人脑皮层单位体积内的突触数目在出生后迅速增多。人出生时,大脑皮层的每个神经元大约有2500个突触。2~3岁时,每个神经元突触的数目达到大约15000个,这个数字大约是成人平均水平的两倍,突触的高密度持续到10～11岁,以后随着年龄的增长,旧的连接通过神经突触修剪的过程被删除了。神经突触修剪去除较弱的突触连接,保留并巩固那些由经验改造过的突触连接。儿童的早期经验决定哪些连接将被加强,哪些将被去除。研究发现,神经元能否生存取决于其功能,如果没有存在的必要,神经元就会通过一个叫作程序性细胞死亡的过程死去,在这个过程中,既不接受信息也不发出信息的神经元会受损继而死亡,而反复被激活的连接则保存了下来。与突触密度的变化相对应,神经间连接的回路也迅速发育。出生时,神经回路的构建远没有完成,有些回路尽管已经建立起来,但并不稳固。神经突触及回路的发育和成熟遵循用进废退的原则。神经元轴突的髓鞘出生后大量增加,使神经纤维传导信号更快和更加有效。

婴幼儿在丰富的环境中以令人难以置信的速度产生神经元之间的连接,环境越丰富,神经元之间产生的连接数量越多,从而学习速度越快。脑科学研究表明脑功能的发展和儿童的早期经验相关,而大脑的发育决定着认知的发展。年幼儿童的脑部功能障碍虽然无法单独用药物予以改善,但大量的研究表明,脑细胞可以通过适当的训练表现出更多和更好的功能,这些训练越早进行,其效果越好。

2. 大脑的可塑性

"可塑性"是指器官或组织修复或改变的能力。生物体的结构、形态还未达到成熟和稳定水平时,容易受到环境的影响而产生变异。大脑是一个复杂的系统,也是一个动态的系统,受学习、训练以及经验的作用,大脑皮层会出现结构的改变以及功能的重组,这一特性被称之为大脑的可塑性。

脑大约有140亿个脑细胞,而经常处于活动状态的只占总数的8%左右。因而,从理论上讲,大脑具有极强的可塑性。有关大脑可塑性的研究也表明,在个体发展的生命全程,大脑都具有一定的可塑性。相对而言,未成熟脑的可塑性最强,研究发现,由于有害因素的影响,高危儿的神经细胞的生理学死亡增加,但脑的某些区域还能再生新的神经细胞,晚期神经细胞移行在大脑皮层持续到出生后5个月,小脑皮层持续到12个月。大脑早期可塑性表现为可变更性和代偿性。可变更性是指某些细胞的特殊功能可变更,代偿性是指一些神经细胞能代替邻近受损伤的神经细胞的功能。但这些必须发生在早期,过了一定敏感期,缺陷将永久存在。可塑性还表现为中枢神经系统受损伤后,仍可在功能上形成通路,如轴突绕道投射、树突出现不寻常的分叉,并产生非常规性的神经突触,以达到代偿的目的。而早期干预将大大促进受伤大脑的可塑性,达到良好的功能代偿。功能显像技术(Positron Emission Tomography,简称PET)证明大脑皮层损伤后大脑有明显重组功能,使大脑功能得到恢复。代偿能力取决于损伤年龄,年龄愈小,代偿能力愈强;强化功能训练对重组脑功能有非常重要的作用。[1] 因而要充分利用大脑的可塑性,最大限度地开发大脑的潜能。

在个体发展的不同阶段,大脑的可塑性并不一样。在敏感期,大脑的可塑性较强,进行教育或干预的效果更佳;相反,如果在敏感期大脑不能得到足够的开发,其功能就不能得到充分的开发,甚至会造成一些难以估量的后果。[2]

---

[1] 鲍秀兰. 0～3岁儿童教育的重要性[J]. 实用儿科临床杂志,2003(4):243-244.
[2] 王亚鹏,董奇. 脑的可塑性研究及其对教育的启示[J]. 教育研究,2005(10):35-38.

在儿童发展过程中,其生理、心理的发展容易受到环境和教育的影响。研究发现,儿童的大脑非常具有可塑性,早期正常的诱发与刺激可以有效加强脑部功能的发展。儿童的可塑性随年龄的增加而降低。一般认为,儿童早期的可塑性最大,如果在这个时期给予适当的干预,将会起到事半功倍的效果。

(二)心理学依据——关键期理论

关键期又称为最佳期、敏感期、临界期或转变期。关键期的概念来源于生物学,它是指个体发展过程中环境影响能起最大作用的时期。大量的事实证明,个体的行为发育有阶段性,有些行为是在发育的某一时期在适当的环境刺激下才会出现的,这个时期即称为该种行为发展的关键期。在关键期中,在适宜的环境影响下,个体行为的习得特别容易,发展特别迅速,如果在这个时期缺少适当的环境刺激,这种行为就很难甚至无法产生。

奥地利动物习性学家劳伦兹(K. Z. Lorenz)在研究小鸭和小鹅的习性时发现,它们通常将出生后第一眼看到的对象当作自己的母亲,并对其产生偏好和追随反应,这种现象叫"母亲印刻"(imprinting)。心理学家将"母亲印刻"发生的时期称为动物辨认母亲的关键期(critical period)。关键期的最基本特征是,它只发生在生命早期的一个固定、短暂时期,如小鸭的追随行为典型地出现在孵出后的8~9小时内,在这个时期,刚孵化的小鸭很容易跟随第一次见到的运动物,超过24小时,小鸭再看到运动物就不再跟随。

心理学家将关键期研究借用到儿童早期发展的研究中,提出了儿童心理发展的关键期。研究发现,在儿童的早期发展过程中,也同样存在着获得某些能力或学会某些行为的关键时刻。在这些时间段里,个体时刻地处在一种积极的准备和接受状态。如果这时能得到适当的刺激和帮助,某种能力就会迅速地发展起来。例如,语言习得的关键期一般是指从出生到7岁前的这段时间,其中0~3岁最为关键。在关键期内,通过接触自然的语言环境以及与语言环境的相互作用,儿童会自然学会语言,而错过了关键期,语言学习的效率会大大降低。

(三)研究的证据

1. 早期干预的一般证据

早期干预对儿童的发展具有极其重要的作用。丰富的环境刺激与经验促进脑功能发育,促进突触形成,剥夺环境刺激会严重阻碍儿童脑发育。研究结果显示,不玩耍的或很少被触摸的孩子的脑较正常同龄儿的脑小20%左右,饲养在堆满"玩具"笼子里的大鼠较饲养在普通的单调笼子的大鼠,不仅有更积极的行为表现,而且单个脑细胞上的突触数目平均多25%左右。[1]

图7-1呈现的是一项2年的追踪研究的结果,将起点相同的发育不良的儿童分为4组,分别为控制组、增加营养组、增加环境刺激组以及既增加营养又增加环境刺激组。研究者通过评估4组儿童在2年中的发展商的变化,与对照组(正常儿童)进行比较,结果发现,相对于不接受任何干预的控制组,增加营养和增加环境刺激都能使发展商提高,同时,既增加营养又增加环境刺激能得到更好的效果,经过2年的干预,发育不良儿童的发展商已经接近正常儿童的水平,这个成绩大大地超过了没有接受任何干预的控制组儿童。

---

[1] 鲍秀兰. 0~3岁儿童教育的重要性[J]. 实用儿科临床杂志,2003(4):243-244.

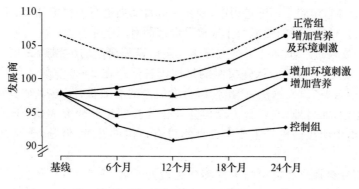

图 7-1　不同干预条件下儿童的发展状况[1]

2. 智力障碍儿童早期干预证据

研究者对 56 例 0～5 岁智力障碍儿童进行了为期 2 个疗程(6 个月)的早期干预,训练者对儿童及家长采用家庭与训练中心相结合的方法进行一对一的训练,训练步骤主要包括:① 定位检查,了解儿童能力与缺陷所在、学习速度、兴趣以及学习的积极性。② 确定干预起点、干预内容以及干预方法。③ 制订干预方案。④ 实施干预,每周训练 1～2 次,每次 40～50 分钟,在中心训练完毕后要求家长配合完成在家中的训练。⑤ 评估,每周一次对干预效果进行评估,3 个月为一个疗程,每个疗程结束后进行一次全面评估,以及时调整训练方案。研究者使用"盖塞尔发育诊断量表"及"婴儿—初中学生生活能力量表"进行测试,结果发现,实验组儿童接受训练后有了极其显著的提高,而对照组 31 名儿童则没有差异,同时,研究还指出,年龄越小,训练效果越好。[2]

研究者对 30 名总发育商小于 70、平均月龄为 16.7 个月的智力障碍幼儿进行早期干预,干预内容涉及大运动、精细运动、认知能力、语言与社交行为等五个领域。通过直接训练幼儿、培训家长等活动实施干预方案,干预训练 9 个月后对实验组的幼儿进行发育商评定,与未经干预的匹配的控制组 30 名智力障碍幼儿进行对比。结果发现,实验组 30 名幼儿干预 9 个月后的平均发展商为 87.3,较干预前提高 27.6 分,该组幼儿发展商变化范围为 +8.1 至 +68.8 之间,无一例负增长;控制组的 30 名幼儿 9 个月后的平均发展商为 64.9,较 9 个月前提高 3.7 分,该组幼儿发展商变化范围为 -8.5 至 +12 之间,其中 5 名幼儿出现负增长。统计检验的结果显示,实验组的干预效果极为显著。[3]

研究者尝试用跑步机训练唐氏综合征儿童运动能力,取得了明显的成效。[4] 需要干预的幼儿家中准备好特制的跑步机,教会家长如何使用。被训练的幼儿均已具备独立坐半分钟的能力。训练时,家长将孩子直立放在跑步机上,让孩子的脚踏在踏板上,当跑步机开始运行时,踏板带动孩子的脚向后退,促使孩子朝前迈步,如果孩子不向前走或跟随踏板向后退,受过训练的家长便帮助孩子重新定位,学习回应踏板所产生的移动力量。这项干预每天 8 分钟,每周 5

---

[1] UNICEF (ed.). The State of the World's Children 2001: Early Childhood[M]. New York: UNICEF, 2001.
[2] 杜焕英,王晓晖,王惠梅. 智能低下儿童病因及早期干预研究[J]. 中国优生优育,2001(2):62-65.
[3] 陈达光,等. 早期干预对智力发育低下婴幼儿智能发展的作用[J]. 中国心理卫生杂志,2007(1):10-13.
[4] Ulrich, D. A., Ulrich, B. D., Angulo-Kinzler, R. M., Yun, J. Treadmill Training of Infants with Down Syndrome: Evidence-Based Developmental Outcomes[J]. Pediatrics, 2001, 108(5):1-7.

天,直至孩子学会独自走路。训练过程中,专业人员每 2 周进行一次家访,结果显示,接受干预的实验组幼儿独立行走的时间明显快于未接受训练的对照组儿童。

大脑研究的发展进一步推动了智力障碍儿童语言和交流的干预的深化。研究者验证了基于语言加工和语言学习神经认知机制的早期语言干预在 2~6 岁智力障碍学前儿童非言语认知、接受性语言、产出性语法、产出性语言发展上的有效性。[①] 在其研究中,10 名智力障碍儿童参与了干预,而另外 18 名智力障碍儿童作为控制组。研究表明,干预组比对照组的进步更大;干预组中明显的进步主要来自原本没有口语的儿童;但是,干预结束后干预组儿童的进步明显减缓。

研究者采用社会强化和提示的干预程序去教授 5 名 18 个月以下的唐氏综合征婴儿去模仿声音、参与愈加复杂的社会性和工具性请求,并探讨这些婴儿在理解和问题解决上的泛化情况及其相关变化。[②] 结果发现,婴儿学会了模仿语言和提出要求;同时干预结果也泛化到模仿新奇的声音、用不同的玩具提出请求等方面;婴儿还表现出语言模仿,且在问题解决方面有所提升。

研究者分别采用情境沟通教学去干预 64 名 18~27 个月的智力或沟通迟缓儿童的沟通和词汇运用能力,并比较干预强度(每周五次或一次)是否会影响干预效果。[③] 结果发现,儿童在干预期间得到了显著的发展。但干预效果与干预强度并非绝对相关,而与功能性游戏中所选择的儿童感兴趣的玩具的数量有关。也就是说,对所有儿童而言,更多情境沟通教学的次数并非总是越多越好;如果儿童对功能性游戏中的玩具感兴趣,那么此时增加情境沟通教学次数对儿童的学习成果而言将会有事半功倍的效果。

四、个别化家庭服务计划

个别化家庭服务计划(Individualized Family Service Plan,简称 IFSP)是针对接受早期干预服务的 0~2 岁儿童制订的计划。美国 1986 年的《障碍者教育法修正案》(*Education of the Handicapped Act Amendments*,简称 99-457 公法)提出要重视教育 3~5 岁的障碍儿童,并将教育向下延伸至 0~2 岁的障碍幼儿,要求各州运用联邦拨款补助为幼儿及家庭设计与实施全州的、综合的、协调的、多学科的、多机构的早期干预计划。该法案后经修订为《残疾人教育法》(*Individuals with Disabilities Education Act*,简称 IDEA),要求为 0~2 岁的儿童制订个别化家庭服务计划,为 3~5 岁的儿童制订个别化教育计划。

(一)个别化家庭服务计划的主要内容

根据《残疾人教育法》(2004)的规定,个别化家庭服务计划必须包含以下几个方面的内容。

① 关于儿童目前功能水平的描述:包括身体发育、认知发展、沟通能力的发展、社会或情感的发展及适应能力的发展。该描述是基于客观评估的基础之上进行的。

② 家庭资源的说明:包括家庭成员的担心、解决问题的优先级以及有关资源。

[①] Van der S. M., Segers E., Van B. H., et al. Early Language Intervention for Children with Intellectual Disabilities: A Neurocognitive Perspective[J]. Research in Developmental Disabilities, 2011, 32(2): 705-712.

[②] Bauer S. M., Jones E. A. Requesting and Verbal Imitation Intervention for Infants with Down Syndrome: Generalization, Intelligibility, and Problem Solving[J]. Journal of Developmental & Physical Disabilities, 2015, 27(1): 37-66.

[③] Fey M. E., Yoder P. J., Warren S. F., et al. Is More Better? Milieu Communication Teaching in Toddlers with Intellectual Disabilities[J]. Journal of Speech Language & Hearing Research Jslhr, 2013, 56(2): 679-693.

③ 预期的主要结果说明：包括评估这些结果所采用的标准、程序和评估时间表。

④ 就具体服务作出说明，所提供的服务是以儿童与家庭独特的需求为基础的：包括服务频次、服务时间以及提供服务的方式。

⑤ 说明提供早期干预服务的适当自然环境：如果不在自然环境下为其提供服务，必须陈述理由。

⑥ 计划的时间安排：包括起止日期、预期长度以及服务频次。

⑦ 确定服务协调员：根据儿童及家庭的需要，说明谁负责计划的实施以及协调与其他机构和人员的关系，明确服务协调员的职责（见表7-3）。

表 7-3　服务协调员职责

按照规定，IFSP 小组中将指定一人担任服务协调员，负责直接实施该计划，同时要负责与提供服务的其他机构及人士进行协调。服务协调员需具备相关资质要求。
服务协调员的职责主要包括以下各项：
- 在各个机构间协调所有服务的提供；
- 帮助家长获得 IFSP 计划所承诺的早期干预服务；
- 协调儿童所需要的或正在接受的早期干预服务；
- 促进各项服务的及时提供；
- 对评估及鉴定的实施进行协调；
- 促进并参与 IFSP 的制订、审查及评估；
- 帮助家长与有关服务的提供者建立联系；
- 告知家长其可得到的有关维权服务及所享有的程序性保障措施；
- 与医疗及保健服务提供者进行协调，促进服务提供者之间的信息交流；
- 在适当的情况下，促进制订向学前服务转介的过渡计划。

⑧ 转介到其他适当服务的过渡计划（见表7-4）。

表 7-4　过渡计划

儿童满 3 岁前的六个月：
- 如果某儿童可能符合接受特殊教育学前服务的条件，通知其家长在随后的 3 到 6 个月期间将制订过渡计划；
- 通知地方学区，在该儿童年满 2 岁零 9 个月之前将举行 IFSP 会议，列明要让该儿童所需采取的具体过渡措施。

（二）个别化家庭服务计划团队成员

个别化家庭服务计划的制订与实施是由一支相互协作的跨学科团队完成的。在障碍儿童的第一次个别化家庭服务计划会议上，以及之后的每次年度修订会议上，需要如下人员参与会议。[①]

① 儿童的父母。
② 其他家庭成员（如果父母要求的话可以邀请其参与会议）。
③ 家庭成员之外的为儿童权益奔走的呼吁倡导者（如果父母要求的话可以邀请其参与会议）。
④ 由社区或机构指派的负责个别化家庭服务计划实施的服务协调人员。
⑤ 直接参与到对儿童和家庭进行评估的相关专业人员。
⑥ 根据儿童需要即将为儿童提供各种早期干预服务的专业人员。

---

① 苏雪云. 婴幼儿早期干预[M]. 上海：华东师范大学出版社，2016：6-9.

(三) 个别化家庭服务计划的执行

在个别化家庭服务计划的执行上,与家庭建立平等合作的关系是个别化家庭服务计划的基础。其基本步骤包括:进入早期干预系统,多专业团队接案;与家庭做第一次接触;评估;拟订、执行和评价个别化家庭服务计划;结案与追踪/转衔。具体如图 7-2 所示。①

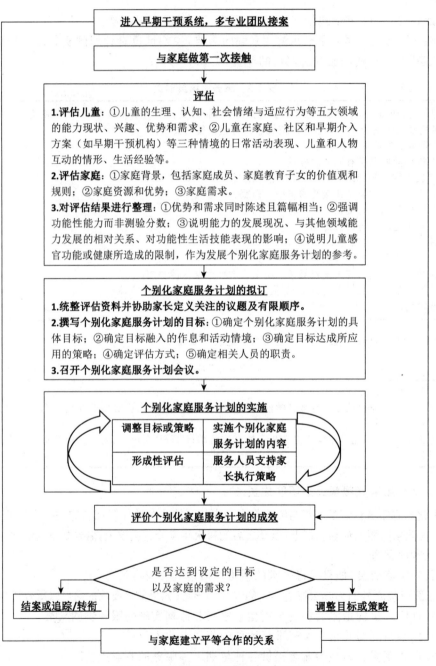

图 7-2 个别化家庭服务计划执行流程图

---

① 钮文英. 迈向优质、个别化的特殊教育服务[M]. 台北:心理出版社,2013:161-164.

(四)个别化家庭服务计划(IFSP)样表

IFSP 的表格并无固定模式,表 7-5 为其中一类样表。该表由儿童信息,家庭信息,服务协调员联系信息,儿童当前能力、优势及需要,家庭关注的问题、优势以及可利用的资源,干预目标,早期干预资源、支持与服务,选择自然环境的理由,转介过渡计划,IFSP 签名以及 IFSP 核查表等 11 个部分组成。

表 7-5　IFSP 样表

第 1 部分:儿童信息
儿童姓名:_____　　出生日期:_____　　性别:□男　□女 家庭居住地址:_____ 通信地址:_____　　邮政编码:_____ 障碍类别:_____　　母语:_____ 学区:_____ 社会保险号码:_____　　身份证号码:□□□□□□□□□□□□□□□□□□
家庭所在位置:
本计划类型:　□初次计划　　□中期计划　　□年度计划 IFSP 开始时间:_____/_____/_____　　IFSP 结束时间:_____/_____/_____

第 2 部分:家庭信息
联系人:_____　　与孩子的关系:_____ 通信地址:_____　　邮编:_____ 家庭地址:_____ 日间电话:_____(时间_____ 星期_____) 晚间电话:_____(时间_____ 星期_____) 最佳通话时间:_____ E-mail:_____ 其他联系方式:_____ 母语:_____　　是否需要翻译? □是　　□否
其他联系人信息: 联系人:_____　　与孩子的关系:_____ 通信地址:_____　　邮编:_____ 家庭地址:_____ 日间电话:_____(时间_____ 星期_____) 晚间电话:_____(时间_____ 星期_____) 最佳通话时间:_____ E-mail:_____

第 3 部分：服务协调员联系信息

姓名：_____ 机构：_____
工作电话：_____ 手机：_____
最佳通话时间：_____ 传真：_____
E-mail：_____
通信地址：_____ 邮编：_____

第 4 部分：儿童当前能力、优势及需要

　　描述孩子现在能做什么：兴趣、动机、新的技能、值得庆贺的事情、准备要做的事、做得好的事。必须包括所有的发展领域，采用整合的、功能性的方式加以描述：适应能力/自助能力，自我服务的能力。认知：如何解决问题以及游戏。生理发育：如何使用手、口部运动技能、移动。沟通：怎样表示理解、要求和需要。社会/情感技能：如何表达感受、如何应对挫折或刺激、如何与他人相处。

适应/自助：_____
认知：_____
生理：_____
沟通：_____
社会/情感：_____
视/听：_____
健康/生理/营养状况：_____
其他优势/相关信息（医学诊断，出生史，健康状况，感觉状况等）以及其他可能影响服务提供的问题：
_____

第 5 部分：家庭关注的问题、优势以及可利用的资源
（家长可自行决定是否填写该部分内容）

家庭在养育孩子中面临的问题：
☐ 移动（爬、翻身、行走）
☐ 方向控制
☐ 听、说
☐ 思维、学习、游戏
☐ 进食、营养
☐ 与其他孩子游戏、相处
☐ 行为和情感
☐ 如厕、穿衣、睡觉、其他日常习惯
☐ 安静下来
☐ 疼痛或不适
☐ 特殊的健康需要
☐ 看和听
☐ 其他：_____

家庭在满足孩子需求方面的优势及资源：
_____

第6部分：干预目标

目标编号：_____
目标描述：

策略和活动：

评估时间：
评估方法：
评估标准：

第7部分：早期干预资源、支持与服务

目标编号	名称	开始日期	结束日期	提供者	方法	地点	频次	强度

第8部分：选择自然环境的理由

目标编号：_____ 服务/支持：_____ 环境：_____
自然环境不能达到目标的解释：

第9部分：转介过渡计划

工作内容	负责人的作用	起止日期
与家长讨论转介过渡的相关规定及需要做的事情		
与家长讨论可选择的范围		
为家长提供与可能安置的机构代表见面的机会，并提供相关信息		
帮助儿童及家庭为适应新环境做好准备		
向家长提供相关资源		
协助家长了解并维护合法权益		
筹备转介过渡会议		
其他相关活动		

第 10 部分：IFSP 签名

姓名	职务	工作单位	联系电话	签名

第 11 部分：IFSP 核查表

目标编号	进步情况	团队评估（目标达成情况）	目标调整

第 2 节　早期干预的实施

一、早期干预的目标与内容

智力障碍儿童的早期干预通常涉及以下几个领域：动作、语言与交往、认知、生活自理。1993 年，国家教委基础教育司等部门发布了《学龄前智力残疾儿童康复机构训练大纲》[①]（以下简称《训练大纲》），就各领域的训练目标、范围和内容进行了规定。

（一）动作能力训练

动作能力指表现在外部的，以完善合理方式组织起来并能顺利完成某种活动任务的复杂的肢体运动能力。它表现为身体的一定肌肉、骨骼运动和与之相应的神经系统部分的活动。动作是表现其他发展领域技能的手段，也是认知和语言发展的基础。例如发展平衡能力，保持正确的身体姿态，有助于儿童熟悉环境并在所处环境中进行活动，通过各种运动，儿童能够更有效地完成对身边事物的探索活动，能更好地理解自己与环境以及环境中事物之间的关系。《训练大纲》规定的动作能力训练目标、范围与内容如下。

1. 训练目标

发展儿童基本的动作技能，保持正确的身体姿态，矫正儿童的动作缺陷。

2. 训练范围

全身运动、身体平衡能力、眼睛追踪物体、抓握物体、手指对捏、握笔能力、眼手协调能力。

3. 训练内容

动作能力训练包括大动作与精细动作两个领域，具体训练内容见表 7-6。

---

① 国家教委基础教育司,卫生部医政司,民政部社会福利司,中国残联康复部,中国残疾人康复工作办公室.关于进一步做好学龄前智力残疾儿童康复训练工作的通知：附件 3.学龄前智力残疾儿童康复训练大纲[G]//国家教育委员会基础教育司,中国残疾人联合会教育就业部.特殊教育文件选编(1990—1995).1995：409-413.

表 7-6 动作能力训练内容

训练领域		训练内容
大动作	全身运动	能抬头 会翻身 前后爬行 会独坐（必要时可借助辅助器具） 会站立 会独自行走 会跑步 会双脚原地或向前跳跃 会蹲起
	身体平衡	会单脚站立 会双脚前后直线站立 会左右脚交替上楼梯
精细动作	眼睛追踪物体	眼睛追踪物体到中线 眼睛追踪物体过中线 眼睛追踪物体180度
	手抓握物体	握持物体 抓住近处物体 双手同时拿握两个物体 双手对换物体 用积木搭高 用积木搭各种常见形状物体
	手指对捏	拨弄到小物体 拇指与其他指对捏
	握笔能力	全掌握笔 会正确握笔 用笔空书 用笔画线
	眼手协调能力	翻书页 串珠子 叠纸 剪纸

（二）语言与交往能力训练

儿童从出生到 6 岁，获得的最大成就之一就是学会了语言。智力障碍儿童可能由于言语器官的运动机能障碍或发展迟缓，在复杂的语言获得过程中面临诸多困难，普遍表现出开口晚、发展缓慢等特点。同时，智力障碍儿童语言能力的不足会直接影响其交往能力的发展，他们的发音、语言理解、词句表达等多方面的问题容易造成交往的障碍，导致交往失败，继而失去交往机会，影响交往能力的发展。一般认为，智力障碍儿童语言的获得与发展普遍落后于正常儿童，但就总体而言，大多数智力障碍儿童是按照正常的语言获得的顺序发展的。《训练大纲》规定的训练目标、范围与内容如下。

1. 训练目标

能用声音、姿势和语言来理解别人简单的指示和命令,并表达自己简单的要求和愿望。

2. 训练范围

理解别人的话、发音、自己说话、简单的交往技巧。

3. 训练内容

语言与交往能力训练包括交往能力准备、语言理解能力、语言表达能力以及简单交往技能等四个领域,具体训练内容见表 7-7。

表 7-7 语言与交往能力训练内容

训练领域	训练内容
交往能力准备	用眼睛注视物体 用眼睛寻找声源 目光接触 辨别不同性质的声音
语言理解能力	用微笑、点头、摇头、手势对别人的话作出反应 对自己的名字是否赞许、不赞许及简单的命令有反应 动作模仿 按要求指出或拿出物体 按指令指出或认出关系密切的人 能理解简单的句子 能理解或执行简单的命令
语言表达能力	模仿发音,如说"爸爸、妈妈"等 会说单字 会称呼最亲近的人 会说双词句 会说自己的名字、性别、年龄 会说简单词组 能说出常见物体的功能 会用简单的礼貌用语,如"谢谢""再见"等 会回答"是"和"否"的简单问题 会用简单的句子、会表达自己的需要和要求 会转达别人的简单要求,如对爸爸说:"妈妈要个茶杯"
简单交往技能	懂礼貌,如对家人和他人知道问好、让座、给客人倒水 适应公共场所,如学会上车、买东西排队、保持安静、低声说话、爱护公物、不随地吐痰、不乱扔废物等

(三)认知能力训练

认知能力指接收、加工、储存和应用信息的能力。知觉、记忆、注意、思维和想象的能力都被认为是认知能力。认知能力不足是智力障碍儿童的普遍表现,也是早期干预的重要领域之一。《训练大纲》规定的训练目标、范围与内容如下。

1. 训练目标

通过本领域的训练,初步启迪智力障碍儿童的认知能力,培养其生活常识。

2. 训练范围

认识颜色、形状、自然常识;认识自己及周围的人和事;认识室内物品;认识环境;分辨、因果、点数。

3. 训练内容

认知能力训练包括六个领域,分别是:① 颜色、形状。② 自然常识。③ 认识自己及周围的人和事。④ 认识室内物品。⑤ 认识周围环境。⑥ 分辨、因果、点数。具体训练内容见表7-8。

表 7-8 认知能力训练内容

训练领域	训练内容
颜色、形状	认识各种颜色,如红、白、黑、黄等 认识各种形状,如长方形、正方形、三角形、圆形
自然常识	认识动物、植物,如鸡、鸭、猫、狗等,草、树、花等 认识天气,如晴天、阴天、雨天、雷电等 认识方位,如上下、里外、地上(下)、桌上(下)、窗台上(下)、椅子上(下)、门前(后) 认识时间,如昨天、明天、今天、上下午、白天、黑夜
认识自己及周围的人和事	认识自己的身体,如手指、两只手、五官、牙齿、舌头、腿脚等 了解自己的个人情况,如姓名、年龄、简单住址 亲人称谓,如爸爸、妈妈、爷爷、外公、奶奶、外婆、叔叔、阿姨、哥哥、姐姐、弟弟、妹妹等
认识室内物品	认识家具、家电及简单用途,如床、桌、椅、凳、柜子、沙发、电灯、电视、收录音机、洗衣机、电冰箱、电扇等 认识学习用品、玩具和图书及简单用途,如笔、纸、书包、尺子、球、布娃娃、枪、积木、汽车、画报、连环画、图画书、识字卡片等 认识生活用品及简单用途,如扫帚、簸箕、擦布、茶杯、热水瓶、手电筒、口袋、眼镜、果盘、罐头盒等
认识周围环境	认识房屋(家园),如屋内、屋外、楼梯、过道、院子等 认识公共场所,如商店、公园、影院、公厕(男女)、红绿灯、人行过道、车站牌、交通工具等 认识回家的路
分辨、因果、点数	辨认大与小、多与少、长与短、高与矮等 简单因果,如下雨后地面会湿、开关与灯亮(灭)等 口头数数1~10、点数实物1~5个、按数取物3个以内

(四)生活自理能力训练

自理能力是指个体料理自己的日常生活、懂得生活常识、解决生活中常见的问题与困难,掌握基本的生活技能和劳动技能的能力。自理是人类社会生活的基本内容,自理能力是人赖以生存的基本能力。个体从刚出生时完全依赖他人照料,到逐渐获得与形成生活自理的知识与技能,进而发展成为独立的社会性公民,就必须完成个人的社会化。对智力障碍儿童来说,自理能力的发展对于增强其自信以及处理问题的能力、促进其社会化发展进程有重要的作用。《训练大纲》规定的训练目标、范围与内容如下。

1. 训练目标

通过训练使儿童初步具有基本的生活自理能力和卫生习惯。

2. 训练范围

训练进食、大小便、衣着、个人卫生、睡眠和安全等6个方面。

3. 训练内容

生活自理能力训练包括六个领域,分别是:① 进食训练。② 大小便训练。③ 衣着训练。④ 个人卫生。⑤ 睡眠。⑥ 安全常识。具体训练内容见表7-9。

表7-9 生活自理能力训练内容

训练领域		训练内容
进食训练	进食基本技能	饮水训练,学习吸、喝、咽、吐等口部动作 进食训练,学习咬、嚼、吞、咽等进食方法
	常用餐具的辨认及使用	餐具的认识及使用,如碗、勺、盘、筷等 茶杯、水壶、暖瓶的认识及使用
	进食卫生及良好习惯	学会饭前洗手 进食时要专心、不讲话、保持安静 知道饥饱
	进食安全	水果须洗干净方可吃,不喝生水 太热的食物和开水要稍凉才可吃喝 腐烂食物、脏的食物、掉在地上的食物不吃 吞咽食物要吐果核、残渣、骨头,如橘子、排骨等
大小便训练	大小便的控制和表达	训练大小便的控制能力 用适当的语言或姿势表示解便的要求
	认识大小便的场所	
	卫生习惯	会使用手纸揩净 养成便后洗手的习惯
衣着训练	不同衣服的辨别	认识常用衣物,如认识上衣、裙子、裤子、鞋、袜、帽子、手套 认识衣服的前后、上下,辨认衣服主要部分的名称,如衣袖、领、口袋等
	脱穿衣服的能力	穿衣时能配合 能脱穿袜子、鞋、上衣、裤子 能脱带帽子、围巾、手套
	解扣衣物的技能	学习解扣纽扣 学习解系腰带、鞋带
个人卫生训练	头面部的清洁	用毛巾清水擦洗面部和眼部污垢,防止肥皂液流入眼睛或耳孔 认识牙刷、牙膏和漱口杯 学会用清水漱口、拿牙刷、刷牙齿,养成刷牙的习惯 学会擦鼻涕
	养成饭前便后洗手的习惯	
	在家庭帮助下清洗脚部污垢、洗澡、洗屁股	

续表

训练领域	训练内容	
睡眠训练	认识床上用品,辨别和使用枕头、被子等	
	睡眠卫生	睡觉前不带玩具上床 保持安静 避免吮手指等不良习惯 按时睡觉
安全常识训练	室内安全	不玩火 不玩刀、剪等利器 不随意服用药品 不随意触摸家用电器 有伤痛能及时告诉家长
	室外及街道上的安全	不独自上街 不在马路上玩耍 不玩水,知道躲避危险

二、干预实施

(一)干预目标的分解

在进行任何一项技能训练时,训练者必须清楚地了解训练对象目前的能力起点,并将训练目标进行小步子细分,每一步的训练开始前都要明确:儿童是否能完成这一步,如果能,则继续下一步的教学;如果不能,则以这一步为起点,针对智力障碍儿童发展的能力起点,将干预目标进行必要的分解,细分适合该儿童的小步子目标(见图7-3)。举例如下。

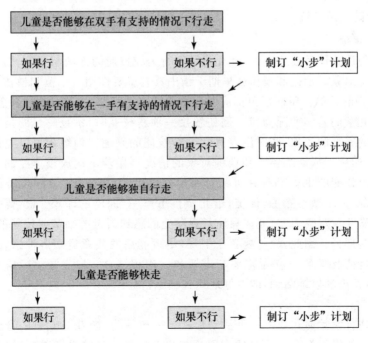

图7-3 儿童行走训练过程

- 抬头
  - □ 在俯卧位时能略微抬一下头
  - □ 抬头与床面成 45°角
  - □ 抬头与床面成 90°角
  - □ 在坐位时能竖头
  - □ 在俯卧位与侧卧位之间转换
- 坐
  - □ 在扶坐下能挺直躯干,但独坐时身体前倾
  - □ 无任何支撑下平衡地坐
- 爬行
  - □ 双上臂支撑起上身
  - □ 单手/臂支撑上身,另一手去够物
  - □ 两上肢向前爬
  - □ 四肢并用交替移动向前爬行
- 站
  - □ 扶站
  - □ 独站
- 走
  - □ 双手有支持行走
  - □ 一手有支持行走
  - □ 独自行走
  - □ 快走

（二）常用的干预方法

1. 示范和模仿

示范是指使用具体活动为范例,使儿童了解行为或技能的方法与要领,为智力障碍儿童提供适当的模仿对象。示范和模仿在早期干预中具有重要作用。示范和模仿应注意以下几点：① 要有明确的目的。每次示范都应明确所要解决的问题,示范什么以及怎样示范,要根据训练任务和儿童的具体情况而定。例如教授一项新技能时,示范的目的是使儿童对所学技能建立初步的完整的印象,同时激发其学习新技能的兴趣。训练者可以先做一次正常速度的完整示范,然后根据训练要求和训练对象的情况再做若干次放慢速度的示范或局部示范。示范要突出技能的主要部分并可结合讲解。也可请已经掌握该项技能的儿童来做示范。示范要正确,力求做到熟练、优美,给儿童留下鲜明、深刻的印象。② 要引导儿童观察示范。智力障碍儿童观察力差,往往只注意观察他们感到新奇的细节或技能的次要部分,而忽视技能的主要部分。因此,教师要善于引导,尽可能启发儿童运用多种感官感知事物,发现事物的主要特征及联系。③ 示范要与讲解和讨论相结合。启发智力障碍儿童边观察边思考,促进儿童积极的思维活动,能更好地达到训练目标。

2. 游戏

游戏是最适合学龄前儿童的一种活动形式。一般认为,游戏对儿童的身体、智力、情绪和社会性等方面的发展都有着重要的作用。在智力障碍儿童的早期干预过程中,应大量使

用游戏的方法。

(1) 游戏在智力障碍儿童早期干预中的作用

首先,游戏可以促进智力障碍儿童的身体生长发育。几乎所有的游戏都涉及身体运动,能使儿童的多种器官得到活动,促进机体的新陈代谢、骨骼和肌肉的成熟、内脏和神经系统的发育。智力障碍儿童同普通儿童一样有发展的需要,游戏活动能够直接促进其基本动作和基本技能的发展,例如,以跑、跳、钻、爬、攀登等为主要动作的游戏,能锻炼智力障碍儿童大动作能力,穿珠、搭积木等游戏能发展精细动作及手眼协调的能力。

其次,游戏能给智力障碍儿童带来愉悦和满足。游戏最适合儿童的生理和心理特点,游戏的过程往往是快乐的,轻松愉快的情绪对于智力障碍儿童的健康发展有积极作用。

再次,游戏活动能促进智力障碍儿童认知能力的发展。一方面,游戏是儿童认识事物的有效途径,通过游戏,儿童认识各种物体的性质和用途,获得有关事物之间关系的经验,游戏的过程也是学习的过程。另一方面,游戏可以直接促进智力障碍儿童想象力和思维能力的发展,在游戏过程中,通过引导,智力障碍儿童也能体验到积极思考带来的乐趣。

最后,游戏活动能有效地促进智力障碍儿童沟通能力和社会性的发展。游戏是儿童进行社会交往的起点,游戏活动提供了智力障碍儿童社会交往的经验,在交往过程中,智力障碍儿童学习建立各种人际关系,学习按社会行为规范行事,学习与他人沟通,从而使社会技能逐步发展。

(2) 组织游戏活动时的注意事项

与同龄的普通儿童相比,智力障碍儿童游戏的技能比较少,发展也较为缓慢。面对游戏的场景,他们也许会表现出无所适从,不知道如何参加,也许会以不适当的方式参加,结果遭到同伴的拒绝,因此,在组织游戏活动时,教师及家长需要运用适当的策略。

① 游戏活动的设计:教师和家长应依据智力障碍儿童的需求,明确训练的目标,同时,结合训练对象的水平,确定游戏的内容、玩法和规则。游戏的内容和组织形式要注意由简到繁、由易到难、由近及远地逐步加深。游戏的规则要易于遵守。游戏活动的形式要能吸引智力障碍儿童。游戏活动的组织形式与方式方法的选择必须考虑智力障碍儿童学习活动的特点与差异,具有较大的包容性与灵活性。例如,有些智力障碍儿童手的肌肉松弛,拿物不稳,可能是很小的碰撞,手里的东西就掉了,同时,有些智力障碍儿童手的肌肉僵硬,拿住的东西很难放手,需要双手协调才能完成的动作很难学会,即使学会了也很笨拙……因此,在设计游戏活动时,要为他们准备更充裕的时间,这样才有可能使游戏活动过程对于每个儿童来说都有意义。

② 游戏活动的准备:教师和家长要为游戏的开展准备好必要的物质条件,如场地、玩具、图片、实物等。要对智力障碍儿童进行必要的游戏技能的教授,预先向他们说明游戏的名称、玩法和规则,必要时要做示范,提供反复多次的练习机会。

③ 游戏活动的指导:现场指导在智力障碍儿童游戏开展中十分重要,它决定着儿童游戏的开展。在指导智力障碍儿童游戏时要把握好时机。有时,智力障碍儿童可能会在游戏过程中遇到困难而玩不下去,也可能因为行为问题影响了游戏的进程,还可能在与同伴互动中发生矛盾或纠纷,需要教师或家长的及时介入和引导,提供必要的提示,有针对性的指导,并给予积极的鼓励,增强儿童对自己的信心,同时,也可以适当引导其他儿童与智力障碍儿童共同游戏,使其体验游戏活动带来的乐趣。

三、与家长的合作

智力障碍儿童早期干预过程与家庭密切相关,从智力障碍儿童的发现,到评估诊断,直至教育训练的全过程,他们给家庭带来的影响往往是巨大的,同时,家长的态度、干预知识与技能等也直接关系着干预的成效。

(一)家庭的调适

刚获悉自己的孩子发展迟缓或智力障碍时,家长往往会经历悲伤、愤怒、沮丧、内疚、绝望等一系列消极的心理历程。如何帮助家长尽快面对现实,及早开始适当的早期干预至关重要。智力障碍儿童家庭通常会面对以下几方面的问题。

1. 不愿意孩子被贴上"智力障碍"的标签

许多家长不能正视早期干预是因为担心一旦接受干预就意味着孩子被贴上"智力障碍"的标签,影响孩子的未来发展。事实上,早期干预是积极促进智力障碍儿童发展的有效措施,许多经过干预的儿童有了更好的发展;相反,对于有明显发展障碍的儿童不及时进行干预,可能会对其后续发展带来更大的、更持久的不利影响。

2. 家庭成员对儿童干预意见不一致

在智力障碍儿童生活的家庭中,家庭成员可能对孩子是否需要接受干预以及如何干预等问题产生分歧。在儿童的早期发展过程中,诸多不确定的因素会影响家长的判断,儿童所表现出的滞后究竟是暂时的落后还是持久的障碍,孩子似乎有问题,又似乎没有问题,一些智力障碍儿童的家长,尤其是轻度智力障碍儿童的家长常常会感到"吃不准",有些家长希冀孩子的落后也许只是暂时的问题,过段时间可能会好的。这样的想法很容易造成干预的延误,错失干预的最佳时机。此外,对于障碍程度比较严重的儿童,有的家长可能会产生"顺其自然"的想法,只希望他(她)快快乐乐,担心早期干预太辛苦。事实上,早期干预是针对儿童发展特点而实施的训练,孩子可以通过针对其需求的游戏与活动,获得适当的发展,干预过程是愉快的、健康的。

3. 拒绝接受专业化的干预服务

有些智力障碍儿童家长愿意投入大量的精力来教育训练孩子,他们通过各种途径学习了一些相关知识与技能,他们认为自己最了解孩子的需求,同时,也是孩子最合适的老师,由此,他们拒绝接受专业化的干预服务。事实上,早期干预的确离不开家长的密切合作,但早期干预需要多学科人员的合作,专业人员系统的、有针对性的干预指导对家长来说是必不可少的,并且,专业化的干预也是最富有成效的。

4. 其他令家长担忧的问题

智力障碍儿童家庭所面临的问题往往是复杂而多样的,与孩子成长相关的所有问题都可能成为他们担忧的源头。例如,智力障碍儿童额外的养护费用,儿童特殊的医疗问题与行为问题,选择不同干预途径的困扰,家长个人的时间管理问题等。这些问题的解决将依托政府、社会多个部门的合作,需要依赖更完善的早期干预体系的建立。

(二)家长的参与

在智力障碍儿童早期干预的实施过程中,家长参与非常重要。一方面,家长能帮助儿童将学习从学校(机构)延续至家庭,儿童与家长相处的时间往往多于与其他训练人员相处的时间,因此,家长参与将使训练过程得以延续和巩固,同时,也有助于保持学校(机构)与家庭训练目标的一致性;另一方面,家长通过参与早期干预可以直接获得相关的专业知识与技能,帮助智力障碍儿童更好地发展,同时,家长可以获得其他家长的干预经验与相关支持。

学校(机构)可以通过多样的形式促进家长参与。

1. 落实个别化家庭服务计划

学校(机构)邀请家长共同评估儿童的能力水平与干预需求,与家长共同拟订干预目标,与家长共同商定干预计划的实施方案。

2. 与家长沟通

通过教师与家长的双向沟通,彼此达成相互理解。常用的沟通方式有以下几种。

(1) 家访

通过对家庭的实地了解有助于获得大量关于儿童教育的信息。例如,儿童在熟悉的环境中的活动能力以及功能性技能的水平,家长对待儿童的态度,在家庭中实施干预的优势与不足,等等。如果进行定期的家访,教师还可以携带一些训练材料,向家长示范如何运用这些材料进行干预,并对家长的干预过程给予及时的指导与调整,提出相应的建议。家长也可以利用家访的机会向专业人员呈现家庭干预的过程。

(2) 家校联系册

家校联系册可以介绍儿童每天在学校(机构)发生的事情及开展的训练活动,协助家长了解儿童的学习与生活表现、训练进程及在家庭中的训练(练习)要求,家长也可通过联系册反映儿童在家的情况,以方便双方的相互了解。

(3) 其他非正式沟通

非正式的沟通能够交流大量的、即时的信息。教师可以利用家长接送孩子时进行简短的、有针对性的交流,可以通过电话、手机就日常事件进行沟通,也可以通过电子邮件等便捷的信息沟通方式及时解决可能出现的问题。

3. 开展家长教育

在智力障碍儿童的教育中,家长需要一些特别的知识和技能,需要了解障碍的发生与发展对孩子的影响,熟悉与智力障碍儿童的相处之道,掌握相关的知识与技能。学校(机构)可以通过搭建家长沟通的平台、提供教育训练等方式协助家长。

(1) 举办培训

学校(机构)可以通过专门的课程、专题讲座等方式向家长提供相关的专业培训,同时,也向家长介绍相关的法规与政策,让家长了解智力障碍儿童的家庭应当承担的责任与义务。

(2) 支持家长团体

通过家长委员会、家长沙龙、家长工作室等方式促进家长之间的联系与沟通。

(3) 举办家长会

除了制订个别化家庭服务计划以外,定期召开家长会,教师及相关服务人员向家长报告学校(机构)的干预训练的进展情况,也可以通过实例分析帮助家长了解更有效的干预方法。

(4) 编制家长手册

以通俗易懂的方式让家长了解与熟悉与干预有关的知识和技能,了解常见问题的解决路径。

4. 鼓励家长参与

充分了解家长的意愿,鼓励家长积极参与到智力障碍儿童的早期干预进程中。同时,搭建家长沟通的平台,通过信息提供、咨询服务等多样的方式提升家长参与的质量。

本章小结

早期干预是对学龄前有发展迟缓或有发展迟缓风险的儿童及其家庭提供服务、教育与支持的过程。其目的在于增进家长照顾障碍儿童的知识和技能,促进障碍儿童身体发育、认知、沟通、社会或情感以及适应等方面的发展,减轻障碍或迟缓的影响,减少社会依赖,同时,也能够减少儿童就学后对特殊教育与相关服务需求的程度,降低教育成本。

智力障碍儿童的早期干预遵循生活化原则、个别化原则、兴趣原则以及合作原则。早期干预的形式主要有:以家庭为中心、以机构为中心以及融合教育方式。早期干预的服务对象是学龄前智力障碍儿童、发展迟缓儿童以及可能发生智力障碍的高危儿童。早期干预的团队成员包括家长、医生、物理治疗师、作业治疗师、言语治疗师、心理治疗师、护理人员、特殊教育教师、社会工作者等。专业人员从不同的角度全面评估儿童及家庭的个别需求,制订完整的干预计划。早期干预的生理学依据主要体现在大脑发育速度的先快后慢以及儿童早期大脑的可塑性,心理学依据主要源自关键期理论。同时,大量的研究证据表明,早期干预对儿童的发展具有极其重要的作用。

智力障碍儿童的早期干预通常涉及动作、语言交往、生活自理、认知和社会行为等几个领域,《学龄前智力残疾儿童康复机构训练大纲》就各领域的训练目标、范围和内容进行了规定。在干预实施的过程中,应当针对训练对象的特点对干预目标进行适当的分解,干预可采用模仿与示范、游戏等多种方法。同时,应当关注智力障碍儿童家庭的调适以及家长的参与。

思考与练习

1. 什么是早期干预?早期干预对于智力障碍儿童的主要作用有哪些?
2. 早期干预的主要依据是什么?
3. 个别化家庭服务计划主要包括哪些内容?
4. 智力障碍儿童早期干预的目标与内容是什么?
5. 如何实现家长在智力障碍儿童早期干预中的作用?

第8章 智力障碍儿童的义务教育

学习目标

1. 了解我国智力障碍儿童义务教育的基本安置形式和特点。
2. 了解智力障碍儿童的教育目标与任务。
3. 了解智力障碍儿童教学的主要课程组织形式。
4. 关注培智学校课程与教学改革。

由于智力障碍儿童的身心发展障碍,导致他们在运动、认知、语言与沟通、生活自理等方面产生障碍。进入义务教育阶段后,他们除了要学习国家规定的基础文化课程外,还需要补偿身心发展的缺陷。因此如何针对智力障碍儿童的教育需求开展教育安置、设置教育课程,是智力障碍儿童教育研究的重点。本章将着重介绍智力障碍儿童的教育安置形式、智力障碍儿童的教育目标与任务、义务教育阶段智力障碍儿童的课程设置以及培智学校校本课程的开发。

第1节 智力障碍儿童的教育安置

根据"教育公平"的理念,所有的儿童都应享受同等的教育。但是,因智力障碍儿童与正常儿童的身心发展水平有很多不同,而且智力障碍儿童群体内部的差异又非常大,因此在相当长的时间里,特殊教育工作者一直试图将智力障碍儿童安置在最理想的教育环境中学习,以提高教育效率、促进智力障碍儿童社会适应发展。经过不断的理论探索和教育实践,目前已经形成了多方位、多层次的智力障碍儿童教育安置体系。

对于智力障碍儿童的教育安置,"多数国家采用在医院、家庭、寄宿特殊学校、日托特殊学校、普通学校开设特殊班、普通班中随班就读和特教辅导室等不同形式开展教育。每个国家都希望为智力落后儿童接受教育设计多样化的选择"[1]。虽然面对多种教育安置选择,但是理论上人们一直坚持教育安置应遵循"最少受限制的教育环境"的基本原则。

我国为了做好残疾儿童的教育安置工作,教育部办公厅、中残联办公厅于2017年4月联合发布了《关于做好残疾儿童少年义务教育招生入学工作的通知》。该《通知》指出:"残疾儿童少年义务教育招生入学是义务教育工作的重要组成部分,各省(区、市)要高度重视……针对残疾儿童少年的类别和程度制定具体的实施办法,与义务教育招生入学整体工作进行统一部署和要求。区县教育行政部门应在当地政府领导下会同卫生、民政、残联等部

---

[1] 陈云英.智力落后心理、教育、康复[M].北京:高等教育出版社,2007:172.

门,设立残疾人教育专家委员会,全面掌握适龄残疾儿童少年的数量和残疾情况。要按照'全覆盖、零拒绝'的要求,根据残疾儿童的实际制订教育安置方案,逐一做好适龄残疾儿童少年的入学安置工作。优先安排残疾儿童少年就近或者到指定的具备条件的普通学校接受义务教育,对于学习和生活上需要特别支持的残疾学生,要提供专业支持。对于不能接受普通教育的残疾儿童少年,安置到特殊教育学校入学,没有特教学校的区县由地市教育行政部门统筹。对于需专人护理、不能到校就读的残疾儿童少年,通过提供送教上门或远程教育等方式实施义务教育,并纳入学籍管理。必要时,委托区县残疾人教育专家委员会,对残疾儿童少年适应学校学习生活和教育的能力进行评估,提出入学安置建议。"在借鉴国际智力障碍儿童教育安置做法和我国已有教育安置实践的基础上,我们已形成了以普通学校随班就读为主体,以特殊学校为骨干,以特殊教育班、资源教室、送教上门为补充的智力障碍儿童教育安置基本格局,多样化的教育安置形式基本满足了不同程度智力障碍儿童的教育安置需求。

一、普通学校的随班就读

《中华人民共和国义务教育法》第十九条规定:"普通学校应当接收具有接受普通教育能力的残疾适龄儿童、少年随班就读,并为其学习、康复提供帮助。"根据国家教育委员会1994年颁布的《关于开展残疾儿童少年随班就读工作的试行办法》的要求:"残疾儿童少年随班就读的对象,主要是指视力(包括盲和低视力)、听力语言(包括聋和重听)、智力(轻度,有条件的学校可以包括中度)等类别的残疾儿童少年。"依据相关法律法规,我国有不少普通学校接纳智力障碍儿童在普通班级中随班就读。截至2017年年底,全国共有278842名智力障碍儿童就读于各类校。其中随班就读智力障碍儿童117278人,占全部智力障碍在校学生总数的42.05%。根据2017年教育部统计,就读于小学的随班就读智力障碍儿童90114人,就读于普通中学的随班就读智力障碍儿童27164人。[①]这些被安置在普通班级中的智力障碍儿童享有与正常儿童完全相同的教育环境和教育条件,而且学校和教师鼓励随班就读智力障碍儿童参与正常儿童的所有教育教学活动。

随班就读是一种完全的融合教育安置形式。它不但"有利于提高智力障碍儿童少年的入学率,更有利于智力障碍儿童与普通儿童互相理解、互相帮助,促进特殊教育和普通教育有机结合,共同提高"[②]。但是,这种教育安置形式对被安置的智力障碍儿童有一定的要求,即被安置在普通班级中的智力障碍儿童其智力损伤程度应该是比较轻微的,他们必须具有一定的社会适应性和基本的学习能力,具有情绪控制、生活自理、沟通等基本能力,他们应该能够参与大部分的班级教学活动,并能够与同学、教师和谐相处,否则他们便很难安置在普通学校的教育环境中。鉴于此,早期在我国普通班级中安置的智力障碍儿童主要为轻度智力障碍儿童,教育资源比较丰富的学校也适量地招收一些中度智力障碍儿童,而绝大部分中度和重度智力障碍儿童因其自我照料能力和学习能力较差,社会适应水平总体较低,不适合

[①] 中华人民共和国教育部. 2017年教育统计数据:特殊教育基本情况[EB/OL].[2018-08-10]. http://www.moe.gov.cn

[②] 国家教育委员会文件.教基[1994]16号附件:关于开展残疾儿童少年随班就读工作的施行办法[S].1994.

在普通班级中随正常儿童一起学习,被安置在培智学校就读。

按照要求,随班就读的智力障碍儿童其入学年龄应与正常儿童相同,但特殊情况可以适当放宽。另外,为提供更有效的教育训练并保障普通学校的教学进度,国家规定"在普通学校随班就读的智力障碍儿童一般每班以1~2人为宜,最多不超过3人"[①]。

将智力障碍儿童安置在普通班级中接受教育,从理论上说非常有益。因为这种安置形式使原先两个完全陌生的儿童群体在共同的教育环境中、在共同的成长经历中、在日常的学习活动中相互认识、相互熟悉、相互理解、相互帮助,这既促进了智力障碍儿童智力、沟通等社会适应性能力的发展,又促进了正常儿童对特殊儿童的主动接纳,培养了正常儿童关爱他人、服务他人的情操和社会责任意识,使参与其中的普通儿童和智力障碍儿童均获得收益,而且最直接地体现了教育公平的理念,因此备受各国推崇。

但是,在我国现有教育条件下将智力障碍儿童安置在普通班级中还有诸多困难。比如,普通学校的教育目的与智力障碍儿童的教育目的有所区别,普通学校的培养目标、课程、教学内容、教学方法、评价方式和评价标准等并不完全适合智力障碍儿童的认知特点和教育需要,普通学校的现有教育资源(物质资源、教学资源、师资力量)也远远不能满足智力障碍儿童的独特教育需求。因此如果将智力障碍儿童安置在普通班级中,并使其接受有效的教育教学,还需对这种安置形式做更加深入的研究,包括出台更具操作性的政策,配备更丰富的教育资源,以及实施更有效的教育指导和监控等措施。

二、资源教室

虽然将智力障碍儿童安置在普通学校的普通班级中随班就读能够体现"教育公平"的理念,但是真正使就读于普通班级中的智力障碍儿童获得与其发展相适应的教育,目前尚有难以克服的障碍。为此,教育部要求"招收5人以上数量残疾学生的普通学校,一般应设立资源教室。不足5人的,由所在区域教育行政部门统筹规划资源教室的布局,辐射片区所有随班就读学生,实现共享发展"[②]。目前有些学校为该类儿童开设了资源教室,并配有资源教师。智力障碍儿童每天有一部分时间是在资源教室里学习,而其他时间则依然参加普通班级的集体教学活动。

智力障碍儿童到资源教室学习,其最终目的是为了更好地参与普通班级的学习。资源教室一般没有年级界限,也没有统一、固定的课程。学校通过教育评估,在了解每个智力障碍儿童独特的教育需求、学习特点和学习基础之后,依据评估结果,组织相关课任教师、资源教师或特殊教育巡回指导教师为每一位智力障碍儿童设计具有针对性的教育指导课程。为了充分发挥资源教室的作用,在总结资源教室建设经验的基础上,2016年教育部颁布了《普通学校特殊教育资源教室建设指南》,明确了资源教室的功能,即"开展特殊教育咨询、测查、评估、建档等活动,进行学科知识辅导,进行生活辅导和社会适应性训练,进行基本的康复训练,提供支持性教育环境和条件,开展普通教师、学生家长和有关社区工作人员的培训等"。根据《普通学校特殊教育资源教室建设指南》的要求,教师在资源教室为智力障碍儿童提供

---

① 国家教育委员会文件.教基[1994]16号附件:关于开展残疾儿童少年随班就读工作的施行办法[S].1994.
② 教育部办公厅.教基二厅[2016]1号:《普通学校特殊教育资源教室建设指南》的通知[S].2016.

多方位的教育训练,如学业辅导、心理疏导、行为矫正、语言沟通训练、肢体康复训练和生活自理训练等服务。该类课程的教学能够让智力障碍儿童更好地融入班级、参与集体教学,在一定程度上满足了普通班级中智力障碍儿童的独特教育需要。

资源教室的教学组织形式主要有两种,即"小组教学"和"个别化教学"。至于哪些学习项目应该采用"小组教学"、哪些学习项目应该采用"个别化教学",一般是由学生的具体教育需要和具体教学内容而定,当然还要考虑到学校的教育训练资源。

根据资源教室的工作性质和工作要求,"资源教室应配备适当资源教师,以保障资源教室能正常发挥作用。资源教师原则上须具备特殊教育、康复或其他相关专业背景,符合《教师法》规定的学历要求,具备相应的教师资格,符合《特殊教育教师专业标准》的规定,经过岗前培训,具备特殊教育和康复训练的基本理论、专业知识和操作技能"[1]。目前,大部分资源教师是由学校中有一定特殊教育经验的教师、特殊教育学校的教师或特殊教育指导中心的巡回指导教师担任。他们既能够为智力障碍儿童提供学科教学,又能为其开展身心补偿的教育训练。

虽然将智力障碍儿童部分时间安置在资源教室接受教育,能够促进他们更好更快地适应普通班级的教学,但是我国目前能够给智力障碍儿童提供这种教育安置的学校并不普遍,这是因为资源教室要求配备足够量的、能够胜任各种教育训练的资源教师。但就目前我国师资培养的现状看,对资源教师的培养还没有规范化、规模化。资源教师的匮乏在一定程度上制约了资源教室的推广,所以培养资源教师应该是推广资源教室最紧迫的任务之一。

三、普通学校的特殊班

对智力障碍儿童来说,在普通班级与正常儿童一起学习是最好的教育安置选择,但因普通班级对安置在其中的智力障碍儿童有一定的能力要求,因而并非所有轻度智力障碍儿童都适合安置在普通班级中,而一些不能就读于普通班级中的轻度智力障碍儿童必须选择其他更适合的教育环境。由于目前培智学校是以招收中、重度智力障碍儿童为主,因而培智学校的培养目标、教育内容、教学方法也不适合轻度智力障碍儿童。所以,为满足那些既不适合进入普通班级,又不适合进入培智学校的轻度智力障碍儿童的教育利益,我国采用了在普通学校中附设特殊教育班的方式来接收这类智力障碍儿童。根据教育部的统计,截至2017年年底,我国在小学附设的智力障碍儿童特殊班级共计420个,在校学生2404人;在初中附设的智力障碍儿童特殊班级35个,在校生242人。另外,还有214名智力障碍儿童在其他学校附设的特教班学习。[2]

相对于随班就读轻度智力障碍儿童而言,就读于特殊教育班中的智力障碍儿童障碍程度更严重、教育的限制更多,因此这种安置教育教学的灵活性比较高,需要更多的教育资源。一般而言,特殊班级中的智力障碍儿童人数为8~15人,因其障碍情况和教育需求相对一致,因此特殊班级的课程、教学内容、教材、教学方法和评价方式比较灵活,特别是教学内容

---

[1] 教育部办公厅.教基二厅[2016]1号:《普通学校特殊教育资源教室建设指南》的通知[S].2016.
[2] 中华人民共和国教育部. 2017年教育统计数据:特殊教育基本情况[EB/OL]. [2018-08-10]. http://www.moe.gov.cn

更强调针对性和实用性。如在特殊班级的课程设置上，除了保持普通学校的主要学科性课程外，教师还可以依据学生的发展需要增加如认知、康复、沟通训练等特殊教育的课程；在特殊班级的教学内容选择上，既可以有选择地教授普通班级的教学内容，也可以补充其他教学内容；在教学组织形式上，既可以采用普通班级的教学方法，也可以采用特殊的教学方法。

在普通学校附设特殊班益处良多。其一，可以方便智力障碍儿童就近入学，使他们在普通教育机构中享受特殊的教育服务；其二，可以充分利用普通学校的教育资源，开展更广泛的教学训练；其三，有利于智力障碍儿童与正常儿童的融合，有利于智力障碍儿童的教育回归。总之，这种教育安置形式使智力障碍儿童既能享受到普通教育的服务，又能享受到特殊教育的服务。

但是，也有人对这种教育安置形式提出质疑。如有人认为，这种教育安置的理论是非常吸引人的，但从实践上看，目前的特殊班级学生并没有真正参与到正常儿童的教育环境中去，即他们并没有多少机会与正常儿童交流沟通；还有人认为，目前我们的普通学校因为缺乏特殊教育的资源，所以被安置在此的智力障碍儿童并没有接受到理想的教育服务。

四、特殊学校

因智力障碍儿童个体间的差异很大，再加之还有一些伴有其他残疾的智力障碍儿童需要教育，因此那些智力损失严重、行为控制力差、沟通能力低下，以及伴有其他残疾的智力障碍儿童不能适应普通教育的环境、课程和要求。在充分考虑智力障碍儿童身心特点和独特教育需求的情况下，我国为义务教育阶段的智力障碍儿童设立了专门的教育机构——培智学校（又称辅读学校、启智学校、启慧学校、开智学校等）。根据教育部统计，截至2017年年底，我国培智学校共计488所，其他接收智力障碍儿童的特殊学校1175所。在两类学校就读的智力障碍儿童共计158704人，其中小学阶段的儿童123763人，初中阶段的儿童31714人，高中阶段的儿童3155人。[1]

培智学校在创办初期主要招收轻度智力障碍儿童，兼招中度智力障碍儿童。随着全纳教育的兴起，到20世纪90年代起轻度智力障碍儿童逐渐进入普通学校随班就读，因此培智学校开始以招收中度智力障碍儿童为主。近年来，随着教育均等、教育公平等观念的普及，培智学校的招收对象又有了新的变化。目前培智学校虽然以招收中、重度智力障碍儿童为主，但兼收脑瘫、自闭症和多重障碍等障碍儿童，如今培智学校的教育对象非常复杂。

国家对培智学校儿童的入学年龄、班额等有着明确规定。2017年颁布的《残疾人教育条例》(修订稿)第十四条规定："残疾儿童、少年接受义务教育的入学年龄和年限，应当与当地儿童、少年接受义务教育的入学年龄和年限相同；必要时，其入学年龄和在校年龄可以适当提高"，"但最大不得超过9岁"[2]。关于培智学校的班额问题，按照《中度智力残疾学生教育训练纲要》的规定，培智学校的班额一般为8人左右。[3] 但实践中，由于师资、场地等限制，有些班级中安排了8~15名学生，但也有学校因班级中自闭症儿童较多等原因，一个班级仅有5、6名学生。

---

[1] 中华人民共和国教育部. 2017年教育统计数据：特殊教育基本情况[EB/OL]. [2018-08-10]. http://www.moe.gov.cn

[2] 国家教育委员会文件. 教基[1994]21号附件：中度智力残疾学生教育训练纲要(试行)[S]. 1994.

[3] 国家教育委员会文件. 教基[1994]21号附件：中度智力残疾学生教育训练纲要(试行)[S]. 1994.

开办特殊学校的意义非常之大。首先,由于培智学校教育对象的教育起点相对一致,教育需求也大体相同,再加上他们的思维能力、认知水平和学习特点比较接近,因此有助于为其制订适合其发展的教育教学计划,研制其特别需求的课程,选择与其教育目标相适应的教育内容,设计有效的教学方法,使特殊的教育课程真正满足智力障碍儿童的教育需求和身心发展。但也有人质疑这种教育安置形式,质疑主要是针对这种教育安置是否影响了智力障碍儿童与正常儿童的接触、交流,智力障碍儿童在这种"隔离"的教育环境中成长,是否会影响他们进入主流社会等。

五、送教上门

在"人人都享有教育权利"的理念引导下,我国开始尝试为那些不能去公立学校上学的重度或极重度智力障碍儿童提供"送教上门"的服务。这些儿童的学籍都在其户口所在学区的培智学校内。

一般而言,接受送教上门的智力障碍儿童的生理和智力障碍损失程度非常严重,他们大多不具备生活自理能力,更难以学习文化课程,所以他们无法进入学校接受教育。为保障这部分智力障碍儿童的教育权利,满足其独特的教育需求,可由学区特殊教育指导中心或培智学校与家长共同约定,在每周的固定时间派专业教师上门为这些智力障碍儿童实施个别化的教育。由于"送教上门"在我国尚处实验阶段,加之接受上门服务的儿童的教育需求又各不相同,因而很难制定出一套适合于不同智力障碍儿童共同使用的课程,所以我国至今还没有发展出一套完整的"送教上门"课程体系。而个别化的课程、教学内容和教学方法均由送教上门教师和儿童家长共同商定,并视教育结果进行修订。

"送教上门"是一种新型的智力障碍儿童教育安置方式。虽然,这种安置形式对特殊教育工作者和重度或极重度智力障碍儿童的家庭都具有很大的吸引力,但因这种教育安置的投入成本大、要求高,所以尚未在我国获得全面推广。目前这种教育安置形式正由上海、北京、天津、江苏、浙江等地区推向全国。

就智力障碍儿童教育安置的总体情况看,我国为智力障碍儿童提供的教育安置形式比较灵活。从教育安置实践看,不同安置形式基本满足了不同障碍程度的智力障碍儿童对教育环境的选择和要求,符合个性化的教育安置需要。但值得注意的是,虽然我国目前的教育安置形式能够基本满足智力障碍儿童的教育需求,但具体到每一位智力障碍儿童的教育安置依然有不少问题。例如,目前依然有少数儿童因各种原因被安置在对其发展并不完全适合的教育环境中,在一定程度上影响了教育的结果。近年来,一些地方教育行政部门正在积极探索智力障碍儿童的教育安置体系。例如,自2012年开始,上海市教育委员会联合上海市卫生局对新入学的残疾儿童开展了一对一的入学评估。评估流程为:先由定点专科医疗机构为每位有评估需求的儿童进行残疾诊断,再由定点医疗机构为每位残疾儿童进行健康检查,最后在已有检查的基础上,由医学专家、特殊教育专家、特殊教育学校校长、教师以及残疾儿童家长,一起对残疾儿童的入学安置进行全面综合评估,并由评估专家组对每一位残疾儿童的安置方式提出建议。[①]

---

① 国家教育体制改革试点"推进医教结合,提高特殊教育水平"项目组.医教结合,为生命添彩:上海特殊教育的新追求[M].上海:上海教育出版社,2014:105-117.

为贯彻教育公平的理念,为使每一位智力障碍儿童都能获得切实、有效的教育教学,专家、学校教师和家长必须谨慎地对儿童的教育环境做出科学、合理地评估,真正为儿童的发展着想,将每一位智力障碍儿童安置到对其发展最佳的教育环境中去。

第2节 智力障碍儿童的教育目标与任务

针对智力障碍儿童的课程应与正常儿童的课程有所区别。为智力障碍儿童所设的课程必须符合该类儿童的培养目标和发展需要。因此,有一些被普通学校当作隐性课程的内容可能在培智学校或普通学校的特殊班被当作显性课程来教,如生活自理、行为管理、感知训练、机能康复、沟通训练和艺术休闲等;而在正常儿童教育中被认为非常重要的部分知识内容,在培智学校则可能被看作是可选择的课程或教学内容,而并非必教课程或内容。

一、智力障碍儿童的教育目标

由于智力障碍儿童的认知特点、生理障碍和社会交往限制,他们不可能完成正常儿童的教育任务,因此教育目标也有所不同。为智力障碍儿童制定教育目标有两个重要依据:一是以国家对青少年教育的总目的为依据;二是以智力障碍儿童的教育需要和教育潜能为依据。因此,各国在制定智力障碍儿童的教育目标时都充分考虑了这两个依据。

(一)国外针对智力障碍儿童的教育目标

目前,世界上特殊教育发展较好的国家和地区已经为不同智力损失程度的儿童制定了专门的教育目标和教学任务。

日本针对智力障碍儿童的教育目标包括三大方面:① 通过学校的道德教育、特别活动、各学科的教学和养护训练,培养障碍儿童宽广的视野以及道德判断和行动能力。② 特别活动的目标在于扩展障碍儿童的经验,培养他们的社会性和良好的人际关系。③ 养护训练的目标是使学生掌握改善身心障碍所必需的知识、技能,培养克服自身残障必要的态度及习惯,为他们身心更协调发展奠定基础。

英国虽然没有为智力障碍儿童设计特殊的教育目标,但为所有学龄期的特殊儿童设定了统一的教育目标。目标包括七方面内容:① 使学生与更大范围内的人互动和交流。② 使学生表达其偏好、交流的需求,根据别人所期望的方向做出选择,做出决定。③ 促进自我肯定或促进对支持自我肯定的一系列体系的利用。④ 为学生的成人生活做准备,他们将最大可能的自理,并为其人际关系中的互相尊重和彼此独立提供支持。⑤ 增加学生对其所生活环境的认识和理解。⑥ 鼓励学生探索、置疑和勇于挑战。⑦ 在适合学生年龄的每个关键阶段,为其提供广泛的学习经验。

在教育目标指导下英国提出将着重发展学生的以下技能:① 关键技能:交流(包括读写)、数处理、信息技术、与人合作、改善自身学习和行为、解决问题。② 思考技能:有感官意识和感官概念;事先思考技能。③ 其他技能:定向行走、组织和学习技能、个人和社会技能、日常生活技能、娱乐休闲技能等。

(二)我国针对智力障碍儿童的教育目标

我国各地区根据教育资源和智力障碍儿童适应当地生活的需要,分别制定了适合地区性的教育目标。

1. 台湾、香港等地区针对智力障碍儿童的教育目标

台湾地区教育行政部门2011年颁布的《"国民"教育阶段特殊教育课程纲要总纲》（以下简称《课程纲要总纲》）规定了台湾地区中小学教育阶段特殊学生应具备的十项基本能力和课程目标。其十项基本能力和课程目标为：① 增进自我了解，发展个人潜能；② 培养欣赏、表现、审美及创作能力；③ 提升生涯规划与终身学习能力；④ 培养表达、沟通和分享的知能；⑤ 发展尊重他人、关怀社会、增进团队合作；⑥ 促进文化学习与国际了解；⑦ 增进规划、组织与实践的知能；⑧ 运用科技与咨询的能力；⑨ 激发主动探索和研究的精神；⑩ 独立思考和解决问题。《课程纲要总纲》同时指出："根据十大能力所列出的十项课程目标是所有特殊需求学生均可全部或部分达成者。然为因应各类身心障碍学生之障碍程度、能力的差异性，各项基本能力之培养应以学生之日常生活经验出发，并随学生之年龄与能力不同，由低至高逐步设计与调整课程层次，以渐进方式达成各项能力指标。"该《课程纲要总纲》清晰地表明了台湾地区在中小学教育阶段对智力障碍儿童的教育目标，其核心是通过教育，培养智力障碍学生认识自我、发展自我的能力，使其具有基本的审美、沟通、规划、合作、现代科技产品运用以及思考问题、解决问题的能力，为其融入现代社会生活奠定基础。

在香港教育署1997年颁布的《弱智儿童课程指引》（以下简称《课程指引》）中提出了特殊教育课程的总目标，包括："① 因应儿童的个别差异，协助他们达到个人发展。② 教导儿童使他们在自己家中、邻里和社会上能生活、工作。③ 培养儿童良好的学习技巧、态度和习惯，以便他们日后自学或升学。④ 培养儿童良好的工作技能、态度和习惯，以便他们日后接受职业训练或工作。⑤ 训练儿童自立，成为对社会有贡献的一分子。"同时该《课程指引》还从智力、传意技能、群性及德性、个人及身体、美感等五个方面提出了13项智力障碍儿童培养的具体目标。① 智力发展的具体目标：协助儿童对环境有正确观念，并建立知识架构；培养儿童积极的学习态度；培养儿童灵活的头脑，探究的精神；鼓励他们独立思考及运用理性的判断；帮助儿童掌握知识和技能，加以融会贯通，然后用于日常生活；训练他们养成理性思考的习惯，包括观察、有系统的数据搜集、分析、组合、演绎、归纳等。② 传意技能发展目标：鼓励儿童用说话或其他沟通方式来表达他们的思想和感情。③ 群性及德性发展的目标：帮助儿童学习社交技巧、交友和与人合作；帮助儿童建立正确的社会及道德观念；培养他们的责任感及对别人的尊重和忍耐，包括他们的观点、信仰和生活方式；帮助儿童明白个人和世界互相依赖的特性；鼓励儿童热心参与各种活动及对学校和社会做出贡献。④ 了解个人及身体发展的具体目标：培养儿童的自尊、自信及帮助他们建立一个积极、务实的个人形象；为儿童提供感知肌能训练；鼓励儿童多参与体育及康乐活动。⑤ 有关美感发展的目标：培养儿童的想象力、创作力和审美眼光。

为使中重度智力障碍儿童也能获得适当的教育，香港教育署课程发展议会又颁布了中重度智力障碍儿童的《自理（特殊教育需要）教学指引》（以下简称《自理教学指引》）。该《自理教学指引》提出了"透过学习内容和活动，培养学生的基本能力及共通能力，使能终身学习，融入社会"的教育目标。具体目标为：① 表达个人的需要。② 认识、善用及处理日常用品。③ 运用基本的自理技巧和步骤，照料日常的起居饮食和个人卫生。④ 能在不同环境和日常生活中，运用已有的自理常识。⑤ 培养合作的态度。⑥ 培养良好的生活习惯和基本的礼貌。⑦ 注意和遵守安全规则等。该目标着重于中重度智力障碍儿童参与社会生活的基本能力和通用能力的培养，目的是使学生能够照顾自己，减轻对他人的依赖，同时学习适应不同环境，以准备日后过独立生活。

虽然，我国香港地区于21世纪初提出了新的智力障碍儿童教育目标，但通过教育要"帮助特殊学生充分发展潜能，使他们成为社会上一个独立而有适应能力的人"的核心目标并没有改变。

2. 大陆地区针对智力障碍儿童的教育目标

我国大陆地区自开展智力障碍儿童教育以来，非常重视对智力障碍儿童教育目标的研究与确定。为适应不同智力障碍程度儿童的教育需求，国家教育主管部门曾在多个文件中提出针对智力障碍儿童教育的总目标，并于1987年、1994年和2007年先后三次颁布课程计划（课程方案），明确不同障碍程度的智力障碍儿童教育目标。

（1）轻度智力障碍儿童的教育目标

特殊儿童是国家义务教育的一个重要群体，其教育必须依据《中华人民共和国宪法》（以下简称《宪法》）和《中华人民共和国义务教育法》（以下简称《义务教育法》）。《宪法》第四十六条规定："国家培养青年、少年、儿童在品德、智力、体质等方面全面发展。"2018年修订后的《义务教育法》第三条规定：义务教育要"使适龄儿童、少年在品德、智力、体质等方面全面发展，为培养有理想、有道德、有文化、有纪律的社会主义建设者和接班人奠定基础"。依据《宪法》和《义务教育法》，国家教委在1987年颁布的《全日制弱智学校（班）教学计划（试行）》中明确提出了"从弱智儿童身体和智力特点的实际情况出发，对他们进行相应的教育、教学和训练，有效地补偿其智力和适应行为的缺陷，为使他们成为有理想、有道德、有文化、有纪律的社会主义公民，适应社会生活、自食其力的劳动者打下基础"的教育目标。该教育目标表明，通过系统的思想和文化教育，将轻度智力障碍儿童培养成为能适应社会生活、具有自食其力能力的"四有"公民。虽然该教育目标与普通教育的目标"把青少年培养成为德、智、体、美、劳全面发展的社会主义建设的劳动者"大方向一致，但智力障碍儿童的教育目标又反映了这类儿童独特的教育需求，如"有效地补偿其智力和适应行为的缺陷"的教育目标就体现了智力障碍儿童的教育特点。

关于残疾儿童教育目标的问题，在2009年5月国务院办公厅颁布的《关于进一步加快特殊教育事业发展的意见》中得到了再次明确，"注重学生的潜能开发和缺陷补偿，培养残疾学生乐观面对人生，全面融入社会的意识和自尊、自信、自立、自强的精神。加强残疾学生的法制教育、心理健康教育和安全教育"。该教育目标反映了特殊教育课程改革的核心价值，即通过教育使残疾儿童全面融入社会，并立足于社会。

国家虽然没有颁布专门的随班就读轻度智力障碍儿童的教育目标，但在国家教育委员会1994年颁布的《关于开展残疾儿童少年随班就读工作的试行办法》中提出了"学校应当安排残疾学生与普通学生一起学习、活动，补偿生理和心理缺陷，使其受到适于自身发展所需要的教育和训练，在德、智、体诸方面得到全面发展。学校应当对残疾学生加强思想品德教育，培养其良好的行为习惯，使其逐步树立自尊、自爱、自强、自立精神"的教育总目标，这也是国家对随班就读轻度智力障碍儿童的教育目标。

（2）中度智力障碍儿童的教育目标

国家非常重视对中度智力障碍儿童的教育。教育部曾先后于1994年和2007年两次颁布了针对中度智力障碍儿童的教育方案。在两次不同的教育方案中都对中度智力障碍儿童的教育目标给予了明确的规定。

2007年教育部颁布的《培智学校义务教育课程设置实验方案》中提出：培智学校应"全面贯彻党的教育方针，体现社会文明进步要求，使智力残疾学生具有初步的爱国主义、集体主义精神；具有初步的社会公德意识和法制观念；具有乐观向上的生活态度；具有基本的文化科学知识和适应生活、社会以及自我服务的技能；养成健康的行为习惯和生活方式，成为适应社会发展的公民"。

从该教育目标我们可以清楚地看到，国家希望通过培智学校的系统教育，使中度智力障碍儿童在思想情感、公德意识、法制观念、科学文化知识、社会认知、生活和行为习惯等诸方面获得最大限度的发展，以使他们最终成为能够适应社会发展的现代公民。

二、智力障碍儿童的教育任务

（一）轻度智力障碍儿童的教育任务

国家教育委员会1987年颁发的《全日制弱智学校（班）教学计划（试行）》中针对轻度智力障碍儿童的教育任务是："培养学生爱祖国、爱人民、爱劳动、爱科学和爱社会主义的国民公德，懂得遵纪守法，讲究文明礼貌；使学生具有阅读、表达和计算的初步能力；发展学生的身心机能，矫正动作缺陷，增强身体素质；培养学生爱美的情趣和良好的生活习惯，具有生活自理能力，并学会一些简单的劳动技能。"据此可见，轻度智力障碍儿童的教育任务主要有三方面：① 对轻度智力障碍儿童进行思想品德教育，该教育任务包括爱国主义、公民意识和世界观教育。② 对轻度智力障碍儿童进行基础文明教育，即教育轻度智力障碍儿童具有融入社会所需的基本文化知识和技能，包括学科基础知识和运用知识参与社会生活的技能。③ 针对智力障碍儿童身心发展独特需要而进行的特殊的教育训练任务，包括智力训练、语言训练、体能训练和生活自理能力训练等。

这三个方面的教育任务，前两个任务与普通基础教育的任务大致相同，而第三个教育任务，则是针对轻度智力障碍儿童缺陷而开展的教育训练，例如情绪控制训练、沟通训练、劳动技能训练、生活自理训练等。无论是哪种教育任务，其核心都是为了最大限度地满足轻度智力障碍儿童融入社会、适应生活的目标。

（二）中度智力障碍儿童的教育任务

根据1994年国家教委颁布的《中度智力残疾学生教育训练纲要（试行）》的规定，中度智力障碍儿童的教育任务有三个：① 全面发展的任务：应使每个中度智力残疾学生在基本道德品质和行为规范、初步文化知识、身心健康等方面都有适合其特点与水平的发展与进步。② 补偿缺陷的任务：根据每个中度智力残疾学生的运动、感知、言语、思维、个性等方面的主要缺陷，采取各种教育训练措施，使其各方面的潜在能力发展到尽可能高的水平，达到康复的最佳效果。③ 准备进入社会的任务：培养中度智力残疾学生生活自理能力，与人友好相处和参与社会生活的能力，学会简单的劳动技能，养成劳动习惯，为其成为自尊、自信、自强、自立的劳动者打下基础。

第3节　针对智力障碍儿童教育的课程

由于身心障碍，智力障碍儿童的教育需求和发展目标与普通学生有所差异，因此必须在普通教育课程的基础上针对智力障碍儿童的教育需求设计更具针对性的课程。各国都非常重视对智力障碍儿童课程的研究，经过不间断的理论研究和实践探索，智力障碍儿童的课程有了很大的变化，从早期的以行为学派为基础的系统性教学，发展到当今以儿童的有效教育为价值趋向的生态性、功能性教学；从探讨如何补偿智力障碍儿童的"缺陷"，到如今着重考虑如何挖掘其"潜能"。针对智力障碍儿童教育观念的转变，促进了智力障碍儿童教育课程的不断发展。

一、针对智力障碍儿童教育的课程组织形式

综合国内外智力障碍儿童的教育课程来看，针对智力障碍儿童教育的课程组织形式主要有以下几种。

（一）学科性课程

学科性课程采用分科的教学形式组织教学内容，这与普通学校的课程组织形式基本相同，即各门学科分开教授，只是在制定课程目标、选择教学内容和实施教学的过程中考虑智力障碍儿童的学习基础，而简化学科知识、减少学科内容是常用的教学调整形式。因这种课程组织形式能够充分保证学科的结构，完整展现学科内部知识间的逻辑关系，因此教师比较容易组织教学和实施评价，而学生也能够获得较为系统的学科知识。但问题是，学科教学的逻辑线索与智力障碍儿童的认知发展结果往往不完全匹配，因此单纯依据学科线索选定的某些知识的讲授可能因脱离智力障碍儿童的认知基础和生活经验而导致其难以完全理解和掌握；另外，因智力障碍儿童概括和迁移的能力较差，他们很难自觉地整合学科间的知识，更不容易主动地将知识转化为技能，所以单纯使用这种课程组织形式进行教学有一定的困难，因而要求教师要有计划地安排一些相关活动，使学生有机会将知识与生活场景联系起来，并引导学生学会将学科知识运用于现实生活，形成生活技能。

一般认为，学科性课程不太适合低年龄段的智力障碍儿童和中、重度智力障碍儿童，而比较适合于轻度智力障碍儿童和中高年级阶段中学业发展相对较好的少数中度智力障碍儿童，特别适合于随班就读中的轻度智力障碍儿童。我国于1987年颁布的《全日制弱智学校（班）教学计划》和香港地区1997年香港教育署颁布的《弱智儿童课程指引》基本上就是采用学科性课程为智力障碍儿童提供教育。

（二）发展性课程

发展性课程主要是从儿童认知的发展线索来考虑课程的建构，所以课程目标的制定主要是依据对儿童现有基础能力测验的结果而定，而具体的教学目标、课程内容和教学组织序列着重参考儿童发展的测验项目。根据智力障碍儿童的发展特点和教育需要，课程内容一般包括感知觉、运动、生活自理、社会、语言等相关发展领域。经评估，教师会以学生的现有水平为起点来设计更高一级的发展目标，并通过教育训练，达成高一级目标。发展性课程的

优势在于,课程设置、目标制定和内容选择充分考虑了儿童的认知发展序列,同时能够照顾到每一个智力障碍儿童的认知发展阶段和教育需求。但问题是,该课程的组织形式难以兼顾学科的结构体系和不同儿童学习学科知识的经验和序列,因此教师组织教学相对困难,而且学生很难进行较为深入的探究性学习。

发展性课程更适合于低年龄段(包括学前)智力障碍儿童,但不完全适合于中、高年级段智力障碍儿童。另外,该课程组织形式比较适合于针对智力障碍儿童的个别化教育训练。1994年国家教育委员会颁布的《中度智力残疾学生教育训练纲要》的课程设计思路就是部分采用了发展性课程的理论来组织中度智力障碍儿童的教育活动。

(三) 功能性课程

功能性课程主张教导智能障碍者实际生活中重要而必备的活动与技能,使其能参与多样化的社会生活。功能性课程目标与内容是由儿童目前及未来生活环境及行为表现分析而来的,因此功能性课程的基本要素是:功能性的活动与技能、自然情景、符合生理年龄。功能性课程主张使用真实的材料、在社区自然情景中教学,并重视活动的结果。鉴于此,该课程强调针对智力障碍儿童的所有课程必须以环境分析为依据。该课程体系的设立是先将人类的生活划分为居家生活、小区生活、职业生活、休闲生活以及人际互动等若干领域,然后再仔细分析每个领域内儿童可能参与的主要环境与次要环境,并分析人们通常在此环境中会做什么,最后再采用工作分析法分析出完成此活动必要的技能,该技能将成为选择教学目标的依据。[①] 功能性课程的优势在于:其一,功能性课程不是教给儿童孤立的、系统的知识或技能,而是教授具体生活领域中的特定知识和技能,这便于智力障碍儿童掌握特定生活领域中通常使用的应对策略,帮助他们适应社会生活。其二,功能性课程主张在教学中使用真实的教学场景和真实的教学材料,这便于学生理解和掌握所学知识、技能。但这种课程组织形式有其难以克服的障碍。首先,由于功能性课程无法兼顾学科教育的逻辑顺序,因此课程所提供的信息是各门学科的部分信息,这种零散的知识无法帮助智力障碍儿童建构起继续学习的知识网络,不利于儿童深入地学习。其次,教师必须将各领域的知识进行整合后设计教育项目,这对一般教师而言有较大困难。

鉴于功能性课程的组织特点,这种课程模式比较适合低年龄段和中重度智力障碍儿童,如《中度智力残疾学生教育训练纲要》的课程设置就部分采用了功能性课程的理论,张文京、许家成等人所编著的《弱智儿童适应性功能教育课程与实践》就是采用了功能性课程的理论来组织智力障碍儿童的教育课程。

(四) 生活经验性课程

生活经验性课程特别强调在教育过程中对儿童已有经验的利用。该课程是以儿童已经获得的生活、认知等经验为核心,将各种知识整合进儿童的学习单元,并据此组织教育活动。这种课程的表现形式通常是以一个科目、一个领域或一个重要问题为课程之核心,其他科目与核心联系,如以生活教育为核心。在我国部分培智学校的校本课程研发中采用了生活经验性课程的模式。生活经验性课程的优势在于:其一,教学内容与形式能够较好地与学生

---

① 钮文英. 启智教育课程与教学设计[M]. 台北:心理出版社,2003:56.

的现实生活联系,因而有利于在教学中调动儿童的积极性,激发儿童的学习兴趣,帮助儿童将知识及时转化为技能,使所学知识更为牢固。其二,这种课程组织形式也能够比较好地整合各学科间的联系。生活经验性课程的问题与发展性课程、功能性课程一样,因为要考虑儿童的生活经验,故不可能提供系统的学科知识,再加之每个儿童的生活经验不完全相同,因而在集体教学中组织教材内容、确定教学序列比较困难。

生活经验性课程能够适合于各种障碍程度、各个年龄阶段的智力障碍儿童,但这对课程的设计者有比较高的要求。教师要了解每一个儿童的生活经验,并利用这些经验设计教学。由于儿童间的个体差异比较大,所以这种课程组织形式比较适合于制订个别教育计划时使用。

(五) 目标为本课程

"目标为本课程"是建立在建构主义学习理论基础上的以完成学习目标为导向的课程组织形式。该课程组织形式着重于发展学生的传意、构思、推理、探究、解决问题等五种能力。虽然智力障碍儿童的学习能力较弱,但研制者依然认为只要内容选择恰当、教学得当,他们是能够在一定程度上学习和运用上述五种能力。不过儿童的学习困难需要教师的特别处理才能得到有效地克服。目标为本课程强调在每个学段中各学科都制定出明确的学习目标,并清楚地标明学习方向,要求学生朝这个方向努力。这些目标是由浅入深、从简到繁、循序渐进地按照知识、思考、技能和态度四个层面制定的。目标为本课程在20世纪90年代前后的港台地区的智力障碍儿童教育中比较流行。该课程组织形式的优势是:第一,学习目标明确,便于学生学习,也方便教师的教学以及教育评价。第二,能够照顾学习差异,利用分等级的方式组织教学及练习,切合学生的需要。第三,学习过程与学习结果并重,并强调科目的综合运用,可促进学生迈向目标。第四,该课程组织形式能够不断重温学习重点。因此,这种课程组织形式能够较好地体现因材施教的思想。但问题是,在班级授课条件下其操作难度较大,因为教师们普遍感到在同一节课中很难采用多种教学策略处理不同学生的学习问题。

目标为本课程能够最大限度地体现因材施教的思想,因此该课程适用于任何障碍程度和任何年龄段的智力障碍儿童。由于该课程组织形式更符合儿童的个体教育需要,因此更适合于个别化的教育。我国香港地区《自理(特殊教育需要)教学指引》中所呈现出的课程结构,就是采用了"目标为本"的课程组织形式,而台湾地区和祖国大陆也有类似的课程组织形式。

(六) 生态课程

生态课程是在对发展性课程和功能性课程反思基础上形成的新的课程组织形式。所谓生态课程是指将学生置于常态的社会生活环境中,依其能力水平及生活现状,以适应未来生活环境为导向,通过对儿童能力与环境要求、现实环境与理想环境的分析评估,制定具体的教育目标,提供适合其教育需求的个别化教育课程。[①] 生态课程要求在生态评估的基础上,分析儿童参与活动的环境要素和能力要求,并在此基础上教授儿童运用于该环境活动的知识和技能。生态课程与功能性课程同样重视对儿童参与社会生活所需知识和技能的教育,但生态课程更强调对每一位儿童真实环境和其环境适应能力的评估,并以此为依据发展相应的教育目标和个别化教育的课程。生态课程的优势在于:第一,该课程是为具体儿童而

---

① 李宝珍. 生态之旅——创意教学向前走[M]. 重庆:江津向阳儿童发展中心印行,2003:35.

设,因此课程内容和教学形式的针对性非常强,而且家长也可以参与课程的设计和实施。第二,因课程内容是从儿童的生活环境中分析出来的,教育目标与儿童的生活环境紧密联系,因此儿童所学的实际上是一套套完整的生活环境应对策略,这对不善于整合的智力障碍儿童运用相关策略应对生活问题非常有价值。第三,因课程主要在儿童生活的具体场景中进行,因而儿童容易理解和运用。但这种课程也有其局限:首先,学科知识教学的逻辑顺序难以得到保障。其次,因课程是建立在某一具体的生活环境之上的,所以一旦儿童的生存环境发生了较大变化,他们便较难适应新的环境。最后,准确评估儿童的生活环境和所需知识要求较高,一般教师难以胜任。

因生态课程强调从每一位儿童的具体生活环境入手分析教育内容,并教授其生活环境中的具体知识和技能,因此该课程组织形式适合于任何年龄和任何智力障碍程度的儿童,而且非常适合于个别化的教育。

(七) 个别化教育课程

个别化教育课程是指适应个体教育需要和发展需要,并适合于个体教学方法的课程。个别化教育课程是近 20 年来西方发达国家特殊教育领域使用较多、效果较好的一种课程组织形式。这种课程的实施有许多具体的要求:如学校需要安排大量的教师为每一位儿童提供独立的、内容和结构均科学合理的多项课程;学校要为每一位儿童提供适合该儿童教育教学所需的教学材料和教学方法;学校要为每一位儿童重新安排在校时间;教育需要有效大量的前期评估、准确的教育定位和教学评价标准。即学校为每个儿童制订的个别化课程计划所强调的是,应完成的学习任务、完成任务所需要的时间、适当的教材和资料以及完成预定任务的标准。由于使用这种课程组织形式要求改变我国现有教育体制,重设教育机构,因此该课程组织形式在我国目前条件下很难推行。

由于个别化教育课程组织形式的教育成本高、研究不够,以及人们对其教育价值还缺乏足够认识等多种原因,所以在目前我国的个别化教育课程仅仅是个别学生、个别时间段、个别项目的教育尝试,还没有纯粹的个别化教育。

二、针对智力障碍儿童教育的课程设置

(一) 国外针对智力障碍儿童的课程设置

美国智力障碍儿童的课程一般由基本课程(必修课程)和扩展课程(选修课程)两部分构成。以得克萨斯州智力障碍学校的课程为例,基本课程包括英语语言艺术、阅读、数学、科学和社会学习等,而扩展课程包括艺术、健康/体育教育、第二语言、科技应用等。

英国虽未为智力障碍儿童设定专门的课程,但结合国家课程指导方针可以看出,其课程包括:英语、数学、科学、设计和技术、信息和交流技术、历史、地理、现代外语、艺术和设计、音乐、体育、宗教教育、个人社会健康教育(PSHE)和公民(与普通教育相同)。

日本智力障碍儿童教育课程是根据儿童就读的不同形式和不同学段而设置的。日本小学阶段的智力障碍儿童教育,一般开设有国语、社会、算术、理科、生活常识、音乐、图画、家庭和体育等课程。而中学阶段一般开设有国语、社会、数学、理科、音乐、美术、保健体育、技术、家庭、职业与家庭课程、道德教育、特别活动、养护训练等课程。

综合上述各国智力障碍儿童的教育课程发现,这些课程有三个特点:其一,各国基础课

程的设置与普通学校大致相同,如在各国开设的课程中都有语言、数学(算术)、生活常识/社会、体育、音乐、图画等课程。其二,各国均开设了反映本国基础教育特点的相关课程,如得克萨斯州开设的第二语言和科技应用等课程,英国则开设了设计和技术、历史、地理、现代外语、艺术和设计、宗教教育、公民等课程。其三,各国在基础文明教育课程的基础上开设了针对性的特殊课程,如日本开设了家庭、职业教育以及道德教育、特别活动、综合学习和养护训练等特殊课程。

(二) 我国针对智力障碍儿童的课程设置

我国对智力障碍儿童的教育非常重视,无论港台地区,还是大陆都分别为智力障碍儿童设置了专门课程。

1. 港台地区针对智力障碍儿童的课程设置

依据 1997 年香港教育署课程发展处颁布的《弱智儿童课程指引》,香港地区针对智力障碍儿童的教育课程有语文、数学、电脑、自理、常识、感知肌能、体育、音乐、美劳、家政、设计与科技以及独立生活技能等 12 门课程,对应着语文、数学、人文及社会、感知肌能、美育及创意、实用技能等六个学习范围。香港地区的智力障碍儿童教育课程是对主流学校课程的修订,其目的是适应不同障碍程度和不同教育需要的智力障碍儿童的教育。

"自理科"向来是特殊学校课程中的一个重要科目……但主流学校并没有刻意在正规课程中编订自理科以教导融合生,大多以渗透形式让有需要的学生学习。为适应个别需要接受自理能力教育的智力障碍儿童,香港地区又编制了《自理(特殊教育需要)教学指引》。这套课程不但能够为专门的智力障碍儿童学校的教育所用,还可以成为融合教育环境下智力障碍儿童的补充课程。为此课程专家建议,使用"自理课程"的学校应结合校本课程和个别学生的教育需要,选取本课程学习目标和策略设计课程,为自理能力较差的智力障碍儿童提供个别化教育训练。

随着特殊教育的发展,尤其是融合教育研究与实践的不断深入,香港地区从 20 世纪末开始对智力障碍儿童的课程进行了较大改革,目的是使智力障碍儿童的课程既能满足智力障碍儿童补偿教育的需求,又能够与普通学校的课程衔接,以配合香港政府推行融合教育。有鉴于此,香港教育局参照普通学校课程架构为小学阶段的智力障碍儿童开设了中国语文、科学教育、个人·社会·人文教育、科技教育、艺术教育、体育等六门课程和一门选修课程英国语文;在为初中阶段的智力障碍儿童开设中国语文、英国语文、科学教育、个人·社会·人文教育、科技教育、艺术教育、体育等课程之外,还鼓励学校开设与科技教育相关的其他课程,如普通计算机、设计与科技、家政/科技与生活等。为了满足智力障碍儿童身心补偿教育的需求,香港政府还为其开设了个人与社会化教育、感知肌能训练、自理·常规训练、生活/实用技能训练、普通话、图书阅读等几门跨学习领域的课程。①

依据台湾地区教育行政部门 1999 年 10 月颁布的《特殊教育学校(班)"国民"教育阶段智能障碍类课程纲要》,台湾地区针对智力障碍儿童的教育课程主要有生活教育、社会适应、

---

① 香港特别行政区政府教育局. 小一至中三(智障学生)课程架构及课时分配[EB/OL]. [2018-09-10]. http//www.edb.gov.hk. 2017

实用语文、实用数学、休闲教育和职业生活等六门课程。由于台湾地区对智力障碍儿童教育课程的研究比较充分,因此各学校对课程的选择与使用比较灵活。各学校除可以使用教育行政部门颁订的课程外,还可以选择由师资培育机构、社会福利机构或专家学者自行编撰的实验课程。比较有影响力的课程形式有:发展本位课程、学科本位课程、生活经验课程、能力本位课程及功能性课程等。为使课程使用者能够更有效地选择课程,课程研发人员同时提出课程选择建议以指导各校选用课程。

目前,台湾地区重新建构了智力障碍儿童的课程。新课程是"因应融合教育需与普通教育接轨之需求,并以普通教育课程为特殊需求学生设计课程之首要考量;设计符合特殊需求学生所需之补救或功能性课程"[①]。可见台湾地区针对智力障碍儿童的课程建构也是以普通教育课程体系为基础、以智力障碍儿童认知损伤程度为依据规划而成的。针对轻度智力障碍儿童的教育,台湾地区开设有中国语文、英国语文、数学、自然与生活科技、社会、健康与体育、综合活动等八门普通课程。为保证智力障碍儿童能够学习相关课程,一方面,课程编制者对普通学校的课程大纲做了较细化的处理,使之能够运用于智力障碍儿童;另一方面,教育行政部门要求学校根据智力障碍儿童在普通班级学习的实际困难,为期提供各种支持。例如,学校可以对智力障碍儿童学习困难的课程采取全部抽离到资源教室去学习,或做外加式的补救教学;也可以为其在原班级学习时提供所需的学习辅具、适合的学习环境;还可以对其学业评量进行调整;甚至为其提供其他所需的行政支援服务等。[②]

台湾地区针对中重度智力障碍儿童的课程规划同样参照了普通学校九年一贯的课程规划。针对中重度智力障碍儿童设置了语文(汉语+英语)、数学、自然与生活科技、社会、健康与体育、综合活动等七门课程。在课程实施中同样要求学校需依据中重度智力障碍儿童的个别教育需要,为其提供所需的学习辅具、学习环境、调整学业评量,并为其提供其他行政支援服务。另外,还要求学校根据本校特点和学生的个别化教育计划,弹性调整八大学习领域的课程内容,或增减学习领域及学习节数。另外,根据台湾地区《特殊教育课程教材教法实施办法》的规定,身心障碍教育之适性课程,除学业学习外,还应开设包括生活管理、自我效能、社会技巧、情绪管理、学习策略、职业教育、辅助科技应用、动作肌能训练、沟通训练、定向行动及点字等其他特殊教育课程。因此,智力障碍儿童中如有需要接受特殊教育训练者,学校可经过评估为其提供专门的教育训练课程。

2. 大陆地区针对智力障碍儿童的课程设置

我国大陆自开展智力障碍儿童教育以来,党和国家一直非常关心、支持智力障碍儿童教育的发展。为使培智学校的教育符合智力障碍儿童的学习特点和教育需求,国家除了为培智学校建设专门校舍、配备专门教育教学训练设施设备外,还先后三次为培智学校研制专门的教学计划、课程方案、教学大纲,并为轻度智力障碍儿童编制了独立的课程和全套教材、教参,这为智力障碍儿童的教育教学提供了有力保障。

(1) 轻度智力障碍儿童课程

我国在1987年第一次为智力障碍儿童设计独立课程。1987年国家教委根据国家教育

---

① 台湾地区教育行政部门.特殊需求特殊教育课程纲·通论[S].2011.
② 台湾地区教育行政部门.特殊需求特殊教育课程纲·通论[S].2011.

方针,结合智力障碍儿童的身心特点,制定了《全日制弱智学校(班)教学计划(试行)》(以下简称《教学计划》)。该《教学计划》供全日制培智学校和普通小学附设的培智班试用。根据1987年《教学计划》,在培智学校中应开设常识、语文、数学、音乐、美工、体育、劳动技能等七门课程。这些课程是对普通小学课程的修订,因此与当时普通小学的课程大致相同,只是培智学校不设"外语"课,而增设了"劳动技能"课。

(2) 中重度智力障碍儿童课程

我国曾于1994年和2007年先后两次颁布中重度智力障碍儿童的教育课程。在1994年颁布的《中度智力残疾学生教育训练纲要(试行)》中,没有沿用原培智学校的课程框架,而是依据发展性、功能性的课程理念,根据智力障碍儿童的教育需要,采用了综合化教育思路,为中度智力障碍儿童设置了生活适应、活动训练和实用语算三大领域的课程,并在三大领域之下规定了具体的教学范畴。例如,在"生活适应"之下设有个人、家庭、社会和劳动生活适应等方面的课程内容;在"活动训练"之下设有大小肌肉、运动能力训练、体育、美术、音乐、手工、游戏、观察、认识世界等课程内容;在"实用语算"之下设有最基本的语文、算术知识和技能等。

在基础教育课程改革的推动下,教育部于2007年颁布了《培智学校义务教育课程设置实验方案》。新方案规定应在培智学校开设:生活语文、生活数学、生活适应、劳动技能、唱游与律动、绘画与手工、运动与保健等一般性课程,以及信息技术、康复训练、第二语言、艺术休闲、校本课程等选择性课程。所谓一般性课程是指体现对学生素质的最基本要求,着眼于学生适应生活、适应社会基本需求,为所有学生的必修课程。而选择性课程则是指着眼于学生个别化发展需要,注重学生潜能开发、缺陷补偿(身心康复),强调给学生提供高质量相关服务,体现学生发展差异弹性要求的选修课程。[①]

三、智力障碍儿童教育的课程结构

由于课程结构是课程目标转化为教育成果的纽带,是课程实施活动顺利开展的依据,[②]因此在对智力障碍儿童的课程设计中,必须考虑不同学科、不同教育内容在整体教育中的价值、地位和相互关系,以建构科学合理的课程结构。

为智力障碍儿童设计课程一般应考虑两个因素:其一,智力障碍儿童具有与正常儿童同样的基础文明教育需求,因此在设计具体教育科目时必须考虑儿童最基本的文化知识教育的需求。其二,智力障碍儿童的个体间差异大、教育需求不同,因此课程设计应注意广域性,即课程内容既要考虑补偿儿童的障碍或发展儿童的潜能,还要考虑相关课程与普通学校课程的衔接。为此,针对智力障碍儿童的教育课程一般包括学科类课程、活动类课程、康复类课程和发展性课程等。

(一) 我国港台地区针对智力障碍儿童的课程结构

1. 香港地区针对智力障碍儿童的课程结构

20世纪末香港地区针对智力障碍儿童的早期课程较多地参照了普通教育机构的课程结构。在1997年由香港教育署课程发展处印行的《弱智儿童课程指引》中绘制了智力障碍

---

① 教育部基础教育司. 培智学校义务教育课程设置实验方案[S]. 2007.
② 朱慕菊. 走进新课程——与课程实施者对话[M]. 北京:北京师范大学出版社,2003:16.

儿童课程立体图,以表明香港地区智力障碍儿童的课程结构(见图8-1)。

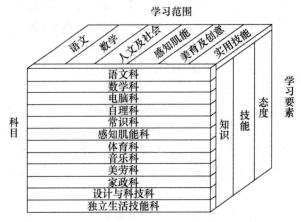

图 8-1　香港地区智力障碍儿童的课程结构

该示意图包括知识、技能、态度三个学习要素,六个教育范围和12门课程。分析该课程结构,三个学习要素对应其教育总目标。

从《弱智儿童课程指引》所展示的课程架构看,普通学校学科性课程所占比重较高,而反映智力障碍儿童缺陷补偿的独立性课程比例相对较低。该课程结构表明了香港地区对智力障碍儿童教育的价值判断,即有特殊教育需要的儿童不应被视为有别于一般儿童……特殊教育课程与主流课程均有共同目标,两者皆重视充分发展儿童的潜能。为达到课程目标,应让这些儿童获得类似一般儿童所得的学习经验、技能、概念、正确的价值观等。①

《自理(特殊教育需要)教学指引》中的自理课程是在以"目标为本"的课程理论指导下设计的一个相对独立的课程。该课程在教学内容的组织形式上采用了学习领域→学习范畴→学习目标→学习重点的结构方式,见图8-2。②

			自理课程 总目标			
[饮食] 范畴 学习目标	[如厕] 范畴 学习目标	[穿脱衣物] 范畴 学习目标	[个人整洁及卫生] 范畴 学习目标	[家居生活及技能] 范畴 学习目标	[校内及校外安全知识] 范畴 学习目标
[饮食] 范畴 学习重点	[如厕] 范畴 学习重点	[穿脱衣物] 范畴 学习重点	[个人整洁及卫生] 范畴 学习重点	[家居生活及技能] 范畴 学习重点	[校内及校外安全知识] 范畴 学习重点

图 8-2　香港地区自理课程结构

---

① 香港课程发展议会.弱智儿童课程指引[S].香港教育署课程发展处印行,1997.
② 香港教育署课程发展议会.自理(特殊教育需要)教学指引[S]. 2002.

该课程结构希望将独立拥挤的"学校科目",扩展为整体均衡的"主要学习领域",以保证体现课程"衔接、进展、连贯"的组织理念。

"自理课程"各"学习范畴"的内容互为关联。不论学习单元的范围大小,都涉及不同学习范畴的学习重点,要求可按儿童的日常生活需要和经验进行编订,把不同学习范畴的学习重点归纳为跨学习范畴的学习单元。另外,自理课程既可以是一个独立的课程,即为那些因严重智力障碍而无法学习必修课程的智力障碍儿童提供系统的自理教育训练,也可以穿插在其他教育课程中实施教育。表 8-1 以某智力障碍儿童教育学校的课程设置为例。在这个课程设置表中,宋体部分是学科课程,而楷体部分则是自理训练内容。从表 8-1 可以看出,学校没有单独设置"自理训练"课程,而是将自理训练内容有意识地穿插在学校的一日生活中,通过儿童在不同生活场景中的活动训练其生活自理能力。

表 8-1 中重度智力障碍儿童教育学校课程设置

	星期一	星期二	星期三	星期四	星期五
9:00—9:10	早会				
9:10—9:50	语文/沟通	语文/沟通	家政/工艺（洗手）	社会适应	语文/沟通
9:50—10:30	语文/沟通	数学	家政/工艺（洗手）	感知肌能训练	数学
10:30—10:45	休息（如厕后洗手、活动后洗手、洗脸）				
10:45—11:25	数学	音乐	语文/沟通	体育（课后洗手、洗脸、梳头）	自理
11:25—12:05	自理	感知肌能训练	自理	体育（课后洗手、洗脸、梳头）	自理
12:05—1:20	午膳及休息（吃饭前洗手,午餐后擦嘴、刷牙、洗手、洗脸,午餐活动后洗手、洗脸、梳头及整理衣服）				
1:20—2:00	美劳①（课后洗手）	社适②	感知肌能训练	语文/沟通	校外活动
2:00—2:40	美劳（课后洗手）	社适	感知肌能训练	自理	校外活动
2:40—2:50	休息（活动后洗脸、洗手、梳头、整理衣服）				
2:50—3:30	社适	自理	音乐	数学	
3:30—3:40	放学				

由于自理课程的内容和教学时间是依据每个儿童的具体教育需要而定,因此各教学内容所占用的课时比例比较灵活。

进入 21 世纪,香港教育局对原智力障碍儿童的课程架构及课时作出了较大调整,并颁

---

① 课程"美劳"即"美育与劳动"课程。
② 课程"社适"即"社会适应"课程。

布了调整后的中央课程结构。调整后的课程架构不分障碍程度,而是从原则上提出了智力障碍儿童在不同教育阶段必须学习的知识、获得的能力、养成的价值观和态度等教育内容和目标。鉴于智力障碍儿童教育需求和学习基础的差异特点,中央课程架构只是一个帮助学校自行规划和发展课程的组织框架。在课程实施中学校可以根据中央课程框架和学生的学习需要设计不同的课程模式。① 香港教育局新颁布的小一至中三(智障学生)课程结构见表8-2。

表8-2 小一至中三(智障学生)课程架构及课时分配②

小一至中三课程组成部分			小一至小三 课时建议	小四至小六 课时建议	中一至中三 课时建议
学习领域		中国语文教育	12%—25%	12%—25%	12%—25%
		英国语文教育	(≥7.5%)	(≥7.5%)	(≥7.5%)
		数学教育	12%—20%	12%—20%	12%—20%
	常识科	科学教育	12%—25%	12%—25%	12%—25%
		个人·社会·人文教育			
		科技教育			(3%—15%)
		艺术教育	10%—16%	10%—16%	10%—16%
		体育	5%—8%	5%—8%	5%—8%
七(八)个学习领域课时下限小计			51%(58.5%)	51%(58.5%)	51%(61.5%)
跨学习领域	可供弹性处理的时间适用于(♯) 注:应妥善规划弹性时间。如按学生需要,提高各学习领域的课时,或安排其他跨课程活动。		49%(41.5%) (最大值)	49%(41.5%) (最大值)	49%(38.5%) (最大值)
总课时			100%	100%	100%
(♯)可用于: ● 感知肌能训练/自理、常规训练、生活/实用技能 ● 英国语文教育学习领域/英语学习 计算机认知单元(KS1-2) ● 普通话课/图书课			● 班主任课/学生辅导 ● 价值观教育:德育及公民教育/宗教教育/性教育 ● 联课活动:多元智能/兴趣/综合学习活动		● 拓展其他学习经历,例如:与工作有关的经验、社会服务、体艺活动等,以配合全方位学习 ● 专题研习 ● 其他跨课程活动,例如STEM教育
1.收录智障学生的特殊学校,可按学生的能力和需要校本决定是否开设在英国语文教育领域下的英国语文科。倘若学校并非以英国语文科为学生提供英语学习,则有关课时将归类为可供弹性处理的时间。 2.学校可考虑于初中开设与科技教育相关的科目,例如普通计算机科、设计与科技科及家政/科技与生活科等;亦可选择继续以常识科作为初中科技教育学习领域的载体,而原定科技教育的课时则可供弹性处理(♯)。 3."可供弹性处理的时间"上限的计算方法为:100% 所有建议课时的下限的总和。建议学校参考各学习领域/跨学习领域的建议总课时百分比,因应学生的学科学习需要、校情及不同特殊教育需要,灵活调节各学习领域/科目的课时,并分配合适的其他学习时间(♯)。					

---

① 香港课程发展议会. 为智障学生而设的中国语文课程补充指引(小一至中三)[EB/OL]. http://www.edb.gov.hk. 2012

② 香港特别行政区政府教育局. 小一至中三(智障学生)课程架构及课时分配[EB/OL]. [2018-09-10]. http://www.edb.gov.hk. 2017

由本课程结构可见,目前香港地区针对智力障碍儿童的教育旨在培养其融入当代社会生活所需的语言沟通、数学、信息科技运用、思考、解决问题、自我管理、自学、协作等共通能力。虽然香港教育局提供了总的课程结构,但这是一个开放的课程体系。在课程执行过程中,学校具有课程调整权。例如,如果某智力障碍儿童无法学习英语,学校可以不要求该儿童参与英语课的学习,而是将英语课的课时用于其所需的感知肌能或生活/实用技能等课程的学习/训练。另外,虽然该课程结构中各门学科在三个学段课时的占比均无变化,但就是因为所有课程的课时数均设置了弹性实施的空间,所以能够满足学校为不同学生弹性设置跨学习领域课程或其他相关训练课程的课时数要求。

2. 台湾地区针对智力障碍儿童的课程结构

台湾地区教育行政部门1999年颁布了《特殊教育学校(班)"国民"教育阶段智能障碍类课程纲要》,它依据学生适应社会生活所需的能力将六门课程划为六个"领域",再在此基础上区分为十五个"次领域",每个次领域又细分为若干"纲目",每个纲目再依所需养成的能力列出若干"项目",每个项目之后,又详细列出所应养成的内容"细目"及"学习目标",因应学生实际需求,采用个别化教育计划以实施教学。其具体结构见图8-3。①

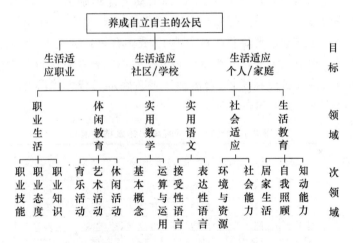

图8-3 我国台湾地区启智学校(班)课程修订纲要架构

就此课程修订纲要架构图看,我国台湾地区课程采用了功能性课程+学科性课程的设置思路组织课程。但与香港地区课程不同的是,台湾地区的学科性课程仅为语文和数学两门学科性非常强的基础性课程,而其余课程则都为功能性课程。

为使这个课程更符合智力障碍儿童的教育需求,能够达到预期的教育目标,课程研制者对各学科的教学时数作了详细的规划,并制定了"特殊教育学校(班)智能障碍类教学领域及每周节数表",具体内容见表8-3。

---

① 钮文英.启智教育课程与教学设计[M].台北:心理出版社,2003:53.

表 8-3　特殊教育学校(班)智能障碍类教学领域及每周节数表

部别 年级 节数 领域	小学						中学		
	一	二	三	四	五	六	一	二	三
生活教育	6—10	6—10	7—9	7—9	5—7	5—7	3—5	3—5	3—5
社会适应	2—3	2—3	3—4	3—4	4—5	4—5	5—7	5—7	5—7
实用语文	4—7	4—7	5—9	5—9	6—10	6—10	4—6	4—6	4—6
实用数学	2—3	2—3	4—5	4—5	4—5	4—5	2—4	2—4	2—4
休闲教育	6—8	6—8	8—10	8—10	9—11	9—11	6—8	6—8	6—8
职业生活	0—1	0—1	0—2	0—2	1—3	1—3	7—10	9—12	9—14
合计	26	26	33	33	35	35	33—34	35—36	35—38

表 8-3 显示,我国台湾地区智力障碍儿童的教育课程由学科课程和活动课程构成。学科类课程主要为语文和数学等基础文化课程,而活动类课程则为生活教育、社会适应、休闲教育和职业生活等课程,其中职业生活课程主要在高年级开设。

在融合教育思潮和基础教育课程改革影响下,我国台湾地区在 21 世纪初对智力障碍儿童教育的课程体系进行了较大变革。为落实新世纪中小学教育阶段特殊学生应具备生存所需的十项基础能力的课程目标和要求,台湾地区重新确定了智力障碍儿童的学习内容和课程结构。新课程结构见表 8-4 和表 8-5。

表 8-4　特殊教育课程学习领域结构表

年级 领域	一年级	二年级	三年级	四年级	五年级	六年级	七年级	八年级	九年级
语文	语文	语文	语文	语文	语文	语文	语文	语文	语文
			英语	英语	英语	英语	英语	英语	英语
健康与体育	健康与体育	健康与体育	健康与体育	健康与体育	健康与体育	健康与体育	健康与体育	健康与体育	健康与体育
社会	生活	生活	社会	社会	社会	社会	社会	社会	社会
艺术与人文			艺术与人文	艺术与人文	艺术与人文	艺术与人文	艺术与人文	艺术与人文	艺术与人文
自然与生活科技			自然与生活科技	自然与生活科技	自然与生活科技	自然与生活科技	自然与生活科技	自然与生活科技	自然与生活科技
数学	数学	数学	数学	数学	数学	数学	数学	数学	数学
综合活动	综合活动	综合活动	综合活动	综合活动	综合活动	综合活动	综合活动	综合活动	综合活动
特殊需求	特殊需求	特殊需求	特殊需求	特殊需求	特殊需求	特殊需求	特殊需求	特殊需求	特殊需求

根据表 8-4 所列,台湾地区新的课程结构具有以下几个特点:第一,本课程结构是参照普通学校课程结构而设,表明课程研制者将语文(英语)、数学、艺术人文教育、自然与生活科技、健康与体育等课程看作是特殊儿童形成个人生存基本能力的基础性课程,故要求特殊儿

童通过学校教育掌握相关知识、形成相关能力;第二,每个年级段均设置有"特殊需求课程"和"综合活动课程",以便学校据此为特殊儿童提供专门的教育服务,促进其形成生活能力;第三,该课程结构适用于智力障碍儿童,学校需据此为智障儿童开展教育教学;第四,在一、二年级强化语文和生活能力的培养;第五,除英语、社会、艺术与人文、自然与生活科技等课程外,其他课程均贯穿于特殊儿童中小学教育的整个阶段。

表8-5 各学习领域总学习节数百分比分配参考表

学习领域	百分比	学习领域	百分比
语文(中国语文、英语)	20%—30%	艺术与人文	10%—15%
健康与体育	10%—15%	自然与生活科技	10%—15%
数学	10%—15%	综合活动	10%—15%
社会	10%—15%	特殊需求	0—20%

虽然"各学习领域总学习节数百分比分配参考表"是对学校课程实施的参考和建议,但教育行政部门还是对接收智力障碍儿童的学校提出了进一步的课程实施要求。即如果是针对认知功能轻微缺损学生的教育,其学习的节数应根据表8-5进行规划与安排,但各领域学习节数的百分比得视学生的个别化教育计划进行弹性调整;如果是针对认知功能严重缺损的学生,其学习的节数可在参照表8-5的基础上,依据学校的特点及学生的个别化教育计划弹性增、减各领域学习节数的百分比,但各年级学习的总节数不得减少,以保障这类学生相等的受教育的权利。

(二) 大陆地区针对智力障碍儿童的课程结构

轻度智力障碍儿童的教育目标与中重度智力障碍儿童不同,根据《全日制弱智学校(班)教学计划(试行)》稿所提出的"使他们成为有理想、有道德、有文化、有纪律的社会主义公民,适应社会生活、自食其力的劳动者打下基础"的培养目标,教育行政主管部门设计了专门的课程表。其具体课时安排与比例安排见表8-6。

表8-6 调整后的九年义务教育全日制弱智学校(班)课程安排表

科目	周课时 年级	一	二	三	四	五	六	七	八	九	总课时数	课时比例(%)
常识		1	1	2	2	3	3	3	3	3	714	8.13
语文	阅读	5	5	5	5	5	5	5	5	5	1530	
	语言训练	2	2	2	1	1	1				306	
	作文				1	1	1	2	2	2	306	
	写字	1	1	1	1	1	1				204	
	小计	8	8	8	8	8	8	7	7	7	2346	26.74

续表

周课时\年级\科目	一	二	三	四	五	六	七	八	九	总课时数	课时比例(%)
数　学	5	5	5	5	5	5	5	5	5	1530	17.44
音乐(低年级唱游)	3	3	3	3	2	2	1	1	1	646	7.36
美　工	2	2	2	2	2	2	1	1	1	510	5.81
体　育	3	3	3	3	2	2	2	2	2	748	8.52
劳动技能	2	2	2	2	4	4	8	8	8	1360	15.50
每周总课时	24	24	25	25	26	26	27	27	27	7854	
晨　会	每天10分钟										
活动 班团队活动	1	1	1	1	1	1	1	1	1	306	3.48
活动 文体活动	1	1	1	1	1	1	1	1	1	306	3.48
活动 兴趣活动	1	1	1	1	1	1	1	1	1	306	3.48
周活动课时	3	3	3	3	3	3	3	3	3	918	
周活动总量	27	27	28	28	29	29	30	30	30	8772	

该课程结构是以学科为中心的。其中,常识、语文和数学三门学科性课程占总课程数的52.31%,另外音乐、美工和体育占21.69%,劳动技能占15.5%。除此之外,活动性课程约占总课时数的10%多一些。这个课程结构依然是以文化课为主,希望通过此课程设置完成"使学生具有阅读、表达和计算的初步能力……适应社会生活,成为自食其力的劳动者",并能够参与竞争性就业的培养目标。该课程结构具有课程中的以文化基础教育为主,适当渗透职业教育;以分科课程为主,适当开设综合课程;以必修课为主,适当开设选修课;以按学年、学期安排的课程为主,适当设置少量的短期课程的普通基础教育课程的特点。

20世纪90年代中期,中度智力障碍儿童成为培智学校的教育主体,教育部曾于1994年为中度智力障碍儿童设置了独立的课程,但没有颁布统一的课程计划。

2007年《培智学校义务教育课程设置实验方案》(以下简称《方案》)指出:培智学校的课程要立足于智力残疾学生的发展需求,注重以生活为核心的课程设置理念,整体设计九年一贯的培智学校课程体系。具体课程内容和结构见表8-7和表8-8。

表8-7　培智学校课程计划表(节)

课程\年级	一般性课程							选择性课程			
	生活语文	生活数学	生活适应	劳动技能	唱游与律动	绘画与手工	运动与保健	信息技术	康复训练	第二语言	艺术休闲	校本课程
低年级	3—4	2	3—4	1	3—4	3—4	3—4	6—9			
中年级	3—4	2—3	2—3	2	3—4	3—4	3—4	6—9			
高年级	4—5	4—5	1	3—4	2	2	2—3	6—10			

表 8-8 培智学校课程设置及比例(%)表

课程\年级	一般性课程							选择性课程				
	生活语文	生活数学	生活适应	劳动技能	唱游与律动	绘画与手工	运动与保健	信息技术	康复训练	第二语言	艺术休闲	校本课程
低年级	10—12	6—7	11—13	3—4	10—12	10—12	10—12	20—30				
中年级	10—12	8—9	7—8	5—6	10—12	10—12	10—12	20—30				
高年级	13—15	13—15	3—4	8—9	6—7	6—7	11—13	20—30				

该《方案》立足于智力障碍儿童的发展需求,根据课程设置的原则,注重以生活为核心的思路,整体设计九年一贯的培智学校课程体系。《方案》充分考虑了智力障碍儿童的需求和特点,构建了由一般性课程和选择性课程两部分组成的培智学校课程体系。一般性课程体现教育对学生素质的最基本要求,着眼于学生适应生活、适应社会的基本需求,约占课程比例的 70%～80%。选择性课程着眼于学生个别化发展需要,注重学生潜能开发、缺陷补偿(身心康复),强调给学生提供高质量的相关服务,体现学生发展差异的弹性要求,约占课程比例的 20%～30%。两类课程的比例可根据实际情况进行适当调整。

新的课程结构具有以下几个特点:第一,这是一个以儿童生活为核心而设计的课程。由于中度智力障碍儿童的社会适应能力相对较差,影响了其有效地参与社会生活,为此在这个课程结构中除了在 1—9 年级设置了不同比例的"生活适应"和"劳动技能"等直接参与社会生活的课程外,还在"语文"和"数学"课程中强调生活性、实践性,该课程结构体现了以智力障碍儿童生活为核心的课程设计理念。第二,在这个课程结构中明确了潜能发展和缺陷补偿的具体科目和课时,这为智力障碍儿童的个别化教育提供了学科依据和课时保障。第三,新的课程结构沿用了九年一贯的课程设计方式,整体建构低、中、高三个学段的课程,这保证了培智学校义务教育阶段课程结构的整体性和连贯性。第四,这是一个分科课程与综合课程相结合,基础课程与潜能发展课程、缺陷补偿课程相结合的课程结构。其中语文、数学、唱游与律动、绘画与手工、运动与保健以及信息技术等课程独立设课,而生活适应、劳动技能、康复训练、第二语言、艺术休闲等课程则采用了综合设课的方式。总之,这个课程结构较好地体现了针对中度智力障碍儿童教育的基础性、实用性、整体性、均衡性和连贯性。

四、智力障碍儿童课程设置的基本原则

在课程设置上,智力障碍儿童的课程与普通基础教育的课程设置有共性也有区别。作为基础教育的一个组成部分,普通教育课程设置中的均衡设置课程的原则、加强课程的综合性的原则,以及加强课程的选择性的原则等同样适用于智力障碍儿童课程的设置。但除此之外,针对智力障碍儿童的课程设置还有其特殊的原则必须遵守。如学科性与生活性相结合、分科教学与综合教学相结合、发展性和补偿性相结合、集体教学与个别教学相结合等特殊的课程设置原则。

(一) 港台地区针对智力障碍儿童课程设置的原则

1. 香港地区针对智力障碍儿童课程设置的原则

香港地区针对智力障碍儿童课程设置的原则主要为连贯性与衔接性原则。其具体包括

以下几个方面。

(1) 能力发展的原则：即着重发展儿童独立生活技能、社交技巧及解决问题的能力，培养其良好的工作习惯及积极的工作态度，并让他们明白在工作环境下的个人权利和义务。

(2) 共同参与的原则：即学校必须让全体教师、有关的专业人士和家长了解课程的目标，并让他们参与课程发展的工作。

(3) 利用学生生活经验的原则：即应将学习程序妥为编排，使儿童的学习经验能够建立在已有的知识、概念、技能和态度上。

(4) 有效记录的原则：即学校同时须设立一套有效的学习进度记录系统，以储存数据。一套有效的学习进度记录系统，能帮助儿童适应不同的转变，例如遇有教师调动，接任教师便能依据学生记录编排合适的教学程序。如学生转校或就业，有关学校或机构亦可参考学生记录，以便拟订辅导计划。

(5) 善用教育资源的原则：即在设置课程过程中，学校要充分利用所有人力、物力和社区等教育资源，以保障课程设置的科学、有效，便于实施。①

2. 台湾地区针对智力障碍儿童课程设置的原则

台湾地区在编制智力障碍儿童课程时，明确提出了其课程设置的几个重要原则。

(1) 发展原则：课程纲要依人类自然成长和生活的需要，年龄越小、智力越低的学生，越须提供统整性的课程，并随其心智、生理、社会年龄的增长而逐渐加重其分化学习的课程，务使学生能在良好衔接下，逐步获致各项能力，以立足社会。

(2) 统整原则：课程纲要应重视学习内容由简易而繁难的纵贯体系，并强调各领域彼此间联系的横贯体系，以期使学生获得学习和生活经验的充分统整。

(3) 融合原则：课程纲要为协助学生顺利适应社会，课程内容除以智障学生之特殊需求为规划重点外，尚强调对普通教育学习活动之充分参与。

(二) 大陆地区针对智力障碍儿童课程设置的原则

1. 轻度智力障碍儿童课程设置的原则

虽然在 1987 年国家教育委员会颁布的《全日制弱智学校(班)教学计划(征求意见稿)》中没有专门就课程设置的原则进行说明，但在整个课程计划中我们依然能够清楚地了解到该课程设置的主要原则。②

(1) 教育与康复相结合的原则：根据国家教育方针，结合弱智儿童的身心特点，制订教学计划。

(2) 集体教学与个别化教学相结合的原则：由于弱智儿童个别差异较大……在班级内要实行个别教学或分组教学，从教学内容到教学进度都要充分照顾各个学生的不同情况，不要齐步走。采用集体教学与个别化教学相结合，能够最大限度地照顾学生的差异。

(3) 缺陷补偿和潜能发展相结合的原则：弱智学校(班)的教学、训练和各项活动，要把传授知识、技能，进行思想教育和矫正学生的身心缺陷有机地结合起来，发展学生的学习潜力，使他们具有适应社会生活的能力和从事简单生产劳动的初步技能。

---

① 香港课程发展议会. 弱智儿童课程指引[S]. 香港教育署课程发展处印行，1997.
② 国家教育委员会. 全日制弱智学校(班)教学计划(征求意见稿)[S]. 1987.

2. 中度智力障碍儿童课程设置的原则

在我国2007年颁布的《培智学校义务教育课程设置实验方案》中明确提出了中度智力障碍儿童课程设置的基本原则。

（1）一般性与选择性相结合：即在课程设置方案中，尊重智力残疾学生的教育需求，通过一般性课程来满足其生理、心理和社会发展的需求，最大限度地开发他们的潜能。同时，通过选择性课程来满足学生的个别化需求，促进他们多方面的发展。

（2）分科课程与综合课程相结合：即在课程组织形式上，分为分科课程和综合课程，力求既遵循学生身心发展的基本规律和认识理解事物的普遍特点，较全面满足学生的一般性需求；又促进学生对知识的整体理解和运用知识解决实际问题的能力。鼓励学生学以致用，把所学知识运用到解决实际生活问题的实践中。

（3）生活适应与潜能开发相结合：即在课程功能上，强调学生积极生活态度的养成，注重对学生生活自理能力和社会适应能力的培养与训练。关注学生潜能的开发，培养学生的个人才能。

（4）教育与康复相结合：即在课程特色上，针对学生智力残疾的成因以及运动技能障碍、精细动作能力缺陷、言语和语言障碍、注意力缺陷和情绪障碍，课程注意吸收现代医学和康复技术的新成果，融入物理治疗、言语治疗、心理咨询和辅导、职业康复和社会康复等相关专业的知识，促进学生健康发展。

（5）传承借鉴与发展创新相结合：即在课程开发上，继承我国特殊教育取得的成功经验，借鉴国内外特殊教育和普通教育的先进理论和成功实践，结合智力残疾学生教育教学实际，通过探索、总结、发展和创造，不断调整、修改和完善课程，使课程更适合智力残疾学生的需要和发展。

（6）规定性与自主性相结合：即在课程实施中，各地在使用国家课程方案时，可根据当地的社会、文化、经济背景，社区生活环境以及学生在这些环境中的特殊需求，开发校本课程，体现课程的多样性。

五、校本课程的开发

因我国地域广阔、民族众多、风俗文化有比较明显的地域差异，再加之各地区教育、经济、文化发展不平衡，所以国家统一的课程很难完全适应各地区、各学校的教育需要。另外，除1987年教育部为轻度智力障碍儿童颁布过详细的七门课程教育大纲和整套的教材、教参外，再也没有颁布过能够直接为一线教师课堂教学所用的课程标准、课程指南或课程大纲，更没有编制教材，而在教育部2007年颁布的《培智学校义务教育课程设置实验方案》中只是就培智学校的教育教学提出了宏观的指导性意见。为保证培智学校的教育教学正常开展，开发"校本课程"便成为培智学校的一项重要工作。

在为智力障碍儿童开发的校本课程中，以培智学校的课程开发最为紧要。由于培智学校目前尚无可供大家选用的教材、教参，因此，课程开发依然是培智学校工作中最重要的工作。

就读于普通学校特教班或资源教室中的智力障碍儿童，目前还是可以选用普通学校的教材或轻度智力障碍儿童教材。但是，普通学校的教材有些内容太深、知识的跳跃度过大，所以如果不对普通学校教材进行处理，特教班的学生便无法接受。而20世纪90年代初期出版的轻度智力障碍儿童教材因时代变迁，有些内容不完全适用了。另外，特教班中还有一部分学生为中度智力障碍儿童，他们还存在着言语沟通困难、生活自理困难、行为障碍或感知觉发展不完全等问题，他们还需要进行相关的补偿训练，因此特教班教师也需要开发一些用于个别化教育的课程。由于培智学校存在着儿童障碍类别最多、障碍程度最复杂、课程最薄弱等问题，因此目前针对智力障碍儿童课程开发的重点依然在培智学校。

在校本课程开发中，教师的地位非常重要。"由于学校教育的具体执行者教师广泛参与课程决策……学校的纵向与横向课程中都更有可能充分考虑到学生的需要，考虑到特定学校的具体教育环境，突出本校的课程特色，尤其是充分尊重学校师生以及学校环境的独特性与差异性，因而对学校的教育教学产生重要影响。"[1]因此要求教师参与课程开发和决策的呼声也越来越高。

对于培智学校的课程开发而言，教师的作用更为明显，因为教师不但代表着当地先进的文化，更重要的是他们熟悉智力障碍儿童、理解儿童的独特教育需求、了解儿童的学习规律和教育规律，因此培智学校的教师毋庸置疑是校本课程开发的主力。

（一）培智学校的课程开发

根据各个地区、各个学校的现有教学状况和课程开发需求，目前培智学校的课程开发主要有以下几种情况。

1. 整体开发校本课程

这是一种组织全校力量共同开发办学所需要的全部课程。整体开发校本课程是指组织力量开发除国家课程计划中所规定的所有必修课程和选修课程外，还开发反映学校办学特色、反映乡俗文化的乡土教育课程。例如，很多学校自主开发或联合区域力量开发了生活语文、生活数学、生活适应、劳动技能、唱游与律动、绘画与手工、运动与保健、信息技术、艺术休闲、第二语言等各类课程。

由于这些课程是在学校办学指导思想下统一组织、统一安排、全员参与，所以学校会在一段时间里将该项工作作为全校工作的重中之重。其工作的价值在于既研发了教材，又提升了学校教师的整体专业素质。

整体开发校本课程的实施步骤为：① 组织教师共同学习、解读《培智学校义务教育课程设置实验方案》，统一认识、统一思想。② 依据教师的专业背景和教学情况编成若干课程开发小组。③ 对学生的教育需求和学习基础进行分析。④ 列出所开发课程的知识和能力细目。⑤ 讨论被开发课程的技术路线和成果。⑥ 搜集相关资料，并形成课程组织架构。⑦ 完成部分课程方案或教材，并试用。⑧ 修改课程方案或教材。⑨ 再试用、修改。⑩ 报相关部门鉴定。⑪ 投入使用。

2. 调整不适用的课程内容

这是一种在保持学校课程原貌基础上，对原课程中个别不适应的课程内容进行调整的校本课程开发，因此校本课程开发的着重点是对某些具体教学内容的调整。调整通常采用删除、增加和改编部分课程内容的方式。（1）"删除"的内容主要包括：其一，对原课程中为

---

[1] 吴刚平. 校本课程开发[M]. 成都：四川教育出版社，2002：65.

保障学科的完整性而设计的某些较深、较细的学科知识进行删除。删除的原则是删除后的知识序列和教学序列具有科学性,即符合"教"与"学"的逻辑性。其二,将原课程中明显与当今社会发展不完全相称的知识或技能删除掉。删除的原则是这些内容无论对学生的当下生活,还是对其未来社会融入都不是最必要的知识。其三,对目前培智学校教育对象而言是过深、过难的知识和技能进行删除。删除的原则是在对学生的学习基础有了科学的判断,在对学生的教育有了合理的期望后,审慎决定删除那些学生可能要花大力气、长时间也学不会的知识或技能。根据上述删除的原则,培智学校在调整新课程时,删除了许多不适应的内容,例如,删除了原音乐课程中要求学生掌握儿童电子琴、铝板琴、竖笛等简易乐器,以及简谱知识的内容;删除了原数学课程中认识统计表和条形统计图、求一个数里包含几个另一个数、求一个数是另一个数的几倍的除法应用题等内容;删除了原语文课程中概括课文主要内容和写简单记叙文的内容等。(2)"增加"的内容主要包括:首先,增加了随时代发展而建立起来的有关新的生活方式、生产方式的基本知识和技能,如认识和操作家用电器、信息技术等。其次,增加了原课程中未被强调的针对严重或多重障碍儿童所必需的特别教育课程,例如,生活适应、言语沟通训练、行为矫正、感知觉康复训练、休闲教育等。最后,增加了原课程中所没有的某些更下位的教育阶梯。以上海市义务教育课程"实用语文"/"实用数学"指导纲要为例,在"语文"课程中为不能分辨符号"字"与"图"的学生增加了"正确区分图与文字"的教育内容,在"数学"课程中为不能进行纸笔运算的学生增加了"运用计算器计算"的教育内容。(3)"改编"主要是指,教师依据社会发展状况、区域特点和学生基础,对原课程中的内容进行改编,以适应学生的学习。改编的材料来源非常广泛,有的来自 20 世纪 90 年代初期人民教育出版社出版的轻度障碍儿童使用的教材,有的来自普通学校或学前新课程改革后的教材,而还有一些则来自于报纸杂志、网络等相关资料。这些材料有些稍作改编便能够使用,如小区通知、超市物价标签、儿歌、人民币使用等,还有一些内容必须根据学生的理解力和学习需要作比较大的改动,如招聘广告、服药说明、危险品名称等。

调整原来不适用的课程内容的实施步骤为:① 学校和教师提出需要调整的课程,并提出调整理由。② 组成课程开发小组。③ 组织教师对原课程内容进行反思和分析。④ 分析学情,并确定课程目标。⑤ 确定保留、删减和增加的知识点。⑥ 修改部分课程的方案或教材,并试用。⑦ 修改课程方案或教材。⑧ 再试用、修改。⑨ 报相关部门鉴定。⑩ 投入使用。例如,有的学校基本保留了轻度障碍儿童课程的教育内容,但也对部分与当今生活不完全适应的内容、较深的学科知识做了删减处理;有些学校则是将香港和台湾地区的课程引进学校,但对其中不适应的内容依据当地文化和经济情况进行了处理、改编;还有的个别学校将幼儿园课程引进学校,并根据学生的年龄和智力情况作了修改。这些课程的开发对完善学校的课程也起到了积极的作用,而这些课程的开发,还不是完全的课程开发,只是对国家或地方课程的"校本化"开发。

3. 开发乡土课程

这是被正式确定在国家课程计划中的"校本课程",也是真正意义上的校本课程,其内容比较广泛。例如,教师们开发的乡土教材,即以讲述地方的地理、历史、经济、人文和民族状况为主要内容的课程,例如"我们的家乡"。开发这些课程的目的,是通过课程使学生了解家乡的风土人情,培养学生热爱家乡的情感,为其融入家乡生活奠定基础。还有一类课程是利用教师专长或地域特点开发的旨在陶冶学生情操,或提供职业准备的课程,例如,茶艺、绘画、乐器演奏、舞蹈、朗诵、缝纫、刺绣、钩织、编织、养殖种植、烹饪等学校特色课程。开发这些课程,既能够调动教师关注课程、参与课程开发的积极性,又能够促进学生融入当地社会生活。

乡土课程的开发过程与上述两类课程的开发步骤大致相同,具体为:① 对区域内的环境、文化、风俗民情进行梳理,或对学校课程开发资源进行梳理。② 确定被开发课程的目标和内容。③ 组织课程开发团队。④ 讨论选择课程内容的原则和方法。⑤ 确定教学序列和课程呈现方式,并完成"××课程指导纲要"。⑥ 尝试编制部分教材或教学材料。⑦ 试用编制好的教材或教学材料。⑧ 修改课程方案或教材。⑨ 再试用、修改。⑩ 报相关部门对课程组织鉴定。⑪ 投入使用。

因智力障碍儿童的教育需求存在差异,因此为智力障碍儿童开发课程是一项庞大的工程,需要社会各方面的力量,挖掘一切课程资源。其中,最重要的是课程开发的人力资源。在开发课程时,除要听取教育专家、学科专家、医生、各种康复师等相关专业人士的建议外,还应该将家长、社区工作者、社区服务机构工作人员、普通学校的教师组织到课程开发的团队中来,因为只有这样才能保证所开发的课程是科学、实用、有效的。

(二) 培智学校的教材开发

在课程开发中,开发适用的教材至关重要,因为教材是课程实施的基础。目前人民教育出版社根据《培智学校义务教育课程标准》正在组织力量编写《生活语文》《生活数学》和《生活适应》三科的教材。另外,有部分参与某学科《课程标准》研发的学校也在依据某学科《课程标准》尝试编写校本教材,因此开发教材是当前培智学校课程开发的主要内容。

1. 编写或选编教材的原则

编写或选编智力障碍儿童的教材,既要考虑智力障碍儿童的认知能力、智力发展上限和社会融入要求,还要遵循学科的教育规律,参考时代发展对儿童社会融入的影响。因此在为智力障碍儿童编写或选编教材时必须遵循以下原则。

(1) 体系性原则:体系性是包含于科学性原则之中的,而科学性是任何一本教材编写的基本原则。尽管智力障碍儿童学习能力有限,但他们有着与常人相同的学习过程,因此为其编写或选编教材时同样要重视知识的体系性。教材的体系性既指教材呈现的知识是科学而准确的,又指教材所排列的知识和训练项目是符合教育教学规律,符合智力障碍儿童学习规律的。因此教材的编写要依据儿童的学习基础和学科的教学规律,整体设计教材。

(2) 实用性原则:实用性主要指教学内容的确定和安排应符合智力障碍儿童的发展需要。这是在充分考虑教学对象培养目标的基础上提出的。因此在教材选编时,所选知识和技能必须是智力障碍儿童生活中必须且经常使用的,内容应尽量贴近其生活,涵盖其未来的生活领域。

(3) 滚动复现原则:教材内容的组织应遵循循序渐进、由简而繁的原则,在对知识点的选择、编排上要反复、多次出现,使儿童在一次次接触—感知—理解的基础上掌握学习内容。

(4) 趣味性原则:有些教学内容逻辑性强,内容本身缺乏趣味性,这对智力障碍儿童而言学习比较困难。为促进儿童的学习和理解,在教材编写或选编时一定要注意趣味性,即色彩要丰富、排版要新颖、字体大小要合适,要容易吸引儿童的注意,引起儿童学习的兴趣。

(5) 操作性原则:好的教材应该具有较高的操作性。操作性表现在:教材内容的组织既要符合教师"教"的规律,又要符合儿童"学"的规律;知识点与训练点的衔接要紧密;新授知识点的分布要均匀,尽量避免在同一教学单元内出现若干新的知识点。

(6)补偿性原则:智力障碍儿童都伴有某些缺陷,因此可以利用各门课程对儿童进行补偿教育。例如,在语文教学中教师可针对儿童的语言缺陷,设计一些场景对话练习,以帮助儿童建立场景沟通的自觉意识。在绘画课程中,教师可设计一些涂鸦训练,以发展儿童手部和手眼协调的控制。

(7)弹性化原则:由于儿童的差异较大,因此在编写或选编教材时,应该充分考虑使用者的需要,尽量扩大教材容量,给予使用者以弹性调整、选择教学内容的空间。

"按照现代教材论的观点看,衡量教材体系优劣的标准主要有两条:一是看它在促进学生的发展方面提供了多少可能性;二是根据师生的实际看它有多少实施的可能性。"[①]事实上,教材的编写或选编应以儿童的需要和课堂教学的需要为本,所编教材是符合儿童身心发展特点和发展目标需要的,是符合教学规律的,就是成功的、可行的教材。

虽然,近十年全国培智学校已经开发了大量的课程与教材,但是教材作为培养人的依据,在编写时必须慎之又慎,必须遵守国家的相关规定。根据国家2001年6月颁布的《中小学教材编写审定管理暂行办法》,国家虽然鼓励和支持有条件的单位、团体和个人编写符合中小学教学改革需要的高质量、有特色的教材,但同时又从编写者的政治观、职业道德、责任心、合作能力、理论素养、专业技术职务、业务能力、文字表达能力、研究的时间和精力等编写资格和条件作出了明确的限定。为保证教材的科学性和严肃性,国家还要求编写教材要事先经有关教材管理部门核准,完成编写的教材须经教材审定机构审定后才能在中小学中使用。但是,就目前培智学校的教材看,绝大部分教材并没有经过教材审定机构的审定,因此培智学校教材开发工作才刚刚开始,未来我们规范、完善教材之路还很长。

2. 组织教材开发团队

熟悉智力障碍儿童、具备了特殊教育知识仅仅是教材编写、课程开发的基础,更重要的是要建立一支高质量的教材开发团队,这个团队需要各种学科背景的人员共同协作,包括具备特殊教育知识和实践能力的一线教师、具备学科本体知识的学科专业工作者、具备课程学、医学和康复学等相关背景知识的人员,还需要具有社会学专业背景的人士,只有这样才能保证课程开发和教材编写的科学性、实用性。

总之,课程开发和教材撰写将是培智学校的长期工作,因此如何使课程开发科学、高效,是每个参与课程开发者必须深入思考的。为保证课程和教材开发的科学性,开发者应该注意:校本课程必须能够充分反映儿童的当下生活和未来生活,即反映儿童的生涯发展需求;建设校本课程必须充分考虑区域内的资源,包括学校、社区的一切人力、物力和资源等;课程设计必须科学,教材的编写和选用必须符合科学性。

本章小结

目前,我国针对智力障碍儿童的教育安置主要有以下四种形式:在普通班级随班就读、

---

① 阎立钦,倪文锦.语文教育学引论[M].北京:高等教育出版社,1996:114.

在资源教室接受教育、在普通学校特殊班接受教育、在特殊学校接受教育。但也有部分地区开始尝试送教上门的教育安置方式。

针对智力障碍儿童的义务教育，一些国家明确规定了教育目标和教育任务。我国教育行政主管部门也提出了针对智力障碍儿童的教育目标和任务，希望通过学校系统的教育使智力障碍儿童掌握基础文化知识和基本生活技能，发展其潜能、补偿其缺陷，为他们融入社会生活打下基础。

针对智力障碍儿童教育的课程组织形式，国内外学者都进行了一些探索，形成了学科性、发展性、功能性、生活经验性、目标为本、生态和个别化教育等多种课程组织形式。在课程设置上，根据智力障碍儿童的教育目标和任务，培智学校应为轻度智力障碍儿童设置常识、语文、数学、音乐、美工、体育和劳动技能等课程。随着培智学校生源的变化，2007年教育部又重新颁布了《培智学校义务教育课程设置实验方案》，要求培智学校根据中度智力障碍儿童的教育需要，为他们开设生活语文、生活数学、生活适应、劳动技能、唱游与律动、绘画与手工、运动与保健、信息技术、康复训练、第二语言、艺术休闲和校本课程等课程。

由于智力障碍儿童的教育需求非常广泛，因此在课程设置中必须遵循教育与康复相结合、集体教学与个别化教学相结合、分科课程与综合课程相结合、一般性课程与选择性课程相结合、生活适应与潜能开发相结合、规定性课程与自主性课程相结合等课程设置原则，以满足智力障碍儿童特殊的教育训练需求。

 思考与练习

1. 简述智力障碍儿童不同教育安置形式的优势与局限。
2. 比较我国香港、台湾、大陆地区针对智力障碍儿童教育目标的同与异。
3. 就生态课程在智力障碍儿童教育中的作用谈谈你的看法。
4. 你怎样理解"教育与康复相结合"的课程设置原则？
5. 为什么为智力障碍儿童编写教材要坚持实用性原则？

第9章 智力障碍儿童的教学

学习目标

1. 了解我国大陆智力障碍儿童各学科的课程目标与要求。
2. 掌握针对智力障碍儿童教学设计的流程。
3. 了解培智学校课堂教学的过程。
4. 了解针对智力障碍儿童教学的特殊原则与常用方法。

与正常儿童相比,智力障碍儿童的认知发展水平偏低、生活经验不足、个体差异大,这一切给学校的教育教学带来了困难。如何设计并组织培智学校的课堂教学,采用哪些教学策略有助于智力障碍儿童更好地学习,这是教师们非常关注的问题。本章详尽地介绍我国各地区针对不同障碍程度智力障碍儿童的教育、教学情况。其中重点介绍针对智力障碍儿童的课堂教学的设计和评价,以及针对智力障碍儿童教学的基本原则和常用教学方法。

第1节 智力障碍儿童学科课程目标、内容与要求

教育内容与教育要求不但反映国家对智力障碍儿童的培养目标,更表明了教育设计者的教育价值观和对受教育者的总体教育期望。

智力障碍儿童的教育内容是依据智力障碍儿童的教育接受水平、身心发展需要和社会融入的要求特别选择的。由于这些内容都是社会生活中必备的知识和技能,所以针对智力障碍儿童的教育内容并不具有太多的特殊性,即他们所学习的教育内容均为适应社会所需的生活常识和社会技能。

一、我国香港、台湾地区智力障碍儿童的课程目标与内容

(一) 我国香港地区智力障碍儿童的课程目标与内容

香港地区针对智力障碍儿童的课程基本采用了普通教育课程。"特殊学校和主流学校开设的特殊教育班,一般都采用普通学校的课程,但会因学童的不同学习需要恰当地调适及延展课程内容。"①

1. 香港地区早期针对轻度智力障碍儿童教育的课程

在"无论其是否需要特殊教育服务,一般儿童的需要基本上是相同的"融合教育理论指

---

① 香港特别行政区政府新闻处. 香港 2000 [R/OL]. [2009-08-04]. http://www.yearbook.gov.hk/2000/gb/09/c09-10.htm

导下,香港教育署于1997年颁布了《弱智儿童课程指引》。在这个指导性文件中,香港地区为智力障碍儿童开设了十二门学科的课程。其具体课程目标和内容如下。

(1) 语文科

课程目标: ① 教导智力障碍儿童基本的学习技巧,学会基本的交际态度和交际技巧。② 掌握基本词汇、词组及社会用语,如"男、女洗手间""出口""火警""危险""毒药"……以及能阅读地址、简单的告示、指示和报纸。他们也需学习填写常用的表格和书写简单的便条和书信,以应付日常生活所需。

课程内容: ① 口语前期训练:如与别人作目光接触、安坐位中、专注、模仿别人的动作及表情、轮候、对周围环境及人物作适当反应、认识自己的姓名和日用品的名称、依指示进行活动等。② 口语沟通、理解及表达能力教育:包括口语沟通、理解、使用非言语及图像作为沟通媒介的能力。③ 听、说、认、读、写的教育。

(2) 数学科

① 数前概念

课程目标: 协助发展智力障碍儿童的理解力、观察力及分析力,以应付日常生活的需要及帮助他们日后学习实用数学。

课程内容: 借助配对、分类、比较、排列等活动,让儿童学习形状、颜色、大小、长短、容量、重量等概念。

② 实用数学及计算器的使用

课程目标: 协助儿童应付日常生活的需要。

课程内容: 认识数字及基本的度量衡,可帮助儿童应付日常生活中与数目有关的问题;明白时间的概念有助于他们善用及分配时间。同时,通过实用数学可向他们灌输有关金钱的概念和现代社会一般的交易常识,如币值、找换、百分率、利率、分期付款等。而在日常生活中亦应让儿童有机会接触及学习使用计算器。

(3) 电脑科

课程目标: ① 启发儿童对电脑的兴趣,使其明白电脑与日常生活的关系,培养学生对电脑及其设备的应用能力,以适应新的电脑化产品。② 通过操作键盘、鼠标等进行感知肌能的康复训练。

课程内容: ① 电脑认知:对电脑及其设备的认识。② 电脑辅助学习:操作键盘、鼠标、操纵杆等设备。

(4) 自理科

课程目标: 培养儿童的独立能力,使他们能够照顾自己,以应付日常生活的需要。

课程内容: ① 进食、如厕、个人卫生、穿脱衣服、衣物和其他物品的处理。② 遵守安全规则。

(5) 常识科

课程目标: 使儿童认识自己及与其生活环境有关的事物,学习照顾自己,培养良好的习惯和为人处世的正确态度,从而学习怎样去适应环境。

课程内容: ① 成长及性教育内容:了解身体成长及变化,懂得如何处理各种身体问题,认识两性角色,培养对异性和家庭生活的正确态度。② 学习自我保护。③ 社交技能:训练儿童的社交技巧、性格培养及正确的价值观和积极的人生观教育。④ 善用余暇：参与美术及创意活动、游戏、运动及兴趣小组活动等。

(6) 感知肌能科

课程目标：感知训练能够发展儿童使用感官的能力，帮助他们学习专注，辨别事物及利用接收所得的数据形成概念；精细肌能训练有助于发展儿童的生活技能，有助于未来学习各种工作技能。

课程内容：① 感知训练：听觉、视觉、触觉、味觉、嗅觉等训练。② 肌能协调训练：精细肌能训练、大肌能训练等。

(7) 体育科

课程目标：促进儿童身体各部分官能及体能的发展，培养他们的体育精神和对不同运动的兴趣，养成欣赏及参与各类体育活动的习惯。

课程内容：身体各功能及体能的训练。

(8) 音乐科

课程目标：提高儿童听觉的辨别能力；学习享受和欣赏音乐；借助音乐发展儿童的语言；培养儿童自律和与人合作的精神。

课程内容：音律分辨、歌唱、乐器演奏、节奏与律动训练、参与音乐活动。

(9) 美劳科

课程目标：培养儿童审美眼光、创作力、想象力和观察力，使他们对周围环境产生兴趣。从小组创作活动中学习与人沟通和合作的技能。

(10) 家政科

课程目标：帮助儿童认识一般的家事常识，助其自立。

课程内容：① 个人仪容、家居安全、个人收支预算等知识和技能。② 烹饪、缝纫等知识和技能。

(11) 设计与科技科

课程目标：通过设计与科技科的教育帮助儿童以绘画的形式表达个人的意念；使用工具以解决生活上的问题，或在家中进行维修；学习机械原理以发展儿童的分析能力。

课程内容：① 绘图知识、运用铅笔及三角尺等工具的技巧。② 使用手工具的训练，如上螺丝、打钉等。③ 打磨和接合工序等。④ 简单机械原理，如杠杆、滑轮等机械原理。

(12) 独立生活技能科

课程目标：通过训练，使儿童学习自我照顾，以应付日常生活的需要；学习必备的生活知识和态度，养成良好的工作态度和工作技能，以便能顺利找到工作、适应生活。

课程内容：安全知识，日常沟通技能，社交、购物、面试等技巧。

除了以上十二个科目外，学校可依据智力障碍儿童的学习能力及生活上的需要增加课程内容，如普通话、实用英语字（词）汇等，以配合社会的转变及主流课程的发展。

2. 香港地区早期为较严重/严重智力障碍儿童提供的教育课程

香港地区针对严重/较严重智力障碍儿童的教育，更注重自理能力的培养。

(1) 自理课程的学习总目标

使学生能够照顾自己，减轻对他人的依赖；同时学习适应不同环境，以准备日后过独立生活。具体目标包括：① 表达个人的需要。② 认识、善用及处理日常用品。③ 运用基本的自理技巧和步骤，照料日常的起居饮食和个人卫生。④ 能在不同环境和日常生活中，运用已有的自理常识。⑤ 培养合作的态度。⑥ 培养良好的生活习惯和基本的礼貌。⑦ 注意和遵守安全规则。

(2) 自理课程的学习范畴

自理课程的学习项目包括饮食、如厕、穿脱衣物、个人整洁及卫生、家居生活及技能、校内及校外安全知识等六个学习范畴。

(3) 自理课程的教学内容

《自理(特殊教育需要)教学指引》将原来《弱智儿童课程指引》中的"自理科"和"家政科"的内容进行了拓展和细化，所教授内容主要涉及"个人、社会及人文教育"，另有部分内容的学习是建立在感知肌能训练和认知、沟通等教育之上的，还有部分内容则与家政、常识、德育及公民教育(如性教育)等学习领域有关(见表9-1)。

表 9-1 《自理(特殊教育需要)教学指引》教育内容安排

《自理(特殊教育需要)教学指引》在教育内容的安排上依据了智力障碍儿童的不同成长阶段，即教育内容按照小学低组、小学中组至高组、中学组三个阶段设置内容。
1. 小学低组 (1) 课程目标：学会照顾自己，减少对别人的依赖。 (2) 课程内容：① 认识食物、如厕地方、衣物、身体各部分及基本的保护方法。② 进食的技巧及所需用具。③ 穿脱常用衣物，例如：内衣裤、校服、便服、鞋袜。④ 如厕的基本技巧。⑤ 遇到困难及在有需要时懂得向人求助。 2. 小学中组至高组 (1) 课程目标：配合学生的成长及为学生踏入青春期做好准备。 (2) 课程内容：① 食物的安全及选择。② 饮食的基本礼仪。③ 穿脱各类衣物(例如：手套、皮带)。④ 折叠及放置衣物。⑤ 如厕的卫生习惯。⑥ 清洁身体及保持个人卫生的习惯。⑦ 认识青春期的生理及心理变化。⑧ 清洁家居的基本技巧(例如：与家人合作，清洁家居/个人物品)。⑨ 认识在校外场地/公众地方的常用设施(例如：电梯、升降机)。⑩ 学习保护自己，免受侵犯。 3. 中学组 (1) 课程目标：为适应独立生活、融入小区生活和职前训练打好基础。 (2) 课程内容：① 在不同场合饮食的礼仪。② 均衡饮食及运动的重要性。③ 简单的食物烹调方法。④ 因应不同的社交场合、自己的喜好，选用/选购及配衬衣物及装扮自己。⑤ 懂得使用公众厕所内的不同设施。⑥ 使用基本的个人日用品护理自己的身体及保持身体清洁。⑦ 装嵌简单的家居用品。⑧ 美化家居。⑨ 清洗及晒晾衣物。⑩ 认识各种户外活动的安全措施。提防陌生人。应付突发事件的方法。

3. 香港地区针对智力障碍儿童教育新的课程目标与内容

从2008年起，香港地区开始为智力障碍儿童提供高中教育，同时进行课程改革。这是因为香港社会与文化、政治、经济的转变，要求教育行政部门对原智力障碍儿童的课程和教学内容进行修订、改革。为此，香港地区在参考基础教育课程目标和内容的基础上，重新编订了针对智力障碍儿童教育的各学科新的《课程补充指引》《课程建议学习重点》。截至2017年，香港课程发展议会已经编订颁布了中国语文、数学、常识、科技等学科的《课程补充指引》或《课程建议学习重点》。新编订的《课程补充指引》《课程建议学习重点》考虑了智力障碍儿童的学习能力、教育和升学需求，保留了基础教育中最基础、最重要的知识，通过对基础知识的细化、分解、向下延伸等办法发展出适合智力障碍儿童学习的新的《课程补充指引》。以下是香港地区针对智力障碍儿童教育编订的 4 门学科新的课程目标和内容。

(1) 中国语文[①]

课程目标：总目标：培养学生听说读写的基本能力；学生更可通过本课程接触文学、加强对中华文化的认识、培养品德情意、提升思维能力及语文自学能力；培养学生视觉认知、听觉认知、认识及理解符号、发声、手眼协调及肌能活动等基础能力。具体目标为：① 通过语言文字及非语言文字方式，培养学生在日常生活中表达自己的思想和感情，以及明白别人感受的能力。② 培养学生基本的语文能力，掌握实用语文，提升融入社会的适应力。③ 通过学习语文拓宽知识领域，提升学习动机和审美情趣。④ 通过语文素材培养良好的态度、习惯、品德及社会意识。⑤ 培养思考、解难、自学能力。⑥ 体认中华文化、接触文学。

课程内容：语文课程设置了包括阅读、写作、聆听、说话、文学、中华文化、品德情意、思维、语文自学等九个学习范畴的知识、能力、兴趣、态度和习惯等相关内容。具体包括语文知识和听说读写运用两个内容领域：① 语文知识：字和词、标点符号、遣词造句、篇章、常用工具书等内容。② 听说读写：聆听范围、聆听能力、聆听策略、聆听的兴趣、态度和习惯；说话范围、说话能力、说话策略、说话的兴趣、态度和习惯；阅读范围、阅读能力、阅读策略、阅读的兴趣、态度和习惯；写作范围、书写能力、写作能力、写作策略、写作的兴趣、态度和习惯等相关内容。

(2) 数学[②]

课程目标：① 发展学生数学的基本知识、技能、态度和情意。② 应付日后高中的学习。③ 利用数学来建立及解决现实(日常)问题及其他学科问题的能力，为终身学习奠定基础。④ 培养运算、沟通、协作、解决问题和创造等共通能力。⑤ 培养对数学学习持正面态度及对数学的兴趣。⑥ 培养学生在生活中运用数学的能力和信心。

课程内容：数学课程包括了数与代数、度量、图形与空间、数据处理等四个学习范畴的内容。① 数与代数：数数、数值、加法、减法、乘法、除法、四则运算、分数等 8 个内容。② 度量：长度和距离、货币、时间、重量、容量、周界、面积、体积等 8 个内容。③ 图形与空间：线和角、立体图形、平面图形、方向等 4 个内容。④ 数据处理：象形图、方块图、棒形图等 3 个内容。

(3) 常识[③]

课程目标：总目标：通过对健康与生活、人与环境、日常生活中的科学与科技、社会与公民、公民身份认同与中华文化、世界与认识资讯年代等六个不同范畴的学习，了解自己所身处的世界；诱发学习兴趣，发展他们的各种能力，以探究与科学、科技及社会有关的课题和事件；培养学生正面的态度和价值观，让他们有健康的个人与群性发展。[④] 具体目标：① 健康与生活：掌握有关生理、心理及社群健康的基本知识，建立健康生活的方式，关注个人成长与发育的问题，能在个人健康和安全方面作出适当的考虑和抉择。② 人与环境：认识大自然和环境与人类的关系，并负起保护环境的责任，采取善用地球资源，保护及改善环境的行动。③ 日常生活中的科学与科技：认识大自然及一些简单的自然现象，观察周围事物、提出问

---

① 香港教育局课程发展议会.为智障学生而设的中国语文课程补充指引(小一至中三).2011.
② 香港教育局课程发展议会.为智障学生而设的数学课程及评估补充指引(小一至中三)(初稿).2013.
③ 香港教育局课程发展处特殊教育需要组.为智障学生而设的常识科学系进程架构(小一至中三)(试用稿).2017.
④ 香港教育局课程发展处特殊教育需要组.基础教育常识课程(智障学生)课程调适.2013.

题。④ 社会与公民：认识香港，通过探讨香港当前的社会问题，了解公民的权利和义务，提高公民意识。⑤ 公民身份认同与中华文化：增加对中华民族和文化的认识和兴趣，培养对中国历史和国家发展的认识和关注。⑥ 了解世界与认识资讯年代：认识世界不同地方的人民及文化，学会欣赏他人的文化特色，提高对世界问题的关注。

课程内容：① 健康与生活：有关生理、心理及社群健康的基本知识等。② 人与环境范畴：有关自然、环境与人类的关系等。③ 科学与科技：日常生活中的科学、科技，以及简单的自然现象等内容。④ 社会与公民：认识香港；公民的权利和义务等。⑤ 国民身份认同与中华文化：有关中国历史、民族文化、国家发展等。⑥ 了解世界与认识资讯年代：世界不同地方的人民及其文化特色等相关内容。

(4) 科技[①]

课程目标：本课程为初中阶段的课程。总目标：发展智力障碍儿童参与社会生活的共通能力，培养他们正确的态度及价值观。具体目标：① 掌握手脑并用的基本技能以解决日常生活的问题，明白如何恰当地运用科技。② 建立健康的生活模式及维持良好的家庭关系。③ 对商业世界有基本的认识，并且能妥善管理个人的财务。④ 在作出决定时顾及公众和环境的福祉。

课程内容：科技课程是由科技知识、科技过程、科技影响等三个相关的学习范畴构成。《科技教育学习领域课程指引·为智障学生而设的课程补充资料》详细列出了"科技知识"范畴的教学内容：① 资讯和通信科技：信息和通信科技、程序编写等内容。② 物料和结构：物料及资源、结构和机械结构、物料处理（延伸）等内容。③ 营运和制造：工具及设备、制造过程、项目管理等内容。④ 策略和管理：营商环境、运作和组织、资源管理、市场营销等内容。⑤ 系统和控制：系统概念与应用、系统整合与自动化等内容。⑥ 科技与生活：食物与营养、食品烹调与加工、布料及衣物制作、时装及服装审美能力、家庭生活、家居管理及科技等内容。另外，《科技课程补充指引》还强调：科技课程的每个知识范围除了设计有科技与社会、安全与健康、信息处理及演示、设计及应用、消费者教育等共通教学内容外，还设计有核心部分的知识和延伸部分的知识。教师可以让低、中、高不同能力的智力障碍儿童弹性掌握不同的知识。考虑到当代科学技术的发展非常迅速，所以要求学校和教师对所教授的科技知识要与时并进、及时更新，让学生能掌握瞬息万变的科技知识。

由香港教育局课程发展议会新编订的上述 4 门课程的课程目标和内容可以看到，新课程反映了对智力障碍儿童教育新的价值判断和教育预期。这些课程不但努力接轨普通学校的课程体系、促进普特教育间融合，还为智力障碍儿童衔接高中课程提供了学业基础。

(二) 我国台湾地区智力障碍儿童的教育课程与课程内容

1. 台湾地区早期对智力障碍儿童教育的课程

根据我国台湾地区教育行政部门 1999 年颁布的《特殊教育学校（班）"国民"教育阶段智能障碍类课程纲要》，针对智力障碍儿童的课程目标、内容和具体要求如下。

[①] 香港教育局课程发展处特殊教育需要组.《科技教育学习领域课程指引·为智障学生而设的课程补充资料》(小一至中三)(初稿).2015.

(1) 生活教育

课程目标：① 训练感官知觉与动作的统整发展,增进概念形成和知能应用。② 发展粗大及精细动作技能,以奠定各项学习的根基。③ 培养健康的知识、技能与态度,养成良好的生活习惯,奠定身心健康的基础。④ 实践生活规范,建立正确的伦理观念,营造和谐快乐的生活。⑤ 认识生活环境中的危险情境,培养自我安全与维护的能力。

课程内容：① 知动能力：感官知觉(视觉、听觉、触觉、味觉、嗅觉)、粗大动作(基本动作与肌力)、精细动作(手眼协调)等。② 自我照顾：饮食(饮食能力、饮食习惯)、穿着(穿着能力、衣着整饰)、个人卫生(如厕、盥洗、仪容整饰)、生理健康(身体构造、身体功能、身体保健、疾病的认识与预防、两性教育)、心理健康(自我肯定、个人适应)等。③ 居家生活：家事能力(食物处理、衣物处理、环境整理、废物处理)、家庭设备(房舍、工具、家电)、居家安全(危险物品、意外事件)、家庭伦理(家庭概况、家庭活动、照顾家人)。

(2) 社会适应

课程目标：① 培养适切的社交技能,增进良好的人际互动关系。② 认识小区环境与资源,了解自然、人文、史地的基本常识。③ 熟悉使用小区设施,增进参与小区活动的能力。④ 培养关怀生活环境及爱乡爱国的情操。⑤ 培养明辨是非、价值判断、解决问题的能力及负责的行为与态度。

课程内容：① 社会能力：社交技能(社交礼仪、人际关系、社交会话)和社会知能(节庆、民俗与文化、历史常识、地理常识、时事信息、法律常识)等。② 环境与资源：自然环境(动物、植物、矿物、季节与气候、环境与生态保护)、小区环境(学校、小区、政府组织)、环境维护(环境整理、灾害的防范与应对)和行动能力(交通工具、交通安全、交通运输)等。

(3) 实用语文

课程目标：① 听：听辨自然界及日常生活中各种声音所代表的意义；表现适当的倾听态度,并做适当反应；理解日常生活中常用语汇、句型,并能服从指令等。② 说：能以适当的肢体语言、沟通图卡、语言沟通辅助器或口语表达需求、思想及情意,以达相互沟通的目的；增进功能性的语汇能力；表现适当的社交沟通能力,以增进人际互动；表现适当的沟通态度,并对自己所发表的语言、内容负责。③ 读：认识小区中常用图形、符号、标志及文字；具备阅读日常生活中常用词汇及短文的能力,扩充生活经验,培养思考能力；理解他人的肢体语言,做适切的判断,并合理表达及反应；培养阅读、欣赏课外读物的兴趣及习惯。④ 写作：具备正确的握笔姿势及运笔方法,并养成整洁的写作习惯；书写文字,并正确表达个人思想与需求；培养基本计算机操作能力,应用于日常生活中语文信息的传达。

课程内容：① 接受性语言：听(听音、字词、语、句、短文)、读(肢体语言、图片、标志、符号、字词、语、句、短文)等。② 表达性语言：说(非口语沟通、语音、字词、语、句、短文、社交沟通)、写作(基本书写、短文书写、电脑操作)等。

(4) 实用数学

课程目标：① 使学生获得生活所需的基本组型、数、量、图形、空间的概念。② 具备四则运算与使用计算工具的能力,并应用于日常生活中。③ 培养实用的长度、重量、容量、面积、体积、速度、角度等实测能力。④ 会使用钱币及估计价格,并具备生活中的消费技能。⑤ 培养辨认及运用时间、时段、日历、月历等能力。

课程内容：① 基本概念：组型(具体组型、非具体组型)、数(概念)、图形与空间(基本形体)。② 运算与应用：四则运算(加法、减法、乘法、除法、计算工具)、量与实测(长度、重量、容量、面积、体积、角度、速度、金钱与消费、时间、统计图表)等。

（5）休闲教育

课程目标：① 培养学生休闲知能和善用休闲时间。② 辅导学生了解其性向与兴趣,促进其个性与群性的平衡发展。③ 辅导学生从事适合其体能、兴趣的活动,以增进身心均衡发展。④ 陶冶生活情趣,涵养审美及创造能力,养成快乐活泼、奋发进取的公民。

课程内容：① 育乐活动：体育(体能游戏、体操、球类运动、田径运动、舞蹈、民俗运动、其他运动)、康乐活动(视听娱乐、益智活动、户外活动、其他娱乐活动)。② 艺术活动：音乐(欣赏、歌唱、乐器)、美劳(欣赏、绘画、工艺、雕塑)。③ 休闲活动：休闲态度(兴趣培养、安全须知)、休闲技能(休闲设施、活动安排、意外处理)等。

（6）职业生活

课程目标：① 了解个人能力、兴趣与性向。② 学得正确、实用的工作知识。③ 建立体力、整理、生产及服务等职类工作的基本技能。④ 养成负责、合作的工作态度。⑤ 养成适应工作环境的能力。⑥ 能适应环境的变迁,做好个人生涯发展规划。

课程内容：① 职业知识：工作知识(工作信息、工作安全、求职技巧)、生涯发展(自我了解、生涯规划)等。② 职业态度：工作伦理(遵从指示、工作责任、合作共事)、工作调适(工作习惯、工作态度)等。③ 职业性向探讨：职前技能(体力负荷、清洁整理、组合包装、接待服务)、特定职业技能(体力类、整理类、生产类、服务类)等。

2. 台湾地区针对智力障碍儿童教育新的课程目标与内容

21世纪初,台湾地区对特殊教育课程进行了一次较大规模的改革,并于2012年颁布了《特殊教育课程纲要总纲》《九年一贯课程在认知功能轻微缺损学生之应用手册》《九年一贯课程在认知功能严重缺损学生之应用手册》及12个《特殊需求领域课程大纲》。虽然,台湾地区分别颁布了轻度和中重度智力障碍儿童新的课程纲要,但因考虑到基础教育内容对所有儿童发展的重要作用,所以两个课程纲要均以普校《九年一贯课程纲要》为蓝本编订而成。以下是调整后的轻度智力障碍儿童八门学科的课程目标和课程内容。

（1）语文

课程目标：① 应用语言文字,激发个人潜能,扩展学习空间。② 培养语文创作之兴趣,并提升评析欣赏文学作品的能力。③ 具备语文学习的自学能力,奠定生涯规划与终身学习之基础。④ 运用语言文字表情达意,分享经验,沟通见解。⑤ 通过语文互动,因应环境,适当应对进退。⑥ 通过语文学习体认中国及外国文化之习俗。⑦ 运用语言文字研拟计划,并有效执行。⑧ 结合语文、科技及资讯提升学习效果,扩充学习领域。⑨ 培养探索语文的兴趣,并养成主动学习语文的态度。⑩ 运用语文独立思考,解决问题。

课程内容：① 注音符号：认读注音符号,用注音符号表情达意,借助注音符号阅读,用注音符号查字典或其他图书资料等。② 聆听：倾听态度,倾听能力,倾听方法,倾听技巧,学习说者的表达技巧等。③ 说话：汉语,礼貌表达(口齿、表情、语调),语速/音量,主题/重点,沟通方式等。④ 识字写字：1500—3000汉字,笔画/笔顺,汉字间架结构,偏旁部首,音序/部首检字法,硬笔书写,毛笔临摹,书写习惯,书法欣赏等。⑤ 阅读：汉字音形义,简化课文的阅读,常见文体(诗歌、散文、小说、戏剧),文章的基本表述方式(记叙、描写、抒情、说明、议论),课外阅读习惯,阅读技巧,阅读方法,分享阅读心得,电脑阅读等。⑥ 写作:写作态度/兴趣,遣词造句,贺卡/记事/便条/日记,标点符号,比喻/拟人/夸张,200—500 字作文等。

(2) 英语

课程目标:培养学生基本的英语沟通能力,俾能运用于实际情境中;培养学生学习英语的兴趣和方法,俾能自发地有效学习;增进学生对本国与外国文化习俗的认识,俾能加以比较,并尊重文化差异。

课程内容:① 听:听辨字母,常用词句,语调和节奏,生活用语,日常对话等。② 说:字母名称,常用词句,自我介绍,提问、回答和叙述等。③ 读:大小字母,常见词语,简单的书写格式,跟读对话/短文/故事/儿歌,查英语字典、字典所标识单词的词性等。④ 写:大小写字母,英文名字,抄写词句,改写句子的时态,简单的贺卡/书信等。⑤ 听说读写综合运用:大小写字母的对应,在文本中找出认识的词句,日常会话中功能性词语的听与说等。⑥ 学习英语的兴趣与方法:参与练习活动,聆听并回答老师/同学的问题,注意力集中的倾听,主动预习和温习,主动提问等。⑦ 文化与习俗:在生活中关注英语,接触英语歌曲、影视、书籍,了解其他国家与本国在文化上的差异,认识外国风土人情,在情境中使用不同礼仪用语等。

英语课程主要是为轻度智力障碍儿童开设的课程,中重度智力障碍儿童可以不学此课程。如果某些中度智力障碍儿童能够学习本课程,学校也可以为其选择部分功能性的内容进行教学。

(3) 健康与体育

课程目标:① 养成尊重健康的观念,丰富全人健康的生活。② 充实促进健康的知识、态度和技能。③ 发展运动概念与运动技能,提升体适能。④ 培养增进人际关系与互动的能力。⑤ 培养营造健康社区与环境的责任感和能力。⑥ 培养拟定健康与体育策略及实践的能力。⑦ 培养运用健康与体育的资讯、产品和服务的能力。

课程内容:① 生长与发展:从出生到死亡的过程,身体功能与发育,不同阶段发展特征,两性生理变化与差异,性爱与婚姻,健康态度和习惯等。② 人与食物:饥饿与饱足,食物的生产与分布,饮食习惯,饮食安全,饮食文化,饮食与健康等。③ 运动技能:运动协调性,运动器械运用,运动规则,运动游戏与比赛,球类运动技术等。④ 运动参与:休闲运动的认识与参与,规律的运动习惯,民俗运动项目,休闲运动资源等。⑤ 安全生活:生活环境安全,运动安全,辨认与处理危险的方法等。⑥ 健康心理:和睦相处,团体活动,沟通技巧,理性的情绪表达,健全的生活态度,运动精神,生命观等。⑦ 群体健康:健康含义、健康资讯、健康产品,疾病预防,健康消费,环境与健康的关系,环保活动等。

(4) 数学

课程目标:总目标:培养学生的演算能力、抽象能力、推论能力及沟通能力,学习应用问题的解题方法,奠定高中阶段的数学基础,培养学生欣赏数学的态度及能力。阶段目标:① 第一阶段(小学 1~2 年级):能初步掌握数、量、形的概念,其重点在自然数及其运算,长度与简单图形之认识。② 第二阶段(小学 3~4 年级):能熟练自然数的四则及混合运算,培养流畅的数字感,初步学习分数与小数的概念;以长度学习为基础,学习各种量的常用单位及其计算;发展以角、边要素认识几何图形的能力,并能以操作认识几何图形的性质。③ 第三阶段(小学 5~6 年级):熟练小数与分数的四则计算,能运用常用数量关系解决日常生活的问题；认识简单平面与立体形体的几何性质，并理解其面积或体积之计算；能制作简单的统计图形。④ 第四阶段（中学1～3年级）：认识负数与根号数之概念与计算方式，并理解坐标表示的意义；熟练代数式的运算、解方程式，并熟悉常用函数关系；学习三角形及圆的基本几何性质，认识线对称与圆形缩放的概念，并能学习简单的几何推理；理解统计与机率（概率）的意义，并认识各种简易统计方法。

课程内容：九个年级中每个年级均包括了数与量、几何、代数、统计与机率（概率）等4个方面的内容。具体内容：常用数学符号，数的认识与计算，长度的单位与计算，量的单位与计算，面积的单位与计算，测量，线段，角，几何图形，平面与立体图形，时间，分类，生活中常见表格，统计表/统计图，函数，用数学知识解决生活问题（例如：购物所需的钱币的认识与使用知识；看地图时所需的平面图形放大/缩小对长度和角度与面积的影响等知识）等。

(5) 社会

课程目标：① 了解本土与他区的环境与人文特征、差异及面对的问题。② 了解人与社会、文化和生态环境之多元交互关系，以及环境保育和资源开发的重要性。③ 充实社会科学的基本知识。④ 培育对本土与国家的认同、关怀及世界观。⑤ 培养民主素质、法制观念以及负责的态度。⑥ 培养了解自我与自我实现的能力。⑦ 发展批判思考、价值判断及解决问题的能力。⑧ 培养社会参与、做理性决定以及实践的能力。⑨ 培养表达、沟通以及合作的能力。⑩ 培养探究之兴趣以及研究、创造和处理资讯的能力。

课程内容：本课程由九个相对独立的内容构成。① 人与空间：居住地自然与人文特点，居住地人口分布和交通情况，各地风俗人情，台湾交通网络，生活空间设计，环境保护，人口问题，台湾位置，台湾与海洋关系等。② 人与时间：居住地环境变迁，居住地古迹与节庆活动，今昔台湾重要人物和事件，台湾文化渊源，今昔中国、亚洲和世界主要文化特色，台湾历史，中国历史，世界历史等。③ 演化与不变：家庭变化与调适，事物分类、分级的逻辑，个人成长与社会发展等。④ 意义与价值：关怀自然与生命，科学无法解释的现象和议题，居住环境的优劣，三大宗教名称和区域分布，艺术与宗教对人类的影响，反省珍视的道德信念，生命与死亡的意义等。⑤ 自我、人际与群己：决定自我发展，自我在群体中的角色，分工合作与竞争，个人发展与社区发展，个体与群体冲突与解决策略等。⑥ 权利、规则与人权：儿童权内涵与享有，个人权利与义务，生命尊重与保护，学生自治选举与任期，政府主要组织功能，遵守生活基本规范，权利内涵（例如：学习权、隐私权、财产权……），法律与规范，个人保障与权利等。⑦ 生产、分配与消费：资源、物品交换，货币发明，钱币使用规划，消费价值判断，投资风险与盈余，产业与经济发展，产品内销与外销，理财通道与理财优缺点，资源分配与权力结构，经济发展对受雇者影响等。⑧ 科学、技术与社会：科学技术发展与生活变化，科学技术发展对价值、信仰与态度的影响，科学技术发展与立法管理等。⑨ 全球关联：各种关系网络，不同文化接触与差异，全球环境关联与影响，外来文化对本地文化影响，国际利益问题，全球共同面对课题，国际组织等相关内容。

(6) 艺术与人文

课程目标：① 探索与表现：使每位学生能自我探索，知觉环境与个人的关系，运用媒材与形式，从事艺术表现，以丰富生活与心灵。② 审美与理解：使每位学生透过审美与鉴赏活动，体认各种艺术价值、风格及其文化脉络，并热忱参与多元文化的艺术活动。③ 时间与应用:使每位学生能理解艺术与生活的关联,透过艺术活动增强对环境的知觉,认识多元艺术行业、珍视艺术文物与作品、尊重与了解艺术创作,并能身体力行实践于生活中。

课程内容: ① 第一阶段(1~2年级):不同媒材的感受,想象力与艺术创作,音乐游戏,欣赏自然物与艺术品,参与艺术活动,艺术与生活联系,艺术品特点,美化生活空间等相关内容。② 第二阶段(3~4年级):艺术/技法的形式,视觉艺术体验,视觉艺术的创作与表达;听觉艺术体验,音乐创作、表演与表达;合作的艺术创作,家乡艺术资料的收集与欣赏等相关内容。③ 第三阶段(5~6年级):各种艺术创作方式,艺术主题和内容的构思,用艺术表达情感和思想,集体创作,评价艺术的特点和价值,台湾不同文化之艺术活动的特色,正确的审美观,生活中艺术品的收集等相关内容。④ 第四阶段(7~9年级):艺术创作与社会文化,传统与非传统艺术风格,不同时代与社会艺术生活的价值观,当代艺术生活发展趋势,艺术表现与鉴赏兴趣等相关内容。

(7) 自然与生活科技

课程目标: ① 培养探索科学的兴趣与热忱,并养成主动学习的习惯。② 学习科学与技术的探究方法和基本知能,并能运用所学于当前和未来的生活。③ 培养爱护环境、珍惜资源、尊重生命的知能与态度,热爱本土生态环境与科技的情操。④ 培养与人沟通表达、团队合作及和谐相处的能力。⑤ 培养独立思考、解决问题的能力,激发其潜能。⑥ 察觉和试探人与科技的互动关系。

课程内容: 本课程包括八个方面的内容。① 过程技能:观察物体特征,事物属性与归类,事物变化与其原因,测量物体变化;观察/预测与假设,观察方法,定性观察,实验操作,实验与结果推测;资讯获取方法;辨别事物改变,不同方法的问题解决等。② 科学与技术认知:持续观察与观察记录,资料整理与呈现,现象改变与原因分析,物质的性质,物质形态与运动方式,动植物的简单分类,氧化反应与氧化作用,太阳与四季,自然现象的形成,资讯科技设备,物质的组成和结构,电解质,食品添加剂,食品加工,天然与人造材料,房屋结构与设计等。③ 科学本质:用验证或实验方法查核想法,用科学探究与验证获得的知识,用科学理论解释生活现象等。④ 科技的发展:科技与生活,科技产品分类,农业时代的科技,工业时代的科技,资讯时代的科技,技术与科学的关系,科技与数学的关系,科技与工程的关系,台湾科技发展,科技发展趋势,科技职业与科技产业等。⑤ 科学态度:发现乐趣,学习科学的态度等。⑥ 思考智能:主动思考与探索、参与的习惯,用实验验证假设等。⑦ 科学运用:仪器操作,用科学知识/方法处理生活问题,安全妥善地使用生活器具,关注生活中的科学议题等。⑧ 设计与制作:造型的类化设计,设计可用资源与分析,产品设计,模拟生产过程,产品管理与调整等。

(8) 综合活动

课程目标: 总目标:培养学生具备生活实践的能力。领域目标:① 促进自我发展:探索自我潜能与发展自我的价值,增进自我管理知能与强化自律负责,尊重自己与他人生命进而体会生命的价值。② 落实生活经营:实践个人生活所需的技能并做有效管理,觉察生活中的变化以创新适应,探究、运用与开发各项资源。③ 实践社会参与:善用人际沟通技巧参与各项团体活动,服务社会并关怀人群,尊重不同族群并积极参与多元文化。④ 保护自我与环境:辨识生活中的危险情景以解决问题,增进野外生活技能并与大自然和谐相处,保护或改变环境以促进环境永续发展。

课程内容：综合活动课程内容由4个部分组成。① 认识自我：自我感受，生命与成长，个人发展历程，自然界生命与人类，珍惜生命，兴趣与专长，自我学习方法，压力来源与调适等内容。② 生活经营：维护整洁与秩序，社区与资源利用，自我保健，参与家庭事务，规划休闲活动，时间与金钱规划，家人互动方式，新环境适应，个人事务处理，逆境中的问题解决，资源收集与利用等内容。③ 社会参与：人际互动(参与社区文化)，尊重不同文化的人，团队合作与服务他人(包括参与服务活动、服务弱势群体)等内容。④ 保护自我与环境：危险意识，危险的评估与预防，自我保护方法，环境保护意识，自然与人文环境保护，参与环保活动，规划户外活动，野外生活技能等内容。

以上是台湾地区为轻度智力障碍儿童设置的课程目标和内容。鉴于中重度智力障碍儿童的学习基础、教育需求的差异特点，台湾地区教育行政部门并未为中重度智力障碍儿童设置统一的课程目标和教学内容，而是通过分析、比较普通教育各学科的能力指标与中重度智力障碍学生学习需求的适配性，然后通过简化、减量、分解、替代等方式对语文、数学、自然与生活科技、社会、艺术与人文、健康与体育及综合活动等七门课程的指标进行了调整，并根据调整后的指标撰写了教学重点和教学资源(具体见表9-2)。这给使用课程纲要的学校、教师留下了较大的目标选择空间。在具体实施课程时，教师可保留或选择重要且实用的学习内容，或打破年级界限设计学习内容，以培养中重度智力障碍儿童适应社区和社会生活的能力。

语文领域

表9-2　台湾地区中小学阶段认知严重缺损学生课程指标调整案例

2-1-1 能培养良好的聆听态度 2-1-1-1 能自然安静的聆听 2-1-1-2 喜欢聆听别人发表 2-1-1-3 能养成仔细聆听的习惯 2-1-1-4 能在聆听时礼貌地看着说话者 2-1-1-5 能注意聆听不做不必要的插嘴 2-1-1-6 能礼让长者或对方先行发言 2-1-1-7 能学会使用有礼貌的语言，适当应对 2-1-1-8 能主动参与沟通，聆听对方的说明	2-1-1-1 能安静的聆听 2-1-1-2 聆听时能眼神注视着说话者 2-1-1-3 别人说话时能从头听到完 2-1-1-4 聆听时不任意插嘴 2-1-1-5 能注视不同的说话对象或场景 2-1-1-6 聆听时能随着说话者的声音注视说话者 2-1-1-7 在团体中能轮流等待，不打断他人发言 2-1-1-8 在团体中能礼让长辈或同学先发言 2-1-1-9 对别人的问话能有礼貌地回应 2-1-1-10 能在聆听完别人的话后再适当地与他对话	* 引导学生，在课堂中老师说话时，同学必须保持安静，眼睛看着老师，注意听老师在说什么。(每天在课堂练习中让学生养成习惯) * 引导学生，在课堂中当老师请同学回答问题时，其余同学必须保持安静，眼睛看着说话的同学，注意听他在说什么。(每天在课堂练习中让学生养成习惯) * 安排学生演练，当有人叫他姓名时，会转头注视对方，并注意听他讲什么。 * 安排一个短的指示，让学生练习听完指示内容。 * 安排一个简短的谈话，让学生练习从头听到完。 * 播放一段简易的短故事，让学生练习从头听到完。 * 引导学生，在课堂中如要发言，必须先举手，老师指名后才可发言。 * 安排一个主题，让学生参与讨论并练习，礼让别人先说，别人说话时不插嘴，当别人说了一个段落，轮到自己时才发言。 * 角色扮演，安排不同的场景及角色，让学生练习关注到每个场景发生的事及人物的谈话内容，能够专心听他们在说什么，目光能自然的转移并注视各说话的人。 * 让学生练习，当别人对自己说话时能礼貌地回应，例如：请、谢谢、不客气等，如没听清楚对方的话会说"请再说一遍"等。 * 安排团体讨论的课程，轮流让同学练习，先听别人的意见，再和他对话。

二、大陆智力障碍儿童各学科课程目标、课程内容与要求

(一) 轻度智力障碍儿童各学科课程目标、课程内容与课程要求

根据1987年国家教育委员会颁布的《全日制弱智学校(班)教学计划》,培智学校为轻度智力障碍儿童开设了常识、语文、数学、音乐、美工、体育和劳动技能等七门课程,并于1990年颁布了七门课程教学大纲的征求意见稿。教学大纲详尽地规定了每一门课程、每一学期的具体教学内容和教学要求。

1. 常识[①]

根据1990年5月国家教委颁发的《全日制弱智学校(班)常识教学大纲(征求意见稿)》,培智学校常识课程的性质、目标、内容与教学要求如下。

课程性质: 常识课是一门重要的综合教育学科。开设常识课能够补偿儿童的智力和适应行为缺陷,使学生形成良好的行为习惯和适应生活的能力。

课程目标: ① 使学生初步认识一些常见的事物,初步了解一些关于自然和社会(家庭、学校、祖国、世界)的常识。② 培养他们基本的观察、分析能力和适应生活的能力,在生理和心理方面得以补偿缺陷,健康发展,激发他们爱祖国、爱人民、爱劳动、爱科学、爱社会主义的情感。③ 教育他们养成良好的行为习惯,懂得遵纪守法。

课程内容: ① 思想品德教育,又分为政治思想教育、道德行为规范教育和法制教育三项内容。政治思想教育内容包括:热爱共产党、热爱祖国、热爱科学、热爱劳动、热爱社会主义、热爱集体等教育;道德行为规范教育内容包括:家庭生活道德规范、学校生活道德规范、社会生活道德规范等教育;而法制教育内容包括:交通法规、义务教育法、治安管理条例等法律条文,以及遵纪守法、用法维护个人权利等教育内容。② 生活与社会常识:生活常识包括:个人及家庭基本情况;与个人生活有密切关系的物体(学具、炊具、食物、卫生用品、票证等);基本的生活能力(衣、食、住、行、保健)等教育内容;而社会常识包括:主要的社会场所(商店、车站、邮局、医院、储蓄所、机关等);主要的社会生活方式(乘车、购物、邮寄、打电话、就医、储蓄等);重大节日和传统节日等教育内容。③ 自然常识:自然常识又分为常见的自然事物、人与自然的关系和简单的人体卫生知识三部分内容。常见的自然事物包括植物、动物、水、空气,日月星辰,山川田野,江河湖海,声、光、电、热、磁等教育内容;人与自然的关系包括利用和保护自然的内容;简单的人体卫生知识包括人体外部各部位名称,如人体的主要内脏器官(心脏、肺、胃、肠、肝)名称和简单的保健知识等。

课程要求: ① 了解基本的政治常识,懂得爱祖国、爱人民、爱劳动、爱科学的基本道理。② 了解中国公民所必须了解的法律常识和道德规范。③ 了解常识,掌握初步的生活本领。④ 了解社会生活活动,掌握进行这些活动所需的基本的语言、技能、注意事项。⑤ 了解与其生活密切相关的自然事物,说出它们的明显特征,了解它们与人的关系。⑥ 认识人体外部各部分名称、主要脏器的名称与位置及基本的生理卫生知识。⑦ 形成健康的情绪与情感。

教学实施要求: 在教授常识课程时,要有意识地引导学生建立正确的政治观点,掌握必

---

① 国家教育委员会. 全日制弱智学校(班)常识教学大纲(征求意见稿)[S]. 1990.

要的生活常识和技能,养成良好的行为习惯。强调在教学中矫正和补偿学生的智力及行为缺陷,为其适应社会、自食其力打下基础。

2. 语文[①]

根据 1990 年 5 月国家教委颁发的《全日制弱智学校(班)语文教学大纲(征求意见稿)》,培智学校语文课程的性质、目标、内容与教学要求如下。

课程性质:语文是一门集工具性、人文性和思想性为一体的基础性学科。开设语文课程能够使智力障碍儿童掌握基本的沟通手段和交流的实质,使其能够更好地参与社会生活。

课程目标:是使学生掌握最基本的语文知识,具有听、说、读、写的初步能力,能阅读简短的书报,会写一般的应用文和简单的记叙文,养成良好的学习习惯。

课程内容:① 汉语拼音:汉语拼音声、韵母、声调,整体认读音节,音节拼读法,音序检字法,利用拼音正音的方法和普通话等。② 识字与写字:汉字基本笔画、笔顺、间架结构、字形结构分析方法,2300 个左右的常用汉字;执笔方法、写字姿势、硬笔书写(铅笔、钢笔书写)、写字习惯;部首检字法等。③ 听话与说话:良好的听话习惯(听话的注意力、边听边想)、听话技巧、收听广播的习惯;语言功能训练、句子训练、礼貌用语、说话技巧、转述主要意思、口述所见所闻;电话交谈、听懂普通话等。④ 阅读:词汇教学、句子教学、段的教学、篇的教学、朗读和默读教学、复述与背诵教学、概括课文主要内容等。阅读内容包括课文、拼音读物、儿童读物、街道名称、门牌/路牌、通知、报纸杂志等。⑤ 作文:常用标点符号、观察事物的基本方法、应用文(留言条、收条、领条、借条、日记、书信、填写履历表等)、简单的记叙文等。

课程要求:① 掌握汉语拼音。② 学会常用汉字 1500 个左右,学过的字词要懂得意思,部分字词会用。③ 学会用铅笔、钢笔写字,并能写得正确、端正、整洁,养成良好的写字习惯。④ 学习和掌握部首检字法和音序检字法。⑤ 能听普通话,认真听别人讲话,理解主要内容。⑥ 能说普通话,说话口齿清楚、内容明白、声音适度、有礼貌。⑦ 具有初步的阅读能力,能阅读程度合适的简短的书报。⑧ 会写一般的应用文和简短的记叙文。⑨ 学习使用六种标点符号。

教学实施要求:在教授语文课程时,要求把传授知识、补偿缺陷、培养能力有机结合。另外,要重视培养学生的能力和开发智力,同时使学生潜移默化地获得爱祖国、爱人民、爱劳动、爱社会主义的教育,培养学生良好的意志、品格和爱美的情趣。

3. 数学[②]

根据 1990 年 5 月国家教委颁发的《全日制弱智学校(班)数学教学大纲(征求意见稿)》,培智学校数学课程的性质、目标、内容与教学要求如下。

课程性质:数学是培智学校的一门重要学科,是参加生活生产劳动和解决日常生活中一些简单实际问题的重要工具。

课程目标:使学生初步理解、掌握简单的数量关系和几何形体等基础知识;具有简单的整数、小数四则运算的能力;培养初步的逻辑思维和空间观念,能够运用所学知识解决最简单的实际问题;并受到思想品德教育。

---

① 国家教育委员会. 全日制弱智学校(班)语文教学大纲(征求意见稿)[S].1990.
② 国家教育委员会. 全日制弱智学校(班)数学教学大纲(征求意见稿)[S].1990.

课程内容：① 数与计算：整数、分数、小数、百分数的认识；万以内的加、减法，乘数是一、两位整数的乘法、除数是一位数的除法；小数加、减法，乘数是一、两位整数的小数乘法，除数是一位整数的小数除法；含有两级运算的两步计算式题。② 几何初步知识：认识线段、直线、垂线、平行线、角、长方形、正方形、三角形、平行四边形、圆；直观认识长方体、正方体、圆柱、圆锥和球体；长方形、正方形周长的计算，长方形、正方形、三角形、平行四边形面积的计算。③ 量与计量：元、角、分的认识和简单计算；吨、千克、克的认识和简单计算；千米（公里）、米、分米、厘米的认识和简单计算；钟面（整点）、时、分、秒的认识；年、月、日、平年、闰年的认识。④ 应用题：求两数和、求比一个数多几的数的加法应用题；求剩余、求相差数、求比一个数少几的数的减法应用题；求几个相同加数和、求一个数的几倍是多少的乘法应用题；把一个数平均分成几份，求一份是多少；求一个数里包含几个另一个数、求一个数是另一个数的几倍的除法应用题；简单连加、连减、加减混合两步计算应用题等。⑤ 统计表与条形统计图的认识：认识统计表和条形统计图。⑥ 弹性教材教学的主要内容有：亿以内数的认识、乘数是三位数的乘法、除数是两位数的除法；乘数是一、两位小数的乘法；三步计算式题；梯形面积；求平均数的简单应用题；折线统计图、扇形统计图的认识。另外，各地还可以根据本地特殊需要编写乡土教材，在机动课中教学。

课程要求：① 使学生获得有关整数、分数、小数、百分数的基础知识，能正确地进行简单的整数、小数四则运算。② 使学生具有初步的比较、分析、综合、抽象、概括的能力，进行简单的判断、推理。③ 掌握常见的数量关系，正确解答一步和两步简单应用题。④ 掌握简单的几何形体的知识，掌握部分几何图形周长和面积的计算方法。⑤ 掌握常见的计量单位和计量方法。⑥ 认识算盘和电子计算器。⑦ 会用算盘计算万以内的整数加、减法，会用计算器正确计算整数、小数的两步计算式题。⑧ 认识常见票证的面额和编号以及简单的单据、统计图表。

教学实施要求：在教授数学课程时，要求教师重视发展学生的思维，补偿和矫正学生的身心缺陷，培养适应社会生活的能力。

4. 音乐[①]

根据1990年5月国家教委颁发的《全日制弱智学校（班）音乐教学大纲（征求意见稿）》，培智学校音乐课程的性质、目标、内容与教学要求如下。

课程性质：音乐课是培智学校教育中的一门重要学科，是实施美育教育的重要手段，对全面贯彻教育方针，促进学生德、智、体、美、劳全面发展，调节学生的情感，矫正其生理和心理缺陷具有特殊作用。

课程目标：通过音乐教学，培养学生对音乐的兴趣，使学生了解浅显的音乐知识，学习简单的音乐技能，发展想象力，培养初步的感受、听赏和表现简单音乐作品的能力；培养学生热爱生活的情感和活泼乐观的情绪，矫正感知的障碍和动作的不协调，补偿生理、心理上的缺陷；初步了解我国的民族音乐，接触外国优秀音乐作品，使学生在美的感染中陶冶情操。

课程内容：① 唱歌：唱歌姿势、正确用嗓、咬字与吐字、独立唱歌。② 唱游：节奏感、韵

[①] 国家教育委员会. 全日制弱智学校（班）音乐教学大纲（征求意见稿）[S]. 1990.

律感、律动、音乐游戏、歌表演、集体舞。③ 简易乐器：儿童电子琴、铝板琴、竖笛,演奏姿势。④ 听赏：听赏中外优秀儿童歌曲与乐曲;认识几种常见民族乐器和西洋乐器。⑤ 简单读谱知识：简谱知识,有条件的可教简单的五线谱知识。

课程要求：① 使学生了解浅显的音乐知识、学习简单的音乐技能。② 初步了解民族音乐、接触外国的优秀音乐作品。③ 获得初步的感受、听赏和表现简单音乐作品的能力。

教学实施要求：在教授音乐课程时,教师要注重对学生听觉、节奏感和音乐感受能力的培养,并通过律动和音乐的教学矫正学生的感知障碍和动作的不协调性,促进学生的身心和谐发展。

5. 美工[①]

根据1990年5月国家教委颁发的《全日制弱智学校(班)美工教学大纲(征求意见稿)》,培智学校美工课程的性质、目标、内容与教学要求如下。

课程性质：美工教学是对智力障碍儿童进行审美教育的重要途径,是促进智力障碍儿童智力开发和补偿身心缺陷的必要手段。美工教学对贯彻德、智、体、美、劳全面发展的教育方针起着重要的作用,对培养智力障碍儿童成为自食其力的劳动者具有重要意义。

课程目标：通过美工教学,使智力障碍儿童懂得浅显的美术基础知识,学会简单的绘画和绘制图案的方法,掌握一定的手工基本技能;通过动手动脑的训练,开发学生的智力,培养他们的观察力、想象力、欣赏能力和创造能力,矫正感知缺陷,扩大视野;结合美工教学,进行思想教育,培养学生的审美情趣。

课程内容：① 绘画：认识简笔画,学习用直线、曲线、弧线构图;懂得近大远小的透视现象、学习主次分明的构图知识;认识间色、学习复色调配法、学习为水彩画和水墨画着色;学习画简单的写生画、主题画、记忆画。② 纸工：学习用刀、剪等工具,剪、刻、折、撕、贴的方法,制作简单造型。③ 泥工：学习搓、捏、挖、压坑等方法,制作简单的立体造型。④ 能用多种材料,采用拼、剪、黏合等方法制作小物品等。

课程要求：① 能用直线、曲线、弧线构图。② 初步学会主次分明的构图知识。③ 学会几种复色的调配方法,能为简单的水彩画和水墨画着色。④ 能画出简单的写生画等。⑤ 能用相关工具和各种方法进行简单造型。⑥ 能用搓、捏、挖等方法进行简单的立体造型。

教学实施要求：在教授美工课时,教师要注重矫正儿童的感知缺陷和小肌肉群的活动障碍,使学生的视觉、观察、绘画、制作和审美能力得到发展。

6. 体育[②]

根据1990年5月国家教委颁发的《全日制弱智学校(班)体育教学大纲(征求意见稿)》,培智学校体育课程的性质、目标、内容与教学要求如下。

课程性质：体育课是培智学校的一门重要课程。它对于增进学生体质,矫正和补偿他们的身体缺陷,促进康复,逐步提高其生活能力有着特殊的作用。

课程目标：通过体育教学,矫正和补偿智力障碍儿童的身心缺陷,促进康复,为使他们

---

① 国家教育委员会. 全日制弱智学校(班)美工教学大纲(征求意见稿)[S]. 1990.
② 国家教育委员会. 全日制弱智学校(班)体育教学大纲(征求意见稿)[S]. 1990.

适应社会生活,成为自食其力的社会主义劳动者打下基础。

课程内容: ① 队列与体操:队列、队形、徒手体操、韵律操。② 基本运动:走、跑、跳、投等。③ 实用练习:包括攀、爬、钻、滚、背、挑、扛、推、拉等内容。④ 球类:包括皮球、篮球、足球的拍、踢、运、转、接、投球等基本动作和竞赛规则。⑤ 游戏:依据教育需要所设计的各种体育游戏等。

课程要求: ① 掌握简单的体育、卫生保健和锻炼身体的知识,了解自己的身体状况,掌握一些科学的锻炼身体方法。② 初步掌握队列、队形、徒手体操和韵律操的基本动作。③ 初步掌握走、跑、跳、投的基本技术。④ 初步掌握实际生活中应用动作的方法和劳动技能。⑤ 初步掌握拍、踢、运、转、接、投球的基本动作和竞赛规则。

教学实施要求: 在教授体育课时,要以体育教学为中心,积极开展课外体育活动和运动能力训练。通过体育教学,向学生进行体育常识和卫生保健常识教育,使学生掌握最基本的体育卫生知识;培养学生参加体育活动的兴趣,养成自强不息的精神和适应社会的能力,为他们成为自食其力的社会主义劳动者打下基础。

7. 劳动技能[①]

根据1990年5月国家教委颁发的《全日制弱智学校(班)劳动技能教学大纲(征求意见稿)》,培智学校劳动技能课程的性质、目标、内容与教学要求如下。

课程性质: 劳动技能课是对智力障碍儿童进行劳动教育和技能训练的一门主要学科,对于矫正和补偿智力障碍儿童的身心缺陷,发展健康的个性品质,促进智力障碍儿童德、智、体、美、劳全面发展,成为自食其力的劳动者具有十分重要的作用。

课程目标: 通过自我服务、家务劳动、公益劳动、手工制作和简单劳动的教学和训练,培养学生的劳动观和劳动习惯,使他们学会一些基本的、初步的劳动技能,矫正他们的身心缺陷,为将来适应生活和参加社会劳动打下基础。

课程内容: ① 自我服务劳动:自我生活照料、清洁环境的劳动。② 家务劳动:照料家庭生活、处理家庭事务的劳动。③ 公益劳动:直接服务于社会公益事业的义务劳动。④ 简单生产劳动(包括手工制作劳动):手工工具劳动、简单农业劳动、职业技术等。

课程要求: ① 养成良好的劳动观、劳动习惯。② 了解简单的劳动工具和材料的性能,并会使用工具进行简单加工。③ 懂得简单的种植和饲养知识,农村学生要学会干一些农活。④ 掌握自我服务、家务劳动、手工制作和简单生产劳动的基础技能。

教学实施要求: 在教授劳动技能课时,教师要培养学生热爱劳动的思想感情;所选择的内容要结合当地的实际情况及学生的日常生活,要引导学生通过实践获得知识和技能;教学内容的安排要与其他学科紧密配合。

这些具体教学要求对确定各门课程的教学内容、课程实施与课程评价起到了重要作用,并成为随班就读轻度智力障碍儿童调整教学内容、制订教学计划的重要依据。

但是,在不同教育安置形式下,轻度智力障碍儿童的教育内容和教育要求有所不同。例

---

① 国家教育委员会. 全日制弱智学校(班)劳动技能教学大纲(征求意见稿)[S].1990.

如,被安置在培智学校的轻度智力障碍儿童主要采用上述课程内容和教育要求,而被安置在普通学校随班就读的轻度智力障碍儿童,其教育内容和教育要求可能会与此课程内容、结构、要求有所差异。根据国家教育委员会1994年颁布的《关于开展残疾儿童少年随班就读工作的试行办法》中第14条之规定:"轻度智力残疾学生也可以使用弱智学校教材。学校可以根据学生的实际情况,对其教学内容作适当调整……对轻度智力残疾学生的教学要求可以参考弱智学校的教学计划、大纲和教材作出安排。"据此,普通学校教师对随班就读智力障碍儿童的教育内容和要求有较大的自主选择和调整的权利。即教师有权对随班就读中的智力障碍儿童的教育内容和教育要求进行删减、延后等调整,也可以参考培智学校的教学计划、教学大纲和教材开展教育教学。

从培智学校所开设的七门课程的教育内容来看,这些内容在保持各学科基本知识和基本技能教学的基础上,还在每门课程中增设了补偿智力障碍儿童身心障碍的内容。该教学内容既为轻度智力障碍儿童适应社会打下基础,又方便了与普通学校课程内容的衔接。

(二) 中重度智力障碍儿童各学科课程目标与课程内容

对于中重度智力障碍儿童各学科教育内容和教育要求,教育部曾于1994年和2007年先后两次发布相关文件,以明确中重度智力障碍儿童各学科具体教育内容和教育要求。依据2007年教育部颁布的《培智学校义务教育课程设置实验方案》的规定,中重度智力障碍儿童的教育内容既包括语文、数学等学科基础知识,也包括生活、劳动、唱歌、绘画、手工、运动、保健、信息技术、艺术休闲等基本技能,各种障碍的康复训练,第二语言教育,以及各校自主开设的反映乡土文化的教育内容。这些教育内容不仅包含了传统意义上的基础知识和基本生活技能的教育、缺陷补偿的教育,还包含了挖掘和发展中重度智力障碍儿童潜能的教育内容,如信息技术、第二语言等。2016年,教育部颁布了《生活语文》等12门课程的《课程标准》,进一步明确了各门课程的课程性质、目标和内容。

1. 生活语文[①]

课程性质:生活语文课程是培智学校义务教育阶段的一般性课程,是一门学习语言文字运用的综合性、实践性课程。工具性、人文性、生活性相统一是生活语文课程的基本特点。

课程目标:总目标:提高学生适应生活的语文素养,培育热爱祖国语言文字的情感,在语文学习过程中培养学生热爱祖国、热爱人民、热爱中国共产党,促进形成健康的审美情趣、积极的生活态度和正确的价值观;掌握与其生活紧密相关的语文基础知识和技能,具有初步的听、说、读、写能力和社会交往能力;养成良好的学习习惯,能在生活实践中学习和运用语文知识和技能,为其适应生活和适应社会打下基础。领域目标:① 倾听与说话:初步学会倾听、表达与交流。能听懂日常用语;能说普通话;能进行简单的日常会话和社会交往,养成文明的沟通习惯。② 识字与写字:热爱祖国语言文字。能认读和书写一定数量的常用汉字(例如:个人姓名、家庭住址、小区名、医院、车站站牌、超市、商场等公共场所常用文字)。

---

① 中华人民共和国教育部.培智学校义务教育生活语文课程标准[S].2016.

③ 阅读:具有初步的阅读能力。能阅读简单的应用文及个人资料;能阅读非连续性文本(例如:表格、说明书、时刻表、购物清单等),从中提取有价值的信息。具有初步的阅读兴趣。能阅读简单的绘本或儿童文学作品,累计阅读绘本或图书18本以上;能累计诵读或背诵儿歌、童谣、儿童诗、古诗18~50首。④ 写话与习作:具有初步的写话和习作能力。能根据表达需要写一句话或几句话;能填写简单的表格和个人资料;能书写简单的应用文;初步养成用文字记录生活信息的习惯。⑤ 综合性学习:能结合生活语文的学习,参与语言活动、文化生活、社区生活;能尝试用文字、图画、照片、现代媒体等多种方法呈现学习过程与结果。

课程内容: ① 倾听与说话:听与说的习惯、普通话、听故事、听媒体播报、理解问询、表达需求、求助语、自我介绍、叙述、转述、提问、对话、讨论等。② 识字与写字:汉语拼音(学习要求各异)、笔顺笔画、偏旁部首、认识汉字、书写汉字、查字典(能力强学生)等。③ 阅读:阅读习惯、常用标点符号的认识、记叙文、应用文(通知、公告、说明书等)、非连续性文本(招牌、警示标志、贺卡、短信、时刻表、购物清单、存取款单等)、朗读、背诵等。④ 写话与习作:写作习惯、常用标点符号的使用、抄写、仿写、写话、写应用文(能力强学生)、生活记录(能力强学生)等。⑤ 综合性学习:参与社区语言活动、常见社区文字标志等。

2. 生活数学[①]

课程性质: 生活数学课程是培智学校义务教育阶段的一般性课程,具有基础性、普及性、发展性、实用性和可接受性等性质。

课程目标: 总目标:获得适应社会生活和进一步发展所必需的数学的基础知识、基本技能、基本思想和基本活动经验;体会数学知识之间、数学与其他学科之间和数学与生活之间的联系,运用数学的思维方式进行思考,增强解决日常生活中简单数学问题的能力;了解数学的价值,培养学习数学的兴趣,增强在生活中运用数学的信心,养成良好的学习习惯,具有一定的科学意识。领域目标:① 知识技能:经历从日常生活中认识常见的量的过程,掌握常见的量的基础知识和基本技能;通过点数物体的个数,能说出总数、按数取物,掌握计数原则;经历数的抽象、运算等过程,掌握数的基本概念和基本运算;经历图形的抽象、分类、位置确定等过程,掌握图形与几何的基础知识和基本技能;经历在实际问题中收集和处理数据、利用数据分析问题、获取信息的过程,掌握统计的基础知识和基本技能;参与综合实践活动,积累综合运用数学知识、技能和方法等解决简单问题的数学活动经验。② 数学思考:初步建立常见的量的概念,感受常见的量在生活中的作用;初步建立数感、符号意识,初步形成运算能力,发展形象思维与抽象思维;初步建立空间观念,培养几何直观的能力;初步发展数据分析观念,感受数据中蕴涵的信息;参与观察、综合实践等数学活动,初步发展思维能力,能够表达自己的想法。③ 问题解决:初步运用已有的数学知识与数学活动经验解决简单的实际问题,增强应用意识;初步获得分析问题和解决问题的一些基本方法,体验解决问题方法的多样性;学会与他人合作交流。④ 情感态度:积极参与数学活动,对数学感兴趣;体验获得成功的乐趣,建立数学学习的自信心;体会数学的特点,了解数学在生活中的价值;养成独立思考、合作交流等学习习惯。

---

① 中华人民共和国教育部.培智学校义务教育生活数学课程标准[S].2016.

课程内容：① 常见的量：有无、大小、多少、长短、高矮、粗细、厚薄、轻重、宽窄、人民币、时间、长度、质量等主要内容。② 数与运算：数的认识，数的表示，数的大小，数的运算，数量的估计等主要内容。③ 图形与几何：空间和平面基本图形的认识，图形的性质、分类和度量，图形的轴对称等主要内容。④ 统计：收集、整理和描述数据，从数据中提取信息并进行简单的推断等主要内容。⑤ 综合与实践：综合运用常见的量、数与运算、图形与几何、统计等知识和方法解决问题。

3. 生活适应[①]

课程性质：生活适应课程是在培智学校开设的一门立足于学生当前及未来生活需求，以学生生活适应能力的培养为目的的一般性课程，具有生活性、实践性、开放性等性质。

课程目标：总目标：帮助学生了解基本的生活常识，掌握必备的适应性技能，养成良好的行为习惯，形成基本的生活适应能力及良好的品德，成为适应社会生活的公民。领域目标：① 个人生活：具有基本的个人生活所需的自理能力，熟悉生活环境；懂得文明礼仪，尊重他人；认识身体异常状况，了解简单疾病预防知识和处理措施；初步了解青春期基本知识，保持良好情绪；养成健康、文明的生活习惯；正确对待他人评价，力所能及地为他人服务。② 家庭生活：知道家庭主要成员、亲友关系，听从父母和长辈教导；具有初步的环境维护和安全意识；建立初步的健康消费意识，合理消费，勤俭节约；参与家务劳动，爱护家居环境；孝顺父母，关心家人，承担一定的家庭责任；保护家庭隐私，保障居家安全。③ 学校生活：认识学校相关成员，与同学、老师建立良好关系，礼貌相待；遵守学校纪律和学生守则，参与学校活动；熟悉校园环境，安全使用学校设施，掌握简单的求救方法；关心集体，有荣誉感；养成良好学习习惯；具有团队意识，养成良好的文明行为习惯。④ 社区生活：参与社区活动，与邻里友好相处；爱护社区环境，合理利用社区资源，具备基本的社区安全常识，具备一定的自我保护能力；在社区中主动寻求帮助，积极参与社区活动并愿意为他人服务。⑤ 国家与世界：知道自己是中国人，遵守升国旗等礼仪活动规范；初步了解我国主要传统节日；知道我国是一个统一的多民族国家，初步了解相关民俗活动；热爱祖国，初步了解我国领土的相关知识，知道国家主权不可侵犯；初步了解有关家乡和祖国的地理、历史知识；初步认识世界，知道世界是由多个国家和地区组成的；喜欢大自然，具有保护生态环境的意识；遵纪守法，在成人指导下维护自身权益。

课程内容：培智学校生活适应的课程内容涉及面非常广泛。具体内容包括：① 个人生活：饮食习惯、个人卫生、个人着装、疾病预防、自我认识和心理卫生等相关内容。② 家庭生活：家庭关系、家庭责任和居家安全等相关内容。③ 学校生活：人际交往、校园安全和学习活动等相关内容。④ 社区生活：认识社区、利用社区、参与社区和社区安全等相关内容。⑤ 国家与世界：国家与民族、地理与历史、节日与文化、法律与维权、环境与保护和共同的世界等相关内容。

---

① 中华人民共和国教育部.培智学校义务教育生活适应课程标准[S].2016.

4. 劳动技能[①]

课程性质：劳动技能课程是培智学校义务教育阶段的一般性课程，是以实践学习为特征的必修课程。该课程具有实践性、生活性、综合性、开放性等性质。

课程目标：总目标：形成独立或半独立的生活能力，为平等参与社会生活和就业打基础。课程的三维目标为：① 知识与技能：掌握自我服务劳动、家务劳动和公益劳动的知识与技能；认识常见的材料和工具，掌握简单的加工技术；初步掌握一门简单的通用生产技术；初步了解残疾人劳动就业的相关知识和求职的方法、技巧。② 过程与方法：能协调运用肢体和感官参与活动，观察和分析事物；具有对劳动技能进行模仿和实际操作的能力；改善认知功能，提高精细动作水平和交流合作能力；自觉遵守劳动安全规则；养成良好的劳动习惯；初步具有独立或半独立生活的能力。③ 情感态度与价值观：通过丰富的劳动体验，初步形成对劳动的正确认识；具有热爱劳动、热爱人民、热爱生活、热爱家乡的思想感情；具有认真负责、遵守纪律、勤俭节约、爱护公物、珍惜劳动成果、团结协作的品质；具有劳动意识和良好的意志品质；具有一定的质量意识、安全意识、审美意识、环保意识和法律意识。

课程内容：劳动技能课程内容由自我服务劳动技能、家务劳动技能、公益劳动技能和简单生产劳动技能等内容构成。① 自我服务劳动技能：使用物品、整理物品、洗涤物品、移动物品等相关内容。② 家务劳动技能：使用物品、清洁整理、洗涤晾晒、移动物品和厨房劳动等相关内容。③ 公益劳动技能：校内劳动、社区劳动等相关内容。④ 简单生产劳动技能为拓展性内容，包括使用工具、手工劳动、缝纫编织、种植劳动、养殖劳动、畜牧技术和职业准备等七个方面的内容。

5. 唱游与律动[②]

课程性质：唱游与律动课程是培智学校义务教育阶段的一般性课程。

课程目标：总目标：帮助学生感受、发现、领略音乐艺术的魅力，学习基本的音乐知识，获得基础的音乐能力，提高学生听觉、认知、语言、动作、沟通交往的能力，促进学生了解音乐与生活的密切关系，培养对音乐的兴趣和对生活的热爱，实现唱游与律动课程在育人过程中的教育和康复功能，达到愉悦身心、发展智能、陶冶情操、健全人格的目的。领域目标：① 感受与欣赏：通过发现、探索大自然和生活中的声响，激发学生兴趣；通过欣赏各种音乐艺术作品，逐步养成良好的聆听习惯，感知音乐作品的艺术魅力；通过用自己的方式表达对音乐的感受和理解，积累欣赏音乐的经验，为参与社会生活中的音乐活动做准备。② 演唱：通过演唱，表现音乐作品，表达情绪和情感；知道基本的演唱知识，具备基本的演唱能力；在集体演唱活动中提高自信表达的能力。③ 音乐游戏：通过音乐游戏，调动学生的学习兴趣，促进学生的听觉、节奏感、音高感、结构感、创造性等各方面音乐能力的提高。④ 律动：通过律动活动，感受音乐要素，用各种富有韵律的动作来表现音乐，愿意参与律动创造活动，用自己创编的动作表达对音乐的理解，发展学生的动作协调性、音乐表现能力和创造能力。

课程内容：① 感受与欣赏：声音的强弱、声音的快慢、声音的长短、二拍与三拍特点、乐

[①] 中华人民共和国教育部.培智学校义务教育劳动技能课程标准[S].2016.
[②] 中华人民共和国教育部.培智学校义务教育唱游与律动课程标准[S].2016.

器听辨、打击乐、音乐欣赏、音乐作品收集等相关内容。② 演唱：练声、独唱、齐唱、用歌声表现情绪、律动等相关内容。③ 音乐游戏：音乐游戏活动、音乐游戏情景与动作等相关内容。④ 律动：配合音乐的表演动作、儿童舞蹈基本动作、即兴表演、民族舞动作等相关内容。

6. 绘画与手工[①]

课程性质：绘画与手工课程是培智学校义务教育阶段的一般性课程，具有视觉性、活动性、人文性和愉悦性等课程性质。

课程目标：总目标：提高视觉、观察、绘画、手工制作能力，初步学会发现美、感受美和表现美，发展审美情趣，提高审美能力，学会调整情绪和行为，促进社会适应能力的提升。领域目标：① 造型·表现：观察、认识与理解线条、形状、色彩、空间*[②]、明暗*、肌理*等基本造型元素，学习运用对称、重复、对比、变化*、统一*等形式原理进行造型活动，提高想象力与操作能力；尝试使用适合的绘画与手工材料进行涂画和制作，初步发展艺术感知能力和造型表现能力；参与造型活动，体验活动过程的乐趣，调整情绪和行为。② 设计·应用：了解浅显的设计与工艺知识，选择、使用合适的工具和材料，尝试进行简单的模仿设计与制作；学习适合的制作方法，体验设计与制作的过程，尝试表现美，逐步提高关注身边事物、发现问题和解决问题的能力；初步学会比较与辨识，逐步形成耐心细致、合作分享的学习态度，产生美化生活的愿望。③ 欣赏·评述：学习浅显的欣赏方法，尝试欣赏有代表性的作品，了解优秀的民族、民间美术与中外优秀文化艺术；尝试感受自然美、艺术美，逐步提高视觉感受与表达能力，促进审美能力的提升；热爱生活，增强民族自豪感*，初步形成尊重世界多元文化的态度*。④ 综合·探索：逐步学会围绕主题，尝试将绘画与手工各领域的学习相融合，解决一些简单问题；尝试将绘画与手工课程与其他学科相融合，进行综合性的实践活动*；开阔视野，增进求知欲，体验活动过程的愉悦与成功感，陶冶生活情趣，提高社会适应能力。

课程内容：① 造型·表现领域：握笔、涂画与涂色、撕、折、揉、搓、压、粘、贴等方法，造型与手工制作；添画和涂色，颜色和肌理效果，空间原理*，明暗等造型元素*，绘画颜料，构图知识、色彩知识、对比与渐变手法、添加、组合、夸张、变形等装饰手法等内容。② 设计·应用领域：模仿制作、组合与装饰；对比与对称的美*，设计制作等内容。③ 欣赏·评述领域：颜色与形状，作品欣赏（书法、中国画、油画、水彩画、版画、雕塑、动漫等作品）并表达感受，描述标识图形；民间艺术与人类文化遗产，享受审美过程等内容。④ 综合·探索领域：绘画与手工技能、绘画与手工不同表现形式*，粘贴类、裁剪类、捆绑类、夹取类、串编类等工具的使用，简单造型表现*等相关内容。

7. 运动与保健[③]

课程性质：运动与保健是以培养学生终身体育意识和社会适应能力为主要目标的一般性课程，具有基础性、实践性、健身性和综合性等基本性质。

课程目标：总目标：掌握运动与保健的基础知识、基本技能和方法，发展体能，开发潜

---

① 中华人民共和国教育部.培智学校义务教育绘画与手工课程标准[S].2016.
② 标有*的内容为能力较强学生的选学目标。
③ 中华人民共和国教育部.培智学校义务教育运动与保健课程标准[S].2016.

能,促进功能康复和补偿;培养参与运动的兴趣和爱好,体验运动的乐趣与成功,逐步养成体育锻炼的好习惯,形成良好的心理品质、合作与交往能力,基本形成健康的生活方式和积极进取、乐观开朗的人生态度,为融入社会打下基础。领域目标:① 运动参与:参与体育运动学习和锻炼、体验运动乐趣与成功。② 运动技能:学习体育运动知识、掌握运动技能和方法、增强安全运动的意识和能力。③ 身体健康:掌握基本运动保健知识和方法、塑造良好体形和身体姿态、全面发展体能与健身能力、提高适应自然环境的能力。④ 心理健康:培养良好的意志品质、学会调控情绪的方法、形成合作意识与能力、具有良好的体育道德。

课程内容: ① 运动参与:课堂常规与运动规则,各项体育活动,运动时间的安排,运动计划的制订与实施,运动兴趣与运动习惯等。② 运动技能:体育运动知识(运动项目名称、特奥运动知识等),运动技能和方法,安全运动意识和能力等。③ 身体健康:运动保健知识和方法,体形和身体姿态,体能与健身,自然环境适应等。④ 心理健康:意志品质,情绪调控方法,合作意识与能力,体育道德等。

8. 信息技术[①]

课程性质: 信息技术课程是一门以培养学生信息技术能力为目标的选择性课程。本课程具有技术性、支持性、实践性、发展性等特性。

课程目标: 总目标:培养学生的信息技术能力。即了解信息技术基础知识;初步掌握信息技术基本技能;初步具备运用信息技术解决日常生活中实际问题的意识和能力;能够按照法律、文化和道德规范的要求使用信息技术。三维目标:① 知识与技能:感受生活中的信息,了解现代信息技术的作用;认识常见的信息技术产品,初步掌握常用通信工具的用法;知道计算机相关硬件及软件的基础知识,了解它们的基本功能,并能够进行基本操作与简单应用;能运用网络获取信息,与他人进行交流。② 过程与方法:能根据生活需要,利用信息技术获取、加工、表达与交流信息,体验信息处理的一般过程;能针对具体任务和特定主题,体验用信息技术解决问题的方法;能根据其他学科的学习需要,尝试使用信息技术。③ 情感态度与价值观:体验在信息技术学习活动中获得的成就感,激发学习信息技术的兴趣;能按照法律、文化和道德规范的要求使用信息技术,养成正确、规范的信息技术使用习惯;逐步树立保护个人信息的安全意识,增强使用信息技术的责任感。

课程内容: ① 身边的信息技术:包括身边的信息、现代信息技术的作用、信息技术应用中的行为规范、常用通信工具的基本用法、信息终端在生活中的应用以及复印机、扫描仪等常用办公设备的基本用法等相关内容。② 计算机的应用:包括计算机基本操作、计算机常用外接设备、多媒体加工与处理、图形图画的绘制、演示文稿的制作、文档的加工与处理等相关内容。③ 计算机网络的应用:包括网络信息的获取与选择、通信软件的基本操作方法、电子邮件的使用、网络安全常识等相关内容。

9. 康复训练[②]

课程性质: 康复训练课程是为满足不同学生的康复需求而设置的选择性课程。本课程

---

① 中华人民共和国教育部.培智学校义务教育信息技术课程标准[S].2016.
② 中华人民共和国教育部.培智学校义务教育康复训练课程标准[S].2016.

依据学生身心发展规律及康复需求,注重功能改善与潜能开发,体现基础性、发展性、功能性、综合性、实践性的特点。

课程目标:总目标:通过康复训练,改善学生在动作、感知觉、沟通与交往、情绪与行为等方面的功能障碍,提升其注意、记忆、言语、思维、情绪等发展水平,促进其潜能开发,为学生适应日常生活与学习活动,以及终身发展奠定基础。领域目标:① 动作训练:提升粗大动作和精细动作能力,以满足学生日常生活及学习活动中移动、运动、工具操作等方面的需求。② 感知觉训练:提升视觉、听觉、触觉、味觉、嗅觉、前庭与本体觉以及综合运用的能力,以满足学生日常生活及学习活动中对不同信息接收、处理、运用等方面的需求。③ 沟通与交往训练:提升言语准备、前沟通技能、非语言沟通、口语沟通等基础能力,以满足学生日常生活及学习活动中沟通交往的需求。④ 情绪与行为训练:提升正确理解和适当表达情绪的能力,以满足学生日常生活及学习活动中人际交往的基本需求;制订并实施积极行为支持方案,使学生表现适当行为,减少或消除不适当的行为。

课程内容:① 动作训练:包括姿势控制、移动、平衡与协调等粗大动作训练,以及手部动作、手眼协调、握笔写画、使用工具等精细动作的训练。② 感知觉训练:包括视觉、听觉、触觉、味觉、嗅觉、前庭与本体觉等相关训练内容。③ 沟通与交往训练:包括言语准备、前沟通技能、非语言沟通、口语沟通等相关训练内容。④ 情绪与行为训练:包括情绪识别、情绪表达、情绪理解、情绪调节、行为管理等相关训练内容。

10. 艺术休闲[①]

课程性质:艺术休闲课程是一门立足于培养学生当前和未来休闲能力的选择性课程。该课程具有综合性、活动性、选择性和开放性等特征。

课程目标:总目标:学生通过参与休闲活动,掌握基本的休闲知识和技能,学会选择合适的休闲方式,体验休闲的乐趣,遵守休闲的伦理规范,养成良好的休闲习惯,丰富、愉悦学生的精神生活,陶冶生活情趣,提高生活质量。各领域课程目标:① 休闲认知:了解常见的休闲活动;知道生活中从事休闲的时间和环境;知道自己喜欢并能参与的休闲活动。② 休闲选择:能根据兴趣爱好、需求和能力基础,选择适合的休闲活动和场所,形成基本的自我决定能力。③ 休闲技能:学会安排休闲活动;能与同伴合作开展休闲活动;能在休闲活动中管理好自己的情绪及行为;能利用合适的休闲资源;能在休闲活动中注意安全。④ 休闲伦理:了解休闲活动的行为准则;能选择参与健康、有品位的休闲活动,形成正确的休闲价值取向。

课程内容:① 休闲认知:休闲活动的认知、休闲时间的认知、休闲环境的认知、休闲的自我认知等相关内容。② 休闲选择:按休闲兴趣爱好选择、按休闲需求选择、按个人能力基础选择等相关内容。③ 休闲技能:休闲计划与安排、参与与合作、情绪与行为管理、资源选择与利用、休闲安全等相关内容。④ 休闲伦理:休闲行为准则、休闲价值取向等相关内容。

---

① 中华人民共和国教育部.培智学校义务教育艺术休闲课程标准[S].2016.

11. 第二语言[①]

课程性质：在学生已有语言的基础上，根据当地的特点和学生的具体情况可选择学习的如地方语言、民族语言、普通话以及简单的外语等第二语言；对不能使用语言的学生则训练其使用其他非语言沟通方式或沟通辅具。本课程是培智学校义务教育阶段所开设的选择性课程。

课程目标：部分有较好语言基础的学生选学另一种语言，以促进其更好地适应当地生活，或扩大沟通范围；而对部分无语言能力的学生则通过非言语沟通、辅具沟通等方式的训练，促进其沟通能力的发展。

课程内容：依据学生的生活需要可选择开展如方言、民族语、普通话、简单外语、非言语沟通方式、辅助沟通工具等相关内容的训练。

12. 校本课程[②]

课程性质：根据学校地域特征、社会环境、经济文化发展特点，以及学生实际生活需要，设置和开发具有本校特点的课程。该课程是培智学校义务教育阶段的一门选择性课程。

课程目标：通过有针对性的教育训练，使学生获得适应当地生活的经济、文化、环境等相关知识、民俗民风等文化。

课程内容：依据学校所处地域和学校办学特点自主研发的课程内容。其中多数为反映本地区文化、民俗的教育内容，也有少量是反映学校办学特点的教学内容。

上述课程中信息技术、康复训练、艺术休闲和第二语言等四门选择性课程，是为适应个别学生潜能开发或缺陷补偿而开设的课程。其教育要求应该以儿童的补偿需要或发展需要而定，所以不可能提出共性的教育要求。而校本课程应反映地域文化和学校特点，所以更难设置统一的教育要求。值得进一步说明的是，因中重度智力障碍儿童个体间差异比较大，每个儿童的教育潜能各不相同，因此此处所讲七门必修课程的教育要求均为参考性要求。

总之，课程设置与选择，教学内容的选择、确定与实施都应该充分考虑残疾学生特点，注重提高其生活自理、与人交往、融入社会、劳动和就业等能力的培养。[③]

第2节 教学设计与教学评价

一、教学设计

智力障碍儿童的教学组织形式并没有固定的模式。目前各国均以集体授课和小组授课为主，而辅以个别指导，但也有个别国家或地区尝试采用了跨班级、跨年级，甚至跨学校的小组授课，或其他更为合适的分组授课方式。

[①] 中华人民共和国教育部. 培智学校课程设置实验方案[S]. 2007.
[②] 中华人民共和国教育部. 培智学校课程设置实验方案[S]. 2007.
[③] 国务院办公厅. 关于进一步加快特殊教育事业发展的意见[S]. 2009.

（一）教学设计的概念

所谓教学设计是指面向教学系统，解决教学问题的一种特殊的设计活动。[①] 为有效利用课堂时空环境提供有针对性的教学，教师必须在课前对其将要开展的教学活动进行设计。通过教学设计教师要解决教谁？教什么？为什么教？怎么教？效果如何？如何评价教学成效等一系列问题。如果教师在课前对教学对象、教学内容已经有了详尽的了解和分析，并在此基础上设计出符合学生和学科教学特点的活动，就能够大大提高教学质量。

教师在教学之前对教学对象、教学内容、教学条件/资源和教学目标必须进行深入、细致的分析，最后在分析的基础上设计科学的教学程序。教学设计不但包括教师"教"的方案，还应该包括学生"学"的方案。针对智力障碍儿童的教学设计难点应该是自主"学习"的方案设计。

（二）教学设计的具体内容

1. 教谁？

教学设计，首先要确定学习的主体是谁，即学习者是谁？当确定了学习者之后，教师需重点分析学习者的学习需要、学习能力和学习准备。了解学生的生活环境、学习基础和教育需求，以确定学习目标。

2. 教什么？

教学设计，其次要确定学习内容。为此教师需重点分析教育对象的培养目标是什么？教育对象的教育需要是什么？为了实现培养目标，学生应获得哪些知识和技能？本节教学活动将实现哪些具体目标等。

3. 为什么教？

教学设计，还要分析所讲授内容的理论依据是什么，也就是说教师要思考自己所准备教授的内容是不是学生参与社会生活所不可或缺的知识或技能。必须学习的内容，教师一定要教；而可学可不学的内容，教师应仔细甄别并考虑教育的成本与价值。

4. 怎么教？

教学设计，还要阐明教学策略。教师应重点分析各种教育资源和教育准备，包括：① 人：学生、教师。② 媒介：符号、物、媒体。③ 环境：功能教室/普通教室、室内/室外、校内/社区、模拟环境/真实环境。

5. 效果如何？

教学设计，最后要阐明教学如何评价。教师要重点分析：① 评价内容：教学目标（教学总目标和本堂课教学目标）。② 评价方式：测试/自然环境、手/口、课堂内/课堂外……虽然，总体教学目标的评价属后期工作，但却是教学设计的重点。因为教学评价设计的恰当与否，将直接反映教学设计的科学性和有效性。

（三）教学设计过程

由于智力障碍儿童的学习条件和学习基础差异很大，因此针对智力障碍儿童的教学设计更强调教学前的评估。依据钮文英的观点，智力障碍儿童的教学设计应包括教学前评估、计

[①] 章伟民. 教学设计基础[M]. 北京：电子工业出版社，1998：1.

划、教学和教学后评估四个阶段,而且每一阶段都有其独立的任务。① 具体设计流程见图9-1。

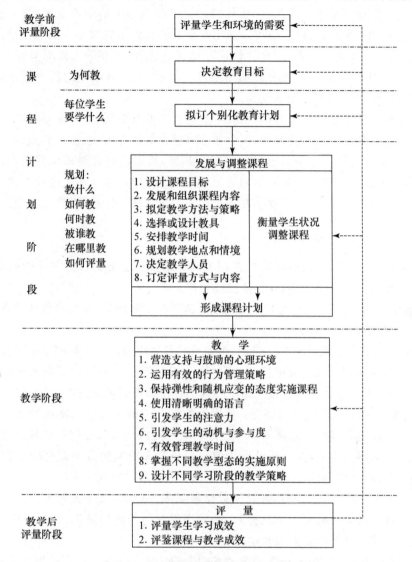

图 9-1 启智教育课程与教学设计之流程图

在图 9-1 的四个阶段中,第一、二阶段当属教学设计阶段,而第三阶段为教学实施阶段,第四阶段则属教学反思阶段。鉴于此,我们一般所说教学设计主要是指第一、二阶段。

1. 教学前评估

由于所有教学都是以促进智力障碍儿童融入社会生活为目的,因此教学前评估重点应该是儿童的社会性发展水平、肌能发展水平和学科基础等。具体包括障碍程度、健康状况、社会适应力、认知方式(注意、记忆、情绪控制、语言、学习策略等)、沟通、合作等行为方式,已有知识和技能基础以及学习习惯等内容的评估。评估不但要了解学生的障碍,还要找到学

---

① 钮文英. 启智教育课程与教学设计[M]. 台北:心理出版社,2003:74-76.

生接受教育的潜在能力。

教学前的评估既可采用正式的、标准化的测量工具对学生的学业水平、学习能力、适应行为等具体能力和水平进行评估,也可以采用非正式的评估工具对学生的生活状态、生活环境、交流习惯等进行评估。当然,结合评估还可以通过访谈、观察等方式对被评估学生进行更深入的了解。当评估结束后,要对评估结果进行整理,概括该学生的教育基础,以此作为教育起点设计教学目标和评价教学成效。

从教学设计的现实操作情况看,虽然教学前的评估非常重要,但并非要求教师在每一次教学设计前都进行具体而详尽的评估,因为教师对学生的认知方式、学习起点、学习能力、学习特点、学生的共性与差异等情况已经有一定掌握,所以没有必要每次都进行详细评估。但是,如果教师所设计的课程内容和学习方式是学生陌生的、学习难度比较大的,或教师对学生尚不熟悉时,一般需要在设计教学方案前对相关学生进行评估,以决定教学的目标和组织形式。

2. 设计教学计划

该阶段的主要任务就是在前期评估各相关内容的基础上分析影响教学的各个因素,在分析结果的基础上设计教学计划,其具体操作程序如下。

(1) 确定教学总目标:在明确本单元或本节课的教学目的后,确定本节课的具体教学内容,并以此作为教学设计的起点。

(2) 确定学习目标:确定具有操作性、可评价的具体学习目标。阐明学生通过本次教学活动应掌握的具体知识、技能,或情感、态度的变化情况等。学习目标不但能够提示教师教什么,还能告诉学生学什么。而且教学组织和教学评价也都将依据这些目标展开。

(3) 分析智力障碍儿童的学习特征:找出影响智力障碍儿童学习本次教学内容的主要因素。包括智力障碍儿童的学习需要、学习特点、学习能力(生理、心理和环境因素等)、学习起点、学习准备、学习兴趣等,并分析这些因素。分析相关影响因素不但有助于反思教学目标设置是否科学,教学内容选择是否恰当,还有利于选择最佳的教学方法。

(4) 分析学习材料:一般而言,教材是教学最基本的资源,另外教师的知识和经验也是教学的重要来源。教师在确定教学目标后,必须将教材与教师的知识、经验组织在一起,形成符合学生学习特点和发展需要的教学内容。

(5) 确定教学任务:在分析教学内容的基础上确定教学任务。包括计划教学时间、分析教学任务、确定教学活动形式、安排组织课题顺序等。

(6) 预测教学结果:了解学生对所学内容的准备情况,包括学习本内容的已有知识和技能基础、困难所在。通过预测,教师可以思考教学内容和教学目标是否恰当,并可以此为依据删改或补充教学计划。

(7) 选择教学方法:教师在确定了教学目标和教学内容后,要根据多方条件和资源选择最具操作性的教学方法。但在此过程中教师要清楚地意识到,同一教学方法不一定会取得相同的教学效果。因为教学环境或教学条件的改变一定影响教学效果。为此,教师应尽量了解各种教学方法的特点和局限,在对学生的学习能力进行科学的分析之后,再慎重、合理地选择和组合教学方法,以实现有效教学。

(8) 考虑辅助性服务:为使智力障碍儿童能够更好地理解所学内容,能够将知识及时转化为生活技能,学校经常将儿童安排在特别模拟的生活场景中,或将儿童带到真实场景中教学。这种辅助性的教育服务对促进儿童的学习的确有一定的益处。

(9) 寻求教学资源:资源和材料的选择与教学活动紧密相连。这里包括各种印刷材料、视听材料和其他人力/物力资源等,它们都能启发学生并有效地解释和演示教学内容。在教学设计过程中应特别关注教学资源的利用,寻找能最有效地表现教学内容、完成教学目标的教学资源。

(10) 设计教学评价:最后要设计一个既能监控教学过程,又能体现教学结果的评价体系,包括评价内容、指标和方式等。评价与目标直接相关,在教学设计中所陈述的学习目标应该是教学评价的主要内容。通常学习目标表达得越清楚、完整,教学评价也就越容易进行。

二、课堂教学的实施

教师所设计的教学方案只有在现场环境中经过操作,才能转化为教育结果。

课堂教学的顺利实施需要多个因素的共同作用,除了教师的责任心和基本的教育技术外,还包括课堂环境的设置、教学组织形式的选择与确定以及课堂管理等。

(一) 创设教学环境

教学环境是由"教学物质环境"和"课堂心理环境"两大要素构成。所谓"教学物质环境"是指构成教学的各种物资设备,包括教学场地、教学用房、教学设备、教学用品、游戏器械与场地等。而"课堂心理环境"则是指班级团体互动所形成的气氛、结构、过程和规范等潜在特征,往往可以表现出班集体的独特风格。[①]

1. 创设有价值的教学物质环境

根据智力障碍儿童的教学与训练需要,培智学校除了设置有普通教室之外,一般还设置有语言训练、运动康复、律动、计算机等不同功能的教室。普通教室主要用于进行文化知识的教学,教室环境相对单一,格局也比较固定(但可以依据教学和活动的需要变动讲台和座位)。而功能教室是以体能康复、技能训练为主的教学场地,因此教室环境相对复杂、环境布局更强调功能性。按照国家1994年颁布的《特殊教育学校建设标准(试行)》,要求培智学校在为每个班级配备不少于44平方米的普通教室、音乐及唱游教室之外,还应在每校配备律动、微机、美工、实验(并配置仪器及准备室1间)、语训、图书阅览、生活与劳动教室、多功能活动、体育康复训练、体育器材、电教器材等功能性教室各一间。

儿童在学校内大部分时间是在教室中度过的,因此创建舒适、温馨、自由的教室环境对于促进儿童成长非常重要。但是教室毕竟不同于家庭的客厅,教室是传递文化、教授知识的地方,因此教室环境又必须体现严肃性、操作性。因此,怎样建设一间既能够充分保障教学,又能够让学生放松心情,还能够灵活使用的教室是我们必须考虑的。一般而言,教室环境主要由学生的课桌椅、教师的操作台(讲台)、多媒体影像、陈列物品的陈列架和收纳物品的橱柜等构成。通常,学校习惯于将橱柜、陈列柜排列于墙边,而将学生的课桌椅放置在教室的

---

① 林宝贵. 特殊教育理论与实务(上)[M]. 台湾:心理出版社,2000:508.

中间。尽管这种设计比较整齐,但其死板、缺乏变化的设计方式容易导致学生产生厌烦,因此教师应该善用教室的空间环境,将空间环境依据教学需要、学生偏好作出区域划分。但在我国大陆对如何布置培智学校的普通教室环境等问题目前尚无明确规定。根据台湾地区《特殊教育设施及人员设置标准》,要求接受身心障碍学生的特殊教育设施之设置,应符合个别化、小区化、无障碍、融合及现代化原则。该原则考虑到智力障碍儿童的身心特点和教育目标,又考虑了科技进步、社会发展给予现代教育的便利。① 这个教室环境建设的思路值得我们借鉴。香港地区在其《弱智儿童指引》中对教室的环境有一个设计建议。即"为了尽量向儿童提供多种不同的学习环境及经验,学校可在课室内设立不同的学习角及兴趣角,如阅读角、创作角、自然角、自理角、益智玩具角/玩具资源室、角色扮演场地、自由活动角和展览角等"。这些学习角的功能各有不同,阅读角可摆放一些与儿童身心发展相适应的读物,供儿童取阅,以此培养儿童阅读习惯和阅读能力;自然角可放置一些植物,或饲养一些小动物,培养儿童的观察力、责任心,并了解一些照顾动物和养护植物的方法;自理角则可放置一些家具和家用器皿,一方面让儿童在模拟的环境中学习生活自理技能,另一方面也可以利用这个角落对儿童进行人际沟通的训练。总之,通过各种角落游戏或情景学习帮助儿童理解所学、增广智力、了解社会、培养兴趣、获得更广泛的生活技能和社会经验。

2. 创设愉悦的课堂心理环境

在课堂教学中无形的心理环境也会对学生的学习产生潜在影响。课堂环境是由师生共同创造的,是教师工作、学生接受教育训练的场所,只有在师生双方心理感受良好的条件下,学习才能够显示出效果,因此教师应重视课堂心理环境的建设,使学生能够在愉悦的心境下学习。例如,教师应给予学生合理的期待,即教师根据不同学生的能力和水平提出不同的要求和标准,明确向学生告知教师的期望,发现学生的点滴进步,鼓励学生向教师期望的方向发展,重视与学生的双向沟通,尊重学生的独特感受,避免上对下简单式沟通,营造与学生沟通的环境和机会等。②

3. 关注座位安排

座位安排对课堂教学的影响力是不容忽视的。按照传统的座位安排方式,教室内的课桌椅是整齐且统一朝向前方的。由于这种课桌椅的摆放形式导致学生与教师的空间距离有近有远,所以得到教师的关注情况有多有少,学生看教师的演示有细有粗,甚至听到的内容都多寡不均。因此,远离教师的学生很可能比距离教师近些的学生更容易出现走神、做小动作、说话,甚至随意走动等行为问题,而这些问题又反过来影响他们参与学习活动的兴趣和深广程度,严重的还影响整个课堂教学秩序。由于教室座位的安排可能带给学生不均等的教育结果,因此教师在上课时应该对教室的座位作出恰当的安排。

座位安排应体现不同的教育功能。目前培智学校在座位安排上比较灵活,例如,对于操作性的课程,教师常常采用"品"字形或半圆形的结构。"品"字形的座位安排就是教师将学生按照同质或异质的方式分成三组,如"品"字样安排在教室的中间部位,而教师则将操作台安置在三个小组的中间。这样能够使所有学生与教师基本保持等距,儿童便能够清楚地看

---

① 林宝贵. 特殊教育理论与实务(上)[M]. 台湾:心理出版社,2000:502-507.
② 中央教科所比较教育研究室. 简明国际教育百科全书·教学(上)[M]. 北京:教育科学出版社,1985:118-119.

到教师的演示,同时也便于教师关注和指导学生。而半圆形的座位安置形式,则是教师将操作台安置在半圆的中央,这样能基本做到与每位学生等距。对于文化课的教学,因为教师需要板书、需要操作多媒体课件,所以还是较多地沿用传统的座位安排方法,但也有很多教师采用"品"字形方式。实际上,在座位安排上教师应该根据教学任务选择更灵活的方式。例如,在小组活动中可采用马蹄形的座位形式,以使一个小组的成员坐在一起,便于讨论并共同完成任务。而在一些手工制作或简单劳动的训练中,则可以让学生自由坐在一起,以增进学生的交流和合作。

在座位安排中要注意的是,不要将某一学生的位置安排在角落中,因为这会使坐在角落中的学生产生标签感,感到自己是不受重视或不受欢迎的人。

(二)管理课堂秩序

课堂里的人际关系主要包括教师与学生之间的关系,以及学生与学生之间的关系。这些人际关系主要决定于教师和学生的个人行为,是影响实现预定教学目标的重要因素。在这些人际关系中,学生是学习的主体,教师则是课堂教学的管理者和领导者。教师有责任协调师生之间和学生之间的关系,为学生学习创设良好的环境,使他们都能积极学习。[1]

智力障碍儿童接受教育训练是宪法赋予他们的权利,但是智力障碍儿童的差异性和其培养目标,决定了他们与正常儿童在学习内容和教学训练方法上有所不同。他们更需要生活化的课程、宽松的教学环境和情境化的教育场所,这给教师管理教学带来了难度。因此教师在课前更要考虑如何管理课堂教学秩序,如何保障每一名智力障碍儿童都能够集中注意力来学习这些内容。为此,教师在课堂管理上应注意针对性,尊重个别差异,注重特殊需求,在课堂管理中做到恰当、及时,以保障教学的稳定开展。

(三)实施有效教学

课堂是学生学习和训练的重要场所,学生的大部分时间是在学校课堂中度过,因此教师必须控制课堂环境,实施有效的教学训练。要实施有效的教学训练,必须控制好教学的过程,并及时评价教学成果。

1. 控制好教学的节奏与过程

控制好教学过程主要看教学结构和教学节奏的安排是否科学、合理。一节课的时间有限,教师必须合理安排好课堂教学训练时间。教学训练一般包括:导入、新授、巩固练习、小结和结束五个基本环节。一般而言,导入环节要尽量紧凑,注重导入的启发性、定向性和概括性,切忌啰嗦,或发布无关信息,因为这些信息会干扰学生对本次教学任务和要求的准确理解。新授环节是课堂教学训练的核心环节,教师一方面要尽量注重传授知识的科学性,另一方面要充分考虑学生的可接受性,采用符合学生认知特点的方式引导学生学习。巩固练习环节要鼓励儿童操作,通过操作加深对所学内容的理解,逐步达到掌握新知。在小节和结束环节,教师还要结合板书或活动过程,运用简洁明了的语言对本节课的教学内容进行归纳总结,通过该环节使学生掌握本课教学的要点和重点,并明确未来教学训练的方向和任务。

2. 及时评价教学结果

及时评价目标的达成情况,能够大大提高课堂教学的效率。因此当教学结束时,教师应

---

[1] 邵瑞珍. 学与教的心理学[M]. 上海:华东师范大学出版社,1990:299.

该对教学目标的完成情况进行评价。教学结果的评价包括,学生对教学内容的掌握情况,以及影响学生掌握教学内容的各相关因素等。

三、教学评价

(一)教学评价的意义

教学评价是整个教学程序中非常重要的一环。"一个结构完善的课程,应包括一套可供学校参照的教学程序,其中融合了评估、教学计划及检查等工作。要达到这个目的,教师在计划课程时应为儿童设计一些以评估为本的测验。评估不应被视为学习过程以外的东西,或只是基于行政需要,在一个学习阶段完结后附加的工作,又或只是向家长报告成绩的方法。反之,评估是有效学习不可缺少的一部分,让儿童可以从中知道自己的学习进度。教师在拟订教学计划时,要为儿童拟定学习内容;同样,作为教学计划的一部分,他们也需要计划如何评估儿童。"[①]既然教学评价是教学的重要组成部分,那么如何有效地评估教学成果则是每一个教育管理者、教师、学生和家长所共同关心的问题。

教学评价的目的是为了促进学生、教师和学校的发展。针对智力障碍儿童的教学评价与普通学校的教学评价在基本理念和要求上大致相同,但是在评价目的、内容和方式上则有些许不同。针对智力障碍儿童设计教学评价必须根据其教育需要、学习能力和学习阶段设计不同的评价内容和评价方法。要达到科学地实施教学评价的目的,就应该在计划课程时依据课程标准设计好评价内容、评价指标和评价方法。

(二)教学评价的内容

智力障碍儿童的教育需求相对普通儿童要复杂一些。智力障碍儿童除需接受必须的学科教育外,还需接受如认知、语言、肢体功能、情绪管理、社会适应等专门的教育训练。因此,针对智力障碍儿童的教学评价包括认识与学业、技能、社会适应等几个方面。但需说明,并非每个智力障碍儿童都必须接受以上各方面的全部评价,评价应根据儿童的独特教育训练需求而定。

1. 认知评价与学业成就评价

(1)认知评价

认知评价是对智力障碍儿童的注意、记忆、判断、推理等认知能力的评价。这些能力将直接影响教学的有效性。认知评价的具体评价内容包括:① 注意:对儿童注意的速度与广度、持续时间、注意选择、注意转移等相关能力的评价。② 记忆:对儿童听觉记忆、视觉记忆、短时记忆、长时记忆等相关能力的评价。③ 判断、推理:是对儿童接受信息、思考、推理、判断等能力的评价。

(2)学业成就评价

学业成就是指学生学习的结果,通过测验和评价衡量出来的儿童个体所取得的学习结果就是他们所取得的成就。一般所指学业成就评价主要是对语文、数学等学科性课程学业成就的评价。通常情况下,对学业成就的评价不评价儿童的学习性向,因为学习性向不是学

---

① 香港课程发展议会.弱智儿童课程指引[S].香港教育署课程发展处印行,1997.

习的结果,而且与特定的学习内容无关,因此不必在特定的学习完成之后进行评价。学业成就必须在相应的学习完成之后才能加以评价。[①]

针对轻度智力障碍儿童的教学评价通常以学业成就的评价为主要内容。其学业成就评价的内容则以各学科课程标准(课程大纲)中所要求的具体知识和技能为主。由于轻度智力障碍儿童的教育安置形式不同,因此针对该类儿童的学业成就评价内容也有所差异。例如,我国随班就读轻度智力障碍儿童的学业成就评价,包括语文、数学、科学、外语、品德与生活(品德与社会)、历史与社会、体育与健康、艺术等各门课程。而培智学校的轻度智力障碍儿童则是对其语文、数学、常识等七门课程学习的结果进行评价。具体评价内容则是根据七门课程大纲的教学目标、内容和要求对本学科某学习阶段的基础知识或技能进行学习结果的评价。

对于中度智力障碍儿童的学业成就评价应依据教育部2007年颁布的《培智学校义务教育课程设置实验方案》中"课程评价"的要求进行。评价内容包括生活语文、生活数学等一般性课程的评价。因为这些课程内容体现了国家对智力障碍儿童素质的最基本要求,是学校教学的主要内容。也是教学成就评价的主要内容。而信息技术、康复训练、第二语言等选择性课程,因其是为个别儿童实施潜能开发或缺陷补偿而开设的教学活动,故只需要对参与这些教学训练的儿童进行评价即可。

对于智力障碍儿童的学科教学评价应具体包括哪些内容,要以各学科"课程标准"(课程大纲)和教材为依据。因为"课程标准"(课程大纲)不但详细规定了学生在不同学习阶段的学习任务,还规定了学生通过这些内容的学习应该达到的学业水平,而教材则是学生熟悉的学习材料。

以我国台湾地区智力障碍儿童语文、数学学科教学成就评价内容为例。

实用语文包括听、说、读、写作等四个部分,内容列举如下。

① 听:评价项目包括倾听能力、专注能力和口语理解能力。

② 说:评价项目包括发音、手势、动作、表情运用;说的技巧,如音调、速度等;字、词、句子的内容丰富程度;社交性语言的使用等。

③ 读:评价项目包括识字能力;字、词、句子、短文的理解能力;读的速度。

④ 写作:评价项目包括握笔能力;写字的姿势;笔画、笔顺;字、词、短句的书写能力;短文写作能力;简易计算机操作能力。

实用数学包括对数学知识、技能、态度、运用等四个方面的评价,内容列举如下。

① 数学知识:评价项目包括实物、图形、符号、用语、概念等。

② 数学技能:评价项目包括运算、测量、绘图、实作、生活应用等。

③ 数学态度:评价项目包括客观、精确、实在等。

④ 运用真实情况:评价学生在日常生活中应用数学的能力。

虽然我国台湾地区在"课程纲要"中规定了教学评价的大致范围,但其评价内容比较笼统,而具体评价是由教师、学校根据教学情况而定。

---

① 崔允漷. 基于标准的学生学业成就评价[M]. 上海:华东师范大学出版社,2008:11.

美国等西方一些国家并没有为智力障碍儿童设置专门课程标准,大多是以普通儿童的课程标准为基础进行调整运用。但是,美国在各学科学业成就评价上却有比较详细的评价指标。现以美国加利福尼亚州替代性学业成就评价英语语言艺术水平:二年级与三年级的阅读成就评价为例(见表9-3)。

表9-3 加利福尼亚州二年级与三年级阅读成就评价内容标准

阅读	任务数:4个　　　　所占测验百分比:50%
二年级	
1.0	单词分析能力、语言流畅性以及系统的词汇发展:学生了解阅读的基本特点。能够选择相应的字符并且知道如何利用拼读法、划分音节以及单词部分来将它们转换为口语。能够利用这种知识来流利地完成朗读和默读。
1.3	解码与词汇识别:译解双音节的无意义词以及普通的多音节词。 知道自己人名中的第一个字以及同学或老师的姓名。
1.7	词汇和概念发展:理解并解释常见的同义词和反义词。 按相同和不同进行分类(比如伴有文本的图片词汇)。
三年级	
2.0	阅读理解:学生能够阅读并理解与年级水平相当的材料。他们能够在需要时利用一系列阅读理解策略(比如:形成并且回答关键问题、进行预测、对比不同来源的信息)。除课内阅读之外,到四年级之前学生每年要阅读150万字,其中包括与年级水平相当的具有代表性的记叙文和说明文(例如:古典的和现代的文学作品、杂志、报纸以及网络信息)。到三年级,学生在该目标上取得实质性进步。
2.1	识别材料的结构信息:利用标题、目录、章节标题、术语表以及索引查找文本中的信息。 在封面上找到书名。
2.3	理解和分析与年级水平相当的文章:通过回答问题来表现其对文章的理解。 回答关于人物、事件和地点的问题。
2.4	理解和分析与年级水平相当的文章:回忆文中的主要观点,完成或修改预测的相关信息。 利用图片按顺序再现主要观点。
二年级	
3.0	文学作品的反馈与分析:学生广泛阅读各种重要的儿童文学作品并作出反馈。他们能够区别文章的结构特征和文学要素(比如主题、情节、背景、人物)。幼儿园到八年级的推荐读物中所选择的文学作品代表了学生阅读材料的性质和难度。
3.2	描述分析与年级水平相当的文章:根据故事情节编造几个可选择的结局,并说明理由。 按顺序排列开头和结尾。
三年级	
3.0	文学作品的反馈与分析:学生广泛阅读各种重要的儿童文学作品并作出反馈。他们能够区别文章的结构特征和文学要素(比如主题、情节、背景、人物)。幼儿园到八年级的推荐读物中所选择的文学作品代表了学生阅读材料的性质和难度。
3.2	描述分析与年级水平相当的文章:理解世界各地的经典童话故事、神话、民间故事、传说和寓言中的基本情节。了解人物的活动。
3.3	描述分析与年级水平相当的文章:通过人物的动作和语言以及文章的描述来确定人物的形象。理解人物的情感。

该学业成就评价表提供了具有操作性的评价指标，其操作性较强。教师通过该评价，能较确切地了解被评价儿童在阅读上的实际水平，为进一步制订教学方案提供了依据。

近年来，美国政府着力倡导融合教育，因此推出了一系列融合教育政策，包括学业成就评价指导方案。目前美国大多数州均采用在一般学业成就评价基础上的针对障碍学生的替代性评价。这是联邦教育部于2005年8月颁布的针对障碍学生的评价指导。

目前，美国大多数州采用的针对障碍学生的选择性评价有三种。[①]

① 与年级学业标准一致的替代性评价（alternate assessments aligned with grade-level achievement standards）。该评价的标准与年级学业标准一致，是为那些在辅助手段下仍无法参加一般性学业评价的学生而设定的。

② 基于替代性学业成就标准的替代性评价（alternate assessment based on alternate achievement standards）。该评价是以替代性学业成就标准为基础的评价，替代性学业成就标准一般低于年级学业水平的标准。该评价主要用于具有最严重认知障碍学生的学业评价。

③ 以修订后的学业成就标准为基础的替代性评价（alternate assessment against modified achievement standards）。该评价是在修订后的年级学业成就标准基础上的评价。它主要面向有严重认知障碍的学生。这是对一般性评价标准调整后的评价标准，在一般性评价标准基础上降低了难度、深度或广度的评价方案。该评价在学业水平的要求上低于年级学业标准，但高于替代性学业成就标准，是美国联邦政府于2005年新推出的难度介于前二者之间的替代性评价方案。

由于替代性学业评价内容是基于普通教育课程标准而制定的，因此智力障碍儿童所接受的学科教育内容实际上与普通儿童相同，只是在同一内容的教学速度上相对缓慢。替代性学业评价促进了智力障碍儿童在普通教育和特殊教育间的流动，实现了特殊教育与普通教育的融合。

2. 技能评价

技能评价主要是对智力障碍儿童参与社会生活所必备的相关技能的评价，包括基本社会交往技能，就医、购物等社区生活技能，阅读理解技能，计算技能，居家生活技能和休闲技能等诸项能力的评价。

3. 社会适应评价

社会适应评价包括三个方面：对社会的基本认识：包括对各级组织、法律法规、社区功能等的认识。环境适应：包括对家庭环境、学校环境和社区环境和职业环境的适应。文化适应：包括民族认同、文化认同等。

（三）教学评价的方法

针对智力障碍儿童的课程评价与普通学校不同，其评价不是以甄别、选拔为目的，而是以了解智力障碍儿童的教育需求、促进智力障碍儿童能力发展、促进教师专业化、促进课程建设等为目标的教学评价。针对智力障碍儿童的教学评价并没有固定的方法，采用怎样的评价方法应该由教学对象、教学内容、评价目的和评价资源等各评价要素而定。

---

① Almond, Filbin, Bechard. Reliability in Two Types of Alternate Assessments for Students with Significant Cognitive Disabilities[J]. National Council on Measurement in Education, 2005(8).

1. 学业成就评价方法

学业成就评价主要运用于评价智力障碍儿童的知识水平。

根据智力障碍儿童的学习特点和反馈学习成果的特殊性,针对智力障碍儿童的学业评价方法与普通儿童不完全一样。评价不应仅仅局限于纸笔测试,而应尽量灵活一些,既可以采用纸笔测试法、口试法等,也可采用日常观察法(观察被评价儿童日常生活中知识的掌握和运用情况);既可以采用集体测试的方法,也可采用个别评估的方法。例如香港地区针对障碍儿童的学业成就评价提出了九种具体的评价方法,包括:① 作业;② 专题设计;③ 课堂小测验;④ 学习表现的观察;⑤ 口试;⑥ 讨论;⑦ 学习纪录检查;⑧ 功课样本匣(即功课档案袋);⑨ 评估课业等。[①] 同时要求教师在评估方法上应根据标准参照设计,要顾及全面性和客观性等原则。而大陆针对智力障碍儿童的语文学业评价则通常采用观察、口头回答、表演、演讲、纸笔测验、作业、合作完成任务及实际操作等方法。

2. 技能评价与社会适应评价方法

技能评价是对智力障碍儿童在社会行为中所表现出的技能运用结果的评价,技能评价应与社会适应评价结合使用。对该部分内容的评价可采用日常观察、实际操作、家长评价、教师评价、成长记录等方法进行。例如,为评价儿童沟通技巧的发展水平,教师可采用观察评价的方法,观察、记录学生在学校一日的沟通动机、沟通行为和沟通效果,并通过对观察结果的分析,评价学生沟通技巧的发展水平。

虽然针对智力障碍儿童的教学评价有多种方法,但是在确定评价方案时还应依据具体的评价内容、对象选用最恰当的方法。评价应注重质化评价与量化评价的结合、形成性评价与终结性评价的结合、教师评价与家长反馈的结合、知识评价与技能评价的结合,以及传统的评价方式与新的评价方式相结合的办法。

(四)教学评价设计建议

教学评价的设计关乎教育的有效性和教学方向的选择,因此教师应特别谨慎地设计教学评价方案。为使教学设计能够真实地反映教学成果,在此特提出几点设计建议。

(1)做好前期分析工作。教师在评价学生的学习表现和学习成就前,应首先分析课程内容及教学方法,回顾教学目标,在此基础上再考虑采用何种评价方式来识别学生的学习结果。一般而言,教师前期工作做得越充分,评价就越准确,对评价结果的分析便越具科学性。

(2)尽量采用自然观察与成长记录的评价方法。对障碍情况越严重的智力障碍儿童越应该采用观察和成长记录的方式进行评价。

(3)强调日常生活场景中的随时评价。评价除了对学生学校生活的评价外,还应重视家庭、社区等生活场景中知识、技能运用的评价。为此,需要动员家长参与对学生生活适应能力的评价。

(4)将集体评价与个体评价相结合。有些内容适合于集体评价的,建议采用集体评价,如学业成就测验等。而有些评价项目难以在集体评价中准确获得,因而建议采用个别评价。

---

① 香港课程发展议会.适应有困难儿童课程指引[S].香港教育署课程发展处印行,1998.

第3节 智力障碍儿童的教学原则与常用方法

一、针对智力障碍儿童的教学原则

教学原则是教学工作必须遵循的基本要求,是根据教育目的和教学过程的规律制定的,也是教学工作实践经验的总结和概括。[①] 由于教学原则是在教学过程中起指导作用的原则,因此教学原则必然与教学者的世界观、价值观有关,与教学内容、教学对象和教学方法等教学的构成要素有关。具体地说,教学原则一般包含三个方面的含义:首先,教学原则从属于教学目的,是为实现教学目的服务的。其次,教学原则的确定有赖于人们对教学规律的认识。再次,教学原则对教学内容、教学方法、教学组织形式的设计与运用起指导作用。[②] 由此可知,教学原则是人对教学规律的反映和认识,因此选择与运用怎样的教学原则,必须考虑教育对象、教学内容、教学方法、学科性质和学科教育规律,它是教学活动中教师和学生必须遵守的一些基本规则。

智力障碍儿童的教学活动与正常学生的教学活动并无本质上的差别,因而有许多共同遵循的教学原则,如全面发展教育原则、启发性原则、科学性与思想性统一的原则、因材施教原则、循序渐进原则、反馈性原则等是所有教师在教学中必须遵守的基本原则。但是,智力障碍儿童毕竟存在着身心发展障碍,而这些障碍又必然影响其学习的过程和效果,因此针对智力障碍儿童的教育教学还有一些特殊原则应该遵守。

(一) 科学性原则

教学应力求科学准确,科学性原则就是为了保障教学的科学性、有效性而提出的一项基本的教学原则。虽然该原则是在所有教学活动中都是必须遵守的首要原则,但是针对智力障碍儿童教学的科学性原则尤其重要。具体而言,针对智力障碍儿童教学的科学性原则主要包括三个方面:其一,教学的设计者所选择的内容必须是科学的,即教师所讲授的知识和技能是符合科学精神的。其二,教育内容的组织形式、呈现方式和教学序列,以及教授方法是科学的,即教学方法既符合学科教学的规律,又符合智力障碍儿童的学习特点。其三,教学的评价内容和评价方式也应该是科学的。

(二) 功能性原则

功能性原则是根据智力障碍儿童身心障碍、教育限制的多寡,以及参与社会生活的基本需要而提出的一个特殊的教学原则。功能性原则是指将分析、提取出来的适应环境生活所必需的、最重要的知识和技能教给智力障碍儿童,并帮助他们在具体环境中加以运用,以最终形成依据环境参与社会生活所需的功能性知识和技能。功能性教学原则要求教师在考虑教授学科知识的逻辑性时,要关注知识和技能在具体环境中的运用,包括运用方式、运用效果等。功能性原则更适用于严重智力障碍、多重智力障碍或年龄偏大的智力障碍儿童发展社会性技能的需要。

[①] 邵宗杰,裴文敏.教育学[M].修订版.上海:华东师范大学出版社,1996:302.
[②] 黄甫全,王本陆.现代教学论学程[M].修订版.北京:教育科学出版社,2003:201.

(三) 补偿性原则

智力障碍儿童因身心障碍影响了其学习,而补偿性原则正是根据智力障碍儿童缺陷补偿的需要而提出的一个特殊的教学原则。补偿性原则是指教师在教学过程中针对智力障碍儿童的认知、语言、记忆、行为、情感等缺陷,运用特有教学内容提供专业的教育训练。例如,智力障碍儿童的脑损伤导致他们在学习过程中特别容易疲劳,因而无法长久地、注意力集中地学习;社会参与度低、认知水平差导致他们概念贫乏,而且概念与事物间难以建立联系,因而理解所学困难;语言障碍导致他们理解错误、言不达意,而信息交流不畅又反过来影响他们更好地理解所学内容;手眼协调和手部控制障碍导致他们学习操作性技能困难,特别是书写困难;观察力、分辨力、记忆力差等又导致他们的学习难以推进。有鉴于此,教学中教师必须考虑到学生的障碍和补偿需要,除了教给学生精选的知识和技能外,还要利用教学过程适时地提供补偿性训练,以促进智力障碍儿童身心得到全面的发展。

(四) 直观性原则

直观性原则是根据智力障碍儿童抽象思维能力低下的特点提出的。直观性原则是指教师在教学中借助直观教具帮助学生加深对教学内容的感受和理解,从而使学生更好地掌握知识和技能。直观性教学原则符合学习者的认知规律,因而该原则对所有学习者都有很高的应用价值。学校教育中的许多内容是无法在日常生活中被直接感受到和观察到的,所以在学习这一类内容时,必须依赖学习者大脑中已有表象和概念,进行合理的推理和想象。如果学习者头脑中缺乏表象,逻辑思维能力又差,那么很可能导致学习者不理解所学内容。智力障碍儿童因认知障碍、社会经验不足、思维能力低下而在学习时常常表现出表象缺乏、逻辑思维受限、推理困难等问题,因此直观性教学原则正是通过直观的教具、语言、动作、表情,通过让学生接触、观察和模仿,丰富其直接经验和感性认识,这为他们学习知识、形成概念、发展智力服务。因此直观性教学原则能够帮助学生理解学习内容,该原则对智力障碍儿童的应用价值非常高。但值得注意的是,在教学中运用该原则应充分考虑教学内容、教学目标、教学任务和学生已有的知识结构等,慎重选用直观教具。

(五) 小步子原则

小步子原则是根据智力障碍儿童注意力不易集中,理解力、记忆力差等学习障碍提出的。小步子原则是指在教学中教师应按照智力障碍儿童的认知特点和学习能力,提供相适应的教学量。根据智力障碍儿童的心理特征和学情特点,国家规定培智学校每节课为35分钟。但是障碍程度不同、年龄不同、兴趣和习惯等不同的智力障碍儿童具有不同的学习潜力,教师应依据教学内容、学生的障碍程度、注意与记忆的特点以及学习兴趣,合情、合理地安排教学时间和教学的量。例如教师在教学时,有必要将所讲内容设置为便于学生理解和操作的若干个教学任务和教学环节,带领学生在具体活动中学习和巩固知识、技能。另外,教师要根据每个儿童的接受能力安排教学的分量。特别对教学中的难点、重点一定要坚持低起点、小步子的原则,并依据儿童的能力水平设计教学的难度和坡度,促进儿童的学习。

(六) 个别化原则

个别化原则是针对智力障碍儿童个体差异大,绝大多数智力障碍儿童具有独特的教育需求而提出的一个教学原则。个别化教学原则是指在教学过程中针对智力障碍儿童的个别差异(特点),为每个儿童设计他们所能达到的基本的学习量,然后采取相应的方法促进其发展的一项教学原则。[1] 个别化原则的核心是教师在设计教学活动时要充分考虑到不同儿童的不同学习能力、学习基础和学习需要。由于智力障碍儿童的障碍程度、认知发展水平、学习能力和情绪状态等均不相同,所以要想在同一个课堂上充分兼顾到所有儿童的教育利益非常困难。为此,针对智力障碍儿童的教学必须贯彻个别化原则,并将其体现在教学目标、教学过程、练习和评价各个环节之中。所以,个别化原则实际上包括了教学内容、要求、手段和方法上的个别化。

(七) 巩固性原则

巩固性原则,又称充分练习原则,是指教师在教学过程中引导学生在充分理解所学内容的基础上,通过有效记忆策略和反复练习等方法将所学的知识、技能加以内化、长久保持,并在需要时准确再现、正确使用。该原则正是根据智力障碍儿童识记慢、遗忘快、不善运用有效记忆策略的特点而提出的一项教学原则。记忆障碍和不良的记忆策略导致智力障碍儿童的学习效率低下,教师为阻止学生对所学内容遗忘的发生,必须加强巩固练习。

二、针对智力障碍儿童的常用教学方法

所谓教学方法是指为了达成一定的教学目标,教师组织引导学生进行专门内容的学习活动所采取的方式、手段和程序的总和;它包含了教师的教法、学生的学法、教与学的方法等多项内容。教法,是教师为完成教学任务所采用的方式、手段和程序;学法,是学生在教师指导下获得知识、形成技能、发展能力和发展个性过程中使用的方式;教与学的方法,是指在教学过程中教师为了完成教学任务所采用的教授方式和学生在教师指导下的学习方式。[2]

虽然智力障碍儿童是一个特殊教育群体,但他们与正常儿童具有相同的学习顺序、学习特点和学习方式。鉴于此,一些普通教育机构的通用教学法同样适用于智力障碍儿童。但是,智力障碍儿童毕竟存在大脑损伤和社会认知不足等问题,所以他们在认识事物、理解和感受外界刺激、思维与表达方面还是有别于正常儿童,这就要求教师在教学过程中要依据智力障碍儿童的身心特征、学习特点和学习方式选择或创造更有效的教学方法。因为选择和运用有效的教学方法,对提高智力障碍儿童的学习兴趣、促进其对所学习内容的理解与记忆、实现教学目标具有非常重要的意义。

针对智力障碍儿童的常用教学方法有任务分析法、谈话法、演示法、模仿法、参观法、巩固练习法、情境教学法、伙伴帮助法、个别指导法、游戏教学法和康复教学法等若干种。

(一) 任务分析法

所谓任务分析法,也叫工作分析法,它是对特定的、复杂的学习行为和技能进行分析、评定的一种方法,旨在使学生能逐步、有效地掌握该行为或技能。[3] 任务分析法在智力障碍儿童教学中使用价值非常高,该方法几乎可以覆盖所有技能类教学内容。由于智力障碍儿童的观察力、理解力和记忆力相对比较差,因此在学习比较复杂地进行操作性技能时不能对操

---

[1] 肖非,刘全礼. 智力落后教育的理论与实践[M]. 北京:华夏出版社,1996:174.
[2] 黄甫全,王本陆. 现代教学论学程[M]. 修订版. 北京:教育科学出版社,2003:300.
[3] 赵树铎. 特殊教育课程与教学法[M]. 北京:华夏出版社,1994:153.

作步骤进行有效观察、分析和记忆,而最终导致操作困难。为帮助智力障碍儿童看清楚并掌握正确的操作步骤、规范操作程序,教师常常对相对复杂的技能进行动作技能的分解,即将复杂技能分解成若干个容易观察、容易模仿的细小操作步骤,通过帮助学生一个环节一个环节地进行操作实践,使他们掌握技能完成的要点,最后将每一细小步骤连缀成一个完整的操作技能。任务分析法符合智力障碍儿童教学中的小步子教学原则。

(二) 谈话法

谈话法又称"问答法",是最传统的教学方法之一。它是教师按一定的教学要求向学生提出问题,要求学生回答,并通过问答的形式来引导学生获取或巩固知识的方法。[①] 谈话法又分为复习谈话和启发谈话两种基本形式。谈话法既可以用于班级教学和小组讨论中,又可以用于个别化教育训练中。由于使用谈话法有较大的灵活性,它既适合于讲授新课,又适合于复习、巩固旧知识,因此谈话法常常被用于班级或小组讨论的教学之中。通过生生或师生对具体问题的谈话、讨论,不但可以扩大智力障碍儿童的视野、发展他们的思维,更能够增强学生自主学习的意识,并在这个过程中学会合作、学会尊重、学会交际技巧,还能够学会对社会、对他人负责。该方法体现了儿童参与社会的均等权利和机会。但是,使用该方法有几点值得注意:首先,谈话法对参与者有一定的要求,即参与谈话的人不但要有较好的社会认知能力、听理解能力、筛选和概括信息的能力,还要有一定的组织思想、选词造句等清晰表达的能力,因此对认知发展和语言发展相对落后的中重度智力障碍儿童不太适用,但对轻度智力障碍儿童则可以使用。其次,采用此方法教师事前要有充分的准备,努力通过提问、讨论等方法帮助学生把握所学内容的重点和难点。最后,谈话必须建立在学生已经掌握相关知识的基础之上,并据此加强引导、活跃思维、启发回答。

(三) 演示法

演示法又称示范教学法,是人类教育中最基本的教学方法之一。所谓演示法是指教师通过展示实物、直观教具或示范性操作,使学生通过观察获得知识技能或巩固知识技能的方法。[②] 该教学法具有师生之间可以同时进行视觉和口头上的交流,语言障碍得到克服,师生之间可建立融洽的关系的作用。[③] 由于智力障碍儿童具有社会认知水平低、观察力和思维能力差等特点,因此大脑中表象贫乏,导致教学困难。采用演示法,可以通过教师演示实物、模型、图片、多媒体使学生直接感知所学事物的形态、色泽,并进而准确理解和把握所学的具体事物的特征,也可以通过演示动作、表情使学生准确理解动作、表情的具体含义。总之,演示法不但能够形成或丰富智力障碍儿童的表象,还能扩大其社会认知和情感认知,促进有效学习。因此,对智力障碍儿童而言,演示法具有非常重要的意义,该教学方法符合智力障碍儿童教育中直观性教学原则。

(四) 模仿法

模仿法就是通过让学生模仿教师的语言或动作,调整学生的行为,使之协调,从而促进

---

① 黄甫全,王本陆. 现代教学论学程[M]. 修订版. 北京:教育科学出版社,2003:305.
② 黄甫全,王本陆. 现代教学论学程[M]. 修订版. 北京:教育科学出版社,2003:305.
③ 中央教育科学研究所比较教育研究室. 简明国际教育百科全书·教学(下)[M]. 北京:教育科学出版社,1990:284.

他们智力发展的方法。[①] 智力障碍儿童在独立思维和创造力上有比较大的障碍,相比较而言他们的模仿能力比较强,因此模仿法在智力障碍儿童的教育教学中具有很高的应用价值。鉴于此,教师可以充分利用智力障碍儿童的模仿能力,通过教师示范→儿童模仿→教师指导→教师再示范→学生再模仿→教师再指导的方法开展教学。通过教师不断地示范、讲解和学生不断地模仿操作,逐渐掌握行为要领,最终形成技能。模仿法不但适合于体育、音乐、舞蹈、美术、手工、劳技、插花、养殖、烹饪等技能类课程的教学,也同样适合于语文(矫正发音、书写、造句、模仿作文等)、数学(按照范例计算)、外语、常识等学科的教学。模仿法符合智力障碍儿童教育中直观性、小步子等教学原则。

(五) 参观法

参观法是根据教学内容和教学目标,组织学生到特定地点进行现场观察学习,并通过现场观察使学生获得感性认识的教学法。智力障碍儿童平时不注意对社会、人和事物进行观察,因此表象贫乏。另外,智力障碍儿童具有借助现场环境理解话语和事物的思维特点,因此在教学中如果脱离具体环境去讲解某一事物或事件,他们便不易理解。为使智力障碍儿童能够充分理解教学内容,有时需要组织他们亲临现场去观察和感受具体的人、物或环境。参观法不但能够使儿童借助环境和实物理解所学内容、丰富表象,还有助于帮助儿童在参观过程中学会观察的方法,学会如何提炼、分析和归纳等思考方法,最终形成解决生活问题的能力。目前特殊学校的综合实践课大多采用此方法。参观法符合智力障碍儿童教育中的直观性、功能性等教学原则。

(六) 巩固练习法

巩固练习法,又称"练习法",是指在教师指导下通过对特定内容一定量的练习使学习者巩固所学、形成技能的一种方法。该方法不但能够帮助学生掌握所学知识,还利于学生将所学知识转化为技能,因此该方法也是普通学校最常用的教学方法之一。由于智力障碍儿童与普通儿童相比具有识记慢、遗忘快的特点,因此他们在学完一项内容后很快便遗忘了,这使其学习很难获得进展。为使智力障碍儿童掌握所学知识,并将知识转化为技能,教师必须根据每一位智力障碍儿童的学习特点、记忆水平和所学习的内容设计一定形式、一定量的专门练习,并将练习程序化。通过不断的、程序化的练习,使智力障碍儿童理解和掌握特定学习内容,最终达成教学目标。巩固练习法符合智力障碍儿童教育中小步子、个别化和巩固性等多项教学原则。

(七) 情境教学法

情境教学法是指教师依据教学内容在课堂上设置教育场景,并将学生置于该场景之中,通过组织学生完成情境中的具体任务来帮助学生掌握知识和技能的一种教学方法。该方法与参观法有异曲同工之处,即也是将学生安置于特定的情景中学习。由于情境教学法比参观法既节省教学资源,又便于灵活运用,因此成为培智学校最常用的教学方法之一。针对智力障碍儿童的情境教学法有两种基本形式:一是在现实场景中学习,即在学校内设置专门的生活场景,教师借助该场景进行教学。例如,学校根据智力障碍儿童的生活教育需要,在

[①] 赵树铎. 特殊教育课程与教学法[M]. 北京:华夏出版社,1994:154.

校内设置一些专用教室——模拟"家庭""超市""邮局"等特定教学场所。教师根据需要进入特定场景中,通过让智力障碍儿童在模拟场景中执行特定的学习任务来获得知识、掌握技能。二是教师利用教学内容设计一些临时性教学情景,通过组织儿童在该临时情景中扮演角色以体会学习的内容,如分角色朗读、分角色轮唱等。这种教学方法能加强儿童对特定场所特定氛围、语言的理解与学习,对儿童理解生活、规范语言具有很好的作用,同时还能活跃教育活动的气氛。情境教学法符合智力障碍儿童教育中直观性、功能性、补偿性等教学原则。

(八) 伙伴帮助法

所谓伙伴帮助法是指依靠集体内伙伴相互帮助以达到教学目的的方法。[①] 伙伴帮助无论是在随班就读中,还是在培智学校的课堂教学中都普遍适用。随班就读中的智力障碍儿童与普通儿童存在着明显的差异,因此教师很难在同一教学时间段内很好地兼顾到智力障碍儿童的学习特点和需要,此时如果教师能够发挥伙伴互助,即安排既有爱心,又有一定能力的伙伴辅助智力障碍儿童,就能够大大减轻教师的教学负担,提高整个班级的教学效率。另外,在培智学校课堂上教师也可以利用智力障碍儿童的差异,大胆使用伙伴辅助的形式开展教学活动。如果教师在教学中能够合理使用伙伴教学资源,将不同能力水平的儿童组成学习互助小组,发挥伙伴的学习优势,不但使伙伴双方达到了情感上的互通,又能够使辅助和被辅助儿童获得学习上的共同进步。该教学法符合智力障碍儿童教育中个别化教学原则。

(九) 个别指导法

个别指导法是指在教学活动中照顾学生的个别差异,提出不同的要求,给予不同的指导,使每个学生都得到最佳发展的方法。[②] 该方法无论在普通学校,还是在培智学校都被广泛地使用。例如,随班就读中的智力障碍儿童很难适应普通学校的教学,教师通常会为这些学生制定专门的教学目标,并进行课堂指导。另外,教师还会为智力障碍儿童安排课外学业补习或身心障碍的训练指导。在培智学校因学生的个体间差异很大,教师除在课堂上会对有特殊需要的儿童提供专门的指导外,同样会提供课外个别化教学训练,以帮助学习或身心严重障碍的学生跟上集体教学的步伐。此方法符合智力障碍儿童教育中缺陷补偿教学原则。值得注意的是,在使用该方法时,一定要有科学的评估和严密的计划,而在课堂教学的指导中要努力处理好集体教学与个别指导的关系。

(十) 游戏教学法

游戏教学法是指利用游戏来向智力障碍儿童传授知识、培训技能、矫正缺陷的一种教学方法。[③] 因游戏教学法对激发智力障碍儿童的学习兴趣、维持智力障碍儿童的注意力、促进智力障碍儿童的思维有一定的作用,因此这种方法在智力障碍儿童教学中有其特殊的作用。特别是在学习某些知识性较强的内容时,儿童不易理解和记忆,而运用游戏的方法,既不会让儿童感到枯燥,又能最大限度地调动他们学习的积极性。游戏教学法符合因材施教、巩固

---

① 赵树铎. 特殊教育课程与教学法[M]. 北京:华夏出版社,1994:156.
② 赵树铎. 特殊教育课程与教学法[M]. 北京:华夏出版社,1994:156.
③ 肖非,刘全礼. 智力落后教育的理论与实践[M]. 北京:华夏出版社,1996:212.

性、直观性、启发性等多项教学原则。但特别值得注意的是,该方法不适用于知识类的新授课,大多在复习课中使用。另外,游戏只是一种教学手段,切忌将游戏当作教学目标,而忽略了通过游戏活动学生所应该掌握的知识或技能。

(十一)康复教学法

康复教学法是在教学过程中教师有意识设计的一些有助于智力障碍儿童功能康复的教学活动。例如,大部分智力障碍儿童同时伴有精细动作障碍,导致他们构音、手部功能等出现障碍,影响了他们的发音和书写。语文教师可以结合"听话与说话"教学开展唇舌腭等口腔功能的训练,以矫正儿童的构音缺陷;可以结合"写字"教学训练儿童手指、手腕的协调和控制功能,以发展儿童书写时握笔、运笔的协调性。

上述所谈教学方法并未涵盖所有针对智力障碍儿童的教学方法。在实际教学中教师们创造出了许多科学而有价值的教学方法。例如,在香港地区的《弱智儿童课程指引》中,还特别提出了"辨别学习法""资料搜集法"和"归纳法"等,同时还提出了四个用以指导智力障碍儿童逐步掌握目标技能的具体方法。[①] 这四种方法分别是:① 提示。这种技巧可在教学计划的任何阶段中采用。提示的方法有多种:身体指导、身体提示、手势、口头提示、目光提示等。提示应随着儿童掌握技能的纯熟程度而增减。② 塑型(逐步增加准确性)。这是指儿童所表现行为的准确程度逐步增加,即是指儿童的行为与目标行为越来越接近。此外,这种方法还可以借着教学材料去帮助儿童建立目标行为。例如:要教导儿童穿针,可先用一枚针眼较大的针和一根粗线做练习,然后再逐步过渡至使用普通针线。③ 渐消(逐步减少提示)。当儿童开始掌握目标行为后,便可逐步减少各类提示。教师可从最多协助的提示开始减至最少协助的提示。常见的例子是,当教授写字时,逐步减少该字的"笔画提示",让儿童多做一些自由书写。④ 类化。当儿童能够把学会的知识或技能应用到新的情景中,便是类化。类化的最终目的是要加强儿童适应社会的能力。例如:儿童能把在学校内学会的进食礼仪,应用到家居或酒楼等环境中。

除此之外,香港教育署还提出了教师选择教学方法时必须顾及的八个要点,包括:① 把学习建立在儿童的强项之上。② 利用一些儿童熟悉的日常生活环境和事物。③ 尽量选取具有实用价值的活动。④ 使儿童有安全感和愿意表达自己,以及有机会从实践中学习。⑤ 将学习程序分为细小的步骤,使学习更有效。⑥ 让儿童有机会做直接的感官接触、操控实物和把学习经验与实际生活联系起来。⑦ 广泛应用不同的媒介和根据个人与环境的需要而使用不同的教学法及技巧。⑧ 利用鼓励和奖赏以强化儿童的学习动机。这八点为教师选择教学方法提供了基本的原则。

 本章小结

我国非常重视智力障碍儿童的教学,并对智力障碍儿童各学科的教育目标、内容与要求作出了具体规定。香港地区针对智力障碍儿童开设了十二门学科,同时在《自理(特殊教育需要)教学指引》中拓展了原"自理科"和"家政科"的内容,以补充《弱智儿童课程指引》中生活自理内容的不足。台湾地区教育行政部门提出在智力障碍儿童教育中重点开设六门课

---

① 香港课程发展议会. 弱智儿童课程指引[S]. 香港教育署课程发展处印行,1997.

程。我国1987年为轻度智力障碍儿童开设了常识、语文、数学、音乐、美工、体育和劳动技能等七门课程,并于1990年颁布了七门课程的教学大纲,详尽地规定了每一门课程、每一学期的具体教学内容和教学要求,为轻度智力障碍儿童的教学提供了重要依据。2007年,我国《培智学校义务教育课程设置实验方案》又规定了中度智力障碍儿童的12门课程,内容既包括学科基础知识、生活基本技能,还设计了康复训练、第二语言以及校本课程,这为中度智力障碍儿童的教育提供了依据。

教学设计与教学评价是教学的两个重要内容。智力障碍儿童的教学设计过程包括:教学前评估、确定教学总目标、确定学习目标、分析智力障碍儿童的学习特征、分析学习材料、确定教学任务、预测教学结果、选择教学方法、考虑辅助性服务、寻求教学资源和设计教学评价等多项内容。而教学评价则包括认知评价、学业成就评价、技能评价和社会适应评价等内容。在评价时建议教师做好前期分析工作,多采用自然观察与成长记录法,强调日常生活场景中的随时评价,将集体评价与个体评价相结合。

针对智力障碍儿童的教育教学在遵守全面发展教育原则、启发性原则、科学性与思想性统一的原则的基础上,还应该遵守科学性、功能性、补偿性、直观性、小步子、个别化和巩固性等特殊原则。为使智力障碍儿童的教学科学、有效,教师应依据学生的特点和教学内容选择最有利于信息传递的教学方法。例如,任务分析法、谈话法、演示法、模仿法、参观法、巩固练习法、情境教学法、伙伴帮助法、个别指导法、游戏教学法和康复教学法等都非常适合智力障碍儿童的教学训练。

 思考与练习

1. 比较轻度和中度智力障碍儿童的教育目标、内容与要求,理解不同程度智力障碍儿童的教育需要。
2. 听一节特殊学校的课,并做一份详尽的教学观察笔记。
3. 尝试撰写一份特殊学校的教案。
4. 为什么在特殊教育中要强调"功能性原则"?
5. 你认为采用"伙伴帮助法"对"伙伴"是否有要求?有什么要求?

第10章 随班就读智力障碍儿童的教育教学

 学习目标

1. 掌握随班就读智力障碍儿童的教学目标及设计方法。
2. 熟悉随班就读智力障碍儿童的教学内容及内容调整原则。
3. 了解随班就读智力障碍儿童教育评价的调整方式。
4. 了解随班就读课堂教学的一般形式。
5. 掌握个别化教育计划制订的流程。

残疾儿童少年随班就读是对残疾儿童少年接受义务教育的行之有效的途径。残疾儿童少年随班就读有利于残疾儿童少年就近入学,有利于提高残疾儿童少年的入学率,有利于残疾儿童与普通儿童互相理解、互相帮助,促进特殊教育和普通教育有机结合,共同提高。[①] 将智力障碍儿童少年安置在普通学校随班就读是国家特殊教育发展的重要举措之一。

由于普通学校的课程设置、教学内容、教学方法和课程评价等并不完全适合智力障碍儿童,这给普通学校和随班就读教师提出了一系列新的要求,其核心是要求学校实施差异教学。差异教学要求教师在同一教学活动中满足不同学生在学习目标、学习内容、学习速度、学习方法上的不同需求,[②] 因此随班就读教师要在满足正常学生教育需求的基础上,设计符合智力障碍儿童教育和缺陷补偿需求的教学方案,努力实现正常学生和智力障碍儿童的同步发展。

第1节 随班就读智力障碍儿童的课程与就读形式

一、随班就读的课程

课程的价值在于帮助学生适应现在和未来的环境和文化生活。无论是对正常儿童,还是智力障碍儿童,课程的价值都相同。根据智力障碍儿童与正常儿童教育的共同需求,两类儿童的主要课程基本相同,即所有儿童都必须接受基础文化的教育,该课程为学校常规课程。但智力障碍儿童又有其独特的教育任务——补偿身心发展障碍,适应社会发展。为满足随班就读智力障碍儿童的教育需要,学校会在常规课程之外,增设特殊教育课程。

---

① 国家教委.关于开展残疾儿童少年随班就读工作的施行办法[S].1994.
② 华国栋.差异教学论[M].北京:教育科学出版社,2001:24.

(一) 常规课程

一般而言,大部分随班就读智力障碍儿童通常情况下是与正常儿童一起学习常规教育课程,即学习小学阶段的语文、数学、英语、品德与生活(社会)、科学艺术、体育、综合实践(信息技术教育、研究性学习、社区服务、社会实践、劳动与技术)等课程;学习初中阶段的思想品德、历史与社会、科学、语文、数学、外语、体育与健康、艺术、综合实践等课程,以及地方或校本课程。

有少数特殊教育资源比较丰富的普通学校,在对智力障碍儿童进行详细评估后,允许部分儿童不参与某些课程的学习,而为其提供与之社会适应发展相适应的特殊课程。

(二) 特殊课程

根据智力障碍儿童特殊教育需要,学校一般会为他们开设一些特殊课程。其具体内容如下。

① 社会认知:即反映地域文化生活、社会风貌、地域环境、民俗民风等内容的课程。课程开设的目的是帮助智力障碍儿童熟悉地域环境、了解和体验当地生活,为其进入社会、参与生活做准备。

② 生活自理:即提高儿童自我服务、自我管理的教育训练课程。课程开设的目的是通过训练,提高智力障碍儿童的自理能力,最终提高儿童的生活质量。

③ 行为矫正:即以矫正智力障碍儿童的不良行为,通过教育训练使其获得正确的行为方式,为他们有效沟通、融入更广阔的生活打下基础。

④ 身体机能训练:这是针对部分身体机能有较严重损伤的智力障碍儿童开设的训练。课程开设的目的在于提高其动作的准确性、灵活性,为他们的学习和生活打下基础。

⑤ 语言训练:主要针对有沟通障碍的智力障碍儿童开设的沟通训练课程。课程开设的目的是通过科学的语言和沟通训练,矫正智力障碍儿童的发音、用词、句法和语用等错误,培养正确的沟通态度和交流方式,使他们能够比较顺畅地与人交流。

⑥ 劳动技能与职业准备:这是针对义务教育高年级阶段智力障碍儿童开设的课程。课程开设的目的是通过系统的职业教育,促进学生在职业态度、职业倾向、初步的职业技能等方面的发展,为他们未来选择职业、进入职场打下基础。

⑦ 艺术:该课程是为个别有特殊才能的智力障碍儿童所设计的课程。课程开设的目的在于挖掘并发展智力障碍儿童的潜能,使其能够更好地自立于社会。

虽然,普通学校为智力障碍儿童开设了补偿性课程和发展性课程以适应这些儿童的特殊教育需要,但并非所有智力障碍儿童都要参与这些课程的学习。学校应根据每一个儿童的具体补偿需要或发展需要,安排特殊课程。

二、随班就读的形式

(一) 全部课程跟班学习

在小学阶段的随班就读中,对部分具有较好的学习基础、学习能力和沟通能力的智力障碍儿童一般无论主课还是副课都跟班学习,只是在该学生有具体独特的教育需求时教师才提供特别的教育服务。因此,这类学生的教育内容与普通学生基本相同,只是在学科教学的要求上比正常学生要低一些,而且教师会将教育重点放在学业上,也会为其提供课后学业辅导。

(二)部分课程跟班学习

有一些逻辑思维能力较差的智力障碍儿童,学习以逻辑推理为主的课程相对困难,难有长进。学校据此一般会安排他们在语文、外语、历史、体育、艺术、生物(简单的生物知识)、综合实践和校本课程中跟班学习。而在抽象思维较强的课程,如数学、科学(化学、物理、复杂的生物学知识)课程中抽离班级,接受与其学科学业水平相当的同学科或其他学科基础知识的辅导,或进行特殊教育课程的学习。而对另一部分程度更差的智力障碍儿童,学校则多采用副课跟班学习,主课抽离班级,进入资源教室接受特殊课程教育训练的方法。

第2节 随班就读智力障碍儿童的教学目标

在同一个随班就读班级内,智力障碍儿童一般不超过3名,其余都是正常儿童。面对这样的课堂,如果教师采取让两类儿童完成相同教学目标的方式,不但会影响教师的教学和正常儿童的学习,还会对智力障碍儿童的自尊、自信造成严重伤害,所以这样的教学目标显然是不科学、不合理的。鉴于此,教师在课堂中必须分别为智力障碍儿童和正常儿童设计符合其各自不同发展要求的教学目标。

一、课堂教学目标设计的依据

设计教学目标通常是以该学段的课程标准和教学要求为依据。但就我国随班就读现实情况看,到目前为止,国家并没有为随班就读中的智力障碍儿童研制专门的课程标准,因此为智力障碍儿童设计教学目标最重要的依据就是普通学校相应学段的课程标准和教学要求。但是智力障碍儿童的培养目标和教育需求与正常学生不完全相同,所以单纯以普校课程标准为依据,并不能完全满足智力障碍儿童的教育需要。为解决该问题,目前教师在设计随班就读学生教学目标时还采用了以下几个依据:① 依据教师对该智力障碍儿童学习某学科水平、能力的日常观察结果。② 依据智力障碍儿童前期统一的学业成就考试结果。③ 依据专家对智力障碍儿童身心特点的研究结果。

为制定科学、有效的差异性教学目标,首先,教师必须在课前对教学内容、教学对象进行分析。对教学内容的分析,包括对课程标准、教材和具体教学知识点的分析,通过分析理清同一教学内容对不同学生的教育要求和教学预期。其次,教师应对两类学生的不同学习基础和认知方式作出分析,判断不同学生的目标预期成效。最后,在教师对上述内容进行充分分析后,提出本次教学活动中不同学生的教学目标、任务和要求,使正常学生和智力障碍儿童均能够按照既定的教学目标进行有效学习,并达至预期水准。

二、课堂教学目标设计的方法

科学的随班就读教学目标应该能够反映正常学生和智力障碍儿童各自教育需求和能力发展的目标。设计随班就读班级教学目标通常分两步走:第一步,分析教学内容、确定知识点,并依据正常儿童的学习基础和学习速度确定正常儿童的教学目标。第二步,对智力障碍儿童的学习基础和学习需要进行分析,然后以正常儿童的教学目标为基础,通过调整正常儿童的目标生成智力障碍儿童的教学目标。表10-1 为随班就读学生教学目标设计样例。

表 10-1　随班就读学生教学目标设计样例

> 上海市华阴小学张钰春老师设计的四年级语文(阅读)课——《武松打虎》,为一名智商为 66 的随班就读轻度智力障碍儿童设置了部分独立目标。
> 　　依据教学要求,张老师在该课中一共设计了四个教学目标。根据参与本课随班就读的轻度智力障碍儿童的认知水平和阅读能力,教师在其所设计的四个目标中前两类完全相同,而后两个目标则有所差异,体现了在本课教学中两类学生的差异要求。
> ① 能在阅读过程中独立识记本课生字。
> ② 通过武松赤手空拳打死猛虎的故事了解武松机智、勇敢的性格。
> ③ A 正常学生:"能正确流利地朗读课文,体会文中动词运用的准确性。"
> 　　B 该智障学生:"能正确地朗读课文,体会文中不同动词的含义。"
> ④ A 正常学生:"能抓住武松和老虎搏斗的动作把过程讲清楚,表现紧张激烈的气氛。"
> 　　B 该智障学生:"能通过武松和老虎搏斗的动作了解武松打虎的过程,感受紧张激烈的气氛。"

关于目标③,教师考虑到该智力障碍儿童的朗读能力差、语感差,加之课文中有不少书面语、生僻字,这对该儿童朗读已造成不小的障碍,所以他很难做到"正确、流利",所以教师只要求他做到正确朗读即可。而正确朗读包括不添字/漏字、不读错别字、不跳行等,应该说这个要求对该儿童来说已有一定的难度,但是该儿童通过努力是可以完成的,所以这个目标的设计是科学而恰当的。另外,目标③中还要求正常学生要体会文中动词运用的准确性,而只要求智力障碍儿童体会不同动词的含义,也是因为智力障碍儿童不易感受所用动词的细微差别,因此教师希望通过这个环节使该生感受词语语义的细微差别及其在表达中的作用,并进而理解词语运用的准确性和艺术性,达到学习语言、欣赏语言的作用。

关于目标④,该生对文字的感受力、概括和归纳能力差,依序表达有困难,所以教师不要求其归纳、复述武松和老虎搏斗的过程,而只是要求其通过文字的描述,结合影视画面,运用适当的联想,来体会、感受武松打虎时的紧张气氛,以便为进一步理解文意做准备。

张老师在为正常学生和智力障碍儿童设计课堂教学过程时,既考虑到正常学生的基础知识和基本能力,又考虑到该名智力障碍儿童的理解力和表达力,因此利用同一篇课文设计了两套内容相关、要求不同的教学目标以服务于不同的群体,这符合随班就读的工作实质,所以这些目标是科学、恰当的。

这种同教材、异要求的情况在目前的随班就读课堂教学中非常普遍,这种设计思路有两个好处:其一,由同一工作任务派生出的两种差异性要求内部关联度高,教师易把握、易评价。其二,同教材、异要求既保证了正常学生"课程目标"的实现,又满足了同一教学环境下智力障碍儿童的独特教育需要,完成了同一个教学环境下不同群体的教育任务。

三、课堂教学目标设计的原则

设计随班就读课堂教学的目标既要保证正常学生教学目标的科学、有效,又要保障智力障碍儿童学有所得,为此在教学目标设计时应注意以下几个原则。

(一)以正常学生教学目标为参照的原则

随班就读课堂教学应以正常学生的教学目标为参照。这是因为,第一,随班就读采用的是普通教育的课程、标准和教材,这些教学资源为教师组织教学提供了基本的要素,所以教师应以正常学生的教学目标为参照。第二，现代教育在对人的认知发展研究的基础上形成了较完善的学科教与学的序列，这些序列为教师设计教学目标提供了科学的参照。因此，教师设计智力障碍儿童的教学目标应该先设计正常学生的教学目标，然后依据智力障碍儿童的情况，参照学科教学序列，科学地设计教学目标。

（二）照顾差异的原则

照顾差异是设计随班就读课堂教学目标的一个最重要的原则。不同学习基础、能力水平和发展需要的学生同处一室、运用同一教材进行学习，教师必须设计能适应不同儿童学习需要的教学目标。例如，一年级数学课"数的认识"中，正常学生所列教学目标为：①"能说出个数位的名称，识别个数位上数字的意义"；②"能说出与日常生活密切相关的一些数及其作用"。而针对智力障碍儿童的目标则应该是：①"能说出个数位的名称"；②"通过点数说出讲台上粉笔的数量"。同一教学内容，在教师所设不同教学目标的指引下，儿童的学习任务被有效地区分开来，儿童完成自己的学习任务，便自然达成了不同的教学目标。

（三）科学性原则

因智力障碍儿童在学习上的确有很多困难，而且无论如何也不可能取得与正常儿童完全相同的学业水平，但这并不是说智力障碍儿童没有学习的能力。如果教师能够设计科学而具有坡度的教学目标，就能够让学生不断地看到自己的发展，激发儿童"学"的欲望和教师"教"的愿望，从而有利于开展有效教学。因此，教师在课前应对智力障碍儿童做细致、科学的基础性评估，了解学生的学习方式、学习兴趣、学习基础、发展潜能和障碍所在，在充分评估的基础上设计使智力障碍儿童经过努力便能够达到的教学目标，并激励学生完成教学目标。科学性原则还表现在，教师应该给予智力障碍儿童适当的教育期望，不要找任何借口降低对儿童教学的要求，或迁就他们的低水平，更不能没有要求，任其发展。

（四）目标关联原则

围绕同一内容设计教学目标，教师应提取两类儿童教学目标中的共性特征。一方面，无论是哪一类儿童的教育目标在本质上应该是相同的。另一方面，无论什么学科都具有层次性，所以教师在设计不同学生的教学目标时，要充分把握学科的内部结构，设计出既具不同层次，又高度关联的两类儿童的差异性目标。例如，上述语文和数学课两位教师在设计目标时都注意到了内部的有效关联，这不但便于教师对不同教学目标的控制，还能够大大促进不同学生的学习。

四、课堂教学目标设计的注意事项

怎样设计科学的、合理的、能够适应不同儿童学习水平和发展需要的教学目标，使所有儿童通过教学都有所获是随班就读教师必须思考的。一般而言，教师在设计差异性教学目标时应注意以下几个问题。

（一）两类学生的教学目标应有关联

在同一节课中完成不同目标，这些教学目标应相互关联，即两类儿童所学习的知识与技能应大致相同，只是在目标要求的层次上体现不同。一般来说，尽管教师设计出不同的教学目标，但教学环境却是相同的，这就要求教师在组织教学时一定要注意在同一教学环节中分别落实教学目标。例如,教师设计了"集体朗读"这一教学环节,正常儿童要求通过"朗读"环节同时思考一些问题,在"朗读"之后完成教师的提问。而智力障碍儿童的教学目标则可能是通过"朗读"环节实现"加深对课文中某一细节的理解",或干脆就是单纯的"朗读操练"。由于在同一环节中不同儿童具有不同的学习任务,所以儿童都可以利用该环节完成各自的任务。如果教师为两类儿童设计的目标毫无关联,教师就有可能设计更多的环节来落实不同的教学目标,这样会增加教学成本,也不利于两类儿童的融合学习。

(二)抓重点知识和主要内容设计教学目标

由于智力障碍儿童的学习能力有限,有些教学内容需作出处理后才能使用。另外,智力障碍儿童的教学目标往往较正常儿童简单且数量少,长此以往,智力障碍儿童的知识点便不可避免地出现了跳跃。那么怎样选择教学目标才能保证科学性而不跳跃?一般来说,教师应为智力障碍儿童设计一条学科发展的主线,并确定不同的层次要求。教师在每次设计教学目标时,都应参照这根发展主线,选择重点知识和主要内容作为智力障碍儿童的教学目标。因为这样设计会将看似零散的、相互间关联不大的知识和技能用一条线串起来,既有利于教师把握智力障碍儿童的学习进程,也有利于儿童对知识的记忆和整合。

(三)教学目标与课程总目标一致

教师无论是为正常儿童设计教学目标,还是为智力障碍儿童设计教学目标都应与课程总目标、学期目标和单元目标相一致。即课堂教学目标要以教学总目标和单元教学目标为依据,课堂教学目标应该是课程目标、单元目标在一个具体活动中的体现。只有这样,才能保证教师所选择的教学目标的整体性和连贯性,才能帮助学生实现适应社会发展的总目标。

(四)教学目标应体现学生的发展

教师为智力障碍儿童制定的目标应有层次性,要为他们创造成功的机会,设计成功的目标台阶。[①] 但从教师为随班就读智力障碍儿童所设计的教学目标看,大多难度偏低且缺乏操作性。这是因为,一方面教师对智力障碍儿童的学习能力和课程目标本来就不太清楚;另一方面,普通教育系统的知识点多、各知识点间的难度跨度大,因而无法照顾随班就读智力障碍儿童的接受能力。教师们为随班就读智力障碍儿童设计的教学目标常常不能反映其教育基础和教育需要。现在很多教师为随班就读智力障碍儿童设计的知识目标大多停留在"知道"层面上,例如,要求学生"知道……""了解……""感受……""认识……"而偶有"理解"层面的目标,也大多是与生活紧密相关的,不需太多思维就能获得解答的"假目标",而几乎没有"运用""分析"和"评价"等更高层次的目标要求。这种缺乏思维含量的教学目标和要求,可能会限定部分有一定思维发展空间的智力障碍儿童的发展,不利于他们养成运用知识解决生活问题的能力。因此,教师应该适时、适度地为智力障碍儿童制定更有价值的真目标,提出更符合学生发展需要的真要求,以促进智力障碍儿童的社会化发展。

---

① 刘来权.如何做好随班就读课堂教学工作[J/OL].(2004-06-30)[2009-08-06]. http://tj.xhedu.sh.cn/cms/data/html/doc/2004-06/30/25091

第3节　随班就读智力障碍儿童的教学内容及其调整方式

国家教育委员会在1994年颁布的《关于开展残疾儿童少年随班就读工作的试行办法》中指出：对轻度智力残疾学生的教学要求可以参考弱智学校的教学计划、大纲和教材作出安排。对中度智力残疾学生的教学和训练也应作出适当安排。该教学建议虽然提出了教师应该对随班就读教学的要求进行调整，但并没有给出具体的调整操作细则，因此执行起来还是有一定的难度。

一、随班就读教学计划的内容

因智力障碍儿童教育需求的特殊性，他们在普通学校同时接受常规的基础文明课程的教育和补偿缺陷或发展潜能的特殊教育。

（一）常规基础教育内容

随班就读智力障碍儿童所接受的常规教育内容与正常儿童基本相同，都是依据国家《课程标准》和教材所规定的内容。小学阶段的常规基础教育内容主要有以下几个方面。

① 品德与生活：内容包括认识自我、了解家庭、了解学校、了解家乡、认识祖国和走进世界等。

② 语文：内容包括识字与写字、听话与说话、阅读、写作等基础知识和技能。

③ 数学：内容包括数与代数、空间与图形、统计与概率、数学运用等基础知识与技能。

④ 英语：内容包括英语的语音、语法、词汇等基础知识，以及运用英语的听、说、读、写技能等。

⑤ 科学：内容包括科学探究、对生命世界的探究、物质世界、地球与宇宙等基础知识和科学的人生观、价值观的教育。

⑥ 体育与健康：内容包括正确的身体姿势、体能、身体健康基本知识、运动基础知识、应用运动技能、野外活动的基本技能和通过体育活动等方法调控情绪、养成良好的体育锻炼习惯等。

⑦ 艺术：内容包括艺术与生活、艺术与情感、艺术与文化、艺术与科学等基础知识和基本情感的教育。

（二）特殊教育课程内容

因每个智力障碍儿童的障碍情况、障碍程度和教育需要不同，因此特殊教育课程内容主要是依据每个儿童的具体障碍补偿要求或潜能发展要求而定。一般而言，学校能够为智力障碍儿童提供社会认知、生活自理、行为矫正、身体机能训练、沟通训练、劳动技能与职业准备、艺术发展等方面的教育训练。

① 社会认知：内容包括认识当地政府构成及机构功能，当地环境与风俗习惯，当地商业网点、休闲娱乐的地域分布与活动规矩，有代表性的动植物和饮食文化等。该课程在内容选择上应有别于"品德与生活（社会）"，要通过让智力障碍儿童深入实地的观察、体验，使他们不但熟悉生活环境，还要学会适应当地的生活。

② 生活自理：内容包括自我服务（个人饮食的选择、个人卫生的处理、个人的着装安排等）、居家生活（居家安全、居家环境维护、食物的加工与贮藏）等各种功能性知识与技能。该

课程在普通学生中一般是不需要开设的,但对智力障碍儿童而言,学会自我服务和居家服务,甚至是社区服务能够大大提升学生的生活品质。

③ 行为矫正:内容包括对环境的正确认识、对不良情绪的疏导以及对不当行为的管理与控制等。这些内容为解决智力障碍儿童的行为问题,学会在集体环境中管理自己的情绪非常有价值,不良行为的矫正能够促进其更好地融入社会生活。

④ 身体机能训练:内容包括视、听、触、味等感知觉训练,捡拾、抓握、拿捏等精细动作的训练,坐、蹲、走、跑、跳、上下楼梯、甩、扔、抢等粗大动作的训练,以及日常生活中所需要的平衡训练等。身体机能训练为协调智力障碍儿童的动作,更好地学习和生活奠定了基础。

⑤ 沟通训练:内容包括学生表达时所表现出的构音障碍、嗓音障碍、构词用句障碍、语用障碍,以及理解话语时所表现出的倾听障碍、理解词句与理解语篇障碍的教育训练。沟通训练提高了智力障碍儿童与人交往的能力和自信,这对消除儿童的情绪障碍和行为障碍,儿童更好地学习和生活都有一定的积极意义。

⑥ 劳动技能与职业准备:内容范围广泛,可依据儿童不同学段开展相关内容的教育训练。一般来说,小学阶段主要开展劳动技能的教育,包括劳动观念和简单的劳动操作技能。在初中最后一年,可以根据学生所处的生活环境、学生的条件、职业倾向和教育资源等选择相关的农业、工业或服务业的职业内容。另外,课程还应包括对学生职业态度、职业操守、职业技术等内容的教育训练。有针对性的劳动技能与职业准备的教育,能够促进智力障碍儿童客观地了解自己的职业倾向,为其提供就业支持和准备。

⑦ 艺术发展:艺术课程的教学内容范畴较广泛,应依据智力障碍儿童的具体潜能开发需要而设。例如,对个别表现出音乐天赋的学生可开设电子琴、钢琴、唱歌、舞蹈等音乐类课程,对有绘画天赋的智力障碍儿童则可开设手工、绘画等课程。

另外,如果智力障碍儿童有电脑制作、编织、缝纫等特殊才能,教师也可以当作艺术课程给予儿童潜能开发以特殊的支持。

二、随班就读教学内容的调整

任何一门学科都有其独立而完整的系统,都有其教授的逻辑序列。教师必须熟悉并能够从宏观上把握学科的系统和教学的序列,以便科学地调整教学内容。智力障碍儿童和正常儿童在同一环境中学习,因接受水平不同必然产生冲突,教师必须熟悉不同儿童的学习基础、认知方式,并有能力从微观上协调儿童的差异学习需要,并在不破坏学科体系、在充分尊重每一个儿童学习需要的基础上,对教学内容作出客观、科学的调整。

(一) 调整教学内容的原则

智力障碍儿童随班就读课堂教学内容的调整应遵循以下三个基本原则。

1. 适应性原则

调整后的教学内容应该能够满足正常儿童和智力障碍儿童的不同教育需要。即调整既不为保障正常儿童的学习利益而牺牲智力障碍儿童的学习需要,也不能为迁就智力障碍儿童的学习节奏而牺牲正常儿童的教育进度。要保障正常儿童和智力障碍儿童的双方教育利益,这对学校和教师都是严峻的考验。为此教师应该做好两类儿童学习前的基础水平评估,从儿童的现有能力和教育需要出发,适当调整教学内容。一般而言,大多数轻度智力障碍儿童在小学低年级段能跟班学习,所以不需要教师对教学内容进行大的调整,只需调整教学方法、增加教学时间即可。而到小学中高年级段，这些儿童依然能够接受如体育、艺术、综合实践、校本课程等活动课内容，所以也不需要对此类课的内容做太多调整，只是在上课时制定不同的教学目标即可。但对语、数、外等学科性课程智力障碍儿童已显现出学习的困难，所以需要教师对具体教学内容进行调整。到中学阶段，智力障碍儿童依然能部分接受思想品德、历史与社会、体育、艺术、综合实践和校本课程等学习内容，故而对这些内容的教学也主要是调整教学目标和要求，而不需要对教学内容进行彻底的改变。但像语、数、外、科学等纯粹学科性教学内容则较难接受，教师可能需要通过重新选择教学内容或补缺知识、放慢进度等方式进行内容的调整。

2. 系统性原则

系统性原则是指教师调整后的教学内容应保持学科知识的逻辑性和学科教学的逻辑性，即该内容既保持学科知识的体系，又符合"教"与"学"的逻辑序列。调整教学内容应该以"课程标准"为依据，因为"课程标准"详列了本课程的知识点和教学的逻辑序列，是调整课程内容的直接依据。教师为智力障碍儿童调整教学内容，应该仔细研读"课程标准"，对每次调整的知识点进行详细记录，并利用后续相关教学逐渐补充。教师必须努力做到使给予智力障碍儿童的知识前后连贯、不跳跃，保持学科知识的逻辑序列，从而为学生的终身发展打下基础。

3. 全面性原则

全面性原则是指调整后的教学内容应该适应课堂上的所有儿童，以使正常儿童的教育利益和随班就读智力障碍儿童的教育需要都得到最大限度的保障。调整教学内容是基于课堂教学要尊重所有儿童的独特感受和需要而提出的，因此教师调整内容既要考虑正常儿童的学习水平和学业发展需要，又要考虑到智力障碍儿童的基础水平和特殊的学习需要。教学内容的调整只有保障了两类儿童的学业和发展的利益，才是科学、可取的。

目前，教师对智力障碍儿童教学内容的调整一般采取以下策略：评估儿童学业水平和学习能力→选择合理教学目标→调整教材内容→重建智力障碍儿童的学习序列。教师在前期对智力障碍儿童已有学习基础作出充分评估之后，对照课程标准和教材，对具有重要价值的教学目标予以保留，然后结合教材筛选主要内容，最后形成智力障碍儿童的学习目标和教育内容。如果教师找到了智力障碍儿童的最近发展区，并在教学中有效利用了智力障碍儿童的潜在学习能力，再通过调整教材内容来协调随班就读的课堂教学，就能够比较科学地把握课程标准、有效地利用教材资源实施课堂教学。

（二）调整教学内容的方式

为适应智力障碍儿童的随班学习，教师常常对同一教学内容作出调整。教师调整教学内容时一般有以下三种方法。

1. 适当降低教学要求

所谓降低教学要求，是指不调整教学内容，只是降低智力障碍儿童对内容掌握的要求。教师通过评估和教育预测，对一些需运用多种知识或复杂技能才能获得的知识课做降低要求的处理，这是目前教师调整课堂教学目标时最常用的方法。例如，在小学数学运算学习中，随班就读的智力障碍儿童基本能够掌握一步运算，但对四则运算较困难，而计算器的运用已非常普遍，完全能够解决生活中的四则运算问题，故而教师会考虑降低智力障碍儿童学习自然数和小数四则运算的难度，教他们使用计算器来完成四则运算。

2. 慎重删减教学内容

所谓删减教学内容,是指修改或选择部分教学内容来适应智力障碍儿童。教师可以对一些不符合智力障碍儿童学习的内容作出删除或简化的处理。例如,根据对随班就读智力障碍儿童数学计算能力的研究,有人提出,针对随班就读中的智力障碍儿童可以对去尾法、除不尽的小数除法等做简单介绍,而不必要求他们必须掌握。

3. 科学安排延后学习的内容

所谓延后学习,即放慢教学进度,是通过调整教学进度来适应智力障碍儿童的学习需要。智力障碍儿童的记忆、注意、观察、理解等能力都比正常儿童要差得多,如果采用同一内容、同一进度的教学,必然导致智力障碍儿童学无所获。因此教师必须采取放慢教学进度的方式来适应智力障碍儿童的学习进程。延后教学的内容应该是对智力障碍儿童发展起奠基作用的,且在课堂教学中用时比较少的那些知识和技能。延后教学可以在个别化教学中做补差教学,也可以在一般课堂教学中,利用教材为智力障碍儿童设计更为基础的教学目标。例如,根据研究者对随班就读智力障碍儿童数学计算能力的研究,认为可以适当延后学习的知识点包括多位数读写、小数点移位、小数四则运算等。

(三) 调整教学内容的注意事项

调整教学内容的目的是为了更有效地教学,因此在调整教学内容时教师应注意以下几点:① 在生活中应用频率比较高的知识点应尽量保留,反之在生活中运用并不广泛的知识可考虑降低要求或删除掉。② 在现代生活中能够用常用技术手段替代的技术,可考虑降低学生的学习要求,同时发展学生对现代技术工具的使用能力。③ 对具有奠基作用和关键作用的知识点应该保留,而对某些独立性较强或为发展某一特殊能力打基础的知识点可由教师有选择地降低要求。

第4节 随班就读智力障碍儿童的教学组织形式与课堂管理

一、随班就读的教学组织形式

智力障碍儿童就读于普通班级,不但对智力障碍儿童是一个考验,对该班级的全体儿童和任课教师更是考验。一般而言,在儿童认知水平、学习基础和情感水平发展比较平衡的情况下组织教学相对容易,因为教师在考虑教学内容、教学目标、教学方法和教学评估时只要考虑同一群体的情况,教学组织形式只要符合该群体的接受水平即可。但随班就读智力障碍儿童因其注意力、记忆力、观察力、理解力和语言能力等均与正常儿童有所区别,甚至是显著性区别,因此在同一堂课中教授同一内容,并实现不同教育对象的教育目标时的确困难,这就对教师组织教学提出了很高的要求。

目前针对随班就读于普通班级中的智力障碍儿童的教学组织形式主要有三种,即集体教学、小组教学和个别化教学。智力障碍儿童随班就读最理想的方式是有些课程参与集体教学,有些课程则采用小组教学,还有些课程宜采用个别化教学。

(一) 集体教学

智力障碍儿童比较适合参与活动和综合实践类课程的集体教学。因为通过活动和综合实践能够大大提高儿童的社会参与意识,培养他们观察社会、熟悉国情民风、学会沟通和运用知识解决问题的能力,有助于他们的知识向技能转化,以适应社会生活。

但是,目前因我国教育资源尚不充分,所以智力障碍儿童在普通班级中几乎参与所有的集体教学,包括活动类、实践类和文化知识类课程。在文化知识类课程的集体教学中,最理想的方式就是为随班就读学生配备课堂辅助教师,以辅助随班就读学生的学习。但现实情况是,在随班就读的课堂上只有一名教师施教。在课堂进行中,教师是以正常学生的集体教学为主,同时兼顾智力障碍儿童。也有些教师为智力障碍儿童安排了"小老师"。在这种教学组织形式下,教师一般会在先期对不同学生就学习的同一内容、使用的同一教材进行准备,提出差异性的教学要求和学习目标。该教学组织形式如图10-1所示。①

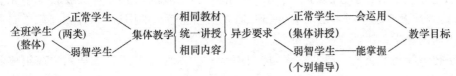

图 10-1 随班就读的基本教学形式

这种教学组织形式在我国已沿用十余年,是随班就读的基本教学组织形式。由于这种教学组织形式节省人力、具有操作性,所以获得了基层学校的普遍认可,也成为我国智力障碍儿童随班就读的主要课堂教学组织形式。但从基层教师的反馈看,这种教学组织形式具有局限性,例如,由正常学生充当小老师辅导智力障碍儿童可能会影响到小伙伴的学习。因此如何协调好集体教学和个别辅导的关系是随班就读的关键。

(二) 小组教学

小组教学的组织形式主要是在集体教学的讨论、角色扮演等活动类或实践类课程中采用,但也有少数情况下在资源教室中使用。在班级的集体教学或在某些活动类、实践类课程中采用的小组教学,大多采用的是异质分组的方法,即教师将学习基础和学习能力不同的学生分在同一组内,通过小组内的互帮互助带动智力障碍儿童学习。通常情况下,小组内由能力强的学生担任组织者,他们会事先按照教师的指导对学习任务进行分解,然后依据组内每个学生的不同能力分派任务,而每个学生必须完成其任务,最后通过大家的努力完成总任务。图 10-2 为采用小组教学的教学组织形式。

图 10-2 采用小组教学的教学组织形式

这种课堂教学模式,既能对各种程度的正常学生的学习负责,又不放弃弱智学生的个别教学。整个课堂教学结构有整体,有局部;分层次,有坡度;有直接教学,有自动作业;动静搭配,学练结合;粗细机动,分合灵活。②

---

① 杨尊田. 轻度智力残疾儿童随班就读工作手册[M]. 北京:华夏出版社,1992:60-64.
② 李青燕,罗文达. 分类教学在"随班就读"课堂上的应用[J]. 中国特殊教育,2004(8):5-10.

在资源教室内的小组学习则与班级或活动中的小组教学不同,前者是指教师将知识水平大致相当的智力障碍儿童集中在一起,通过课后的学业辅导来提高儿童的学业水平,或对他们进行统一的心理疏导、机能训练、自理训练或沟通训练等。无论是哪种小组教学,都需要组内儿童照顾他人的需要、完成自己的任务,因此小组学习在随班就读的智力障碍儿童教学中有很大的优势,表现在能够培养智力障碍儿童的责任意识和合作精神,能够促进儿童沟通能力的发展,能够激发儿童参与学习的热情。

(三) 个别化教学

个别化教学是指教学方法的个别化。当同一教材、教法不能针对班级教学中儿童的程度差异时,为顾及个别学习者的能力、兴趣、需要及可能遭遇的困难,教师须在教学过程中特别设计不同的教学方法。①

由于智力障碍儿童的差异非常大,他们中有一些独特的教育需要是无法在集体教学和小组教学中实现的,因此必须接受更为个性化的教育服务,这就是个别化教学。个别化教学在智力障碍儿童的教育中常常是以一对一的形式出现。这种教学在个别情况下是学业辅导,而更多情形下则是补偿学生的缺陷,或发展学生的某些特殊才能。

二、随班就读的课堂管理

(一) 随班就读课堂管理的意义

在课堂上实施有效管理,有利于形成团结合作的师生关系和满意的同伴关系,维持班级良好的教学氛围;能够缓和、解决各种冲突,稳定班级的课堂教学气氛;能够帮助所有儿童适应教学环境的变化,减少课堂教学的紧张和焦虑,协调课堂教学的步骤。管理由同一学习能力的群体构成的课堂比较容易,但在由智力障碍儿童和正常儿童共同构成的随班就读环境中,管理课堂就有一定的困难。因为智力障碍儿童和正常儿童的学业水平、社会认知水平和思维方式等有所不同,教师如果以正常儿童的学习特点为教学内容、教学方法和教学评价的依据,势必导致随班就读的个别智力障碍儿童只能"随班就座"、学无所获,但反过来又必然损害正常儿童的教育利益。因此,协调好两类儿童的学习关系,创设让每一个儿童都能获得发展的教育环境是实施好随班就读的关键。

(二) 随班就读课堂管理的实施

教师要处理好随班就读智力障碍儿童与正常儿童的关系,应该做到以下几点。

第一,在教学程序的设计上,教师应适当考虑智力障碍儿童的学习特点。在正常儿童自主学习的环节中,教师可花一点时间专门为智力障碍儿童提供指导。通过课堂教学中的个别化教学来落实该儿童的教学目标。另外,在集体学习中,教师可以给智力障碍儿童设定一些任务,并提出完成任务的具体要求。通过活动,不但能够形成正常儿童与智力障碍儿童的融合与互助,还能够有效地促进智力障碍儿童的学习,实现教学目标。

第二,在课堂提问的设计上,教师应为智力障碍儿童设计一些符合他们思维特点和表达水平的问题,并鼓励他们在课堂上回答问题。通过教师的提问、儿童的思考和回应,不但有助于教师监控教学目标的设计和落实情况,还有助于儿童养成认真倾听、勤于思考、勇敢回

---

① 顾明远. 教育大辞典(7)[M]. 上海:上海教育出版社,1990:14.

应和积极参与的学习习惯。但要注意的是，教师要了解智力障碍儿童的沟通方式和表达习惯，并在此基础上设计问题。问题应有一定的难度和坡度，确保"提问"能引导儿童的思考，而不要只给智力障碍儿童提一些通过翻阅课本就能回答的"假问题"。

第三，在练习的设计上，教师应分别给两类儿童设计练习。为智力障碍儿童设计专门的练习应注意以下四点：其一，练习应反映本课教学的重要内容和基础知识。其二，练习应能够反映智力障碍儿童特定的教学目标，并通过练习落实教学目标。其三，陈述练习题的用语在科学、规范基础上，适当关注生动性和简洁性，避免使用生涩词语和冗长的句子描述练习要求。其四，注重通过练习帮助智力障碍儿童将知识转化为技能。

第四，在教学方法上，教师应尽量照顾到智力障碍儿童的身心特点和学习特点。教学中多采用形象直观的教具、生动易懂的语言，结合现实生活讲解知识，对特别难理解的知识或技能可采用任务分析的方法进行分解讲解或操作，帮助智力障碍儿童学会学习的方法。

第五，在座位安排上，教师要为随班就读智力障碍儿童安排合适的座位。教师在为智力障碍儿童安排座位前应对其进行更深入的调查，看其是否同时伴有听觉或视觉障碍，是否伴有脑瘫、癫痫等。如果该儿童确实伴有听觉或视觉障碍，教师应将其尽量往前排座位安排。这样做一方面是能够使该儿童看得真切些，听得清楚些，有益于他们集中注意力学习。另一方面也便于教师的观察，并通过学生的反应及时调整教学目标和教学方法。如果该儿童同时伴有癫痫、脑瘫等疾病，教师则应该将学生安排在通风好、离教师较近的地方，以便出现问题时教师能够及时救助。另外，教师还应该在智力障碍儿童的座位边上安排1~2名有能力、负责任的互助小伙伴，以督促和辅助智力障碍儿童参与教学活动。

第六，在教学环境的创设上，教师要多考虑智力障碍儿童的认知特点，通过良好的课堂氛围激发和维持智力障碍儿童的学习兴趣。

总之，教师应该在教学过程中的各个环节照顾他们，时刻关注他们，并借助所教内容对其进行缺陷补偿。

第5节　随班就读智力障碍儿童教育评价的调整

课程评价是课程实施的重要内容之一，课程评价不仅是对学生学习效果的评价，还是调整教育教学的依据。《基础教育课程改革纲要》指出：课程评价不仅关注学生的学业成绩，而且要发现和发展学生多方面的潜能，了解学生发展中的需求，帮助学生认识自我，建立自信。新课程评价要求关注学生全面发展，因此不仅包括对学生所获得知识和技能的评价，还包括对学生学习能力、合作能力、情感态度与价值观等方面发展情况的评价。尽管在新课程改革的背景下评价的理念已经前进了一大步，但在我国目前中考、高考制度尚未真正改变的条件下，针对义务教育阶段学生的教育评价依然是以学业成就评价为主，以考试、测试评价方式为主。这种教育评价的内容和方式能够被大多数正常儿童所接受、所承受，但对智力障碍儿童则不完全合适。因此要调整随班就读智力障碍儿童教育评价的内容、方式，以使教育评价能够真正促进智力障碍儿童的发展。

一、调整教育评价的内容

根据新课程的教育评价理念，学校应该对随班就读智力障碍儿童的学习情况和学习结果作出全面的评价。

1994年国家教育委员会颁布的《关于开展残疾儿童少年随班就读工作的试行办法》中已明确提出，对残疾学生的考核评估，应当包括思想品德、文化知识、缺陷矫正和补偿以及社会适应能力等方面。

对随班就读智力障碍儿童的教学评价内容目前依据的是普通学校的"课程标准"，但因这些标准是根据正常儿童的学习能力和思维水平而定的，因此其中有些内容并不完全适合于智力障碍儿童。如果让智力障碍儿童与正常儿童在同一环境内考同一张试卷显然不合适，因为统一的试卷根本无法看出智力障碍儿童的学业水平。例如，智力障碍儿童考试为0分，但并不等于说该儿童在这一个学期或一个单元的学习中无所收获，因为那张试卷上的考点没有反映出智力障碍儿童本阶段的学习结果。所以，用统一的试卷成绩来说明智力障碍儿童的学习结果需要慎重。建议学校和教师在统考试卷外，为智力障碍儿童编制符合其学习结果的专门试卷，以考察他们这一阶段的真实学习结果。

为随班就读智力障碍儿童编制试卷，在内容选择上，教师应参考为障碍儿童调整后的教学内容和该儿童的学期目标、单元目标。除此之外，教师还可以选择与之生活密切相关的其他知识和技能作为学习结果进行评价。

建议将数学课程教学评价的重点放在：简单数的运算、计算器的使用、基本图形的认识、基本方位的认识、常见度量单位、估算与测量长度与重量、人民币使用与换算等内容上。

建议将语文课程教学评价的重点放在：书写习惯、常用字的认读与书写；阅读习惯、阅读方法和理解力(特别是阅读理解应用文的能力)；复述能力；朗读中语音准确、语调自然、音量适среди；写作中选词用句恰当、通顺，以及基本表达；倾听的专注力、思维能力和表达能力，交际态度和礼貌等方面。

二、调整教育评价的方式

(一) 智力障碍儿童的考试困难

由于智力障碍儿童具有注意、记忆、思维及书面语理解等障碍，这使他们的考试比正常儿童有更多的困难，特别是参与统考时，这种困难愈发突出。考试困难具体表现在以下几个方面：① 不理解试题陈述用语。通常试卷中陈述试题的语言逻辑性非常强，而这种语言不符合智力障碍儿童的理解力，所以导致智力障碍儿童对试题和解题要求的理解出现错误，因而造成答题错误。② 缺乏答题技巧。因智力障碍儿童的注意力、观察力不佳，导致他们在答题时可能出现乱答、漏答试题的情况，影响学业成就的有效评价。③ 书写困难。因智力障碍儿童手眼协调和手部运动困难，而导致他们答题速度缓慢，无法在规定的时间里完成试卷。④ 答题时间不够。因智力障碍儿童大脑损伤、容易疲劳，因此在答题时需要中途休息，而影响答题。⑤ 试题不符合智力障碍儿童教育目标。因统考试题已远远超出智力障碍儿童的学习范畴，他们也就不可能完成试卷要求。

(二) 对随班就读智力障碍儿童学习成就评价的调整策略

尽管在《关于开展残疾儿童少年随班就读工作的试行办法》中已经指出不要简单套用正常学生的考试方法，但目前绝大多数学校在评判随班就读智力障碍儿童的学习结果时依然依据的是学生的统考成绩。由于这样的考试难以获得智力障碍儿童的学习成效，因此必须对这种评价方式和评价内容作出调整，调整可参考以下策略。

1. 统考与单考相结合

由于统考内容是按照普通学校课程标准对正常儿童的学业要求而设，因此每份试卷的容量和难度都比较大，这种试卷根本无法测量出智力障碍儿童的学习成效。为解决此问题，建议教师采用统考与单考相结合的方式实施智力障碍儿童的评价。具体做法是，鼓励智力障碍儿童参加班级统考，但统考成绩不直接记入学生的评价结果，而只是将该成绩作为学业评价的参考，另外再依据学生的学期教学目标或单元教学目标，制作一份单考试卷。

教师自制的单考试卷题往往能够比较好地评价智力障碍儿童的学习结果，因此应该大力推广。但教师在制作单考试卷时有几个要求：① 考试内容应反映该学生本学期或本单元的教学目标。② 考试形式可以更灵活些，既可采用口试法，也可采用笔试的方法。③ 试题表现形式既可采用图示，也可采用文字等方式呈现试题；既可使用学科通常的试题表达方式呈现试题，也可用生活中的具体问题来编制试题；试题与试题间加大空隙，以防文字干扰。④ 陈述试题的语言应尽量简洁，因为冗余的信息可能会干扰学生对试题的准确理解。⑤ 可适当延长考试时间，因智力障碍儿童的大脑受损，容易疲劳，因此应该在考试中间安排障碍学生休息一下，或一份试卷分几次完成。⑥ 考试气氛应尽量宽松些，既不给学生过多的压力，也要督促学生思考和答题。⑦ 智力障碍儿童对选择、判断、填空等含义缺乏理解力，所以尽量不用这类试题形式，可以多用匹配等考试方式（通常一组匹配题不超过 10 个题数）。总之，统考与单考相结合的方法能够比较科学地评价智力障碍儿童在整体中的发展情况和个体的学习结果。

2. 过程评价与总结评价相结合

总结性评价固然重要，但因为智力障碍儿童的教育需要和学习任务与正常学生并不完全相同，智力障碍儿童的很多学习内容根本无法在试题中呈现，所以我们很难用一份试题来评价智力障碍儿童的学习结果。但是，我们却可以通过搜集智力障碍儿童的日常学习情况来分析和评价儿童的学习结果。例如，教师可利用智力障碍儿童的"成长档案袋""家校联系册""社区活动记录"等材料，来了解和评价儿童在社会适应、社区融合、同伴沟通等方面的发展情况。教师还可利用智力障碍儿童的平时作业、在课堂上的表现等来评价儿童的学业成就、学习习惯和学习态度等内容。有鉴于此，对随班就读智力障碍儿童学习结果的评价应采用过程评价和总结评价相结合、量化评价与质性评价相结合的方法。

3. 口试与笔试相结合

因智力障碍儿童手部灵活性、手眼协调能力以及书面语理解能力等都比较差，所以单纯采用笔试可能影响智力障碍儿童的理解和答题，不能反映智力障碍儿童的真实能力。因此，建议教师采用多种评价手段，特别是可采用口试与笔试相结合的办法，即能够用口试回答的试题尽量让学生用口语回答，除非是为了考察智力障碍儿童对书面语的理解力和运用能力，才采用书面答题的形式。

4. 调整考试形式

为真实地评价智力障碍儿童的学业水平，教师可以在考试时给智力障碍儿童提供特别的帮助。具体调整措施包括以下几个方面。[①]

（1）试前作答题样例。根据智力障碍儿童理解试题困难的情况，教师可采用在试前让

[①] 〔美〕Cecil, D. Mercer, Ann R. Mercer. 学习问题学生的教学[M]. 胡晓毅，谭明华，译. 北京：中国轻工业出版社，2005：143-144.

智力障碍儿童作答题样例的方式来调整智力障碍儿童的考试。试前作答题样例的目的是帮助儿童熟悉各类题目的题意、解题要求和解题方式，以保证智力障碍儿童准确理解试题题目和答题要求，减少因其理解错误而导致的答题失败。

（2）详细讲解试题内容和试题要求。学科用语通常是高度程式化、简洁化的语言，不同的表述方式可能具有完全不同的逻辑意义。因此，教师可采用为智力障碍儿童讲解试题内容、试题要求或鼓励学生先朗读题目后做题的方法来使学生更准确地理解试题，在充分理解题意的基础上答题。

（3）给智力障碍儿童一定的提示。智力障碍儿童的语言能力差，影响了其考试水平的发挥。例如，智力障碍儿童可能会因为不理解题中的某个词语，或找不到一个合适的词语应答而影响整个答题结果。为避免此类问题，考试时教师可以通过给学生一些提示的方式帮助他们答题。比如，教师给他们提供一些答题所需的生字、生词或抽象的学科用语；在填空题中，教师提供一些可供其选择的答案；在论述题中，教师提供论述大纲等。

（4）延长测验时间。因手眼协调、手部动作困难或学业基础差等原因，智力障碍儿童的书写速度很慢，同时由于认知贫乏、抽象思维困难、大脑疲劳等原因也会影响他们思考的速度。因此，教师可以采用适当延长答题时间，或改变考试时间（允许他们一卷分几次考试）等方式调整考试。只有给智力障碍儿童充分的答题时间，才能够较真实地考查出他们的能力水平。

（5）减少试题的数量。智力障碍儿童的考试能力和考试技巧远远落后于正常学生，因此如果两类学生使用同一试卷进行学业成就考试，教师可通过减少随班就读智力障碍儿童考试题目数量，或允许其自主选择部分试题作答等方式调整考试。

（6）变换考试环境。因智力障碍儿童具有刻板的思维方式，所以他们对熟悉环境（教师、同伴以及物质环境）的依赖程度较高。改变活动环境，可能引起智力障碍儿童焦虑或在新环境中无法集中注意。因此，如果智力障碍儿童在不熟悉的环境中出现问题，教师可考虑通过变换考试环境来安定其情绪。

由于统考试题和一般考试形式对智力障碍儿童不合适，影响学生有效完成考试，也必然影响教师对随班就读智力障碍儿童学业成就的准确评价。为科学地评价智力障碍儿童的学业成就和学习结果，教师必须为他们提供合适的试卷和考核形式，并在必要时为他们解决考试中看似是细节，实则影响评价实质的一些问题，以保障考试结果的真实、有效。

第6节 个别化教育计划的制订与实施

个别化教育计划（Individualized Education Program，简称 IEP）是在人人应享有适当教育的理念下，为满足特殊儿童独特的教育需求而提出的一种教育计划程序。IEP 既是对特殊儿童教育和身心全面发展的一个总体教育构想，又是落实个别化教育的具体实施方案。

智力障碍儿童就读于普通学校，除与正常学生一起接受基础文化知识的教育外，他们还有补偿缺陷的特殊教育需要，而个别学生还有发展特殊才能的教育需要。因这些特殊教育内容无法通过普通课程实现，因此学校应通过 IEP 提供更为个性化的教育。

一、IEP 制订流程

IEP 的制订流程大致可分为评估和计划两个阶段。[1]

（一）评估阶段

1. 成立评估小组

依据智力障碍儿童的障碍特点和普通学校教育特征，确定评估小组成员及其分工。小组成员一般包括：学校分管领导、教师、家长、医生、心理学家、教育学家、语言治疗师、康复专业人员、社会工作者和社区志愿者等。

2. 拟订评估计划

明确评估目的、确定评估内容和实施评估的专业人员。

3. 准备评估工具

寻找或自编评估工具，确定评估方式。

4. 实施评估

依据评估计划实施评估。针对随班就读智力障碍儿童的评估内容主要包括以下内容。① 健康状况：学生的智力损失程度、感官功能状态、知觉动作能力。② 基本认知：基础认知能力、生活自理能力、沟通能力、社会适应能力等。③ 学业基础水平（语文：听、说、读、写基础知识和技能。数学：对数学符号的理解与表达、数数、加减乘除、分数、小数、百分比的理解与运算能力，几何图形认知与分辨，测量时间、长度、温度、容量、重量能力，钱币使用、应用题解题等能力）和学业行为特征（学习兴趣、学习习惯、惯用学习方式）等。④ 情绪与行为：在各学校、班级、家庭等不同环境中儿童的情绪状态与行为表现。⑤ 特殊能力：艺术、记忆等特殊能力。

5. 召开综合分析会议

对评估结果进行综合，并进行集体讨论，以分析被评估儿童的优势和障碍，确定教育的起点和教育训练计划。

（二）计划阶段

1. 整理分析结果与建议

在对随班就读学生的评估结果进行分析的基础上，对结果进行解释和描述说明，并提出初步的教育训练建议。

2. 召开 IEP 会议

参加 IEP 会议的人员为 IEP 小组成员。其工作任务是：① 提出下一阶段教育安置期望。② 确定目前教育安置及相关服务。③ 决定长期目标。④ 提出短期目标及评定标准，形成个别化教育计划。⑤ 执行教育训练计划。

3. 撰写个别化教育计划

直接服务学生的教师和相关训练人员依据评估结果撰写 IEP。

二、IEP 所包括的内容

1. 描述该学生目前的教育基础

依据评估结果描述随班就读智力障碍儿童的教育基础，包括儿童现有身心发展基础和

---

① 刘春玲，江琴娣. 特殊教育概论[M]. 上海：华东师范大学出版社，2000：63-64.

学业水平、儿童障碍领域与障碍程度、儿童的学习优势及能力等。

2. 提出个别化教育建议

在评估的基础上提出教育建议。教育建议包括儿童的教育起点、教育训练领域、教育训练内容、教育训练序列、教育训练方法和教育训练注意事项等。

3. 确定长、短期教育目标

在前期详细评估的基础上,确定该儿童长期或短期教育目标。

长期教育目标,也可作为年度教育目标。它是根据随班就读智力障碍儿童已有教育基础确定的希望其在学年结束时达到的教育目标。具体包括:① 在学年结束时该学生参与普通教育计划所应达到的教学目标。② 根据其特殊需要实施的其他教育康复训练目标等。

短期教学目标,指在实现长期目标过程中该学生必须达到的各阶段的教学目标。

制定目标应首先制定长期目标,然后分解长期目标获得若干可供操作的短期目标。需要注意的是,长期目标必须由全体小组成员共同制定。在长期目标制定结束后,确定每一位参与者的分工与合作的形式,使每个参与者清楚地了解不同教育内容间的联系。

4. 提供有针对性的教育支持与服务

特殊教育支持包括特殊的课程、教材、教法和设备,特殊教育所需的特殊教育政策与专业服务人员。

特殊教育相关服务包括为满足随班就读智力障碍儿童独特教育需要而提供的发展性、补偿性及其他适当的支持性服务,包括沟通训练、心理疏导与支持、物理治疗、职业治疗、休闲教育、职业训练、家长咨询及社区服务等。

5. 确定特殊教育和相关服务的起止时间、频数、地点

写明服务项目、服务方式、服务时间、服务地点及相关注意事项,包括每个项目的执行人员、专业服务时间表(起讫时间)、教育训练的场所、方式、每周教育训练的频数和持续时间等。

6. 制定结果评价形式与内容

IEP 评价方式主要采用形成性评价及总结性评价两种形式。形成性评价可用以了解每次教学的情况,帮助掌握教学的方向和质量;总结性评价可用以评定儿童的阶段效果。

一般来说,总结性评价较适合长期目标或整个大单元活动设计的评价;形成性评价则较适用于短期目标或细分教学活动步骤的评价。通过形成性评价,可使教育者及时了解教学中教育对象的进步状况,为教师提供调整教学、修正教材、调整教学方法的依据,而总结性评价主要是检查教育对象的终点行为是否达到预期目标。

三、IEP 的实施

实施随班就读智力障碍儿童的个别化教育计划,涉及教师、内容、形式、场地、设施设备、时间安排、方法选择和结果评估等若干内容。

(一) 教育训练人员

1. 教师

教师是实施 IEP 的主要人员。随班就读班级的每一位教师都承担着执行计划的责任。

2. 家长

家长适当介入。通过家校合作,有助于 IEP 目标的实现。

3. 其他专业人员

根据需要在实施 IEP 时,还可寻求语言治疗师、物理治疗师、作业治疗师、心理咨询师、游戏治疗师、艺术治疗师等专业人员的支持。

（二）确定教育训练的领域与具体内容

个别化的教育可以为智力障碍儿童提供认知、沟通、生活自理、行为、身体机能、职业以及社会适应等方面的教育训练。值得注意的是，上述各领域间没有排序，而且也并非每位儿童都需要接受所有领域的教育训练，所以每一份IEP进度表无须涵盖全部领域的教育内容，应视儿童的教育训练需要及学校资源而定。

如果一位儿童需要接受多方面的教育训练，应该提请教育训练团队研究确定。确定多个教育训练领域的顺序原则是，优先训练最基础的能力和最容易发展的能力。最基础的能力包括基本的认知、沟通、生活自理和运动等能力，在对基础能力训练的基础上再继续发展儿童更高层次的能力。

（三）规划训练场地

1. 学校

IEP主要在学校实施。IEP目标经分解后有些目标可结合课堂教学落实目标，而有些目标则可以在资源教室中通过个别辅导落实。

2. 家庭和其他场所

社会认知或社会适应性目标则需在家庭或社会生活中落实。

（四）确定教育训练策略

1．汇集目标

按照儿童所需训练的领域整理所有目标，找出每一领域所包含的具体目标。

2．分析目标

时间、空间和人力资源是影响IEP目标落实的重要因素，因此应重点分析这三个内容。

（1）时间分析：明确目标实施的时间顺序，通过合理安排，将目标以有计划、有系统的整合方式呈现出来。

（2）空间分析：明确目标实施的场所，考虑具体目标训练的最佳场所。

（3）人力资源分析：分析具体目标训练的实施人员，合理使用人力资源，以促进教学。

（五）目标的调整

虽然在IEP实施之前已有审慎的评估和尽量科学的教育训练方案，但为保证教育训练的科学、有效，通常每过半个月或一个月，IEP小组需要对前一阶段的教育训练作出反思，以考虑是否需要调整目标。实施IEP可能会有超前或滞后的情况，要仔细分析其中的因素。

1．超前或滞后的原因

实施IEP的过程中，可能会出现目标超前或滞后，而导致这种情况发生可能有以下几种原因。

（1）教育起点评估有误。在前期的学习基础评估中，基础水平的评估有误。如果采用错误的评估结果来确定教育训练目标，可能会因为儿童的学习起点与评估结果不相称而导致训练中超前达成目标或延后达成目标。

（2）时间改变。原定每周一次的训练，因各种原因改为一周两次，这可能使训练目标提前达成。反之，原定一周一次，因该学生生病长期未训练，必然使目标达成时间延后。

（3）教学方法选择不当。不同儿童可能适应不同的教学方法。如果教学方法适当，教学进展顺利，目标就容易实现。反之，教学方法不适当可能会影响目标实现的进度。

（4）人员配合度低。有的教学目标需要多方人员的配合，如果相关人员配合度高，目标实现度高，而且训练进程快，否则可能影响目标达成的速度和质量。

2．处理方法

针对上述原因，通常采用以下几种方法进行调整。

（1）重新确定教学起点。根据训练记录，重新评估儿童的学习基础和能力水平，确定新的教育训练起点，重新调整IEP。

（2）重新设定教学时间。依据学生的实际教育训练需要，重新设置教育训练的时间。

（3）改变教学方式。依据儿童的认知习惯、理解习惯和学习习惯，重新选择教学方法，改变过去的教学方法。

（4）加强各方合作。如果是协调不够而影响教育训练进程，需要重新安排各方的教育训练内容、方法、时间和场所。另外，定期开会讨论IEP执行情况，尽快达成一致的教育训练理念，讨论并形成最佳教育训练方式，经过分析，可能需在团队内相互调整教育训练内容。例如语言训练的内容，可由语言训练师和语文教师沟通后，将部分目标交给语文教师，由语文教师结合语文教学的内容落实相关语言训练目标。

四、随班就读个别化教学计划

随班就读个别化教学计划，是针对普通学校课堂上有特殊学生跟班就读而设计的教学计划。该教学计划与普通学校和特殊学校的教学计划均不同，与一般的复式教学计划也有所不同。由于该计划既要为正常儿童设计教学目标和教学活动，又要为同一教学环境中的随班就读儿童设计教学目标和教学活动，因此计划是否科学将影响最后的教学结果，所以随班就读教师都会非常谨慎地设计这份教学计划。

根据上海市教研室研制的"个别化教学计划方案"，包括"学期教学计划""单元教学计划"和"课堂教学设计"三个相互关联的计划。

（一）学期教学计划

学期教学计划是针对某一具体学科一学期教学而做的总体的教学目标设计。学期教学计划内容比较宏观，但在对学生的基本信息描述上要比后两个计划细致。

学期教学计划除要求注明学科、年级、教学目标执行的起讫时间以及学生的基本信息外，还需教师重点分析并阐述如下内容：① 学科随班就读学生现有的学习总体水平和学习能力基础。② 本学期目标，即长期目标。③ 学习本学科的主要困难与问题，同时还需要说明该生学习的优势是什么。④ 实施教学的总体措施，包括教学方法手段、辅导措施、硬件设施。⑤ 说明，包括教学内容调整的说明和资源教室学习的说明。⑥ 评估反馈，包括目标达成度和导致目标达成结果的原因分析。

（二）单元教学计划

单元教学计划是根据本学期教材提供的教学单元而设的单元教学总目标。该计划是对学期教学计划的细化。内容包括：① 学生、所在年级、学科等基本信息。② 各单元名称。③ 每个单元的教学目标。④ 学生完成各单元教学目标的主要困难。⑤ 学生完成各单元教学目标的实施措施。⑥ 各单元评估反馈，包括目标达成度和原因分析等。

（三）课堂教学设计

随班就读智力障碍儿童课堂教学设计是针对一堂课教学而做的总体设计。课堂教学设计内容包括：① 学科、学生、年级、课题、执教教师等基本信息。② 正常儿童和随班就读智力障碍儿童的不同教学目标。③ 正常儿童和随班就读智力障碍儿童的不同教学重点。④ 正常儿童和随班就读智力障碍儿童的不同教学难点。⑤ 正常儿童和随班就读智力障碍儿童的不同教学资源。⑥ 正常儿童和智力障碍儿童在同一教学过程中的不同教学活动。⑦ 正常儿童和智力障碍儿童的不同练习/作业。

由于"计划"有格式要求，这在一定程度上限制了教师充分表达自己的设计意图，因此教师可用"个别化教学设计说明"的补充方式来进一步阐述教师教学设计的理念、思路，阐述对智力障碍儿童学习本学科知识的理解与分析，阐述教师对教材的分析，并说明针对智力障碍儿童学习的教学内容增删处理情况。

本章小结

智力障碍儿童随班就读对其社会化发展具有重要意义。但是，因普通学校的课程、教学内容、教学方法和课程评价方式等与智力障碍儿童的学习基础、学习能力有一定的差距，所以教师必须通过调整教学内容、教学目标、教学方法和教育评价等来适应智力障碍儿童的差异教学要求。

随班就读智力障碍儿童的课程包括普通学校的常规文化课程和智力障碍儿童的特殊教育课程。为满足同一教育环境中正常学生和智力障碍儿童不同的教学需要，教师必须在不影响正常学生学习的前提下，调整智力障碍儿童的教学内容和教学目标。调整教学目标时应遵循以正常儿童的教学目标为参照、照顾差异、科学性和目标关联等原则；而在调整内容时则应遵守适应性、系统性、全面性等原则。调整教学内容通常采用降低教学要求、删减教学内容和安排延后学习内容等方式实施。

目前针对随班就读于普通班级中的智力障碍儿童的教学组织形式主要有三种，即集体教学、小组教学和个别化教学。要想有效实施随班就读课堂教学，教师应尽量在教学程序、课堂提问、练习等方面进行专门的设计，选择有效教学方法，还要为其安排适当的座位，创设有利于其学习的教学环境。

目前普通学校的教育评价内容和评价方式不完全适合于智力障碍儿童，因此需要对教育评价内容和方法作出调整。教育评价内容的调整包括对常规课程中部分能够直接运用于社会生活的知识和技能的评价，还包括对儿童所参与特殊教育课程的评价。教育评价方式的调整非常重要，可以采用统考与单考相结合、过程评价与总结评价相结合、口试与笔试结合，或直接调整考试形式等方式来适应智力障碍儿童的教育评价。

制订与实施个别化教育计划（IEP）是保证随班就读实现教育目标的一个重要途径。IEP 的制订流程大致可分为评估和计划两个阶段。其中最关键的是准确评估和分析儿童的学习基础，在此基础上确定长短目标，并认真实施教育训练。另外，每过一段时间需要对计划执行情况进行研究，并考虑是否需要修改教育训练计划。

对随班就读教师而言，在课堂上实施个别化教学非常不容易，因此需要对智力障碍儿童的学期、单元和每一节课都作出科学的分析和计划。个别化教学计划是否科学将直接影响正常儿童和智力障碍儿童的教学效果，因此每一个教师都必须仔细研究，慎重抉择。

思考与练习

1. 简述如何制定随班就读智力障碍儿童的教学目标。
2. 为什么要以正常儿童的教学内容为参照调整随班就读智力障碍儿童的教学内容?
3. 面对语言理解能力很差的智力障碍儿童,在考试中教师可以提供哪些具体辅助?
4. 尝试制订一份随班就读智力障碍儿童的个别化教育计划。

参考文献

一、中文文献

[1]〔美〕Mercer,C.D., Mercer,A.R.学习困难学生的教学[M].胡晓毅,谭明华,译.北京:中国轻工业出版社,2005.

[2]〔苏〕C.Я.鲁宾什坦.智力落后学生心理学[M].朴永馨,译.北京:人民教育出版社,1983.

[3]白纯光,等.大连市弱智学生龋齿调查[J].大连医学院学报,1988(3).

[4]鲍秀兰.0～3岁儿童教育的重要性[J].实用儿科临床杂志,2003(4).

[5]陈达光,等.早期干预对智力发育低下婴幼儿智能发展的作用[J].中国心理卫生杂志,2007(1).

[6]陈国鹏,等.轻度智力障碍儿童工作记忆、加工速度的实验研究[J].心理科学,2007(3).

[7]陈海生,等.高血铅对儿童智力及行为的影响[J].临床儿科杂志,2008(3).

[8]陈云英.智力落后心理、教育、康复[M].北京:高等教育出版社,2007.

[9]程华山,陈蕙芬.儿童注意广度与智力的关系[J].心理科学,1990(2).

[10]崔允漷.基于标准的学生学业成就评价[M].上海:华东师范大学出版社,2008.

[11]戴昕,何义,赵光辉,尹连新.有关智障青少年肥胖状况的调查研究[J].中国特殊教育,2009(3).

[12]邓红珠,邹小兵.智力障碍临床解析[J].中国实用儿科杂志,2014(7).

[13]杜焕英,王晓晖,王惠梅.智能低下儿童病因及早期干预研究[J].中国优生优育,2001(2).

[14]方俊明,汪海萍,等.今日学校中的特殊教育[M].上海:华东师范大学出版社,2004.

[15]封志纯.儿童智力残疾期前干预[J].中国儿童保健杂志,2005(1).

[16]高亚兵.智力障碍儿童识记材料的组织特点及训练的实验研究(一)[J].心理发展与教育,1996(2).

[17]顾明远.教育大辞典(7)[M].上海:上海教育出版社,1990.

[18]郭海英,贺敏,金瑜.轻度智力落后学生认知能力的研究[J].中国特殊教育,2005(3).

[19]国家教育体制改革试点"推进医教结合,提高特殊教育水平"项目组.医教结合,为生命添彩:上海特殊教育的新追求[M].上海:上海教育出版社,2014.

[20]何惠菊,韦艳萍,魏萍,等.三都水族自治县0～6岁儿童智力低下的现患率调查及影响因素分析[J].中国妇幼保健,2013,28(13).

[21]华国栋.差异教学论[M].北京:教育科学出版社,2001.

[22]华红琴,朱曼殊.学龄弱智儿童语言发展研究[J].心理科学,1993(3).

[23]黄甫全,王本陆.现代教学论学程[M].修订版.北京:教育科学出版社,2003.

[24]蒋京川,叶浩生.智力是什么:智力观的回溯与前瞻[J].国外社会科学,2006(2).

[25]康栋.成都市智障儿童口腔健康状况、口腔保健行为调查分析[D].成都:四川大学硕士学位论文,2007.

[26]李宝珍.生态之旅——创意教学向前走[M].重庆:江津向阳儿童发展中心印行,2003.

[27]李青燕,罗文达.分类教学在"随班就读"课堂上的应用[J].中国特殊教育,2004(8).

[28]李瑞林,张富昌,黄绍平,等.秦巴山区家庭状况对儿童智力发育的影响[J].西安交通大学学报:医学版,2004(5).

[29] 李宇明. 儿童语言的发展[M]. 武汉：华中师范大学出版社,2004.

[30] 李毓秋,邱卓英. 适应性行为评定量表第二版中文版(儿童用)标准化研究[J]. 中国康复理论与实践,2016,22(4).

[31] 林宝贵. 特殊教育理论与实务(上)[M]. 台北：心理出版社,2000.

[32] 林崇德,等. 关于智力研究的新进展[J]. 北京师范大学学报：社会科学版,2004(1).

[33] 林崇德. 智力研究新进展与我的智力观[J]. 宁波大学学报：教育科学版,2007(6).

[34] 林于萍. 智力落后儿童形状知觉特点的实验研究[J]. 中国特殊教育,1998(3).

[35] 林仲贤,等. 弱智儿童视、触长度知觉辨别研究[J]. 健康心理学杂志,2002(5).

[36] 林仲贤,等. 弱智儿童视觉图形辨认的实验研究[J]. 心理发展与教育,2001(1).

[37] 林仲贤,等. 弱智儿童心理旋转的研究[J]. 心理与行为研究,2004(1).

[38] 林仲贤,孙家驹,武连江. 智力障碍儿童Stroop效应实验研究[J]. 国际中华应用心理学杂志,2006(1).

[39] 林仲贤,张增慧,韩布新,傅金芝. 3—6岁不同民族儿童颜色命名发展的比较[J]. 心理学报,2001(4).

[40] 刘春玲,江琴娣. 特殊教育概论[M]. 上海：华东师范大学出版社,2000.

[41] 刘春玲,马红英,潘春红. 以句长衡量智力障碍儿童语言发展水平的可行性分析[J]. 现代康复,2001(8).

[42] 刘春玲,谭和平. 智力落后儿童词汇语义记忆组织的实验研究[J]. 心理科学,2005(5).

[43] 刘艳虹,等. 北京市智力落后学生体格发育水平的调查研究[J]. 中国特殊教育,2004(12).

[44] 刘洋,卢雁,刘强,韩雅娜,贾德刚,张本会,赵光辉,李红喜. 北京市智力障碍儿童青少年超重与肥胖现状调查[J]. 中国公共卫生,2018,34(7).

[45] 刘在花,赫尔实. 培智学校社会适应课程标准研究的初步设想[J]. 中国特殊教育,2005(2).

[46] 刘志超,陈秋香,刘春英. 湖北省智力残疾的地区分布研究[J]. 武汉大学学报：医学版,2008(5).

[47] 马红英,刘春玲,顾琳玲. 中度智力障碍儿童句法结构状况初步考察[J]. 中国特殊教育,2001(2).

[48] 马红英,刘春玲,瞿继红. 中度智力障碍儿童语言能力的初步分析[J]. 中国特殊教育,2001(21).

[49] 茅于燕. 儿童智力全接触：智力、智力测验、智力落后、早期干预[M]. 北京：中国社会科学出版社,2002.

[50] 美国精神医学学会. 精神障碍诊断与统计手册·案头参考书[M]. 第五版.〔美〕张道龙,等译. 北京：北京大学出版社,2014.

[51] 孟昭兰. 人类情绪[M]. 上海：上海人民出版社,1989.

[52] 钮文英. 迈向优质、个别化的特殊教育服务[M]. 台北：心理出版社,2013.

[53] 钮文英. 启智教育课程与教学设计[M]. 台北：心理出版社,2003.

[54] 朴永馨. 特殊教育学[M]. 福州：福建教育出版社,2005.

[55] 秦伟,冉霓,衣明纪,傅芃,冯雪英. 早产低出生体重婴幼儿智力和运动发育纵向随访研究[J]. 中国儿童保健杂志,2012,20(1).

[56] 沙艳伟,邱乒乒,吴星东. 脆性X染色体综合征临床表型与遗传研究进展[J]. 中国妇幼保健,2011,26(11).

[57] 邵瑞珍. 学与教的心理学[M]. 上海：华东师范大学出版社,1990.

[58] 邵宗杰,裴文敏. 教育学[M]. 上海：华东师范大学出版社,1996.

[59] 苏雪云. 婴幼儿早期干预[M]. 上海：华东师范大学出版社,2016.

[60] 孙军玲,等. 北京市智力落后学生青春期发育及家庭性教育情况[J]. 中国学校卫生,2007(3).

[61] 田宝.智力残疾标准解读[J].中国残疾人,2006(7).

[62] 佟子芬.智力落后学生掌握量词特点的调查[J].中国特殊教育,1998(2).

[63] 王顺妹.弱智儿童与正常儿童数概念发展水平的比较研究[J].中国特殊教育,2003(1).

[64] 王亚鹏,董奇.脑的可塑性研究及其对教育的启示[J].教育研究,2005(10).

[65] 王雁,等.北京市智力落后学生营养问题的调查研究[J].中国特殊教育,2006(1).

[66] 王振宇.学前儿童心理学[M].北京:中央广播电视大学出版社,2007.

[67] 韦小满.儿童适应行为量表的编制与标准化[J].心理发展与教育,1996(4).

[68] 韦小满.智力落后儿童的适应行为研究概述[J].心理发展与教育,1995(1).

[69] 韦小满.智力落后儿童适应行为发展的研究[J].北京师范大学学报:社会科学版,1997(1).

[70] 魏克伦,杨于嘉,姚裕家,等.中国城市早产儿流行病学初步调查报告[J].中国当代儿科杂志,2005,7(1).

[71] 魏淑萍,任春美.3015名男女儿童血铅含量测定及铅中毒对儿童智力因素影响的分析[J].中国社区医师,2008(14).

[72] 文雯,等.贫困地区5岁以下儿童营养状况对智力发育的影响研究[J].中国健康教育,2011,27(6).

[73] 吴超群.遗传与智力发育[J].中国优生优育,2008(2).

[74] 吴刚平.校本课程开发[M].成都:四川教育出版社,2002.

[75] 吴昊雯.中度智力落后儿童代词能力研究[D].上海:华东师范大学硕士学位论文,2006.

[76] 肖非,刘全礼.智力落后教育的理论与实践[M].北京:华夏出版社,1996.

[77] 肖非.智力落后儿童心理与教育[M].沈阳:辽宁教育出版社,2002.

[78] 肖非.智力落后教育的历史分期问题[C]//纪念《教育史研究》创刊二十周年论文集(5)——中国基础教育史研究,2009.

[79] 熊妮娜,等.2006年中国智力残疾儿童流行情况及致残原因调查[J].中国儿童保健杂志,2009(1).

[80] 熊庆秋,李欣晏,周伟珍,等.6~11岁轻度智力障碍儿童行为适应性及其与支持性体系关系的研究[J].中国教育学刊,2015(S1).

[81] 徐方.弱智学生言语障碍问题的调查报告[J].教育研究,1991(5).

[82] 许家成."智力障碍"定义的新演化:以"功能""支持"与"生活质量"为导向的新趋势[J].中国特殊教育,2003(4).

[83] 许家成.再论智力障碍概念的演化及其实践意义[J].中国特殊教育,2005(5).

[84] 许政援,郭小朝.11—14个月儿童语言的获得——成人的言语教授和儿童的模仿学习[J].心理学报,1992(2).

[85] 阎立钦,倪文锦.语文教育学引论[M].北京:高等教育出版社,1996.

[86] 杨汉麟,李贤智.近代特殊教育的开路先锋——伊塔德驯化野孩教育实验的历史回顾[J].华中师范大学学报:人文社会科学版,2007(4).

[87] 杨仁志,傅根跃.画人智力测验方法的应用价值[J].浙江预防医学,2002(8).

[88] 杨茹莱,董文美,大久保俊夫,红林洋子.早产儿童智力发育状况观察[J].浙江医学,2002(3).

[89] 杨尊田.轻度智力残疾儿童随班就读工作手册[M].北京:华夏出版社,1992.

[90] 姚树桥,龚耀先,刘少文.96名精神发育迟滞儿童的儿童适应行为评定量表试测报告[J].中国心理卫生杂志,1993(5).

[91] 姚树桥,龚耀先.儿童适应行为评定量表的编制及城乡区域性常模的制定[J].心理科学,1993(1).

[92] 银春铭.教育战线的一株新苗是怎样出土的——回忆第一所弱智教育机构的诞生及影响[G]//上海

市教育委员会基础教育办公室,上海市教育学会特殊教育专业委员会.上海市弱智教育二十年论文专集(1979—1999). 1999.

[93] 银春铭.弱智儿童的心理与教育[M].北京:华夏出版社,1992.

[94] 银春铭.智力落后儿童交往能力及培养[M].长春:东北师范大学出版社,2002.

[95] 余章斌,韩树萍,邱玉芳,董小玥,郭锡熔.系统评价早产对儿童智力发育的影响及早期干预作用[J].中国循证儿科杂志,2012,7(2).

[96] 昝飞,刘春玲.智力障碍儿童语音发展的比较研究[J].心理科学,2002(2).

[97] 张福娟.智力落后儿童适应行为发展特点的研究[J].心理科学,2002(2).

[98] 张积家,章玉祉,党玉晓,王志超,梁敏仪.智障儿童基本颜色命名和分类研究[J].中国特殊教育,2007(6).

[99] 张旭琪.随班就读轻度智力残疾学生数学能力研究[D].上海:华东师范大学硕士学位论文,2008.

[100] 张增慧,林仲贤.弱智儿童颜色配对、命名及偏好的实验研究[J].中国心理卫生杂志,1992(6).

[101] 张致祥,等."婴儿-初中学生社会生活能力量表"再标准化[J].中国临床心理学杂志,1995(1).

[102] 张致祥,等.全国儿童智力低下的现患率研究[J].中国临床心理学杂志,1995(3).

[103] 章伟民.教学设计基础[M].北京:电子工业出版社,1998.

[104] 赵树铎.特殊教育课程与教学法[M].北京:华夏出版社,1994.

[105] 郑虹,高北陵.智力障碍学生与正常学生再认记忆的比较研究[J].中国特殊教育,2004(6).

[106] 中国残疾人联合会,中华人民共和国卫生部组织编写,田宝,梁爱民,张致祥.残疾人残疾分类和分级国家标准实施手册:智力残疾评定手册[M].北京:华夏出版社,2013.

[107] 周敏,马金元,徐樨巍,宋文琪.696例智力低下儿童的染色体分析[J].中国优生与遗传杂志,2010,18(12).

[108] 朱慕菊.走进新课程——与课程实施者对话[M].北京:北京师范大学出版社,2003.

[109] 朱楠,张英.基于功能性行为评估的智力障碍儿童课堂问题行为的个案研究[J].中国特殊教育,2014(10).

[110] 朱智贤.心理学大辞典[M].北京:北京师范大学出版社,1989.

二、英文文献

[1] Abbeduto,L. , Nuccio,J. B. Relation Between Receptive Language and Cognitive Maturity in Persons with Mental Retardation[J]. American Journal on Mental Retardation,1991,96(2).

[2] Al-Hilawani,Y. A. Levels of Processing in Mild Disabilities[J]. Dissertation Abstracts International Section A: Humanities & Social Sciences,1995,55(8-A).

[3] Ando,H. , Yoshimura,I. , Wakabayashi,S. Effects of Age on Adaptive Behavior Levels and Academic Skill Levels in Autistic and Mentally Retarded Children[J]. Journal of Autism and Developmental Disorders,1980,10(2).

[4] Atwell,Julie J. A. ,et al. Implicit and Explicit Learning in Young Adults with Mental Retardation[J]. American Journal on Mental Retardation,2003,108(1).

[5] Bailey,B. S. , Richmond,B. O. Adaptive Behavior of Retarded, Slow-learner, and Average Intelligence Children[J]. Journal of School Psychology,1979,17(3).

[6] Baroody,A. J. The Development of Basic Counting, Number, and Arithmetic Knowledge Among Children Classified as Mentally Handicapped[M]// Glidden, I. M. (Ed.). International Review of Research

on Mental Retardation. San Diego,CA:Academic,1999.

[7] Bauer S. M. , Jones E. A. Requesting and Verbal Imitation Intervention for Infants with Down Syndrome: Generalization, Intelligibility, and Problem Solving[J]. Journal of Developmental & Physical Disabilities,2015,27(1).

[8] Bender, N. N. , Johnson,N. S. Hierarchical Semantic Organization in Educable Mentally Retarded Children[J]. Journal of Experimental Child Psychology,1979,27(2).

[9] Berlinger,D. C. Lead[J]. Pediatrics,2004(113).

[10] Broadley,I. , MacDonald,J. Teaching Short Term Memory Skills to Children with Down's Syndrome [J]. Down's Syndrome: Research and Practice,1993,1(2).

[11] Brown,D. A. ,Lewis,C. N. ,Lamb,M. E. ,& Stephens,E. The Influences of Delay and Severity of Intellectual Disability on Event Memory in Children[J]. Journal of Consulting and Clinical Psychology, 2012,80(5).

[12] Bryson,S. E. , Bradley,E. A. ,Thompson,A. , Wainwring,A. Prevalence of Autism Among Adolescents with Intellectual Disabilities[J]. The Canadian Journal of Psychiatry,2008,53(7).

[13] Böhmer, C. J. , Klinkenberg-Knol, E. C. , Kuipers, E. J. , Niezen-de Boer, M. C. , Schreuder, H. , Schuckink-Kool,F. , Meuwissen,S. G. The Prevalence of Helicobacter Pylori Infection Among Inhabitants and Healthy Employees of Institutes for the Intellectually Disabled[J]. American Journal of Gastroenterology,1997,92(6).

[14] Böhmer,C. J. , Niezen-de Boer, M. C. , Klinkenberg-Knol, E. C. , Deville, W. L. , Nadorp, J. H. , Meuwissen, S. G. The Prevalence of Gastro-oesophageal Reflux Disease in Institutionalized Intellectually Disabled Individuals[J]. American Journal of Gastroenterology,1999,94(3).

[15] Caycho,L. ,Gunn, P. , Siegel, M. Counting by Children with Down Syndrome[J]. American Journal on Mental Retardation,1991(95).

[16] Chapman,R. S. ,Schwartz,S. E. , Kay-Raining, B. Language Skills of Children and Adolescents with Down Syndrome: I. Comprehension[J]. Journal of Speech & Hearing Research,1991,34(5).

[17] Cregg,M. ,Woodhouse,J. M. , Stewart,R. E. Development of Refractive Error and Strabismus in Children with Down Syndrome[J]. Investigative Ophthalmology & Visual Science 2003(44).

[18] Cunningham,C. , Sloper,P. Helping Your Handicapped Baby[M]. London: Souvenir Press, 1978.

[19] Davies,R. ,Baxendale, S. ,Thompson,P. , Duncan,J. S. Epilepsy Surgery for People with Low IQ[J]. Seizure:The European Journal of Epilepsy,2009,18(2).

[20] De,S. ,Small,J. , Baur, L. Overweight and Obesity Among Children with Developmental Disabilities [J]. Journal of Intellectual & Developmental Disability,2008,33(1).

[21] Dekker,M. C. ,Koot,H. M. ,Van der Ende,J. , Verhulst,F. C. Emotional and Behavioral Problems in Children and Adolescents With and Without Intellectual Disability[J]. Journal of Child Psychology and Psychiatry,2002,43(8).

[22] Dworschak W. ,Ratz C. ,Wagner M. Prevalence and Putative Risk Markers of Challenging Behavior in Students with Intellectual Disabilities[J]. Research in Developmental Disabilities,2016(58).

[23] Dykens E. M. ,Shah B. ,Davis B. ,et al. Psychiatric Disorders in Adolescents and Young Adults with Down Syndrome and Other Intellectual Disabilities[J]. Journal of Neurodevelopmental Disorders, 2015,7(1).

[24] Dykens, E. M., Hodapp, R. M., Evans, D. W. Profiles and Development of Adaptive Behavior in Children with Down Syndrome[J]. Down Syndrome:Research & Practice,2006,9(3).

[25] Einfeld, S. L., Tonge, B. J. Population Prevalence of Psychopathology in Children and Adolescents with Intellectual Disability:II Epidemiological Findings[J]. Journal of Intellectual Disability Research, 1996,40(2).

[26] Emerson, E. The Prevalence of Psychiatric Disorders in Children and Adolescents With and Without Intellectual Disabilities[J]. Journal of Intellectual Disability Research,2003(1).

[27] Emerson, E., Robertson, J., Wood,J. Emotional and Behavioural Needs of Children and Adolescents with Intellectual Disabilities in an Urban Conurbation[J]. Journal of Intellectual Disability Research, 2005,49(1).

[28] Engle, R. W., Nagle, R. J., Dick, M. Maintenance and Generalization of a Semantic Rehearsal Strategy in Educable Mentally Retarded Children [J]. Journal of Experimental Child Psychology, 1980, 30(3).

[29] Fey M. E., Yoder P. J., Warren S. F., et al. Is More Better? Milieu Communication Teaching in Toddlers with Intellectual Disabilities[J]. Journal of Speech Language & Hearing Research Jslhr,2013,56(2).

[30] Gardiner, P. A. Visual Defects in Cases of Down's Syndrome and in Other Mentally Handicapped Children[J]. British Journal of Ophthalmol,1967,51(7).

[31] Gillberg, C., Persson, E., Grufman, M., Themner, U. Psychiatric Disorders in Mildly and Severely Mentally Retarded Urban Children and Adolescents: Epidemiological Aspects[J]. British Journal of Psychiatry,1986,149(6).

[32] Glidden, L. M., Mar, H. H. Vailability and Accessibility of Information in the Semantic Memory of Retarded and Nonretarded Adolescents[J]. Journal of Experimental Child Psychology,1978,25(1).

[33] Glman, R., Cohen, M. Qualitative Differences in the Way Down's Syndrome Children Solve a Novel Counting Problem[M]// Nadel L. The Psychobiology of Down's Syndrome. Cambridge, MA:MIT Bradford Press,1988.

[34] Hastings, R. P., Beck, A., Daley, D., Hill, C. Symptoms of ADHD and Their Correlates in Children with Intellectual Disabilities[J]. Research in Developmental Disabilities,2005(5).

[35] Herer, G. R. Intellectual Disabilities and Hearing Loss[J]. Communication Disorders Quarterly,2012, 33(4).

[36] Herrmann M., King K., Weitzman M. Prenatal Tobacco Smoke and Postnatal Secondhand Smoke Exposure and Child Neurodevelopment[J]. Curr Opin Pediatr,2008,20(2).

[37] Hulme, C., Mackenzie, S. Working Memory and Severe Learning Difficulties[M]. Hove: Lawrence Erlbaum Associates,1992.

[38] Iarocci, G., Burack, J. A. Understanding the Development of Attention in Persons with Mental Retardation: Challenging the Myths[M]// Burack, J. A., Hodapp, R. M., Zigler, E. Handbook of Mental Retardation and Development. New York: Cambridge University Press,1998.

[39] Incorpora, G., Sorge, G., Sorge, A., Pavone, L. Epilepsy in Fragile X Syndrome[J]. Brain & Development, 2002,24(8).

[40] Inhelder, B. The Diagnosis of Rezoning in the Mentally Retarded[M]. New York: John Day,1968.

[41] Jacobson,J. W. Do Some Mental Disorders Occur Less Frequently Among Persons with Mental Retardation [J]. America Journal of Mental Retardation,1990,94(6).

[42] Jarrold,C. , Baddeley,A. D. Short-term Memory for Verbal and Visuospatial Information in Down's Syndrome[J]. Cognitive Neuropsychiatry,1997,2(2).

[43] Jarrold,C. ,Baddeley,A. D. , Hewes,A. K. Verbal Short-term Memory Deficits in Down Syndrome: A Consequence of Problems in Rehearsal[J]. Journal of Child Psychology and Psychiatry,2000(41).

[44] Jarrold,C. ,Baddeley,A. D. , Phillips,C. Down Syndrome and the Phonological Loop: The Evidence for, and Importance of, a Specific Verbal Short-term Memory Deficit[J]. Down Syndrome Research and Practice, 1999(6).

[45] Jobling, A. , Virji-Babul, N. Motor Development in Down Syndrome: Play, Move and Grow[M]. Burnaby,BC,Canada: Down Syndrome Research Foundation,2004.

[46] Karlsson,B. ,Gustafsson,J. ,Hedov,G. ,Ivarsson, S-A. , Anneren,G. Thyroid Dysfunction in Down's Syndrome: Relation to Age and Thyroid Autoimmunity[J]. Archives of Disease in Childhood,1998,79(3).

[47] Kathryn L. F. , Lisa F. H. Effects of Verbal and Physical Prompts on External Strategy Use in Children With and Without Mild Mental Retardation[J]. American Journal on Mental Retardation,2003,108(4).

[48] Kernan, K. T. Comprehension of Syntactically Indicated Sequence by Down's Syndrome and Other Mentally Retarded Adults[J]. Journal of Mental Deficiency Research,1990,34(2).

[49] Khalili,M. A. , Elkins,M. R. Aerobic Exercise Improves Lung Function in Children with Intellectual Disability: A Randomised Trial[J]. Australian Journal of Physiotherapy,2009,55(3).

[50] Koller,H. ,Richardson, S. A. ,Katz, M. , McLaren,J. Behavior Disturbance Since Childhood Among a 5-year Birth Cohort of all Mentally Retarded Young Adults in a City[J]. America Journal of Mental Deficit,1983,87(4).

[51] Kumar,S. ,Harizuka,S. , Yong S. Responses of Low-IQ Students on the Learning Awareness Questionnaire Compared to Students Matched on Mental and Chronological Age[J]. Psychological Reports,1999,85(2).

[52] Lanfranchi,S. ,Baddeley,A. ,Gathercole,S. , & Vianello,R. Working Memory in Down Syndrome: Is There a Dual Task Deficit? [J].Journal of Intellectual Disability Research,2012,56(2).

[53] Lawson,L. J. , Schoofs,G. A Technique for Visual Appraisal of Mentally Retarded Children[J]. American Journal of Ophthalmology,1971,72(3).

[54] Lin,J. ,Yen,C. , Li,C. , Wu,J. Patterns of Obesity Among Children and Adolescents with Intellectual Disabilities in Taiwan[J]. Journal of Applied Research in Intellectual Disabilities,2005,18(2).

[55] Lyle,W. M. ,Woodruff,M. E. , Zuccaro,V. S. A Review of the Literature on Down's Syndrome and an Optometrical Survey of 44 Patients with the Syndrome[J]. American Journal of Optometry & Archives of American Academy of Optometry,1972,49(9).

[56] Maïano,C. ,Hue,O. ,Morin,A. S. ,& Moullec,G. Prevalence of Overweight and Obesity Among Children and Adolescents with Intellectual Disabilities: A Systematic Review and Meta-analysis[J]. Obesity Reviews: An Official Journal of the International Association for the Study of Obesity,2016,17(7).

[57] McCauley,C. ,Sperber, R. D. , Roaden, S. K. Verification of Property Statements by Retarded and

Nonretarded Adolescents[J]. American Journal of Mental Deficiency,1978,83(3).

[58] McColl,K.,Murray,L.,El-Omar,E.,Dickson,A.,El-Nujumi,A.,Wirz,A.,Kelman,A.,Penny,C.,Knill-Jones,R.,Hilditch,T. Symptomatic Benefit from Eradicating Helicobacter Pylori Infection in Patients with Non-ulcer Dyspepsia[J]. New England Journal of Medicine,1988(339).

[59] Naerland T.,Bakke K. A.,Storvik S.,et al. Age and Gender-related Differences in Emotional and Behavioural Problems and Autistic Features in Children and Adolescents with Down Syndrome: A Survey-based Study of 674 Individuals[J]. Journal of Intellectual Disability Research,2017,61(6).

[60] Neece,C. L.,Baker,B. L.,Blacher,J.,& Crnic,K. A. Attention-Deficit/Hyperactivity Disorder Among Children With and Without Intellectual Disability: An Examination Across Time[J]. Journal of Intellectual Disability Research: JIDR,2011,55(7).

[61] Ngashangva P.,Dutt S. Profile of Behavioural Problems Among Children with Intellectual and Developmental Disabilities[J]. Psychological Studies,2015,60(1).

[62] Nihira,K. Dimensions of Adaptive Behavior in Institutionalized Mentally Retarded Children and Adults: Developmental Perspective[J]. American Journal of Mental Deficiecy,1976,81(3).

[63] Numminen,H.,Service,E.,Ruoppila,I. Working Memory,Intelligence and Knowledge Base in Adult Persons with Intellectual Disability[J]. Research in Developmental Disabilities,2002, 23(2).

[64] Næss,K. B.,Lyster,S. H.,Hulme,C.,& Melby-Lervag,M. Language and Verbal Short-term Memory Skills in Children with Down Syndrome: A Meta-analytic Review[J]. Research in Developmental Disabilities,2011,32(6).

[65] Oeseburg,B.,Dijkstra,G. J.,Groothoff,J. W.,Reijneveld,S. A.,& Jansen,D. E. M. C. Prevalence of Chronic Health Conditions in Children with Intellectual Disability: A Systematic Literature Review [J]. Intellectual and Developmental Disabilities,2011,49(2).

[66] Oeseburg,B.,Jansen,D. E. M. C.,Dijkstra,G. J.,Groothoff,J. W.,Reijneveld,S. A. Prevalence of Chronic Diseases in Adolescents with Intellectual Disability[J]. Research in Developmental Disabilities,2010,31(3).

[67] Owens,P. L.,Kerker,B. D.,Zigler,E.,Horwitz,S. M. Vision and Oral Health Needs of Individuals with Intellectual Disability[J]. Mental Retardation and Developmental Disabilities Research Reviews,2006,12(1).

[68] Payne,J.,Patton,J. Mental Retardation[M]. Columbus,Ohio: Charles E. Merril,1981.

[69] Pelc,K.,Boyd,S. G.,Cheron,G.,Dan,B. Epilepsy in Angelman Syndrome[J]. Seizure: European Journal of Epilepsy,2008,17(3).

[70] Perrig,P.,Perrig,W. J. Implicit and Explicit Memory in Mentally Retarded,Learning Disabled and Normal Children[J]. Swiss Journal of Psychology—Schweizerische Zeitschrift fuer Psychologie—Revue Suisse de Psychologie,1995,54(2).

[71] Reilly,C.,& Holland,N. Symptoms of Attention Deficit Hyperactivity Disorder in Children and Adults with Intellectual Disability: A Review[J]. Journal of Applied Research in Intellectual Disabilities,2011,24(4).

[72] Reiss S.,Levitan G. & Szyszko J. Emotional Disturbance and Mental Retardation: Diagnostic Overshadowing[J]. American Journal of Mental Deficiency,1982(86).

[73] Roizen,N. J. Medical Care and Monitoring for the Adolescent with Down Syndrome[J]. Adolescent

Medical,2002,13(2).

[74] Rose E. ,Bramham J. ,Young S. ,Paliokostas E. & Xenitidis K. Neuropsychological Characteristics of Adults with Comorbid ADHD and Borderline/Mild Intellectual Disability[J]. Research in Developmental Disabilities,2009(30).

[75] Rubello,D. ,Pozzan,G. B. , Casara D. Natural Course of Subclinical Hypothyroidism in Down's Syndrome: Prospective Study Results and Therapeutic Considerations[J]. Journal of Endocrinological Investigation,1995,18(1).

[76] Schuchardt,K. ,Gebhardt,M. , & Maehler,C. Working Memory Functions in Children with Different Degrees of Intellectual Disability[J]. Journal of Intellectual Disability Research,2010,54(4).

[77] Scruggs,T. E. ,Mastropieri,M. A. , Wolfe,S. Scientific Reasoning of Students with Mild Mental Retardation: Investigating Preconceptions and Conceptual Change[J]. Exceptionality,1994,5(4).

[78] Shieve,L. A. ,Boulet,S. L. , Boyle,C. , Rasmussen,S. A. , Schendel,D. Health of Children 3 to 17 Years of Age with Down Syndrome in the 1997—2005 National Health Interview Survey[J]. Pediatrics,2009,123(2).

[79] Steffenburg, U. , Hagberg, G. , Viggedal, G. , Kyllerman, M. Active Epilepsy in Mentally Retarded Children. I. Prevalence and Additional Neuroimpairments[J]. Acta Paediatrica,1995,84 (10).

[80] Tager-Flusberg,H. Basic Level and Superordinate Level Categorization by Autistic,Mentally Retarded,and Normal Children[J]. Journal of Experimental Child Psychology,1985,40(3).

[81] Tager-Flusberg,H. The Conceptual Basis for Referential Word Meaning in Children with Autism[J]. Child Development,1985,56(5).

[82] Takeuchi,E. Incidence of Obesity Among School Children with Mental Retardation in Japan[J]. American Journal on Mental Retardation,1994,99(3).

[83] Tasse,M. J. Diagnostic Adaptive Behavior Scale. American Psychological Association 116th Annual Covention[R]. 2008.

[84] The MTA Cooperative Group. A 14-month Randomized Clinical Trial of Treatment Strategies for Attention-Deficit/Hyperactivity Disorder[J]. Archives of General Psychiatry,1999(56).

[85] Tredglod,A. F. Mental Deficiency[M]. London:Baillere,Tindall & Fox,1908.

[86] Turkistani,I. Y. Epilepsy in Learning Disabilities[J]. Journal of Learning Disability,2004,8(1).

[87] Ulrich,D. A. , Ulrich,B. D. , Angulo—Kinzler, R. M. , Yun,J. Treadmill Training of Infants with Down Syndrome: Evidence—Based Developmental Outcomes[J]. Pediatrics,2001,108(5).

[88] Van der S. M. ,Segers E. ,Van B. H. ,et al. Early Language Intervention for Children with Intellectual Disabilities: A Neurocognitive Perspective[J]. Research in Developmental Disabilities,2011,32(2).

[89] Van der Molen,M. J. , Van Luit,J. E. H. ,Jongmans,M. J. , Van der Molen,M. W. et al. Verbal Working Memory in Children with Mild Intellectual Disabilities[J]. Journal of Intellectual Disability Research,2007,51(2).

[90] Wang,P. J. ,Hou,J. W. ,Sue,W. C. , Lee,W. T. Electroclinical Characteristics of Seizures Comparing Prader—Willi Syndrome and Angelman Syndrome[J]. Brain and Development,2005,27(2).

[91] Wilton,K. M. , Boersma,F. J. Conservation Research with the Mentally Retardated[M]//Ellis,N. R. International Review of Research in Mental Retardation. New York: Academic Press,Inc. ,1974.

[92] Winders,P. C. Gross Motor Skills in Children with Down Syndrome[M]. Bethesda,MA: Woodbine

House,1997.

[93] Woodruff,M. E. ,Cleary,T. E. , Bader,D. The Prevalence of Refractive and Ocular Anomalies Among 1242 Institutionalized Mentally Retarded Persons[J]. American Journal of Optometry & Physiological Optics,1980,57(2).

[94] Yousef,J. Epilepsy in a Sample of Children with Intellectual Disability in Jordan[J]. Australia & New Zealand Journal of Developmental Disability, 1995,20(1).

[95] Zhou,N. ,Wong,H. M. ,Wen,Y. F. ,& Mcgrath,C. Oral Health Status of Children and Adolescents with Intellectual Disabilities: A Systematic Review and Meta-analysis[J]. Developmental Medicine & Child Neurology,2017,59(10).

后　　记

　　历经漫长时日完成书稿之后并没有预想中的轻松。作为教材,我们试图全面、系统地介绍智力障碍儿童发展的规律与教育训练的途径,但在阐述过程中我们发现,"智力障碍"所涵盖的是一个异质性很高的群体,不同障碍程度、不同病源的智力障碍儿童之间有着极大的差异,因此当我们将异质性很高的不同智力障碍儿童作为一个群体进行描述时非常困难,因为对该群体共性特征的提取必然遮蔽儿童的一些个性特征。目前,研究者及实践者正尝试采用进一步细化分类的方法来探究这个特殊群体发展与教育的本质问题,例如唐氏综合征儿童、伴有自闭症的智力障碍儿童等。但限于时间与篇幅,本书未能一一呈现,希望更多的人给予智力障碍儿童以更多的关注,发现更有价值的教育规律。

　　在本书的编写过程中,我们参阅了国内外大量的文献资料。虽然在参考文献中列出了它们,但还是难免有所疏漏,在此对所有本书中我们引用过的文献的作者表示感谢。

　　由于我们的水平和精力有限,书中一定存在不足,欢迎读者批评指正。

刘春玲　马红英
2019 年 3 月于华东师范大学

北京大学出版社
教育出版中心 精品图书

21世纪特殊教育创新教材·理论与基础系列

特殊教育的哲学基础	方俊明	36元
特殊教育的医学基础	张婷	36元
融合教育导论（第二版）	雷江华	45元
特殊教育学（第二版）	雷江华 方俊明	43元
特殊儿童心理学（第二版）	方俊明 雷江华	39元
特殊教育史	朱宗顺	39元
特殊教育研究方法（第二版）	杜晓新 宋永宁等	45元
特殊教育发展模式	任颂羔	36元
特殊儿童心理与教育（第二版）	杨广学 张巧明 王芳	49元
教育康复学导论	杜晓新 黄昭鸣	55元
特殊儿童病理学	王和平 杨长江	48元

21世纪特殊教育创新教材·发展与教育系列

书名	作者	价格
视觉障碍儿童的发展与教育	邓猛	38元
听觉障碍儿童的发展与教育（第二版）	贺荟中	49元
智力障碍儿童的发展与教育（第二版）	刘春玲 马红英	55元
学习困难儿童的发展与教育（第二版）	赵微	59元
自闭症谱系障碍儿童的发展与教育	周念丽	32元
情绪与行为障碍儿童的发展与教育	李闻戈	42元
超常儿童的发展与教育（第二版）	苏雪云 张旭	39元

21世纪特殊教育创新教材·康复与训练系列

书名	作者	价格
特殊儿童应用行为分析（第二版）	李芳 李丹	49元
特殊儿童的游戏治疗	周念丽	42元
特殊儿童的美术治疗	孙霞	38元
特殊儿童的音乐治疗	胡世红	32元
特殊儿童的心理治疗（第二版）	杨广学	45元
特殊教育的辅具与康复	蒋建荣	29元
特殊儿童的感觉统合训练（第二版）	王和平	56元
孤独症儿童课程与教学设计	王梅	37元

自闭谱系障碍儿童早期干预丛书

书名	作者	价格
如何发展自闭谱系障碍儿童的沟通能力	朱晓晨 苏雪云	29元
如何理解自闭谱系障碍和早期干预	苏雪云	32元
如何发展自闭谱系障碍儿童的社会交往能力	吕梦 杨广学	33元
如何发展自闭谱系障碍儿童的自我照料能力	倪萍萍 周波	32元
如何在游戏中干预自闭谱系障碍儿童	朱瑞 周念丽	32元
如何发展自闭谱系障碍儿童的感知和运动能力	韩文娟 徐芳 王和平	32元
如何发展自闭谱系障碍儿童的认知能力	潘前前 杨福义	39元
自闭症谱系障碍儿童的发展与教育	周念丽	32元
如何通过音乐干预自闭谱系障碍儿童	张正琴	36元
如何通过画画干预自闭谱系障碍儿童	张正琴	36元
如何运用ACC促进自闭谱系障碍儿童的发展	苏雪云	36元
孤独症儿童的关键性技能训练法	李丹	45元
自闭症儿童家长辅导手册	雷江华	35元
孤独症儿童课程与教学设计	王梅	37元
融合教育理论反思与本土化探索	邓猛	58元
自闭症谱系障碍儿童家庭支持系统	孙玉梅	36元

特殊学校教育·康复·职业训练丛书（黄建行 雷江华 主编）

信息技术在特殊教育中的应用	55元
智障学生职业教育模式	36元
特殊教育学校学生康复与训练	59元
特殊教育学校校本课程开发	45元
特殊教育学校特奥运动项目建设	49元

21世纪学前教育规划教材

学前教育概论	李生兰	49元
学前教育管理学	王雯	45元
幼儿园歌曲钢琴伴奏教程	果旭伟	39元
幼儿园舞蹈教学活动设计与指导	董丽	36元
实用乐理与视唱	代苗	40元
学前儿童美术教育	冯婉贞	45元
学前儿童科学教育	洪秀敏	39元
学前儿童游戏	范明丽	39元
学前教育研究方法	郑福明	39元
外国学前教育史	郭法奇	39元
学前教育政策与法规	魏真	36元
学前心理学	涂艳国 蔡艳	36元
学前教育理论与实践教程	王维 王维娅 孙岩	39元
学前儿童数学教育	赵振国	39元